U0598631

明清时期南方地区
方言文献文字研究

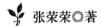 张荣荣◎著

中国广播影视出版社

图书在版编目（ＣＩＰ）数据

明清时期南方地区方言文献文字研究／张荣荣著．
－－北京：中国广播影视出版社，2021.9
　ISBN 978-7-5043-8694-6

　Ⅰ.①明… Ⅱ.①张… Ⅲ.①方言字－研究－南方地
区－明清时代 Ⅳ.①H17

中国版本图书馆 CIP 数据核字（2021）第 186495 号

明清时期南方地区方言文献文字研究
张荣荣　著

责任编辑　王波
装帧设计　中北传媒

出版发行　中国广播影视出版社
电　　话　010-86093580　　010-86093583
社　　址　北京市西城区真武庙二条 9 号
邮政编码　100045
网　　址　www.crtp.com.cn
电子邮箱　crtp8@sina.com

经　　销　全国各地新华书店
印　　刷　天津雅泽印刷有限公司

开　　本　710 毫米 × 1000 毫米　　　　1/16
字　　数　335（千）字
印　　张　23.5
版　　次　2022 年 1 月第 1 版　　　2022 年 1 月第 1 次印刷

书　　号　978-7-5043-8694-6
定　　价　95.00 元

（版权所有　翻印必究·印装有误　负责调换）

目 录

第一章　绪论

第一节　选题

一、选题缘起

明清时期，广东、福建、浙江是中西文化交流的前沿和传教士最早入华之地。为了克服来华之初的语言障碍，融入汉人群体、方便传教，传教士积极了解、掌握汉语，尤其是汉语方言，编写了众多用闽、粤、客、吴方言书写的读本、辞书、小说、圣经故事。传教士文献对明清时期闽、粤、客、吴方言记录的精准和深入，超过了同时代我国学者的水平，为后人提供了明清时期闽、粤、客、吴方言的真实面貌，是研究这一时期方言的珍贵资料。据张嘉星（2013）介绍，传教士最早编撰的汉语辞书是马丁·德·拉达（M.D. dE. Rada）1575 年编定的《华语韵编》，此后传教士们陆续编印出 41 部汉欧闽南语双语词典，编纂地点遍布菲律宾、印度尼西亚、马来西亚、新加坡等南洋国家。[①] 可见其时间之早，数量之多，分布之广。众多文献的语言学研究价值参差不齐，有些还没有来得及挖掘、整理。

本书以明清以来闽、粤、客方言文献为对象，包括西方传教士用方言编著的圣经书、读本、小说、词典以及方言区人民创作的文献，如辑录方言字词的字书、韵书、笔记、散论、地方志及用方言书写的小说、戏文、歌谣等。

---

① 张嘉星：《欧洲人汉语辞书编纂始于闽南语辞书说》，《福州大学学报》（哲学社会科学版），2013 年第 3 期，第 12 页。

以传教士文献为中心，参阅同时代其他方言文学作品，旨在通过探讨弄清这一时期南方方言文献文字使用的基本事实。

以闽、粤、客方言文献为对象，原因在于：福建、广东地理位置接近，汇聚闽、粤、客三种方言，方言间的接触及相互影响频繁，在词汇、语音层面有明显体现，因此我们不以方言为界，而是把福建、广东两省作为一个整体，关注同一个词在闽、粤、客方言中语音、意义及文字书写形式差异，关注闽、粤、客方言区文字使用异同及其与古代汉语、民族语及外语的关系，梳理方言文献中出现的字际关系、字词关系及文字类型，归纳方言文字使用大体面貌、规律及特点。

文献选取的时间范围为明清时期。原因在于最早的方言作品可追溯到明末的闽南戏文，方言小说、戏曲、字书、韵书、笔记、散论、地方志的创作活动在明清时期特别是清末达到高潮，新中国成立后传教士的汉语方言著作活动几乎停止，只有部分国内学者从事对方言文学艺术作品的收集、整理工作。

选取这一论题的理由如下：

第一，明清时期创作了大量的方言文献，资料的丰富性为研究提供了充分的条件。

第二，这批文献大多编写年代、地域明确，口语性强，包含了很多方言俗语词、方言字，真实、准确地呈现了明清时期闽、粤、客方言的基本面貌，具有较高的语言学研究价值。

第三，19 至 20 世纪，中国社会动荡不安，中西交流日益频繁，汉语处于从近代向现代过渡的转折点上，汉语系统正在经历一场深层次的变化，这些变化最终导致了汉民族共同语的全面转型。闽、粤、客方言文献特别是传教士文献，含有一批反映 19 世纪中西交往、西方文明及科技的新词语，它们是现代汉语科技词语、音译词的早期存在形态，研究词语用字，对现代汉语词语探源、英源音译词早期形态、文字发展史可以提供一些切实有用的帮助。

第四，当前文字学、词汇学研究对方言文献关注较少，正如周志锋

（1996）指出："笔者在使用、研读过程中发现《大字典》义项漏略的现象绝非少数，其中尤以近代汉语词义、方言词义失收为甚。"[1] 殷梅（2000）指出方言俗字研究存在以下问题："（1）此方面的研究未引起足够的重视，尚无人对其进行过系统、深入的调查整理。（2）缺乏方言角度的研究。所以现代方言俗字的使用情况、产生年代、创造规律、运用特点及产生原因等一系列问题尚待讨论。"[2] 黄沚青（2014）也认为："又如方言文献中存在大量的方言俗字，但目前尚未有学者对其进行全面的整理和研究，其结构类型、造字理据都有待于深入探析。"[3]

二、相关概念说明

在此对本书涉及的主要概念加以说明：

本书主要研究对象为闽、粤、客方言文献，论述有关问题时，为了深入考察，会征引吴方言、北方方言及古汉语文献。

"文字"指方言文献中出现的、记录方言的所有文字，黄思贤、刘悦（2016）称之为"方言文字"[4]，包括方言文献中出现的通用字（出现于古代汉语通语文献）、方言自造字，还包括通语文字因假借、训读等在方言中的特殊用法，我们称之为方言用字[5]。

---

[1] 周志锋：《吴方言词例释——〈汉语大字典〉义项漏略举例》，《宁波师院学报》（社会科学版），1996年第4期，第25页。

[2] 殷梅：《方言俗字研究中的几个问题》，山东师范大学硕士学位论文，2000年，第8页。

[3] 黄沚青：《明清闽南方言文献语言研究》，浙江大学博士学位论文，2014年，第12页。

[4] 黄思贤、刘悦：《再论方言文字的界定与分类》，《海南师范大学学报》（社会科学版），2016年第4期，第104页。

[5] 符小奋（2016）指出："方言用字与方言字是两个不同的概念，方言用字的范围大于方言字。方言用字包括现代汉语中的通字与方言字。"他认为两者重合的部分是："1.借用字（假借字、训读字）；2.通语古代出现过但现在不用的本字。"详见符小奋：《雷州方言用字研究》，暨南大学硕士学位论文，2016年，第11页。本书认同以上观点。

第二节　研究概况

一、方言文字研究概况

方言研究历史久远，最早可追溯到西汉扬雄《方言》，之后历代的大型字书、文人笔记、散论中都有各地方言字词的辑录。新中国成立后方言文字研究成果大多集中在 20 世纪 80 年代后，研究的内容、视野比以前更加宽阔，范围也更广，体现在考证方言本字、方言字的性质及概念等相关理论探讨、方言词用字、方言文献文字研究等方面。

（一）方言本字考证

方言文字研究以考证方言本字居多，较早的有李荣《吴语本字举例》（1980）、白宛如《广州话本字考》（1980）。李如龙《考求方言词本字的音韵论证》（1988）、梅祖麟《方言本字研究的两种方法》（1995）、李荣《考本字甘苦》（1997）、潘悟云《方言考本字"觅轨法"》（2015）对方言本字考证采用的理论、方法进行了总结、归纳，并积极探索新的本字考证方法，具有方法论上的指导意义。钟昆儿《汉语方言语词考本字方法研究综述》（2017）认为应该从内部语音系统、外部书面材料入手，同时指出了这两个方面的优越性及局限性。

需要注意的是，考释方言本字也有适用范围和局限性，李如龙（1988）指出方言词需考求本字的原因有三：第一，有些方言词本字生僻，虽见于古代字书，但现代共同语和其他方言已经不用或少用，本地人又没有把这些写法传下来，写了训读字或另造俗字；第二，有些字在方言词里的读音不是常例，而是变例或特例，人们按照读音另造俗字；第三，有些字或古代有异读，或现代方音有异读，一般人不明底细也另造别字。同时他也指出有许多方言词语是考不出方言本字的，原因是：第一，字书和文献反映有限，有些方言俚语不登大雅之堂；第二，方言词中还有兄弟民族语言的底层和外族语言的借用；第三，方言语音的对应有个别的例外，字义也可能一再转移而难以识别。①

（二）方言字理论探讨

方言字理论探讨涉及方言字的界定、分类、创制及吸收原则等，系统深入的讨论有殷梅《方言俗字研究中的几个问题》（2000）、林寒生《汉语方言字的性质、来源、类型和规范》（2003）、董绍克《方言字初探》（2005）、陈源源博士学位论文《清末吴方言字研究——以〈何典〉〈海上花列传〉为中心》（2009）及在此基础上扩充的专著《汉语史视角下的明清吴语方言字研究》（2017），以及黄思贤、刘悦《再论方言文字的界定与分类》（2016）。其中以陈源源（2017）讨论最为详尽，涉及面较广，如方言字的释名、分类，方言字研究的必要性和可行性，方言字研究对方言研究、古籍整理、辞书编撰的益处，方言字的特点、认知理据，方言字研究中存在的问题及难点等。以下分别介绍理论探讨各方面的情况。

方言字的界定。陈源源（2017）详细梳理了新中国成立后至21世纪前十年学者对方言字的界定。指出新中国成立后较早提到"方言字""方言文字"的学者有周有光《方言与方言文字》（1952）、张为纲《方言字》（1952）、梁东汉《汉字的结构及其流变》（1959）、李永明《潮州方言》（1959）等，学界对方言字有以下三种不同观点：（1）方言字是俗字，由方言区人自造且流行于特定方言区；（2）方言字是正字，与俗字、本字、方俗字不同；（3）来记录汉语方言口语的文字都可称之为方言字②。董绍克（2003）区分了方言字、俗字、方俗字三个概念，认为方言字与俗字性质不同，方俗字既有方言字的特

---

① 李如龙：《考求方言词本字的音韵论证》，《语言研究》，1988年第1期，第110-122页。

② 陈源源：《汉语史视角下的明清吴语方言字研究》，浙江大学出版社，2017年，第42-48页。

征，也有俗字的特征，方言字是个历史范畴①。黄思贤、刘悦（2016）重新提出"方言文字"的概念，"赞成将记录方言的文字系统称为方言文字"，"赞成'方言文字'这一概念，但不赞成将记录方言的单字，或某些单字称为方言字"，"记录一种方言的字，都可称为方言文字，即使与通用汉字同形"，同时他们认为"方言文字不是通用汉字的内部问题，是以一种方言为基础的通用字外部文字系统的问题"②，对方言文字的认识更加深入、科学。

　　方言字的分类。陈源源（2017）认为较早对方言字分类的学者为张为纲《方言字》（1952）、李永明《潮州方言》（1959）、梁东汉《汉字的结构及其流变》（1959），他们观察角度不同，分类的结果也不同。她梳理了21世纪以来对方言字分类的观点，有五种：（1）游汝杰（2000）分为方言本字、方言训读字、方言杂字、方言拼音字；（2）《现代汉语方言大词典》凡例分为本字、训读字、同音字、俗字或方言字、借用字；（3）林寒生（2003）、邓新民（2006）分为本字、训读字、假借字、自造字；（4）詹伯慧、丘学强（2003）分为本字、本俗并行字、训读字、会意字、同（近）音假借字、形声字；（5）朱建颂（2008）分为生造字、改造字、另造字、别用字、同音字、训读字、古字七类。陈源源认为"分类必须讲究标准，标准不同，分类的结果就会不同"。黄思贤、刘悦（2016）针对学界方言字分类不统一的现象，指出："方言文字的分类应该做到以下几点：（1）一次分类一个标准，可多层次分类，每层标准可不同。（2）方言文字的分类首先要站在方言文字系统的角度进行，不应依据部分方言文字进行归纳分类。（3）不同方言的分类所涉及的术语应该统一。（4）不同方言所用的文字各不相同，要提出适用于各种方言文字的分类规则。"他认为"从方言文字的来源，可以将方言文字分为自创方言文字和

---

① 董绍克：《方言字初探》，《语言研究》，2005年第2期，第83-86页。
② 黄思贤、刘悦：《再论方言文字的界定与分类》，《海南师范大学学报》（社会科学版），2016年第4期，第104页。

借用方言文字"。①

方言字的创制及吸收原则。杨必胜（1995）认为创制方言字应注意："（1）要处理好文字系统与语言系统的关系，尽量做到一个字和一个语素严格对应，并尽量以字符提示语素的音义。……（2）要处理好方言汉字系统与共同汉字系统的关系，使确定和创制的方言用字，符合汉字的发展规律，增强方言汉字系统的科学性和使用范围。……（3）注意本系统内部的优化问题。"②

关于方言文字能不能吸收进入通语文字的问题，王立军（2015）认为："我们今天整理当代的汉字系统，必须考虑记录通语的基本原则，即只有记录普通话词汇或已被普通话吸收的方言词汇的汉字，才有资格称为通用汉字。无论方言字的来源如何，只要它所记录的词语不属于通语，这些字就不能纳入当代汉字的系统之中。"③

（三）方言词用字

进入21世纪，学者逐渐注意到方言词的用字问题，在词的层面探讨方言字问题。如曾子凡《广州话口语词在用字上的特点》（1990）、陆镜光《香港粤语句末语气词的书写方式》（2002）、詹伯慧《关于方言词的用字问题——以粤方言为例》（2003）、梁慧敏《19-20世纪香港粤语书写手段的发展过程》（2004）、黄小娅《从方言俗字"氹"的演变看粤语方言用字的复杂性》（2008）、李华平《汉语方言词语用字原则探析——以江汉平原天沔话词语为例》（2014）、陈竞翘、陈一霖《浅析澳门葡萄牙人名用字的粤语翻译》（2015）。方言词用字问题成为学界热点，粤方言词用字研究方面的成果最多。据詹伯慧（2014）介绍，2002年香港理工大学还举办过以"方言词语用字问

---

① 黄思贤、刘悦：《再论方言文字的界定与分类》，《海南师范大学学报》（社会科学版），2016年第4期，第105页。

② 杨必胜：《方言用字问题刍议——兼谈〈海丰歌谣〉用字》，《语文研究》，1995年第1期，第46-50页。

③ 王立军：《当代汉字系统优化的基本原则》，《语言文字应用》，2015年第1期，第14-15页。

题"为主题的研讨会①。

近年来有部分论文结合古代官话文献、方言文献等梳理方言词的词形变化，在此基础上探讨方言词的产生、词的历时变化过程、词义演变及与其他词的关系等问题，学术视野开阔，观察视角新颖，细致入微，结论说服力极强。如汪维辉《说"困（睏）"》（2017）、王长林《西南官话"娄馊"考源》（2018）、黄沚青及张涌泉《"生"字考》（2019）、孙玉文《异形同义词"蝦蟆"和"蛤蟆"》（2019）等。

（四）方言文献文字研究

1. 结合明清方言文献探讨文字问题。这里主要介绍吴语等方言文献的研究情况，闽、粤、客方言下文详细介绍。探讨有两类：一类为归纳总结方言字用字特点、方言字类型等，一类为方言文献中的方言字词考释。以下分类介绍：

（1）归纳总结方言字的用字特点、类型等。有关吴语文献的论文主要有王敏红《略谈绍兴方言的用字》（2005），陈源源博士论文《清末吴方言字研究——以〈何典〉〈海上花列传〉为中心》（2009）及在此基础上扩充的专著《汉语史视角下的明清吴语方言字研究》（2017），硕士论文有孙琳《〈越谚〉方言字研究》（2009）、叶敏佳《〈越谚〉方言字词研究》（2011）、余晓晴《〈吴音奇字〉初探》（2010）。陈源源（2009）采用文献印证、方言佐证、共时与历时结合法，重点考释了一批方言字，《何典》17 组，《海上花列传》8 组，重新探讨了方言字的特点及分类，归纳了方言字研究遇到的一些问题，研究深入细致，结论可靠。《汉语史视角下的明清吴语方言字研究》（2017）在其博士论文基础上增补材料、调整结构而成，方言字考释部分有新增条目和做了较大改动的条目。孙琳（2009）、叶敏佳（2011）都以《越谚》为对象，孙琳（2009）对《越谚》中的方言字进行量化分析，由此归纳其类型、特性，

---

① 詹伯慧：《大力加强汉语方言的应用研究》，《暨南学报》（哲学社会科学版），2014 年第 4 期，第 5 页。

并以《越谚》方言字为视角，观察方言字的形成过程及原因。叶敏佳（2011）则从《越谚》用字情况、方言字词考释两个方面进行研究，将用字情况概括为方言字、方言异体字两类，方言字又分为"方言本字""方言借字""方言造字"，方言异体字分为"变换结构""改换声旁""改换形旁""变换笔画""其他变化"五类。余晓晴（2010）从校勘、用字考察两个方面展开，用字考察分为"异体字""方言字"，"方言字"又分为"方言本字""方言造字""方言借字"，"异体字"分为"单字之异体""联绵词之异体"。

（2）考释、列举古代文献中的生僻方言字。此类研究成果较多，一部分是对方言著作如文学戏曲作品、童蒙课本、杂字书等中的特殊文字、生僻字进行考释，如：周志锋《〈越谚〉方俗字词考释》（2011）、《〈越谚〉方俗字词选释》（2011）、王建军《清乾隆年间桂北地区〈捷径〉杂字述要》（2017）、贾海生《祈福铭文中的方音字》（2019）、陈源源《〈俗字编〉方言字例释》（2020），周志锋运用形音义互证、现代口语与古代文献互证、越语与其他吴语互证的方法考释了《越谚》中的一些方俗字词，考释精当，值得我们学习。另外，近些年学者们不断挖掘新的方言研究材料，如方志、方言杂字等，对方志材料如《中国方志所录方言汇编》中的方言字词进行考证，成果有：王令《〈中国方志所录方言汇编〉中方言词考释六则》（2012）、杨小平及王瑞赟《〈中国方志所录方言汇编〉方言词考证》（2018）、金玉卓《〈中国方志所录方言汇编〉方言词考释》（2020）等。

2. 以当代方言词典、字典、报刊、影视剧为对象对方言字进行汇释、结构分析、用字特点归纳等。殷梅（2000）指出："本文主要取材于《现代汉语方言大词典》（李荣主编，江苏教育出版社），其次取材于其他词典、方言志中的语料"[①]，由此考察方言俗字的类型、特点、产生问题。玛突来维切·帕维尔（2002）有："资料主要来源于各种著作、词（字）典、学术论著，再加上粤语的文学作品、报刊（如……）、粤语的电视节目与当代电影（字幕）、《香

港增补字符集》"①，该文分粤方言用字汇释、方言俗字的结构及造字方式、方言用字的使用特点三方面探讨。张桂光（2009）主要考察词典、论著、学术杂志中方言词的用字问题，认为有"只注音不注字的空框""随意无序地借用同音字"现象。②曹志耘（2021）结合《浙江方言常用字典》编写的实践，讨论了汉语方言字典的定位、收字、定字及编写等方面的问题，提出了"定字"（确定字形）的基本原则，介绍了字条编写的具体方法和注意事项。③

以下重点介绍闽、粤、客方言文献文字研究方面的成果。

二、明清时期闽、粤、客方言文献文字研究

当前已有福建、广东、香港、台湾等地的高校学者开始挖掘、整理方言文献，并从版本考证、语音、词汇、语法、文字等角度进行研究。文字研究以闽方言文献研究开展最早，成果最多。

（一）闽语类

20世纪70年代，以吴守礼为代表的一批台湾学者以明清闽南戏文、歌册的文字现象为研究对象，做了文本整理点校、疑难字考释、用字类型分析的工作。主要有吴守礼《荔镜记戏文研究》（1970）、姚荣松《闽南语书面语使用汉字类型分析——兼论汉语方言文字学》（1995）及硕士学位论文如陈雍穆《孟姜女歌仔册之语言研究——以押韵与用字为例》（1990）、徐志成《台湾歌仔册〈台南运河奇案歌〉〈乞食开艺旦歌〉之语言研究——以押韵与用字为例》（1998）。

20世纪90年代之后，大陆学者曾宪通关注到闽南戏文中的疑难字，他在《明本潮州戏文所见潮州方言述略》（1991）对戏文中出现的俗字进行了详细梳理，将其分为简体字、省笔字、衍笔字、借字、异构字、古体字、方言

---

① 玛突来维切·帕维尔：《粤语特殊方言用字研究》，北京语言大学硕士学位论文，2002年，第4-5页。

② 张桂光：《方言描写的用字问题略论》，《学术研究》，2009年第11期，第151-152页。

③ 曹志耘：《汉语方言字典的编写问题——以〈浙江方言常用字典〉为例》，《语文研究》，2021年第1期，第29-33页。

字、讹字及符号九类，每类下又分若干小类，列举相应的字例，并从语言学、文字学视角寻找文字的产生及变化原因。随后又在《明本潮州戏文疑难字试释》（1992）讨论了戏文中五组 21 个疑难字，每组文字先梳理其在戏文中的用法和意义，再从字形上分析其形成及演变过程。随后出现了一批俗字及疑难字考证、选释的论文，有黄文杰《明本潮州戏文俗字探源》（1998）、刘福铸《莆仙戏古剧本俗字研究——以古本〈目连救母〉〈吊丧〉为例》（2005）、仲崇山《潮州歌册俗字选释》（2011）、李春晓《闽南方域文字刍议》（2014）。

另有部分硕博士学位论文涉及方言文献俗字类型、方俗字词考证、文献点校等，如陈力兰《闽南方言用字初探》（2001）、王建设《明刊闽南方言戏文中的语言研究》（2002）、黄沚青《明清闽南方言文献语言研究》（2014）。陈力兰（2001）以记录闽南方言的歌谣和俗谚等民间文学资料、方言志、方言词典及研究方言的著作为考察对象，将闽南民间方言用字方法分为"因音取字""因义取字""自创的俗写字"三类，将用字特点归纳为"一音多字""一字多用""虚词用字自由"，第五章为"闽台各地闽南方言用字比较"，考察同一方言内部不同地区用字的差异。黄沚青（2014）第五章为"用字研究"，分"文献用字情况""方言俗字类型""方言俗字考释""本字探索""跨方言的方言俗字"五节，"跨方言的方言俗字"指"不同方言中所共有的方言俗字。这些方言字在不同的方言中或表示同一个词，或表示不同的词"①，她认为："这些流行于多个方言区的方言俗字是基于人们相似的认知心理而产生的。不同方言区的人们对这些方言俗字的理解可能完全相同，也可能基于同一个出发点，却沿着不同的思维角度发展，从而产生出不同的理解。"②该文最早尝试考察同一个方言字在不同方言中的使用情况，同时结合历时文献，追溯文字的最早源头及字义的发展演变过程。

21 世纪初，学界开始关注传教士文献中的方俗字，论著有陈泽平《19 世纪的福州方言研究：传教士福州土白文献之语言学研究》（2010），论文如陈

---

① 黄沚青：《明清闽南方言文献语言研究》，浙江大学博士学位论文，2014 年，第 270 页。

② 黄沚青：《明清闽南方言文献语言研究》，浙江大学博士学位论文，2014 年，第 270 页。

泽平《福州方言杂字试析》（2009）、赵峰《西洋传教士的福安方言研究概述》（2013）、黄淑芬《〈汕头话读本〉的方言用字》（2016）、徐晓娴《19世纪美北浸信会潮汕方言文献方言用字的比较》（2016）。陈泽平（2009）列举了传教士编著的字典《福州话拼音字典》及方言课本《榕腔初学撮要》中使用的福州方言杂字180个，将其分为"方言形声字""方言表意字""方言表音字"三类，讨论用字规律。黄淑芬（2016）从用字类型、用字特点两方面对《汕头话读本》用字进行了梳理，徐晓娴（2016）以19世纪美北浸信会编的四种潮汕方言文献为对象，对四种文献中的文字现象进行量化分析，讨论四种文献在方言用字上的差异。

（二）粤语类

涉及粤语文献文字研究的博士学位论文有黄小娅《近两百年来广州方言词汇和方言用字的演变》（2000）、邓小琴《粤方言书面化及其历史演变研究》（2011），其他有黄小娅《粤方言用字一百多年来的演变》（2000）、禤健聪《清末民国刊本龙舟歌俗字选释》（2013）、陈竞翘、陈一霖《浅析澳门葡萄牙人名用字的粤语翻译》（2015）、王毅力《民国韵书〈方音韵谱〉所记粤方言字词》（2018）。黄小娅（2000）第四章"粤语方言用字的演变"利用19世纪传教士文献及其他粤语文献分析了粤方言用字的类型，探讨了一批粤方言字字形的变化。邓小琴（2011）第三章第一节"粤方言书面化用字特征"，将粤方言书面化用字规律归纳为"以常用汉字为基础""保留生僻古本字""利用汉字训读""利用汉字假借""自造方言字、方俗字""借用汉字字形""外来词夹用"七个方面，同时第四、五章"明清以来粤方言书面化的历史发展（上）（下）"有"粤方言书面化的语言特征"相关内容，概括明清时期某一特定阶段粤方言用字的特点。

（三）客话类

客家文献研究成果主要有刘镇发《过去130年间客家方言用字的演变》（2011）、庄初升《论粤语俗字对巴色会客家方言用字的影响》（2013）、徐国莉及王建军《西江流域疍家杂字方俗语词通释》（2017）、杨小平及唐凤缘《广东客家方言中俗字俗语考证举隅》（2020）、杨泽生《一种特殊的形声字——〈客家书·启蒙浅学〉中的反切形声字及相关问题》《1912 年版〈客家词典〉略论》（未刊稿）。硕士论文有刘颖昕《巴色会客家方言文献的用字研究——以〈启蒙浅学〉（1880）为中心》（2010）、陈涵《英国长老会文献〈客英大辞典〉汉字研究》（2015）。庄初升、黄婷婷《19 世纪香港新界的客家方言》（2014）部分章节也涉及 19 世纪客家方言文献用字问题。

刘镇发（2011）考察了 19 世纪 80 年代至 21 世纪初客家方言文献的用字情况，早中期以传教士文献为考察对象，晚期以当代的客家词典为对象，认为"早期的客家方言书写不成熟，中期有明显的改善，但前后期几乎没有衔接。"[①] 庄初升（2013）通过比对 19 世纪传教士编客家方言文献（以《启蒙浅学》为中心）、粤方言文献（《广东省土话字汇》《粤语中文文选》《英粤字典》等）用字情况，认为巴色会客家方言文献用字受到粤语俗字的显著影响。刘颖昕（2010）以 19 世纪瑞士巴色会传教士编撰的方言读本《启蒙浅学》为中心，对《启蒙浅学》方言用字的基本类型、特点进行归纳，并对该书用字进行评价，同时对其他传教士编客方言文献《白话教科》《客话读本》《医界客话读本》用字情况进行概括、总结。陈涵（2015）分析了《客英大辞典》用字类型，并对该词典用字进行评价。杨泽生《一种特殊的形声字——〈客家书·启蒙浅学〉中的反切形声字及相关问题》深入探讨了《启蒙浅学》方言反切字的类型，并梳理了历史上反切字的运用情况，指出《启蒙浅学》方言反切字的独特之处及在文字发展史上的意义。杨泽生《1912 年版〈客家词典〉略论》第二部分"客家方言词条的书写系统"将词典用字概括为"典籍通用字""非典籍通用字"两类，"非典籍通用字"包括用本字、用假借字、用训读字、写俗字四种情况。

---

① 刘镇发：《过去 130 年间客家方言用字的演变》，《赣南师范学院学报》，2011 年第 4 期，第 65 页。

三、对方言文献文字研究成果的五点认识

（一）研究资料的范围不断扩大。学界最早关注明清时期本土方言文献，涉及到用吴、闽、粤、客方言创作的小说、戏文、歌册等，随后开始关注明清时期的方志材料、杂字集、童蒙课本及传教士编撰的各类词典、课本、读本等。总体来看，吴、闽、粤、客之外的其他方言的文献研究成果相对较少。

（二）成果大多以硕博士学位论文（有的为论文部分章节）、单篇期刊论文的形式呈现，以单个方言点方言文献文字使用为对象。陈力兰（2001）、刘镇发（2011）、庄初升（2013）、黄泚青（2014）研究中已具有比较的观念，但同时期方言文献间用字的横向比较、与古代汉语书面文献用字纵向系联的研究较少；方法上为归纳用字类型、用字特点，呈现出"多局部研究、个体归纳，缺乏系统性、全面性"的特点。

（三）学者大多关注生僻字、方言特有字、特殊字，注重方言字词的考释，对方言文献中的隐性疑难字关注较少。杨宝忠（2020）认为疑难字可以分为隐性疑难字和显性疑难字，隐性疑难字主要包括构形理据不可说解、训义费解、形义无关、形声不谐、形用不符、入典迟后，隐性疑难字欺骗性强，负面影响大[①]。方言文献同样存在隐性疑难字，应该加强对隐性疑难字的研究。

（四）研究结论缺乏结合文献用例深入、细致的描写与梳理，当今大型辞书在方言字词收录、释义、注音、字形归纳、字际关系判断、书证等方面还存在一些疏漏。

（五）对方言词、外来词词形的收集及变化过程梳理的论著不多。同一个方言词、外来词在不同文献中的词形不同，探讨方言文字使用，应关注方言词、俗语词、外来词用字，从词的层面探讨方言、外来词书写形式的变异及其理据，关注外来词早期书写形式、存在状态。

因此，无论在深度还是广度上，明清时期闽、粤、客方言文献文字研究都有继续开展的空间。

---

① 杨宝忠：《大型字书隐性疑难字的发现与考释》，《古汉语研究》，2020年第2期，第2-9页。

第三节 思路、方法与材料

一、思路

广泛阅读文献，重点关注文字问题，关注同一个字、词在不同方言、不同文献的书写、用法差异，从形、音、义、用等视角沟通不同文字间的联系，沟通方言文字与古汉语、现代汉语用字之间的联系，从文字发展史的角度归纳文献所蕴含的特殊字际关系、字词关系及特殊文字类型。

二、方法

董忠司（2008）提出多层次、三源头、五类型的方言字探源法，他说："所谓'多层次'，是指台湾闽南语由于多次迁徙和遭受他族统治，因此至少具有闽越（古越）底层、汉语白读层、汉语文读层、近代官话层、荷兰—西班牙语层、日本语层与英语外来层等等语言层次，这些语言层，从根本上影响了台湾闽南语的文字选用和汉字探源。所谓'多源头'，指的是用字探源时应该分清'字源''词源'和'语源'。'字源'是探寻字词的汉字写法的源头，'词源'是探寻词汇系统里的语词源出何时何方的汉语，'语源'是探寻字词的语种归属。"[①] 这也是我们对东南方言区文献研究时的总原则。

本书研究主要采用以下方法：

（一）比较法

向熹（2010）认为："比较的方面很广，可以是古代汉语与现代汉语的比较，这一时期语言与那一时期语言的比较，古代汉语与现代方言的比较，古

---

① 董忠司：《汉字类型与词语探源——从现阶段台湾闽南语用字发展说起》，《"汉语与汉字关系"国际学术研讨会论文提要》，2008年11月，第40页。

代汉语与兄弟民族语言的比较，古代汉语与外语的比较，两种作品语言的比较。比较的结果有同有异。从相同的方面可以看到两者的因袭继承，从相异的方面可以看到两者的发展演变。"[①] 本书研究注重共时、历时比较方法的运用。历时方面，将字书记载、文献用例与当今方言区实际用例比较，与当今方言词典、方言学研究成果比较；共时方面，同时代闽、粤、客方言文献之间横向对比。

（二）分析与归纳相结合的方法

本书广泛收集文字用例，按照"有见必收"的原则，将相同字形、相同功能的文字材料放在一起，采用排比归纳的方法分析文字的用法、意义和读音，整理出一批文字的字际关系、字词对应关系；收集方言词的最初词形及异写形式，从中分析方言词的发展演变轨迹，探索词语的形成理据。在此基础上总结方言区的用字习惯、规律及特点，从整个汉语史和汉字史的角度探讨文字的发展演变。

（三）充分利用外文及罗马字注音的方法

传教士文献大多为同一词语或句子的外文（英、法、荷、德、葡等）和汉字对照列出，同时汉字还用罗马字注音。对照汉字、外文及罗马字注音，可以准确理解字词的意义、读音和用法，这为研究提供了极大的便利，也是其他材料不可企及的。

三、材料

研究材料分为两类：（一）西方传教士编著的方言读本、词典；（二）方言区人民创作的文献，如辑录方言字词的字书、韵书、笔记、散论、地方志及用方言书写的小说、戏文、歌谣等。

---

① 向熹：《简明汉语史》（修订本），商务印书馆，2010年，第6页。

（一）西方传教士编著的方言读本、词典

1. 闽语类

麦都思（W. H. Medhurst Batavia），《福建方言字典》（A Dictionary of the Hok-Keen Dialect of the Chinese Language），澳门：东印度公司出版社（Macao：The East India Company's Press），1832 年。

罗啻（Elihu Doty），《翻译英华厦腔语汇》（Anglo-Chinese Manual With Romanized Colloquial in the Amoy Dialect），广州，1853 年。

麦利和（R. S. Maclay）、摩怜（C. C. Baldwin），《福州方言拼音字典》（An Alphabetic Dictionary of the Chinese Language in FooChow Dialect），福州：美华书局（Methodist Episcopal Mission Press[①]），1870 年。

鲍德温（C. C. Baldwin）[②]，《榕腔初学撮要》（A Manual of the Foochow Dialect），福州：美华书局（Foochow：Methodist Episcopal Mission Press），1871 年。

菲尔德（A. M. Fielde），《汕头方言的发音及释字字典》（A pronouncing and Defining Dictionary of The Swatow Dialect），上海美华书馆（Shanghai：American Presbyterian Mission Press），1883 年。

高德（Josiah Goddard），《汉英潮州方言字典》（A Chinese and English Vocabulary in the Tie-Chiu Dialect）（第 2 版），上海美华书馆（Shanghai：American Presbyterian Mission press），1883 年。

麦嘉湖（John. Macgowan），《厦门方言英汉辞典》（English and Chinese Dictionary of the Amoy Dialect），Amoy：China，London：Trubner&Co.57 Ludgate hill，1883 年。

---

① 该书残缺不全，没有发现出版社、出版地信息。有关该书出版信息详参陈泽平：《19 世纪研究福州方言的几种文献资料》，《福建师范大学学报》（哲学社会科学版），2003 年第 3 期第 34-38 页。

② 陈泽平（2003）："该书英文扉页上署名作者是 C. C. Baldwin（即鲍德温），而中文扉页署名摩嘉立（即 R. S. Maclay）编译，与英文扉页不同。推想这本著作是《字典》的姐妹篇，也是由摩嘉立筹划，实际编写工作由鲍德温完成。"详参陈泽平：《19 世纪传教士研究福州方言的几种文献资料》，《福建师范大学学报》（哲学社会科学版），2003 年第 3 期，第 36 页。

林雄成（Lin Hiongseng），《汕头话读本》（A Handbook of the Swatow Vernacular），古友轩（The Kch Yew Hean press，新加坡），1886 年。

施约翰（John Steele），《潮正两音字集》（The Swatow Syllabary with Mandarin Pronounciations）（第 2 版），The Presbyterian Mission Press，1924 年。

2. 粤语类

马礼逊（R. Morrison，D. D），《华英字典》，澳门：东印度公司，1815—1823。本书引自《马礼逊文集》，大象出版社，2008 年。

马礼逊（R. Morrison，D. D），《广东省土话字汇》（A Vocabulary of The Canton Dialect），澳门：东印度公司出版社（Macao：The East India Company's Press），1828 年。

裨治文（E. C. Bridgman），《粤语中文文选》（Chinese Chrestomathy in the Canton Dialect），Macau[①]，1841 年。

卫三畏（Samuel. Wells. Williams），《英华韵府历阶》（English and Chinese Vocabulary in the Court Dialect），澳门（Macao）：香山书院（The Office of the Chinese Repository），1844 年。

德万（Thomas. T. Devan），《中国语启蒙》（The Beginner's First Book in the Chinese Language），Hongkong：The "CHINA MALL" office，1847 年。

邦尼（Samuel William Bonney），《广州方言习语》（Phrases in the Canton Colloquial Dialects），Canton. 该书扉页无出版社信息，1853 年。

---

① 该书扉页没有注明出版社信息，扉页 Macao 下有 "S. WELLS WILLIANS."，即卫三畏，紧接着下一行有 "M DCCC XLL." 暂时未能确定其为何意。关于该书的中文书名，不同学者称法不同。邓亮（2016）提道："此书 1841 年在澳门由卫三畏出版，无自拟中文题名，英文字面意为粤音中文文选。孙商扬、钟鸣旦在《1840 年前的中国基督教》中译为《广东方言撮要》；沈国威在《打造专业术语：以 19 世纪的英汉词典为中心》一文中也采用《广东方言撮要》；张施娟在《裨治文与早期中美文化交流》中译为《粤语中文文选》；顾钧在《美国人出版的第一部汉语教材》译为《广东方言读本》，并提及日本学者曾使用《广东语模范文章注释》《广东语句选》等。本文选用《广东方言撮要》。"详见邓亮：《裨治文〈广东方言撮要〉数学相关内容述要》，《中国科技史杂志》，2016 年第 2 期，189 页注释。另有梁海珍（2016）译为《广州方言中文文选》，详参梁海珍：《裨治文的〈广州方言中文文选〉研究》，广州大学硕士学位论文，2017 年。

卫三畏（S. Wells. Williams），《英华分韵撮要》（Tonic Dictionary of the Chinese Language in the Canton Dialect），羊城中和行（The Office of the Chinese Repository），1856 年。

湛约翰（John Chalmers），《英粤字典》（An English and Cantonese Pocket-Dictionary）（第 2 版），Hongkong：The London Missionary Society's Press，1862 年。

罗存德（Wilhelm Lobscheid），《广州方言习语选录与阅读》（Select Phrases and Reading Lessons in the Canton Dialect），The Noronha's office，1864 年。

罗存德（Wilhelm Lobscheid），《英华行箧便览》（The Tourists's Guide and Merchants' Manual），Hongkong：The Office of The "Daily Press"，1864 年。

罗存德（Wilhelm Lobscheid）等，《英华字典》（English and Chinese Dictionary，with the Punti and Mandarin Pronounciation），Hongkong：Paily Press Office，1866 年。

欧德理（Ernest John Eitel），《粤语中文字典》（A Chinese Dictionary in the Cantonese Dialect），London：Trubner and Co.，57&59，Ludgate Hill，Hongkong：Lane，Crawford&Co.，1877 年。

波乃耶（James Dyer Ball），《粤语易通》（Cantonese Made Easy）（第 2 版），Hongkong：The "China Mall" office，1888 年。

湛约翰（John Chalmers），《英粤字典》（English and Contonese Dictionary）（Seventh edition），Hongkong：Kelly & Walsh，LTD，1907 年。

波乃耶（James Dyer Ball），《How to Speak Cantonese》（第 2 版），Hongkong：Messrs. Kelly & Walsh，1902 年。

富尔顿（A. A. Fulton），《粤语俗语进阶》（Progressive and Idiomatic Sentences in Cantonese Colloquial）（第 5 版），Shanghai：The Presbyterian Mission Press，该书扉页没有标出版年份。

西村茂树，《英粤字典》，手抄本，明治年间，其他信息不全。

3. 客话类

巴色会（Basel Missionary Society），《客家书——启蒙浅学》（First Book of Reading in the Romanised Colloquial of the Hakka-Chinese in the Province of Canton）（汉字本），1880 年。

马坚绣（M. C. Mackenzie），《客英大辞典》（A Chinese-English Dictionary：Hakka-Dialect As Spoken in Kwang-Tung Province），The Presbyterian Mission Press，该书扉页没有出版年份①。

麦爱华（Donald MacIver），《客英词典：广东客家方言》（A Chinese-English Dictionary in the Vernacular of the Hakka People in the Canton Province），The Presbyterian Mission Press，1905 年。

雷却利（Charles Rey），《客家社会生活会话》（Conversation Chinoises Prises sur le vif avec notes grammaticales：language Hac-ka），Hongkong：Nazareth，1937 年。

梅县德济医院编，《医界客话读本》（Medizinisches Hakka lesebuch），1931 年。

（二）方言区人民创作文献

1. 闽语类

戏曲文献如《明本潮州戏文五种》，广东人民文学出版社，1985 年；龙彼得《明刊闽南戏曲弦管选本三种》，中国戏剧出版社，1995 年；泉州地方戏曲研究社编《荔镜记荔枝记四种》，中国戏剧出版社，2010 年。杂字、词汇集如

---

① 庄初升（2010）："到了 1926 年，另一位传教士 M. C. Mackenzie 在上述词典的基础上进行增补和重排，出版了一部《客英大词典》（A Chinese-English Dictionary：Hakka-Dialect As Spoken in Kwang-Tung Province）。"可知该书出版当在 1926 年。详见庄初升：《清末民初西洋人编写的客家方言文献》，《语言研究》，2010 年第 1 期，第 96 页。

《新刻增校切用正音乡谈杂字大全》(简称《正音乡谈》)^①;《新刻官话汇解便览》(简称《官话汇解》)^②。

2. 粤语类

粤语类文献相对丰富,主要包括以下四类:(1)笔记。如屈大均《广东新语》,欧初、王贵忱(点校),《屈大均全集·第四卷》,人民文学出版社,1996年;孔仲南《广东俗语考》,南方扶轮出版社,1933年。(2)通俗文学作品、戏文等。如邵儒彬《俗话倾谈》(1870年),《古本小说集成》(第三辑),上海古籍出版社,1992年;《龙舟歌》,《俗文学丛刊》(第415辑),台湾"中央研究院"历史语言研究所编,新文丰出版股份有限公司,2001年;《花笺记》等木鱼歌的抄本。(3)童蒙识字学习的读本、教科书。李一民《粤语全书》(1933年),南江涛选编《汉语方言研究文献辑刊》(第十辑),国家图书馆出版社,2013年;《初学字辨尺牍》《字学良知》。(4)记录汉英词汇的小册子。何紫庭《华英通语》(1855年),福泽谕吉《福泽全集》,时事新报社(东京),1898年;T. L. Stedman 和 K. P. Lee 编的《英语不求人》(A Chinese and English Phrase Book in the Canton Dialect),1888年,Newyork:William R. Jenkins,publisher,bookseller and stationer. 851&853sixth avenue;(清)邝其照著《字典集成》,(日)沈国威、(日)内田庆市影印,商务印书馆,2016年;

① 《正音乡谈》,全名《新刻增校切用正音乡谈杂字大全》,又名《什音全书》,二卷,共5万字。现存有5个版本,各版本情况详参黄沚青(2014)第14-16页,本书所用资料为最早刊本,来自现存哈佛大学燕京图书馆的明末刊本,收入《美国哈佛大学哈佛燕京图书馆藏中文善本汇刊》第32册,广西师范大学出版社,2003年版。经黄沚青(2014)考订,该书为早期的闽南方言词典,是明末闽南方言词的实录。

② 《官话汇解》,全名为《(新刻)官话汇解便览》,清代蔡奭著,漳州颜锦华刊本,共二卷,全书三万多字,该书收入日本学者长泽规矩也编的《明清俗语辞书集成》,本书研究材料据此而来。据黄沚青(2014)第20至26页介绍,有些学者根据该书封面题"西湖蔡伯龙先生著",认为该书是浙江语音与官话对照表为主而用以学习官话之书,部分学者(如许长安、李熙泰、张嘉星等)撰文指出该书为闽南方言与官话对照的词典,黄沚青从作者与参订者身份、刊行书坊、编撰体例和方言性质等方面详细论证了该书记录的乡音实际为闽南方言。我们认为这种说法是可信的,据此本书也将其作为明清时期的闽南方言文献。

《红毛买卖通用鬼话》《红毛番话贸易须知》《红毛通用番话》《红毛话贸易须知》《红毛番话》《Chinese and English Vocabulary》《夷音辑要》[①]。

3. 客话类

客家话韵书、著述出现较晚。庄初升（2013）："实际上客家方言俗字最早见于福建武平县举人林宝树（字光阶，号梁峰）于清康熙间所著的启蒙读物《一年使用杂字文》中。"[②] 此后有黄钊《石窟一征》、温仲和《嘉应州志·方言》、杨恭《客话本字》、罗翙云《客方言》、章太炎《岭外三州语》等，但是真正口语化、体现明清客家话特色的文学作品较少。

另有各地的方志材料，如日本波多野太郎编《中国方志所录方言汇编》（卷一）收录了《广东通志》《琼海府志》《揭阳县志》《重修恩平县志》等。还有些来源于刘俊文总纂、北京爱如生数字化技术研究中心研制《中国方志库》。此外，各方言都有一些韵书、字书，引用材料在此不一一列出，文中论证相关问题时会在页下注或文末参考文献中注明。

第四节　价值与意义

研究明清时期闽、粤、客方言文献中的文字现象，具有重要的学术价值和意义，体现为：

---

① 　内田庆市、沈国威（2009）影印了《红毛买卖通用鬼话》（荣德堂版）、《红毛番话贸易须知》（富桂堂版）、《红毛话贸易须知》（以文堂版）、《红毛通用番话》（成德堂、璧经堂版）、《红毛番话》《Chinese and English Vocabulary》《夷音辑要》，并收录了内田庆市、周振鹤、游汝杰、程美宝等学者对影印书目的题解，详参内田庆市、沈国威：《言語接触とピジン——19世紀の東アジア》，白帝社，2009年。此外 Kingsley Bolton（2003）影印了《红毛通用番话》，详参 Kingsley Bolton：Chinese Englishes and A Sociolingustic History, Cambridge university press，2003。

② 　庄初升：《论粤语俗字对巴色会客家方言用字的影响》，《粤语研究》总第十三期，2013年。

一、对文字学研究具有重要意义

首先，该研究扩大了近代汉字研究的范围和视野。利用时代、方言特征明确的文献，与同时代文献用字进行比较，可以确定文字的使用地域、方言区用字特点，文字在方言区特殊的形、音、义也可以帮助我们梳理文字发展演变过程。其次，文献中的特殊文字类型如粤语文献中的"口"旁字、方言反切字等丰富了汉字学理论，加深了对汉字发展过程的认识。

二、有助于历史词汇学研究

梳理方言词、外来词词形及其变化，可以搞清楚词语的来源及发展变化过程，建立具体的词的历史。曾良（2017）指出："我们觉得研究汉语历时词汇，应该注意雅音与俗音、正字与俗字、雅言与俗语方面的探讨。"[①] 俗音（这里指方音）如"亚"字，明清时期吴、闽、粤、客方言"亚"读音与"阿"同，读 a，明代闽南方言戏文"阿娘"就写为"亚娘"，这一俗音可以帮助我们理解音译词如"亚细亚""亚美利加""亚当""亚历山大"用"亚"的原因，"亚"其实为英文音素 [a] [ei] [æ] 的记音字。又如探讨"焗""文胸"的来源时，它们在方言区的早期词形"局""扪胸"就起到了桥梁作用。

三、有助于辞书编撰

体现为：1. 为方言词典用字提供借鉴。刘村汉（1998）指出方言词典用字"不尽如人意"有："一是用字标准不统一。上述几条原则孰先孰后，无法用一个更高的原则来协调。二是缺乏规范性和一致性，难免主观随意，灵机一动，决定于偶然。三是选字范围限于局部，不能参照全国其他方言的用字情况，选择覆盖面广的字。还不能避免没有弄清楚而用错了的字。"[②] 梳理方言文献用字情况可以为方言词典用字提供借鉴。2. 增补大型辞书的条目、书

---

① 　曾良：《俗写与历时词汇探讨举隅》，《语言研究》，2017 年第 1 期，第 89 页。

② 　刘村汉：《〈柳州方言词典〉的用字》，《方言》，1998 年第 2 期，第 87 页。

证，使辞书注音和释义更精准。《汉语大字典》《中华字海》收录了一批方言字词，但存在漏收字形及字义、释义不准确、书证滞后、注音错误等问题。如闽、客、粤方言区有"粘米"一词，"粘"读音与"占"同，是"占"的增旁俗字，"粘米"即"占米""占城米"，因其产于占城而得名，与"粘贴"的"粘"为同形字，当代各种辞书均未收录"粘"的这一方言用法。

四、为其他方言文献的整理和释读提供参考

方言文献包含大量方言字、俗字、讹误字、方言词、俗语词等，这使得我们在利用这批文献时困难重重，特别是方言戏曲、小说等。整理方言文献用字，归纳字际、字词关系，勾勒文字在方言文献中形、音、义的发展演变过程，对释读和整理闽、粤、客方言区其他古籍、理解当代港台书籍与报刊具有重要意义，也为整理和校对其他方言区地方文献提供参考和借鉴。

五、整理方言文字为全球华语书面交流提供帮助

与台湾、香港及海外华人地区当代用字系联比较，从更大的范围来审视汉字的使用，可以为港澳台及国外华人地区和大陆的书面交流沟通提供帮助。如闽南方言俗字"矸"，即"瓶子"，其用法国内大型通语类辞书如《汉语大字典》《中华字海》《现代汉语词典》都未收录，今台湾报刊中"矸"作为"酒瓶"义还在使用。又如《汉语大字典》收有"墘"："qián 方言字，① 方言。旁边；附近。如：海墘；小溪墘。《闽西歌谣·长工歌》：'三月里来大犁田，拿起木犁上田墘。'②方言。器物的边沿。如：碗墘；帽仔墘。"杨锡彭（2007）在谈到新加坡译名时说："'墘'的意思是水边，读'前'。老一辈的华人，对'墘'这个字是不生疏的，因为以前驳船码头（Boat Quay）一带就叫'溪墘'，闽南话叫 khoi gi，而红灯码头以及海滨公园一带则叫'海墘'（hai gi）。"①

---

① 杨锡彭：《汉语外来词研究》，上海人民出版社，2007 年，第 93 页

第五节　凡例及相关说明

一、本书一律采用简体。引文中的文字，若与讨论的字词无关，按规范简体汉字书写。讨论的字词，则按字词在文献中的原貌列出。

二、传教士文献有罗马字拼音、英文或其他外文，方言辞书、著作中有语音标注符号，各类文献罗马字拼音、语音标注符号使用的体例不统一，录入时尽可能按照文献原貌录入，由此可能造成的体例不一，必要时在文中做相应解释。

三、文中引用文献后括号内的内容依次为书名、年代、页码或书名、页码，个别文献（如《广东省土话字汇》《英话注解》）无页码或年代不明，文中以脚注形式注明。

四、本书研究涉及闽、粤、客三种方言，各方言音系情况在此不一一列出，涉及语音问题在文中讨论时详细说明。

第二章　字际关系沟通

　　蔡梦麒、张晓凤（2010）指出："古代字典、韵书以及其他历史文献在汉字的使用以及呈现形式上存在多样性，这就使得汉字在形体、读音、意义上存在错综复杂的关系。"[①] 学界将梳理汉字形、音、义之间复杂关系的研究称为字际关系研究。对文字间关系的认识、判断等研究早已有之，如唐代颜元孙《干禄字书》对文字"俗""通""正"的判定及当代使用的"异体字""分化字""古今字"等概念，其实已经是探讨字际关系问题。

　　字际关系研究成为当前学界讨论的热点话题，但不同学者对"字际关系"的界定、研究范围的认识不同。庞月光（1999）首次提出"同词字际关系"的概念，认为"同词字际关系"即"在'同记一词'的前提下字与字之间的具体关系"[②]，将讨论范围限定为单音节词（或单音节语素）。李运富（2002）认为考察汉字的字际关系必须结合字形的表词职能才有意义，应该分别从文字系统（构形系统）和文献系统（字用系统）两个角度来描写。[③] 罗卫东（2008）指出："汉字的字际关系包括古今字、异体字、繁简字、通假字（涉及词际关系）等。"[④] 蔡梦麒、张晓凤（2010）认为："我们所说的字际关系，包括字与字的异体关系、字与字的异词关系、汉字在文献中的实际运用

---

① 蔡梦麒、张晓凤：《字际关系与历史汉字的今读审订》，《古汉语研究》，2010 年，第 3 期，第 16 页。

② 庞月光：《汉语中的同词字际关系》，《北京教育学院学报》，1999 年第 2 期，第 19 页。

③ 李运富：《论汉字的字际关系》，《语言》第 3 卷，首都师范大学出版社，2002 年。

④ 罗卫东：《汉字字际关系的界定与表述析论》，《语文知识》，2008 年第 2 期，第 51 页。

等方面。"① 陈英杰（2010）："本文所谓字际关系指的是在形或音或义等方面存在关联的一组字之间的关系，包括讹混字、异体字、古今字、繁简字、借用字、一字分化、异体分化、变形音化、同源字等。字际关系首要的研究对象是常用字，不但包括整字也包括偏旁，而且需要断代分析。"② 黄德宽（2011）："字际关系指的是形、音、义某一方面相关联的一组字之间的关系。异体字、繁简字、古今字、同源字、通假字、同形字等，都是从字际关系角度提出的概念。"③ 马乾（2014）："字际关系是对共时平面内一组汉字之间的属性差异的描写，而在汉字学理论体系内，字际关系主要包含了广义和狭义的两种内涵：广义的字际关系是指记录一个词的不同汉字之间的关系，包含了同构形系统和跨构形系统（或称跨书体）的字际关系，而狭义的字际关系仅仅是指同构形系统内记录同一个词的不同汉字之间的关系。"④ 孙建伟（2019）认为字际关系与字词关系、词际关系对立，对字际关系的研究在思路上可做三点转变：一是由疑难字考辨为主转向疑难字与常用字二者并重；二是由字组模式转向字群模式，由对单字形义关系的沟通转向对字群形义理据的揭示；三是由平面考察转向立体分析。⑤ 可见学界对字际关系的界定有范围大小之别，研究也越来越深入、细致。马乾（2014）认为字际关系考虑记录同一个词的不同汉字之间的关系，且为共时平面内；陈英杰（2010）、罗卫东（2008）、黄德宽（2011）等认为字际关系可涵盖古今字、同源字、繁简字等，研究不一定局限于共时平面；蔡梦麒、张晓凤（2010）则认为字际关系研究还涵盖汉字在文献中的实际运用；陈英杰（2010）认为字际关系研究对象为常用字，孙建伟（2019）认为研究中应该疑难字与生僻字并重。

① 蔡梦麒、张晓凤：《字际关系与历史汉字的今音审订》，《古汉语研究》，2010 年第 3 期，第 16 页。

② 陈英杰：《金文字际关系辨正五则》，《语言科学》，2010 年第 5 期，第 532 页。

③ 黄德宽：《关于古代汉字字际关系的确定》，《当代中国文字学家文库：黄德宽卷：开启中华文明的管钥——汉字的释读与探索》，北京师范大学出版社，2011 年，第 186-192 页。

④ 马乾：《汉字字际关系论略》，《延安大学学报》（社会科学版），2014 年第 3 期，第 110 页。

⑤ 孙建伟：《"字料库"背景下汉字字际关系理论探究》，《内蒙古社会科学》（汉文版），2019 年第 5 期，第 160-161 页。

陈英杰（2010）、黄德宽（2011）对字际关系的认识基本相同，即"字际关系指的是在形或音或义等方面存在关联的一组字之间的关系"。本书观点与此相同。古汉语中字词界限很难划清，为了研究及表述方便，本章字际关系主要考察单音节字词（外来词除外）在形、音、义方面的各种关系，字词关系主要考察双音节或多音节词语与词形有关的问题。①

具体到方言文献中的文字状况，黄沚青（2014）指出："与同时代的官话文献相比，方言文献的用字情况往往更为复杂。一方面，方言文献带有普遍的时代用字习惯。另一方面，方言文献中又包括了许多具有方言地域特色的方言俗字。"② 陈源源（2009）也认为："具体到方言字的个案研究上，我们既要研究某一方言文献中的方言字，也要关注同一时期其他文献中的方言字，在研究中不能局限于随文释义，要将不同文献中同一方言词的不同写法沟通起来，如上文考证的'畔'在不同作品中就有'叛''盘''伴''拌'等多种写法。"③ 方言文献异体字、俗体字众多，音近及假借现象繁多，看似杂乱无章，但只要对文字形、音、义的发展演变线索及文献用字习惯进行观察，仍可发现大部分文字的形体来源、用字原因都是有迹可循的，具有内在的条理性。因此本书以方言文献为对象，梳理方言文献实际用字情况，概括系联不同文字间的关系，只有这样，我们才能站在更加科学的理论视角上审视具体的文字事实，提升方言文字研究的效度和信度。具体研究中力争做到以下几点：

一、用系统论的观点动态分析，对象为常用字

注意从系统性方面考察不同时代文字纵的关系及同时代文字间横的关系，梳理文字发展轨迹。陈英杰（2010）认为："字际关系首要的研究对象是常用

---

① 外来词无论是单音节还是多音节，统一放在字词关系部分探讨，原因在于外来词由其外来性质，词形上也具有很多共性。

② 黄沚青：《明清闽南方言文献语言研究》，浙江大学博士学位论文，2014年，第197页。

③ 陈源源：《〈何典〉方言字"刊、挜、畔"考论》，《山东理工大学学报》（社会科学版），2013年第4期，第84页。

字，不但包括整字也包括偏旁，而且需要断代分析。……字际关系研究要求用系统论的观点动态分析字与字的关系及构形系统的变化，而不是把不同时期的文字囫囵地放在一起作静态观察。"[1] 于省吾（1979）说："我们研究古文字，既应注意每一个字本身的形、音、义三方面的相互关系，又应注意每一个字和同时代其他字的横的关系，以及它们在不同时代的发生、发展和变化的纵的关系，只要深入具体地全面分析这几种关系，是可以得出符合客观的认识的。"[2]

二、注意文字间形、音、义的互动关系

《黄侃论学杂著》："小学分形、音、义三部。……案，三者虽分，其实同依一体：视而可察者，形也；闻而可知者，声也；思而可得者，义也。有其一必有其二，譬如束芦，相依而往矣。三者之中，又以声为最先，义次之，形为最后。"[3] 又说："研究小学所循途径，始则徒言声音，继以声音贯串训诂，继以声音、训诂以求文字推衍之迹。由音而义，由义而形，始则分而析之，终则综而合之，于是小学发明已无余蕴。"[4] 因此，探讨文字发展变化轨迹，应当从形、音、义互动关系入手，从音、义的变化中推求字形、字用、字音的变化。

三、考察古汉语、方言、普通话用字的时空差异及动态发展过程

文字是记录语言的书写符号系统，语言中的音义变化也会导致文字系统的调整变化。因此，应站在语言的立场来探讨文字问题。通过文字的文献用例，客观呈现古代汉语、方言及普通话之间的时空差异；深入细致考辨字际

---

[1] 陈英杰：《金文字际关系辨正五则》，《语言科学》，2010 年第 5 期，第 532 页。

[2] 于省吾：《甲骨文字释林·序》，中华书局，1979 年 6 月第 1 版。

[3] 黄侃：《黄侃论学杂著》，上海古籍出版社，1980 年，第 93 页。

[4] 黄侃述、黄焯编：《文字声韵训诂笔记》，上海古籍出版社，1983 年，第 4-5 页。

关系，将方言文字现象置于汉字和汉语研究的大环境下，梳理它们在形、音、义方面的关系及演变轨迹。

解读字际关系，最终目的是为了理清文字间在形、音、义方面的联系及变化机制。以下按照形、音、义分类梳理字际关系，但不能说各类间壁垒分明。落实到个例上，归于音类，其变化过程可能还会同时或先后牵涉到形、义的变化。因此，分类只是研究的一种手段。

第一节　字的形体演变视角考察

文字形体有讹变、省略、增旁、换旁、类化等变异现象，给人们释读文献带来一定困难。以下梳理文字在字形上的各种变异，理清文字字形演变轨迹。

一、讹变

仌　爹

闽南戏曲文献有"仌"，如：

（1）再三劝解郭兄，甲伊千万争气，莫得乞仌妈大着惊。(《明本潮州戏文五种·苏六娘》，第779页)

（2）为君立，心同死生，别人富贵我不争，仌妈若不从子愿，甘心剃头去出家。(《明本潮州戏文五种·苏六娘》，第795页)

（3）（旦白）你那是畏阿仌都不畏我。（生白）畏阿仌畏阿妈亦畏阿姏。(《明本潮州戏文五种·荔枝记》第二十四出，第676页)

（4）（旦白）那畏赧仌妈年老无落场。(《明本潮州戏文五种·荔枝记》第三十一出，第703页)

（5）且喜男婚女嫁尽都完全，只有小妹金花女，自细仌妈早世，是我兄嫂养成，年当十八。(《明本潮州戏文五种·金花女》，第768页)

（6）阿仌叫我出来，有乜事吩咐。(《明本潮州戏文五种·金花女》，第769页）

（7）（旦）撇了仌妚久出家，可怜辜负好韶华。(《明刊闽南戏曲弦管选本三种·新刻增补戏队锦曲大全满天春（下卷）》，第34页）

（8）我个仌妚无如奈何。(《明刊闽南戏曲弦管选本三种·新刻增补戏队锦曲大全满天春（下卷）》，第34页）

由文例可知，"仌"当为"爹"字。冉卫格（2015）指出潮州歌册《粉妆楼》"爹"可写为"仚""仌"[1]，原因在于"爹"所从部件"父"俗书写为"仌"，"多"用重文符号 ヒ 代替，ヒ也可写为ㄑ，因此又写为"仌"。重文符号ㄑ可写为"："，如"棗"写为"枣"[2]。仌是仌进一步讹变的结果，仌的演变过程为：爹→仚→仌→仌。

戏曲文献还有"爹"字，如：

（9）官人去帝都，一十八年音信无，亏□娘受尽劳苦，爹娘迫他再嫁儿夫。(《明本潮州戏文五种·金钗记》第四十三出，第86页）

（10）（唱）孤儿观画情，知驸马娘被人唆计。(《明本潮州戏文五种·金钗记》第四十二出，第84页）

（11）（介哭）公公，可怜俺的爹娘，望你周全。(《明本潮州戏文五种·蔡伯皆》，第294页）

（12）（生）算见菇浅，晚生恨门风厝大身未变，谢恁爹妈门下相留，看阮恰是亲生子。(《明刊闽南戏曲弦管选本三种·新刻增补戏队锦曲大全满天春（上卷）》，第22页）

"爹"也为"爹"字。"多"可写为"夛"，《汉语大字典》："夛，同'多'。《正字通·夕部》：'夛，俗作夛。'"含有偏旁"多"的字，偏旁"多"可写为"夛"，如"移"写为"秱"，例如：

---

① 冉卫格：《潮州歌册〈粉妆楼〉方俗字词研究》，河北大学硕士学位论文，2015年，第24-25页。

② 曾良：《俗字及古籍文字通例研究》，百花洲文艺出版社，2006年，第13页

（13）昨夜三更梦不安，仔细思量不吉祥，梦见钗分弯镜破，第一牡丹秽过墙。（《明本潮州戏文五种·金钗记》第四十四出，第88页）

（14）勉强轻秽我莲步，行到海棠花边。（《明刊闽南戏曲弦管选本三种·新刊弦管时尚摘要集二卷》，第13页）

因此"爹"受"多"写为"夛"的影响，类推写为"爹"。

嬷 㜷

客家文献《启蒙浅学》有"鲤嬷""猫嬷""兔嬷"等，表示"母的、雌的"，用在动物名后，也有"舌嬷"，如：

（1）即时再舯出舌嬷，在白鹤介盘里竟舐竟舐。（《客话读本》，第728页）

粤语文献中也有"嬷"，如：

（2）蝻 nit，虱嬷 shat-na'-ch 'unn.（《英粤字典》，湛约翰，1862年，第96页）

（3）adopted，（personally）契 c'ai ˒，（father，mother）契爷，契嬷 k'ai ˒ – ye,k'ai ˒ – ˓na，（by a second marriage）继 kai ˒ .（《英粤字典》，湛约翰，1907年，第5页）

庄初升、黄婷婷（2014）认为客、粤方言"嬷"用的都不是本字，所表示的方言词亦非同源："嬷 [ma²] 雌性动物。粤方言读音 [˓na]，也表示'母的'，但读音不合。"[1]

粤方言"嬷"字还可写为"㜷"，如：

（4）臧姑曰："你勿去，叫佢做乜呀，個老狗㜷（骂家婆做老狗㜷，谁知自己係嫩㜷，终须轮到你做），好死唔死，畀狗食都唔好畀佢食。"（《俗话倾谈·横纹柴》，第40页）

（5）快将鸡㜷煮酒饮过唻起过彩。（《俗话倾谈·横纹柴》，第55页）

（6）高要人谓婿曰郎家，女巫曰鬼㜷。（《广东通志》，《中国方志所录方

---

① 庄初升、黄婷婷:《19世纪香港新界的客家方言》，广东人民出版社，2014年，第364页。

言汇编》（一），第 42 页）

写为"姄"，当为"嬎"中的部件"也"讹变为"失"的结果。

賑 賬

闽南文献有：

（1）account an 賑目，数项 siàu bák or siàu hāng（《翻译英华厦腔语汇》，第 82 页）

（2）counting house or office 賑房 siàu pâng.（《翻译英华厦腔语汇》，第 85 页）

（3）reckon 算賑 sǹg siàu.（《翻译英华厦腔语汇》，第 92 页）

闽南方言虞韵白读为 iau，如"数"读 siau，"柱"读 t'iau[①]。以上 3 例"賑"注音为 siàu，为"数"的白读音，写为"賑"，当为"数"的训读字。而这里的"賑"，意义与"数"不同，当是"賬"讹变形成的，"賬"讹变为"賑"还见于粤语文献，如：

（4）二成一执转手，便变铜色，大成每要自己亲手代佢结賑，然后算作好银。（《俗话倾谈·横纹柴》，第 71 页）

例（4）的"结賑"即"结賬"。《粤语中文字典》"賑"分列两处，賑 1：chan. k.wealth.，賑 2：chan.k.supply, bestow（第 20 页）。賑 2 英文解释为 supply, bestow，实为"賬"的意义。"賑""賬"形体相近，"賬"字右边部首"長"书写时左边上下竖笔相连再稍微写得带弧形就成了"辰"字，文献中"賑""賬"有混用现象。

妚

明末闽南方言戏文有"妚"，楷正后当为"妚"字，如：

（1）（春白）阿妚闺房什静无闲事，听见子规二三声。（《明本潮州戏文五种·荔枝记》第二出，第 588 页）

（2）（生白）阿妚，小人是前日打破镜，当工在报厝，都是一家人，小

---

① "数""柱"白读音由庄初升教授提供。

儿不中阿妚使水，就捧转去，何必气小人做也？（《明本潮州戏文五种·荔枝记》第十九出，第641页）

（3）（生）向说秀才妚且入内，秀才妚子拜揖。（《明刊闽南戏曲弦管选本三种·新刻增补戏队锦曲大全满天春》，第5页）

（4）（旦）秀才斗酒百篇，俩通比阮姿妚人。（《明刊闽南戏曲弦管选本三种·新刻增补戏队锦曲大全满天春》，第6页）

粤方言文献也有"妚"字，如：

（5）停语周妚多叹息，又谈王氏富豪妚。（《俗文学丛刊》第414辑《龙舟歌》，第33页）

（6）凄凉记起有位姑妚母，独惜心愁姑丈是奸臣。（《俗文学丛刊》第414辑《龙舟歌》，第127页）

（7）奴奴今要转衙行时，烦妚引姐到姑爷处。（《俗文学丛刊》第415辑《龙舟歌》，第127页）

从文例来看，"妚"当为"娘"字，《汉语大字典》无"妚"字，该字明清小说中也出现过，曾良（2017）认为"妚"实即女人的会意[1]，《宋元以来俗字谱》女部"娘"字下有"𡚸"，见于《通俗小说》《古今杂剧》《目连记》《金瓶梅》，米部"粮"字下有"粆"，见于《目连记》。《宋元以来俗字谱》"𡚸""粆"，右边偏旁为"卜"，捺笔稍微穿过竖笔。《汉语大字典》有"粆"字，右部为"卜"，释义为："同'粮'。《宋元以来俗字谱》:'粮，《目连记》作粆'。"可见，娘有异体字"𡚸""妚"，"粮"有"粆""粆"，当是部件"良"改换为"卜"，又讹变为"卜"。"娘"的演变轨迹为：娘→𡚸→妚。"粮"写为"粆"是受"妚"类推的结果。[2]

① 曾良:《明清小说俗字研究》，商务印书馆，2017年，第68页。

② 庄初升教授告知，闽南方言口语中很少说"娘"，"妚"也有可能是根据"母"造的方言形声字，《闽南方言大词典》"母"的注音为bu³，与"卜"声音相近，"女"为形旁，这样解释了"妚"右边写为"卜"的原因，但从用例来看"阿妚""阿母"意义不同，无"母子"的用法，"妚"字还值得继续探讨。

㗸

客家文献中有"㗸"字，用例如下：

（1）㗸好走，我还有事同你商量。(《客家社会生活会话》（上），第 12 页)

（2）我想裡個时候，若使来走，就店中個人，和店外個人，齐家都爱话我真真偷拿佢纸票了；所以我就 㗸走，还在佢店中住，想着查得到麽。(《客家社会生活会话》（下），第 400 页)

（3）小七兄，你食昼了吗？做那個还㗸出门。(《客家社会生活会话》（上），第 255 页)

（4）着呀！我 㗸曾问你爱买便几多样东西：你开出字别我看好分明，惊怕成时唔记得裡，买唔齐备。(《客家社会生活会话》（上），第 250 页)

（5）｜㗸 声 鼓 先行。L mâng shang, kú sien shang, to beat the drum, before the gong has sounded—the reverse of the proper order.（e.g，wife speaking before husband）.(《客英大辞典》，第 469 页"锣"字)[1]

（6）㗸爱｜正．mâng òi k. chàng.do not speak about it quite yet.(《客英大辞典》，第 366 页"讲"字)

（7）㗸富先出富｜，mâng fù sien chhut fu y.，to have a gifted son，before one has got rich.(《客英大辞典》，第 1167 页"儿"字)

该字字书未见，《客英大辞典》注音为 mâng，表否定。王力《汉语音韵学》："㗸（音盲，未也。）"[2] 我们在其他客话文献中发现了"喵""言"字，用法与此相同，用例如下：

（8）喵知几艰难辛苦，正张得倒来。(《启蒙浅学》第 93 节，第 25 页)

（9）亚僬著竟雪屐咗水上裡翽竟走，走来走去，喵知几得意。(《启蒙浅学》第 108 节，第 30 页)

---

[1] 《客英大辞典》讨论的文字在列语例时统一用"｜"代替。

[2] 王力：《王力全集·汉语音韵学》，中华书局，2014 年版，第 428 页。

（10）因为佢旨曾见过，就大声话："先生写白字，先生写白字。"（《客话读本》，第 138 页）

（11）旧年冬有一朝，天旨光。（《医界客话读本》，第 78 页）

（12）有好事毛好事，旨知得定。（《医界客话读本》，第 53 页）

林寒生（2004）指出："旨，《方言》卷十：'谏，不知也。沅澧之间凡相问而不知，答曰"谏"；使之而不肯，答曰"旨"。'旨，《广韵》莫郎切，又莫浪切，义同。今闽南口语中否定副词'怀 [m]'可能即由读莫浪切的旨演变而来。如'不要、不用'，厦门说'怀免 [m⁶ bian³]'，但韵母变为鼻音韵。"①

明末闽南方言文献中写为"罔"，如：

（13）你罔唱，阮有人来听。（《明本潮州戏文五种·荔镜记》第十九出，第 430 页）

（14）（且内白）不得做声，待伊罔唱。（《明本潮州戏文五种·荔镜记》第十九出，第 430 页）

（15）（末）阮无许福气，待伊罔做成功名来，亦不去乞伊封赠。（《明本潮州戏文五种·金花女》，第 794 页）

（16）（且）卜买胭脂便买胭脂，罔障言东语西乜事。（《明刊闽南戏曲弦管选本三种·新刻增补戏队锦曲大全满天春（下卷）》，第 3 页）

"旨""嘸""囗"，本字该为"罔"。《尔雅·释言》："罔，无也。"客、粤方言古微、明母字合流同念 [m]，"尾""微""亡""罔"等字声母为 [m]，读音与"盲"相同或相近，方言选用和"罔"读音相近的"盲""亡"并在其左边或下边加"口"旁的办法造出"嘸""旨"字来记录"罔"的"无，没有"义。"罔"，同"网"，这一用法各大型辞书已经收录，又因"网"俗写可写为"罒"②，如"罪""罥"等字所从的"罒"，"罒"字形进一步讹变为

---

① 林寒生:《闽语中的古方言词探源》，载厦门大学中文系、中国音韵学会编《中国音韵学暨黄典诚学术思想国际学术研讨会论文集》，厦门大学出版社，2014 年，第 361 页。

② 董宪臣:《东汉碑隶文字研究》，西南大学博士学位论文，2012 年，第 39 页。第 66 页有"网"，古文字为"网"，象网形，在隶书中简化为"罒"。

"□□"①。《俗话倾谈·横柴纹》："食粥或食饭□□？"（第 24 页）其中的"□□"即"罔"。"□□"可写为"□□"，《华英通语》"铜器"写为"铜嚣"，"金器"为"金嚣"（第 92 页），又有"利嚣"（第 131 页），即"利器"。同时，□□也可写为罒，《客英大辞典》有"罵"字，即"骂"（第 494 页）。"盲"义为"无，没有"，"罔"读音与"亡"相近，方言采用"亡"下部加"口"旁的办法造出"盲"来记录"无、没有"义。

可见"□□"字的形成轨迹是：罔→网→罒→□□→□□。

㟅

（1）山之岩洞为㟅，音堪。（《潮州府志》，《中国方志所录方言文献汇编》（一），第 60 页）

（2）山之岩洞为峜，音堪。（《揭阳县志》，《中国方志所录方言文献汇编》（一），民国丁丑（1937）年重刊，第 205 页。）

（3）山之岩洞为礚。凡岸之险者亦曰礚。（《重修恩平县志·序》，《中国方志所录方言文献汇编》（一），第 192 页）

"㟅"字书不见记载。《康熙字典》："峜，《字汇补》：'苦绀切，音礚'，《说略》：'岩之巖窖也。'"㟅当为"峜"字中的部件"石"的撇笔拉长讹变形成的字，曾良、陈敏《明清小说俗字典》中"石"就收录了字形石、石，李

①　王华权（2012）里有"吅"，现摘引如下："吅"，《说文》云"惊呼也。从二口。凡吅之属皆从吅。读若讙"，《玉篇》云"火袁切，嚣也，惊呼也，与讙通"，徐铉注"吅"云"或通用讙"。"讙"，《说文》训"哗也"，《玉篇》云"虚元、呼丸二切，讙噂之声"。"言""口"义通，"讙"又作"嚾"，又同"唤"。《说文》新附收"唤"，训"呼也"。"吅"又俗作"喧"。徐铉释"吅"云："今俗别作喧"《玉篇》收"喧"，云"大语也"。"喧"又或作"諠"。"吅""讙""嚾""唤""喧""諠"均有大声叫呼义，语义同。详见王华权：《〈一切经音义〉文字研究》，上海师范大学博士学位论文，2012 年，第 40 页。董宪臣（2012）有"吅"，为"邻"字："吅"：《孙根》"东吅大虐"，洪跂：《说文》音'吅'为"喧"。按：班孟坚《通幽赋》云'东厸虐而殄仁'，注云'厸，古邻字，谓纣也。'"《衡立》"彭祖为吅"，洪跂："碑以吅为厸，古邻字也。"《古文四声韵》引《古老子》作OO、引《古尚书》作吅。鲁实先："东OO之OO字乃训回之二口以示二室相邻之义，非说文训惊呼之OO也，……迻录者误以所从之口即人所言食之口，而口之古文多作▽，隶变则为厶，是以汉书遂伪OO为厸。"详见：董宪臣《东汉碑隶文字研究》，西南大学博士学位论文，2012 年，第 39 页。

运富（2005）提到了类似的演变情况有"炗"即"庶"，"帋"即"席"①。

亐

（1）忽听座前亐呼唤，前来未审是何因。(《明本潮州戏文五种·金钗记》第十九出，第47页)

（2）（外唱）我家积祖有名亐，自恨丑命娶无亲。(《明本潮州戏文五种·金钗记》第六十五出，第136页)

（3）（净唱）在东京极有名亐，论媒婆非自逞，今朝事体管取完成，怕有一轻一重全凭官秤。(《明本潮州戏文五种·蔡伯皆》第一册，第230页)

（4）灵鸡啼歇钟亐声断，珠星渐渐落屋檐前。(《明本潮州戏文五种·金花女》，第766页)

（5）又兼鸟雀值只枝上，飞来飞去，亐亐句句，哀哀怨怨，恰亲像替阮分开许处苦切啼我。(《明刊闽南戏曲弦管选本三种·精选时尚新锦曲摘坠》，第3页)

（6）全君出去后，恢恢病损，日来易过，怨杀许冥昏，恨许风送鼓角亐悲惨。(《明刊闽南戏曲弦管选本三种·精选时尚新锦曲摘坠》乙页)

（7）乡 土 片。正 片 子。开唇亐。(《正音乡谈》)

据文意，"亐"当为"声"字，各字书不载，《明清小说俗字典》收录了"声"的众多字形，不见"亐"字，有声、声，"亐"当为以上字形进一步讹变的结果。

二、简省

茉

"茉"，《中华字海》读 hé，一种草名。《中华大字典》有三个义项：1.草名；2.农器名；3.同"莫"，见《字汇补》。《汉语大字典》读 hé："《广韵》卢

① 李运富：《论出土文本字词关系的考证与表述》，《古汉语研究》，2005年第2期，第75页。

戈切，平戈匣。草名。《玉篇·艸部》：'茉，草名。'一说同'莫'。《字汇补·艸部》：'茉，与莫同。见裴光远《集缀》'。"

黄泹青（2014）指出明清闽南戏曲方言文献中"茉"也可为"藥"的俗写，如："小人只病又是胭脂致個，除非小姐教小人一个𣗥方，才会医得好。（旦）秀才，阮不识是乜𣗥方，卜买胭脂便买胭脂，莫得言东语西。"（《满天春·郭华买胭脂》）。她认为"藥"写为"茉"的原因为："清代刻本《岭南逸史》中'樂'字写为'乐'，即'樂'字的草书楷化字，今简化做'乐'。'乐'与上揭《满天春·郭华买胭脂》中'𣗥'的下半部件相同，故'𣗥'当亦由'藥'字楷化而来。"[1] 曾良（2017）指出"乐"的草书写法可以上推到汉简，例子很多，并举了《武威汉代医简》中的例子："凡三物，皆并冶合和，使病者宿毋食，且饮𦮼一刀圭。"其中"𦮼"就是"藥"的草书。[2] 由此可见，"茉"为"藥"的俗写的演变过程为：藥→𦮼→茉。

此外，粤方言文献"茉"还为"蘇"的省写，如：

（1）茉龙规谏遭其骂。（《俗文学丛刊》414辑《龙舟歌》，第136页）

（2）泪珠含满眼，偶遇茉龙正值把营还。（《俗文学丛刊》414辑《龙舟歌》，第159页）

（3）茉娘做出一个真情状。（《俗文学丛刊》414辑《龙舟歌》，第108页）

（4）又见茉娘双眼将集望。（《俗文学丛刊》414辑《龙舟歌》，第109页）

同时，又有：

（5）既我蘇秦夫中出，自然有定放官凭。（《俗文学丛刊》414辑《龙舟歌》，第42页）

对比可知，"蘇"写为"茉"是省略了"蘇"左下角部件"鱼"形成的。曾良（2017）指出《古本小说丛刊》第一辑清咸丰刊本《瓦岗寨演义全传》第十三回、第十七回中"茉"也为"蘇"省写后形成的文字。[3]

---

① 黄泹青：《明清闽南方言文献语言研究》，浙江大学博士学位论文，2014年，第198-199页。

② 曾良：《敦煌佛经字词与校勘研究》，厦门大学出版社，2010年，第263页。

③ 曾良：《明清小说俗字研究》，商务印书馆，2017年，第453页。

烈

粤方言文献有"烈"字，用例如下：

（1）薛郎服了茶汤药，微微睡烈觉身安。(《俗文学丛刊》415 辑《龙舟歌》，第 152 页)

（2）体亲棍棒把夫伤，摸吓鼻头还有气，急取姜汤煎烈灌夫尝。(《俗文学丛刊》415 辑《龙舟歌》，第 147 页)

钟奇、高然（2000）调查广东坊间特殊用字时指出，河源地区将"熟地"写为"烈地"。[①] 根据以上文例可知，"烈"即"熟"字省略左上角偏旁"享"形成的。《汉语大字典》《明清小说俗字典》无"烈"字。

尒

粤方言文献有"尒"字，用例如下：

（1）初见我依尒催你赴试。(《俗文学丛刊》415 辑《龙舟歌》，第 088 页)

根据文例可知，"尒"为"然"省略左上偏旁"夕"形成的，《汉语大字典》无"尒"字。曾良（2017）指出"尒"因草书"灬"往往用一横来代替而写为"尒"。[②]《明清小说俗字典》收录了该字。

三、换旁

奴

闽南戏文中"媳妇"的"妇"可写为"奴"，如：

（1）得尹来做我媳奴，七日不食腹不饥。(《明本潮州戏文五种·苏六娘》，第 786 页)

（2）人说奴人多水性，只畏你杨花水性。(《明本潮州戏文五种·苏六娘》，第 798 页)

---

① 钟奇、高然：《广东坊间特殊用字调查报告》，《第七届国际粤方言研讨会论文集》，北京：商务印书馆，2000 年，第 233 页。

② 曾良：《明清小说俗字研究》，商务印书馆，2017 年，第 143 页。

（3）今只去做人媳妇，理家业。（《明本潮州戏文五种·苏六娘》，第824页）

（4）（生）……又一说那卜是人厝妁子无打紧，那卜是人厝新妇亦见不好，莫管，我不免来问伊，"动问妁子，可曾对亲未？"（《明刊闽南戏曲弦管选本三种·新刻增补戏队锦曲大全满天春》，第3页）

（5）（尾声）妇今落水体不见，同甘共苦来到只。妇女尚有全节计生，做男子好无义。（《明本潮州戏文五种·金花女》，第807页）

（6）梅香劝你且忍气从容安落，待几时妇人身全节义，真心打动天共地。（《明本潮州戏文五种·金花女》，第812页）

（7）乡 妇人。正 妇人家，女流。（《正音乡谈》）[①]

《中华字海》"妁"字："'妞'的讹字。字见《龙龛》"。当与以上"妁"为同形字。"妇"字又可写为"姀"，《分韵撮要字汇》第十二"古"上声下有"妇"："女人之称，又妻也"，同页紧接着依次为"娟""姀"二字，"娟，同上"，"姀，同上"。

偏旁"双"当为"彐"或"帚"的俗写[②]，文献中"归"也写为"妁"，如：

（8）（末）鼻头无风，目尚开，六妁刬股乜施为，三般张乞伊身去，亦见人情有所妁。（《明本潮州戏文五种·苏六娘》，第781页）

（9）不知你心要在年，不吞不吐，害尔身己，早知今日添烦恼，亦未接你妁返员。（《明本潮州戏文五种·苏六娘》，第809页）

（10）自怨心中欠谋为，今来共伊人情无所妁。（《明本潮州戏文五种·苏六娘》，810页）

---

① 详见：《中国古籍海外珍本丛刊·美国哈佛大学哈佛燕京图书馆藏中文善本汇刊》子部《正音乡谈杂字汇编》，第317页。

② 沈澍农（2004）指出中医古籍中"妇"字可写为"妁"，原因在于：把"'婦'左侧（疑是作者笔误，当为"婦"右侧）当作声符省去再换入新声符'阝'（'阝'是'阜'的省写）。详见沈澍农：《中医古籍用字研究》，南京师范大学博士学位论文，2004年，第74页。闽南方言文献中"婦"可写为"妁"，"帚"也可写为"妁"，二字右边的"双"当是部件"帚"的换旁字。

娹

"娹",《中华字海》:"'嬂'的类推简化字。"又"嬂":"音直〗女子人名用字。《集韵》。"《古文字诂林》:"刘心源 𡛷 娹字无考，或曰从女兄会意。为姊字。或曰从兄女会意，为姪字。案《川篇》娹音兄。嬉也。即此字欤。【孖商盘《奇觚室吉金文述》卷八】。"除《中华字海》《古文字诂林》外，其他字典、字书皆无"娹"字。

明代闽南方言戏文中"娹"字用例如下：

（1）恁今同事卜相痛，赛过娹妹弟共兄。（《明本潮州戏文五种·荔镜记》五十四出，第 578 页）

（2）哑娹，你入去共恁哑公嗑，媒姨来了。（《明本潮州戏文五种·荔镜记》十三出，第 400 页）

（3）但愿得早来相见，许时节拜谢月娹。（尾声）二人专心又专意，但愿月娘相保庇，枯树逢春再发枝。（《明本潮州戏文五种·荔镜记》第二十出，第 437 页）

（4）（婆）兄弟娹妹同骨肉，别人虽亲未为亲。（《明本潮州戏文五种·金花女》，第 771 页）

以上文献中"娹"当为"姊"字，林寒生（2003）也指出莆仙剧本《目连救母》中"姐姐"写为"娹"（本字姊 tsi⁴⁵³）[1]。《宋元以来俗字谱》女部"姊"字列有"娹"字，见于《岭南逸事》。清末民国台湾地区书契中也有"娹"字，现摘引《力力社古文书契抄选辑——屏东崁顶力社村陈家古文书》用例如下：

（5）的係承父物业，与番亲叔兄弟姪娹妹无干。（《力力社古文书契抄选辑——屏东崁顶力社村陈家古文书》，第 178 页）

（6）係禄兄弟姪承祖父物业，与别番亲及大娹小妹人等无干。（《力力社古文书契抄选辑——屏东崁顶力社村陈家古文书》，第 238 页）

① 林寒生:《汉语方言字的性质、来源、类型和规范》,《语言文字应用》, 2003 年第 1 期, 第 58 页。

以上"妡"见于闽粤方言文献,闽方言塞擦、清音只有一套 [ts][tsʻ],粤方言塞擦音只有一套为 [ʧ][ʧʻ],因此"姊""只"声母相同,韵母区别是"只"有入声塞音韵尾,因此"姊"换旁写为"妡"。

挧 胸

客家文献中有"挧挧缩缩""挧挧哩动""挧都唔挧下子""唔挧唔动",用例如下:

(1)这个可怜介妇女,用双手遮紧面,有喙毛话讲,挧挧缩缩企紧在耶稣面前。(《客话读本》,第 1314 页)

(2)等多一阵,又有个人,面貌极其凶恶,在光窗鳞里焱下落,一到地就被佢劈做两节,都还晓挧挧哩动。(《客话读本》,第 1306 页)

(3)该几个女人又尽笑,笑去一身都挧挧哩动。(《客话读本》,第 1779 页)

(4)吴猛尽在佢叼,尽在佢齧,挧都唔挧下子。(《客话读本》,第 632 页)

(5)关公话:"任 / 随 ① 你破割,吾盲像平常人畏痛介吗?吾一定唔挧唔动。"(《医界客话读本》,第 170 页)

也有"胸胸缩缩""胸胸哩动",如:

(6)又竟系惊怕自家介力量唔够,就胸胸缩缩,推推宕宕,甚至倒放下唔做,咁样在表面上,就话得毛损失呢?(《客话读本》,第 886 页)

(7)就检出其钱袋与德皇介金表,一下交畀胸胸缩缩十分毛胆介佛烈资。(《客话读本》,第 1069 页)

(8)若使细子胸胸哩动,就样般好呢?(《客话读本》,第 1023 页)

《中华字海》"胸"的释义为:(一)nǔ ①农历月初月亮出现在东方;②亏缺;不足。(二)gǎ [胸胸](幼儿语)〈方〉肉。《集韵》:"搐挧不申。"《康熙字典》:"挧,不申也。"以上辞书释义与文献用例不合。

《客家话词典》有"胸"字,注音为 nug⁶,有两个义项:①颤动;②醒悟、

① 这里的"/"表示"任""随"都可以用,即"任你割破"或"随你割破"。同书中"/"用法相同。

觉察，该字下有词语"朒朒缩缩"，义为"畏缩不前的样子"（第168页），与文献中"朒""㨃"用法相合。《中华字海》"朒"字：nà，音纳］，见"膃"，与《客家话词典》的"朒"同形，意义完全不同。另外曾良（2017）指出《集成》（即《古本小说集成》）清刊本《忠烈全传》第三十五回中有"走动却似闪朒了腰一般。"其中"朒"即"扭"义，"朒"字《集成》贯华堂本《第五才子书水浒传》中做"朒"，原因是不少区域方言"肉""扭"是同音的，因为是动词，俗写或改旁为"扌"，俗作"㨃"。①

佗

文献中有：

（1）喀伯好老好弱，行路就背佗。（《启蒙浅学》230节，第95页）

（2）因为有人眼盲耳聋背佗手瘸脚跛结舌近视眼。（《启蒙浅学》第32节，第117页）

（3）crook-backed，佗，tó.（《英华韵府历阶》，第56页）

"佗"即"驼"字，"驼背"是描写人的形态，所以改换形旁为"亻"。《说文》："佗，负荷也。"《说文解字注》："负字盖浅人增之耳。《小雅》：'舍彼有罪予之佗矣。'传曰：'佗，加也。'此佗本义之见于经者也，佗之俗字为驼为驮，隶变佗为他，用为彼之称。"

酣

新埠，海中岛也，一名布路槟榔，凡无来由所居地有果二种，一名流连子，形似菠萝蜜而多刺，肉极香酣，一名茫姑生，又名茫栗，形如柿而有壳，味亦清酣。（《粤语中文文选》，第419页）

《粤语中文文选》"酣"对应的罗马字注音为ᶎt'ím。"酣"本读hān，有"酒喝得很畅快""尽量、痛快""浓、盛"等义，音义与语例不符，这里"酣"为"甜"的换旁俗字。

---

① 曾良：《明清小说俗字研究》，商务印书馆，2017年，第267页。

毯

《英话注解》中有："毛毯 blanket，carpet"，又有："绒毯 carpet"，"地毯 rugs"[①]。"毯"即"毯"的换旁俗字。

四、类化

类化分为两类：一类为受上下字或字内其他部件影响而发生的同化现象，这类现象在汉字史上常见，还有一类为受同类现象影响（如都记录方言词、外来词）而文字形体或结构上发生的趋同现象，形体趋同如记录方言词、音译词的"口"旁字，结构趋同如《启蒙浅学》中的反切字。

（一）受上下文字或字内部件影响发生的同化

趯　趕

（1）（占）有心到泉州，畏乜山共岭，打紧走来去，又畏人趯力。（《明本潮州戏文五种·荔镜记》第三十三出，517页）

（2）趯上，run after.（《华英通语》，第 227 页）

（3）趯回去，put to flight.（《华英通语》，第 241 页）

以上的"趯"当为"趕"字。"趕"左边部件"走"的上部分受右边"旱"上部的影响类化为"日"，"趕"写为"趯"。"趯"字右边偏旁"旱"省写为"干"，形成"趯"。如：

（4）小七趕到龙井溪，得见官人泪哀哀。（《明本潮州戏文五种·荔镜记》第四十八出，第563页）

砃

石砃 flat stone。（《英话注解》）

"砃"当为"板"字，"板"受上字"石"的影响写为了"砃"。

[①] 该书没有标页码。

稂

双翼飞在禾头上，任吾挑拣好禾稂。（《客话读本》，第 748 页）

《中华字海》《汉语大词典》等工具书"稂"注音为 láng，《汉语大词典》释义有二：1. 莠一类的草，2. 姓。这里"稂"当为"粮"字，因受上字"禾"的影响类化为"稂"。

（二）受同类现象影响文字形体或结构的趋同

南方方言文献中还有一类特殊的类化现象，即受同类字或同类现象影响引起的汉字形体或结构趋同。如：

吼

（1）鼻吼。（《粤语中文文选》，第 51 页）

（2）係鼻吼生一条肉塞住個鼻吼。（《粤语中文文选》，第 52 页）

（3）耳吼。（《粤语中文文选》，第 56 页）

（4）吼 foramina，or small openings.（《粤语中文文选》，第 519 页）

（5）外鼻吼 Nares anterior，or outer nostril.（《粤语中文文选》，第 521 页）

（6）眼吼 crbital foramen，or socket of the eye.（《粤语中文文选》，第 521 页）

表"细微的洞"义该写为"孔"，这里写为"吼"。原因是粤方言记录外来词、方言词、口语词时，有在常用汉字左边加"口"旁的习惯，受此影响，已经有书写形式的常用词也加上了"口"旁。"孔"写为"吼"也见于其他明清时期文献中，周志锋（2006）、张文冠（2014）均有论述①。本书第四章将详细探讨"口"旁字的形成原因及"口"旁的功能。

另外，福州文献带"亻"旁的字特别多，以下略举几例：

（1）mwongˀ c̜h'üng c̜kung，佣充军 or mwongˀ k'iéng，佣遣 to banish（beyond the frontiers）to the garrisons.（《榕腔初学撮要》，第 151 页）

---

① 周志锋：《明清小说俗字俗语研究》，中国社会科学出版社，2006 年，第 52 页；张文冠：《近代汉语同形字研究》，浙江大学博士学位论文，2014 年，第 325 页。

（2）mwong ˀ ₂ liu，倜流 to banish 3000 li from one's home.（《榕腔初学撮要》，第 151 页）

（3）₂ huí，佪 times，repetition.（《榕腔初学撮要》，第 159 页）

（4）₂ huí，佪 that—the correlate of this.（《榕腔初学撮要》，第 201 页）

（5）chiang，倕 to finish，to complete，as a job partly done.（《榕腔初学撮要》，第 199 页）

此类的字还有"仈""倹""伓""仈""伶"等。陈泽平（2010）指出："一些常用字的文白两读在方言文本中都是常用的，且用法已形成词汇分化，一般不能互相替代。为避免书面上的互相混淆，为白读用法加上'亻'以示区别。这个标志同样也用于其'本读'也常见于方言文本的训读字。"[1] 李运富、牛振（2018）指出记录少数民族组名时也有加"亻"旁的习惯："标音用字，就是所用汉字只是标记少数民族族名的民族语言发音，与族名的构词意义没有关系。……新造的专用标音字数量并不多，但有显著的类化特征，都以'人'旁为表义构件。"[2]

其他类化现象如为化学元素造的字，如《英华字典》中有衕、衔、衡、衠、衡、衚、衛、衡、衏、衚、衎、衑、衍、衕、衢等字。在"行"中间镶嵌其他表义部件形成新字，从外形上一眼可知其记录化学元素，但这些文字对固体、液体、气体的化学元素在形体上不做区分，自身不具有标音性质，因此只是昙花一现。

五、增旁

增旁，即人们按照文字表示的意义增加相应的表意部件，如"了"表"八哥鸟"时写为"鸟"，粤方言"利"表"舌头"时写为"脷"，"愚"写为"憃"，"臼"写为"硲"，"叢"写为"欉"等。增旁字容易识别，不会给人们

---

[1] 陈泽平：《19 世纪以来的福州方言——传教士福州土白文献之语言学研究》，福建人民出版社，2010 年，第 36 页。

[2] 李运富、牛振：《少数民族汉字族名用字考察》，《汉字汉语研究》，2018 年第 3 期，第 15 页。

的交流交际造成障碍。但有些增旁字，在使用的过程中，人们隔断了它与原字（即增旁前的文字）的关系，造成了理解上的障碍。以下略举两例。

膋 膫 勝

《汉语大字典》等大型工具书"膋"读 liáo，义为"肠间的脂肪，又泛指脂肪"。闽南文献也有用例，如：

（1）milt，鱼膋，hî-lâ.（《厦门方言英汉辞典》，第 314 页 milt）

"膋"字下部的"月"为形旁，表示与肉有关。由于它的表意作用不明显，"膋"字就增加形旁"月"，同时"膋"下部的"月"换成了"力"，写成了"勝"字，如：

（2）勝，lâ，fat.（《A Handbook of the Swatow Vernacular》，第 63 页）

（3）割四斤牛肉。三斤羊肉，弍斤猪勝。Buy four catties of beef，three catties of mutton，two catties of lard.（《A Handbook of the Swatow Vernacular》，第 89 页）

（4）fat，lard，lâ 勝（《A Handbook of the Swatow Vernacular》后附词汇表第 43 页）

"勝"字又写为"膫"，如：

（5）benares，膫，lâ（《翻译英华厦腔语汇》，第 96 页）（注：此例的"膫"字是手写的，可能为后人添加的。）

李新魁、林伦伦（1990）："《潮汕特产歌》有'贵屿出名浮膫饼'句，字作'膫'，也为方言字。本字是'膋'。"[①]"勝"字不见于古今各种工具书。"膋"，今《现代汉语词典》规范字形为"膋"。

---

① 李新魁、林伦伦:《潮汕方言词本字研究——兼谈本字考的方法》,《汕头大学学报》（人文科学版），1990 年第 3 期，第 10 页。

占　粘　秥

今大米有"粘米""籼米""粳米""油粘"之说，"油粘"如下图 1-1：

图 1-1

各辞书无"粘米"一词。《现代汉语词典》（第 7 版）"粘"有两个读音：
（一）zhān ①黏的东西附着在物体上或者互相连接，②用黏的东西使物件连接
起来。（二）nián ①旧同"黏"，②姓。

网络上人们对"粘米"的认识可归纳为两类：1. 粘米就是平时吃的大米
（水稻），叫粘米，意指该米有粘性[1]；2. 粘米（读 zhān）是南方油性比较大的
米，也叫丝苗米，最有名的品种叫油粘子。[2] 第二条帖子的回复里有："大米
和糯米是两类，籼米和粳米都是大米，籼米又叫粘米，粳米又叫珍珠米。"那
么"粘米"到底指什么？有粘性还是无粘性呢？

"粘米"，最早写为"占米"，《正音乡谈》："乡 占米。正 早米。"闽南
方言"占米"即官话"早米"。李荣（1997）对"占米"的来历、意义及南
方方言的使用等有详细说明，认为"占米粘性差或没有粘性，占米对糯米
而言"，并考证出最早写为"占米"，是因为该米得自占城[3]。《闽南方言大
词典》"占"字的第②个义项为："晚季米，晚秋的稻子碾成的米：新 ~ ｜
旧 ~ 。"并有"【占仔米】〈厦漳〉tsiam$^{1-6}$ a$^{3-1}$ bi^3〈泉〉tsiam^1 a$^{3-2}$ bi^3"（第

---

① 详见 https://zhidao.baidu.com/question/279735521.html。

② 详见 http://www.xiachufang.com/salon/11052。

③ 李荣：《考本字甘苦》，《方言》，1997 年第 1 期，第 11-13 页。

341 页）。由于是米，各地方言加"米"或"禾"旁，写为"粘""秥"。同书又有"【稳仔米】un³⁻¹ a³⁻¹ bi³"（第 373 页），"稳"字注音为 un³，第④个义项为：晚季的：~ 冬，同时指出"稳仔米"又可写为"晚仔米"。"晚仔米""稳仔米"的写法当是因为闽南方言"稳""晚"读音相近，与"占仔米"属同一东西。

今天，人们不了解"粘米"的来源及历史，将它与"粘"原有的意义相混淆，把"粘米"释为"有粘性的米"，正好与"粘米"本有的意义相反。其实"粘米"的"粘"与"粘贴"的"粘"只是同形，其演变过程为：占→粘（秥）。

"粘"的这种用法福建漳州还在使用，据杨泽生教授告知，粤、客方言区"粘"也有这种用法。

姆

《汉语大字典》"姆"：（一）mǔ，①古代以妇道教人的女教师；②乳母；③夫之嫂谓姆。（二）m̄ [姆妈] 方言。①母亲；②尊称年长的已婚妇女，如：刘家姆妈。"姆妈"有"母亲"义，为吴方言词。江蓝生（2007）："吴语里'妈'衍音为'姆妈'，也是同样的情况（见许宝华等 1997：212；叶祥苓1998：182）。'妈'字缓读衍生出闭音节 [m]，使'妈'字变为双音节，'姆'不承担词义，是个羡余音节。"[①]

闽南方言文献"姆"用法与以上不同，"姆"为"母"的增旁字，如：

（1）（丑）姆上请入。（占）只正是亲姆。（《明本潮州戏文五种·荔镜记》第五十三出，第 576 页）

（2）（占）亲姆失礼。（《明本潮州戏文五种·荔镜记》第五十三出，第576 页）

---

① 江蓝生：《说语音羡余词》，原载《中国语言学集刊》第二卷第一期，中华书局，2007，该文收入江蓝生：《近代汉语研究新论》（增订本），商务印书馆，2013 年，本书据此引用，详见第 294 页。江蓝生文中引用的文献为许宝华、陶寰《上海方言词典》，江苏教育出版社，1997 年，叶祥苓《苏州方言词典》，江苏教育出版社，1998 年。

（3）（去白）李婆，你今早来咀得亦是，你去林厝对林亲姆说，阿公见咀都听，但嫁妆诸般礼物，出伊门入赧门，莫得嫌弃，其扫厅、利市、花红整齐，尽在亲姆门面。我今要去上庄，不得留你待饭。（《明本潮州戏文五种》，第 698 页）

（4）husband's mother in law，丈姆婆，tiên -m̂-phûn，ngak-bó（《A Handbook of the Swatow Vernacular》，第 152 页）

（5）his wife，岳伯姆，ngié ˀ ˎ ka ˤ mu ˎ pó.（《榕腔初学撮要》，第 180 页）

楋　科

（1）乡　一丛。正　一楋块合口正。（《正音乡谈》，第 333 页）

（2）乡　一丛。正　一科块合口正。《正音乡谈》，第 333 页）

《汉语大字典》"科"的第⑬个义项为："丛"。义项⑳为："通'窠'，巢，穴。"黄树先（2010）指出："【科】*khool//*khol，《广雅·释诂》三：'科，本也。'《广雅·释言》：'科，薰也。'"并指出："'科'跟'柯'来源相同，指枝桠，是名词；用作动词，就是砍去枝桠。相同的语义发展，可以比较汉语'薪樵蕘'。在我的家乡湖北黄陂，只说'科桠子'。"[1] 王华权（2012）谈及"莁""薖""窠"三字关系时有：

《说文》收"窠"，云"空也。穴中曰窠，树上曰巢。"《一切经音义》所收"薖""莁"当均为借用字，段玉裁释"窠"注"或借科为之，《孟子》'盈科而后进'是。或借薖为之，如《卫风》'硕人之薖'毛云'宽大貌'，郑云'饥意'，皆是"，马瑞辰《毛诗传笺通释》"薖音又近窠"。[2]

可见，"楋""科"当记同一个词，"楋"是在"科"的基础上加形旁"木"形成的。

---

[1]　黄树先：《汉语核心词"木"研究》，载黄树先著《汉语核心词探索》，华中师范大学出版社，2010年，第 209 页。

[2]　王华权：《〈一切经音义〉文字研究》，上海师范大学博士学位论文，2012年，第 95 页。

第二节　语音变化视角考察

文字是记录语言的书写符号系统，语言在时间、空间维度上发生了变化，记录语言的文字也会做出相应调整，呈现出步调一致、向同一方向演进的趋势，即语言文字演进具有同步性。张永言（1964）指出："对于语言发展过程中语音（词的声音形式）和文字（词的书写形式）交互影响的现象，郦道元作了细致的观察，揭示出这一现象的两个方面：一是'字随读改'或者说'字从声变'，另一方面是'读随字改'或者说'音从字变'。前者是语言影响文字，词的声音变了，写法会跟着变；后者是文字影响语言，词的写法变了，语音也会跟着变。"[1]同时他认为："语音和文字交互影响的问题在汉语史研究中迄今没有受到应有的注意。早在一千四百多年前郦道元就能够比较全面地提出来'字随读改'（'字从声变'）和'读随字改'（'音从字变'）的理论并用许多实例加以说明，这是很值得汉语史和中国语言学史的研究者重视的。"[2]

张永言先生谈到的"字随读改"或"字从声变"现象，即语言特别是语音变化导致用字层面的变化，具体表现为：语音变化，如声母分合、韵母对转、声调变化、轻声、儿化、缓读、合音等现象，会造成人们听感上的差异，听感差异则会导致用字层面的变化。此外，还有一种情况，由于方言间语音差异较大，同一文字在各方言中的同音或近音字不同，方言区根据自身的用字习惯也会选用与官话不一样的同音或近音字。

张振兴（2000）曾指出："闽、吴、粤、客方言类似'鼓、門'这样的共同词汇成分，我们还可以举出一些来。有时候，各方言之间习用字形的差异，

---

① 张永言：《郦道元语言论拾零》，该文原载于《中国语文》，1964 年第 3 期，后收入《语文学论集》，本书引自：《语文学论集》（增订本），复旦大学出版社，2015 年，第 137-138 页。

② 张永言：《郦道元语言论拾零》，《语文学论集》（增订本），复旦大学出版社，2015 年，第 139 页。

会掩盖词语相同来历的本质。"^① 因此我们有必要通过语音演变梳理同一语言形式在不同方言、不同文献中用字的差异，就方言文献中语音变化导致用字与官话文献不同的情况加以梳理，尽可能沟通不同方言与古汉语用字间的关系。

一、同源字

母　妈　嬷　妳　厶

（一）母　妈

"母"中古音为明母流摄侯韵开口一等上声字，"妈"为明母遇摄模韵合口一等上声字。《广雅·释亲》："妈，母也"。"妈"来自于"母"，"妈""母"同源，学界多有讨论^②，不再赘述。此处提供几个"妈亲""亲家妈"的用例，进一步证实"妈"由"母"而来，如：

（1）（旦）伊寻不见小妹，我寻不见妈亲。（《明刊闽南戏曲弦管选本三种·新刻增补戏队锦曲大全满天春》，第3页）

（2）（旦）那是寻不见我妈亲即苦。（《明刊闽南戏曲弦管选本三种·新刻增补戏队锦曲大全满天春》，第3页）

（3）恁厝妈亲共伯姆甲伊莫相轻弃，是阮当初佐可不自，自今旦一笔都勾，莫得提起。（《明刊闽南戏曲弦管选本三种·新刻增补戏队锦曲大全满天春》，第29页）

又粤语文献中"亲家母"写为"亲家妈"，如：

（4）各人见他咁凶势，咁撒赖，难以用手相争，只得劝曰："亲家妈呀，你唔再咁发怒咯，死者不能复生，总之将此田交还与你便罢。"（《俗话倾谈二集·泼妇》，第265页）

---

① 张振兴：《闽语及其周边方言》，《方言》，2000年第1期，第14页。

② 《汉字源流字典》"妈"："【构造】形声字。楷书繁体作媽，从女，馬声。如今简化作妈。是为'母'的口语变音后造的字。"（第348页）

（二）嬷　妶

1.“妶”为“妈”音变后的记音字

张丽、储小昱（2005）认为：“‘嬷’本是‘妈’的俗字，本读作 mā，后由于受字形影响，部分作品已从俗读作 mó”①，读 mó 字又可写为“么”，加形旁“女”写为“妶”。《汉语方言大词典》有“阿么”“阿妶”“亚妶”，如：

【阿么】①〈名〉妈；母亲。客话。广东惠州。（2984 页）

【阿妶】〈名〉祖母。闽语。福建永春 [a^{44-21}　$bã^{53}$]（2988 页）

【亚妶】〈名〉祖母。粤语。广东广州。《广东儿歌·真好笑》：“～叫，我地快的摇。”（1732 页）

《汉语方言大词典》“阿妶”注音为 [a^{44-21} $bã^{53}$]，闽方言声母 [m] 常读为 [b]，可知这里“妶”就是“妈”的方言记音字。其变化过程为：“嬷”字写为同音字“么”，因与女人相关，就加形旁“女”，写为“妶”，其变化过程当为：母→妈→嬷→么→妶。

2. 闽方言“妶”“厶”“奺”

闽方言“妶”有“女人、妻子”义。《汉语大字典》“妶”：“[孧妶] 见孧。”又“孧”字下有：“[孧妶]，方言。讨老婆。《中国谚语资料》上：‘三十夜孧妶（除夕讨老婆），今年有好食。’”《中华字海》“妶”：“音未详。〈方〉妻子。《中国谚语资料上》：‘三十夜孧妶（除夕夜讨老婆），今年有好食。’”除此之外，其他大型工具书不见“妶”字。

我们目前搜集到的文献中“妻子”“女人”义写为“妶”字最早见于 19 世纪文献，如：

（5）wife，Bóu，chhi，làu-phûa 妶，妻，老婆（《A Handbook of the Swatow Vernacular》，第 152 页）

（6）妶 bo，a female.②（《汉英潮州方言字典（第 2 版）》，第 3 页）

① 张丽、储小昱：《“嬷嬷”音义补正》，《安庆师范学院学报》（社会科学版），2005 年第 6 期，第 98 页。

② 该页“妶”字左上角标了꜀，为 bo 音的声调，对照前言可知该为上声。

该词至少在明代已经产生，明代潮州戏文表"妻子""女人"义写为"厶"，如：

（7）我是潮州林大爹，打扮是消劳，头上戴帽，脚下穿靴，今旦日来见厶爹。（《明本潮州戏文五种·荔镜记》第三十七出，第523页）

（8）（外）谁欠你厶？（净）你欠我厶。（《明本潮州戏文五种·荔镜记》第三十七出，第523页）

（9）（净）只样仔婿不中，你世界讨无，若还讨，无厶还我，定要告你。（《明本潮州戏文五种·荔镜记》第三十七出，第524页）

（10）（旦）谁是恁厶？（生）外子半冥正是时。（《明刊闽南戏曲弦管选本三种·新刻增补戏队锦曲大全满天春》，第9页）

《荔枝记》中写为"姑"，如：

（11）风流有名声，又街巷从我行，又二十八岁未有姑，前后央人乞亲情。（《明本潮州戏文五种·荔枝记》第五出，第591页）

（12）使尽零落钞，见着亲人不敢旦，丈夫人无姑，恰似衣裳讨无带。姿外人无婿，恰似溪中船无舵。（《明本潮州戏文五种·荔枝记》第五出，第592页）

（13）我今央你去求亲，带着我无姑守孤身。（《明本潮州戏文五种·荔枝记》第七出，第603页）

《明本潮州戏文五种》影印的《荔镜记》刊刻于嘉靖丙寅年（1566年）（以下简称嘉靖本），《荔枝记》刊于万历辛巳（1581年冬）（以下简称万历本）。由以上可知，《荔镜记》（嘉靖本）用"厶"，《荔枝记》（万历本）用"姑"。明嘉靖本《荔镜记》全名《重刊五色潮泉插科增入诗词北曲勾栏荔镜记戏文》，明代福建建阳余氏新安堂一五六六年刊行，余氏在戏文末尾介绍说："因前本《荔枝记》字多差讹，曲文减少，今将潮泉二部增入彦臣勾栏诗词北曲，校正重刊，……名为《荔镜记》。"潘培忠（2016）介绍，目前发现的最早的《荔枝记》为万历本①，那么可以推测《荔枝记》还当有更早的版本未被发现。关于二书用字情况，有两种假设：1.《荔镜记》（嘉靖本）用"厶"，最早的《荔枝记》用"厶"，《荔枝记》（万历本）用"奾"，先有"厶"再产生"奾"；2. 最早的《荔枝记》用"奾"，《荔镜记》（嘉靖本）用"厶"，先有"奾"后有"厶"。我们认为第一种更合理，理由为：1. 方言区有先使用同音替代字，再给同音字添加与其意义相符的形旁形成新字的用字习惯，稍后时代表示该词的"奾""嬷""媌"等字也都有这种书写习惯；2. 李新魁、林伦伦、吴守礼等考证该词本字为"母"②，并指出《汇音妙悟》中"母、厶、某"同音，而历代字书无"奾"。

还可写为"妕"，如："妕，妻也。奾同妕。见《潮语十五音》。"③其发展当为：母→厶（某）→奾→妕。

闽南方言文献表"妻子、女人"义的"厶""奾""妕"等字也可写为"某""嬷""媌""嫯""婆"等字形，如：

（14）female of mankind, 查某, cha bó.（《翻译英华厦腔语汇》，第127页）

---

① 潘培忠：《明清戏文〈荔镜记〉〈荔枝记〉在海峡两岸的刊布、整理与研究》，《戏曲艺术》，2016年第3期。

② 闽语表"妻子""女人"义写为"厶""某"等的本字，学界有以下几种观点：1. 来源于"奻"。叶俊生《闽方言考》："奻，妇也。《说文》：'奻，女字。一曰嫠妇守贞不移也。'《广韵》《集韵》并音久。《戚林八音》：'奻，音宙，妇也。俗谓娶妇曰讨奻。'"详见南江涛选编《汉语方言研究文献辑刊》卷九《闽方言考》，国家图书馆出版社，2013年，275页。2. 来源于"嫧媌"。翁辉东《潮汕方言》卷七"嫧媌"条："嫧媌，妇女称渣畝，应作嫧媌。案：嫧，《广韵》：'音赜'，嫧渣双声，《博雅》：'嫧，训为好，又曰婷。嫧，鲜好貌。'又婷字下云：'好也，妇人整齐貌。'《说文》：'嫧媙与姃，齐谨也。'媌，《集韵》：'湝模切，音铺，女子也。'铺畝叠韵，综言之，好女子也。辉东曰：吾人以好女子称女性，亦犹以大夫称男性，雅正极矣。"3. 来源于"母"，详见李新魁：《潮州方言词语考源》，《学术研究》，1964年第3期，第93页；林伦伦：《汕头方言词汇（二）》，《方言》，1991年第3期，第235页；吴守礼《释瓮、公、厶》，详见吴守礼：《闽台方言研究集（2）》，台北南天书局，1998年，71页。

③ 本条引自吴守礼：《释瓮、公、厶》，详见吴守礼著《闽台方言研究集（2）》，台北南天书局，1998年，第70页。

（15）鲤鱼做媒人，土蜥做婼嫐。（闽南歌谣《天乌乌》）①

（16）嬷[muo³³] 妻。（《福州方言词典》，第 133 页）

（17）汝来爱我已却迟，汝来害我受耽（／耽）置，爱我作蓦＊须待后世。（《泉南指谱重编》第十八套次麹）②

（18）我定慔（／嫯）（要也）共我三哥作婆＊婿。（《泉南指谱重编》第三十套四出）③

李新魁、林伦伦、吴守礼等考证该词本字当为"母"，但没有列举文献用例，本书略作补充。④汉语史上有"母人"一说，"母人"即"女人"，东汉以来汉译佛经多见。佛经文献"母人""女人"同现，意思相同。俄藏本《中本起经》写卷："大道爱言：'贤者阿难，我用母人，不得受佛法律，以自悲伤。'"方一新认为，"我用母人"句，上图本《中本起经》写卷同，大正藏作"今我用女人故"，"母人"作"女人"，《中华藏》作"母人"，与敦煌写卷同。后汉支娄迦谶译《道行般若经》卷五："譬若母人一一生子，从数至于十人，其子尚幼，母而得病，不能制护，无有视者。"据方一新考证，"母"可以是女性的泛称，《史记·淮阴侯列传》："信钓于城下，诸母漂，有一母见信饥，饭信。"《东观汉记·朱晖传》："（贼）欲裸夺妇女衣服，昆弟宾客皆惶迫，伏地莫敢动，晖拔剑前曰：'财务皆可取，诸母衣不可得。'"中土文献中只有"女人"而没有"母人"，"母人"应当是译经翻译者因为"母"有"女性"义，而因"女人"类推联想造的新词。闽南语"母"还引申出了"妻子"义。

---

① 该条引自林寒生：《汉语方言字的性质、来源、类型和规范》，《语言文字应用》，2003 年第 1 期，第 58 页。

② 林鸿：《重编泉南指谱》，本书引自吴守礼《释瓮、公、厶》，详见吴守礼：《闽台方言研究集（2）》，台北南天书局，1998 年，第 71 页。

③ 林鸿：《重编泉南指谱》，本书引自吴守礼《释瓮、公、厶》，详见吴守礼：《闽台方言研究集（2）》，台北南天书局，1998 年，第 71 页。

④ "母人""母"为"女人"义的例证和观点引自方一新教授在第七届汉语言文字学高级研讨班暨青年学者论坛（2017 年 8 月 18 日，扬州大学）的报告《从词汇史角度看中古写经与刻经的异同》。

芳 芀 笏 簕

"簕"不见于古代字书,《汉语大字典》《中华字海》《现代汉语词典》收有"簕"。《汉语大字典》:"lè,竹名。一种有刺的竹子,俗称刺竹。"《中华字海》:"音'欢乐'的'乐'》[~竹]①一种竹子,竹叶背面有稀疏的短毛。②地名,在广东省。"《现代汉语词典》(第7版)"簕"字没有释义,后只收有两个词语:【簕樠】lè dǎng 图 常绿灌木或乔木,枝上有刺,小叶长圆形,花淡青色,蒴果紫红色,种子黑色,可提制芳香油。根可入药。【簕竹】lè zhú 图 竹子的一种,高达15米左右,枝上有锐利硬刺,叶子披针形,背面有稀疏的短毛。

"簕"常用于"簕竹"一词,《现代汉语词典》《中华字海》"簕"没有单独释义,只解释了"簕竹"一词,《汉语大字典》将"簕"释为"一种有刺的竹子"。《现代汉语词典》"簕樠"显然不是竹子,"簕樠"中的"簕"该如何解释呢?以下通过探讨"簕"字的形成过程与词义来回答这一问题。

(一)"簕"字的形成过程

李格非(1984)指出:"粤语区广州、玉林方言,把'棘'这种有刺的事物,念做[lak],与'肋、勒'同音,另有一个方言字'簕',就是带刺的竹。另外把'力'念作[lɛk],从力得声的字'肋、勒'等字都念作[lak],则《广韵》中与'肋'同声符,同小韵的'芳',粤方言也应该念作[lak]。"① 由李格非(1984)可知,"簕"是粤方言字,古代官话汉语文献记为"芳",粤方言"勒"与从"力"得声的字读音相同,"簕"是按照"芳"的粤方言读音造的记音字。

那么"芳"又是如何产生的呢?曾良(1995)在考释敦煌文献"枥蔂"一词时说:"'枥'实际上就是棘的意义,既可以是指长有刺的植物,也可以表示刺的意义。这个词的本字不好确定,它有多种写法,'枥'还可以写

---

① 李格非:《释"芳"、"棘"》,《武汉大学学报》(社会科学版),1984年第4期,第72页。

成'枌''笏''劵''芀'等形式。"①曾良（1995）引用了《资治通鉴》"芀
（芀）"的用例及胡三省的注："《资治通鉴·唐宣宗大中十二年》:'（王）式有
才略，至交趾，树芀（芀）木为栅，可支数十年。'胡三省注'芀'字道:
'读与棘同。棘，羊矢枣也，此木可以支久。'"对此，曾良认为："胡氏认为
'芀'义同棘是正确的，但'芀'字读音并不读棘，'芀'字属来母。"其实李
格非（1984）在探讨新疆古城地名时已经指出了"棘"与"力"语音上的联
系:"'棘、力'，从文字看，毫无关系，从语言看，却很接近。'棘'，《广韵》
属职韵见母，构拟音值 [kǐək]。'力'，《广韵》属职韵来母，构拟音值 [lǐək]。
上推周秦古音，这两个字除声母有"见"[k]、"来"[l] 的区别外，韵母分类、
韵母韵值都是完全相同的。见、来互转，是古籍常见例（下面详述）。可见
'棘、力'，虽用字不同，但都是各自运用语音相同相近的字，给这个城市命
名，或是记录当时这个城名的实际语音，文字符号虽然略异，所反映的语言
实际是相同的。"②董同龢（2001）认为先秦甚至汉代有 kl- 型声母的存在，并
举出 l- 与 k- 谐声的例子，如景、京 k-: 掠、凉 l-。③可见"棘""力"语音上
也是相通的。

"棘""力"读音相通，"棘"可写为"力"，李格非（1984）提到，新
疆古城名不同史书分别写为"白棘""白力""白刀"，④他认为"棘"意义与
草木有关，"力"后来也加上示意部件"艹"，写为"芀"。曾良（2006）指
出《隶释》《南齐书》等文献中"竹""艹"不别，如"菅"即"管"字⑤，
那么"芀"也可写为"笏"，如《皇华纪闻》:"广州多笏竹，其节多刺，田
家僧舍植为藩篱。《西西杂俎》以为棘竹。"或改换形旁写为"枌"，古籍中

① 曾良:《疑难词语试释三则》，《古汉语研究》，1995 年第 4 期，第 62 页。
② 李格非:《释"芀"、"棘"》，《武汉大学学报》（社会科学版），1984 年第 4 期，第 71 页。
③ 董同龢:《汉语音韵学》，中华书局，2001 年，第 297-298 页。
④ 李格非:《释"芀"、"棘"》，《武汉大学学报》（社会科学版），1984 年第 4 期，第 71 页。"白刀"
的"刀"当为力的讹误，偏旁"力"讹误写为"刀"在东汉碑文中就已经存在，详见董宪臣《东汉碑
隶文字研究》，西南大学博士学位论文，第 95 页。
⑤ 详参曾良:《俗字及古籍文字通例研究》，百花洲文艺出版社，2006 年，第 122 页。

"刀""力"相混①，"芀"是在"芀"基础上讹变产生的。曾良（1995）列举了马王堆汉墓《老子》甲本中"楚朸"一词，《老子》乙本及今《老子》通行本都写为"荆棘"。《诗·小雅·斯干》："如斯如棘"，马瑞辰《毛诗传笺通释》："棘与勒声近而义同"。曾良（2017）指出"荔"有"刺"的意思，可以写作"勒""朸"，并举出了文献中"颠棘"或名"颠勒"的例子，现摘引如下：

《艺文类聚》卷八十一《药香草部》上"天门冬"条引《本草经》曰："天门冬一名颠勒，味苦，杀三虫。"同条引《抱朴子·内篇》曰："天门冬或名地门冬，或名颠棘。"②

从音、义来看，"朸""芀""笏""勒"和"棘"都有密切的关系，它们是记录语言中同一个词的不同文字形式。张永言在列举"语言影响文字，词的声音变了，写法会跟着变"的例子时就提到郦道元《水经注》关于"力""棘"二字的阐述。③

综上所述，粤方言字"簕"的形成过程当为：古代汉语由棘→力→芀（笏/朸），棘→勒，粤方言文献"勒"加形旁⺮成为"簕"。

（二）"簕"字的意义

《故训汇纂》"棘"所引第 24 个训释为："棘，橘枝刺若棘也。《楚辞·九章·橘颂》'曾枝剡棘'王逸注。"；第 27 为："棘，木刺也。江淹《萧太傅谢追赠父祖表》"。曾良（1995）指出，"棘"既可以指"长有刺的植物"，也可以表示"刺"的意义。那么与"棘"记录同一个词的"芀""笏""朸"等字也应当有"长有刺的植物""刺"两种意义。

《汉语大字典》"芀"下有：

① 详参王宁：《汉字构形学导论》，商务印书馆，2015 年，第 66 页。

② 曾良：《明清小说俗字研究》，商务印书馆，2017 年，第 293 页。

③ 张永言举《水经注》中的例子摘引如下：棘水自新野县东，而南流入於淯水，谓之为力口也，"棘""力"声音相近，当为棘口也，又是方俗之音，故字从读变，若世以棘子木为力子木是也。（卷三十一，淯水）。详见张永言：《郦道元语言论拾零》，《语文学论集》，复旦大学出版社，2015 年，第 138 页。

（一）lè《广韵》卢则切，入德来。① [蘿芳] 即罗勒。香草名。……②同"扐"。古代筮法，……（二）jí 木名，羊矢枣。《资治通鉴·唐宣宗大中十二年》："（王）式有才略，至交趾，树芳（芳）木为栅，可支数十年。"胡三省注'芳'字道：'读与棘同。棘，羊矢枣也，此木可以支久。'……

张文冠（2014）根据曾良（1995）、李格非（1984）对《汉语大字典》"芳"（二）的释义提出了修正："《资治通鉴》例中的'芳'同'笏'，指一种带刺的竹。"①

仔细揣摩《资治通鉴》中"芳"字文例，我们认为，此处"芳"不是一种带刺的竹，"芳木"指"一种带刺的竹"。《汉语大词典》"笏木"："即笏竹"，又"笏竹"："一种有刺而坚硬的竹子。俗称刺竹。也称勒竹、涩勒"。那么这里的"芳"该如何解释呢？

"棘"有"刺"和"长刺的植物"二义，"笏木""笏竹"中的"笏"当为"刺"义。"芳"表"刺"义也有文献记载，宋代周去非《岭外代答·竹》："笏竹，其上生刺。南人谓刺为笏。"元代李衎《竹谱详录·竹品谱·异形品上》："笏竹，即刺竹也。南方呼刺为笏。"②清屈大均《广东新语·草语·竹》："笏竹，一名涩勒。勒，刺也。广人以刺为勒。故又曰勒竹。长芒密距，枝皆五出，如鸡足，可蔽村砦。子瞻诗：'涩勒暗蛮村。'一名篲籇……其材可桁桷，篾可织，皮可剀物。"《英华字典》prickle 条有："prickle, a, 刺 ts'z゚.ts'z, 束 ts'z゚, ts'z, 籍 lak.leh. 笏 lak.leh."（详见卷三，第 1368 页）马礼逊《华英字典》："spines, in botany, triple forked, 三叉笏 san cha lǐh; like a fowl's foot, 鸡脚芳 ke keo lǐh; single or simple spines, 筍笏 seun lǐh. Another authority expresses it thus, spines or prickles; aculei, simple, 莺歌笏 ying ko lǐh; triplex, 鸡脚笏 ke keǒ lǐh."（第 403 页）

由以上可知，"笏竹""芳竹""籍竹"中的"籍""芳""笏"当为"刺"义，"籍棳"中的"籍"也应为"刺"义。"笏"，《汉语大字典》释为"竹上

---

① 张文冠:《近代汉语同形字研究》，浙江大学博士学位论文，2014 年，第 361 页。

② 以上二例引自曾良:《疑难词语试释三则》，《古汉语研究》，1995 年第 4 期。

的刺"，《汉语大词典》释为"竹刺"，由《英华字典》及《华英字典》的解释来看，"竹上的刺"称"笏"，其他刺也可称"笏"。

"棘"有"长刺的植物""刺"两种意思，以上文献"芳""笏""簕"有"刺"义。19 世纪传教士文献中，"簕""笏""芳"也可指"长刺的植物"，如：

（1）brier，in a general sense，a prickly plant or shrub，荆棘 ₌king kik ₌，king kih，簕 lak.leh；in a limited sense，a prickly plant or shrub，莓 ₌múi，mei，覆盆 fuk ₌ ₌p'ún. fuh pw'án，蕨盆 küt ₌ ₌p'ún. kiueh pw'án，茎 ₌kwai. kwei；the wild brier，荼蘑簕 ₌t'ò ₌mí lak ₌，t'ú mí leh.（《英华字典》卷一，第 253 页 brier）

（2）Aloes 霸王鞭，火焕芳。（《粤语中文文选》，第 457 页）

（3）Argemone Mexicana 老鼠芳（《粤语中文文选》，第 457 页）

（4）Acanthus ilicifolius，莨花芳 ₌long ₌fá lik ₌，lán hwá lih.（《英华字典》卷一，第 10 页）

"荼蘑簕""火焕芳""老鼠芳""莨花芳"都和竹无关，为一种带刺的植物，其中"簕""芳"为"带刺的植物"义。"笏""芳""簕"当"带刺的植物"讲，上例"花芳""老鼠芳""对面芳"及《现汉》"簕榄"的意义也可以解释通顺了。"笏竹"中的"笏"为"刺"义，由于"笏竹""笏木"使用较多，人们误认为"笏"是一种带刺的竹子。其实"笏"当为"刺"义。《广州话正音字典》"簕"读 lak^9 也收了两个义项：①一种竹子，坚硬，有刺；②〈方〉植物的刺，两义都和"棘"有密切关系。另《客赣方言调查报告》"刺"条翁源、揭西读 lɛt^7，清溪、秀篆读 lɛt^7，陆川读 lɛt^8，赣县读 leʔ^{78}，茶陵等地读 le^{78}，河源读 nat^7，梅县读 lɛt^7，字写为"劈"①。《客家话词典》收"簕"字，读 nêd^5，为"荆棘"义，下有词语"簕头""簕头蓬""簕乌草"（第 152 页），读 nêd^5 的"簕"以及客赣方言中的"劈"当与粤方言的"簕"是同一个词在不同方言中的音变造成的。

---

① 李如龙、张双庆:《客赣方言调查报告》，厦门大学出版社，1992 年，第 241 页。

困 睏 睯 瞓 訓 㖷

汪维辉（2016）指出："粗略地说，南北朝时期主要是说'眠'，唐代'睡'兴起，约莫从晚唐五代起，'困'在南方开始向'睡'义转化，此后逐渐形成南北对立：北方说'睡'，南方说'困（睏）'。"[①] 汪维辉（2017）认为，"困"表"睡觉"义是从"困"的"疲乏想睡"义引申而来的，"困"经常跟 $V_{睡}$ 连用，它的"睡"义已经呼之欲出。到了元代，这种"困 $V_{睡}$"就基本凝固为并列结构的双音节词，"困"在明代后期吴地俗文学作品用得很频繁，其义确定为"睡"。[②] 我们发现，闽语文献中也有"困"表"睡"义，见于明末戏文，如：

（1）（旦）秀才三更半冥不去困，叫门乜事？（《明刊闽南戏曲弦管选本三种·新刻增补戏队锦曲大全满天春》，第9页）

（2）again to have peaceful sleep. 再得平安好困。Chai ˀ taik ˳ ˳ping ˳ang ˳hó kʻaung ˀ.（《榕腔初学撮要》，第99页）

"困"字又增加形旁写为"睏"[③]，如：

（3）sleep，睏 khùn，deep—，重眠 tāng bîn.（《厦门方言英汉辞典》，第483页 sleep）

（4）sleeper，睏者 khùn ê，light —，浅眠 khín-bîn，heavy—，重眠 tāng-bîn.（《厦门方言英汉辞典》，第483页 sleeper）

"困"中古音为溪母臻摄魂韵合口一等去声字，王力《汉语语音史》指出："由塞音变为擦音，见于现代广州话 [kʻ] → [h]。这就是说，古溪母字大多数读如晓母。"[④]"昏"为晓母臻摄魂韵合口一等平声字，因此"昏""困"二字

---

① 汪维辉：《说"困（睏）"》，详见《第十七届全国近代汉语学术讨论会暨闽语演变国际学术讨论会论文集》，第254页，2016年11月，福建漳州。此文以《说"困（睏）"》为题发表在《古汉语研究》，2017年第2期。

② 汪维辉：《说"困（睏）"》，《古汉语研究》，2017年第2期，第2-11页。

③ 汪维辉（2017）指出"睏"（表"睡"义）在明末吴地通俗文学作品如冯梦龙编的《山歌》《夹竹桃》中已经使用，详见汪维辉：《说"困（睏）"》，《古汉语研究》，2017年第2期，第7-8页

④ 王力：《汉语语音史》，中华书局，2014年，第494页。

粤语读音相同，只是声调略有差异，"睏"也就写为了"睯"。如：

（5）我地惯十点钟正去睯。It is our custom to retire exactly at ten o' clock.
（《广州方言习语》，第88页）

《汉语大字典》"睯"读 hūn，释义为"目暗。《集韵·魂韵》：'睯，目暗
也。'"与粤方言"睯"为同形字。

粤方言文献中表"睡觉"义字还可写为"訓""瞓""睏"等。用例如下：

（6）chamber，bed，訓房 fun fong；卧房 go fong.（《广东省土话字汇》第
一册）

（7）我个间瞓房喺边处呀。（《粤语中文文选》，第156页）

（8）sleep，to，瞓。（《英华行箧便览》，第134页）

（9）唔要瞓着。Do not wish to sleep soundly.（《广州方言习语》，第53页）

（10）sleep，瞓，睡，打睡。（《英粤字典》，西村茂树 [①] ）

（11）sleepy，眼瞓。（《英粤字典》，西村茂树）

（12）我昨晚到十一点钟就瞓咯。（"瞓"注音 fan.《英语不求人》，1888，
第23页）

（13）马尾睡椅好睏。（《粤语中文文选》，第143页）

"訓"，为晓母臻摄文韵合口三等去声字，与"昏"声韵皆同，"訓"当
"睡觉"义讲也是由"睏"而来。以上"睏"为溪母字，"昏""訓"为晓母，
按音理来推粤语声母都该为 [x]，以上例（6）（12）中"瞓"注音为 fun 或
fan。粤方言溪母、晓母字也可读为 [f]，如溪母字"科""课""苦""快"，晓
母字"虎""呼""花"等。

由此可见，古汉语中"睏"在南方方言中发展出"睡觉"义，字可写
为"睯"，"睏""昏""訓"在粤方言中同音，因此又写为"睯""瞓"，粤方
言有给现有汉字加口旁形成方言字的习惯，因此又写为"睏"。《汉语大字典》
"瞓"无注音，释义为："方言。睡。"《中华字海》"瞓"："音未详。<方>睡。"

---

① 该书无页码，按音序排列。

由以上可知，"瞓"为粤方言字，方言中读为 fan 或 fun。

嬲

粤语中表"生气、怒"义写为"嬲"，用例如下：

（1）fractious，嬲嫐 nau-nat.（《英粤字典》，湛约翰，1907 年版，第 105 页）

（2）cross，（a）十字架 shap-tsze ˴- ˹ka，（-wise）横 waang，-（make a）交加 kaau-ka，（irritate）激嬲 kik-nau.（《英粤字典》，湛约翰，1907 年，第 59 页）

（3）peevish，嬲嫐 nau-nat.（《英粤字典》，湛约翰，1907 年，第 224 页）

（4）cross，（peevish）蠻 maan，嬲嫐 nau-nat.（《英粤字典》，湛约翰，1907 年，第 59 页）

粤方言中注音为 nau。詹伯慧、丘学强（2003）认为，粤方言"嬲"表"生气、怒"义当来自南方少数民族语言，"嬲"语音与壮语近似[1]。白宛如（1980）："【㹱】nɐu（阴平）通常写作'嬲'。发怒、恼火：咪咁～喇_{别这么生气了}｜佢～咗我_{他生我的气}｜～到颈筋现咗_{气得脖子现青筋}｜～爆爆_{暴跳如雷}｜～沙_{气得跳}。《广韵》侯韵，～，奴鉤切，'犬怒'。《集韵》侯韵，～，奴侯切，'怒犬貌'。又作'獀'。按：此字古次浊平声，今读如阴平。"[2]《重修恩平县志》写为"闹"："怒骂曰闹。"[3]

"嬲"在闽方言中为"奇怪"或"女人放荡"义，如：

（5）乡　妇人嬲，正　妇人俏，[4]（《正音乡谈》，第 317 页）

《翻译英华厦腔语汇》中该字注音为 siáu。同一个字形"嬲"闽、粤、客方言中读音、意义不同。詹伯慧、丘学强（2003）指出，粤语口语音读为

---

①　詹伯慧、丘学强：《广东粤方言的共同特点述略》，载《第八届国际粤方言研讨会论文集》，詹伯慧主编，中国社会科学出版社，2003 年，第 10 页。

②　白宛如：《广州话本字考》，《方言》，1980 年第 3 期，第 214 页。

③　《中国方志所见方言汇编》（一），《重修恩平县志·序》，民国 23 年（1934 年），第 191 页。

④　《中国古籍海外珍本丛刊·美国哈佛大学哈佛燕京图书馆藏中文善本汇刊》子部《正音乡谈》第 317 页。

$[neu^{55}]$，意为"生气"；客家话读 [liau]，意为"玩儿"；闽语读 [hiau]，意为"奇怪"或"女人放荡"。三个方言区这一字的造字理据不同，都为会意字，粤语据"一女为两男所夹必怒"，客家话据"男男女女一起玩儿"会意造字，闽语据"两男一女有悖一男一女之常规，乃怪事一桩"或"一女事两男必放荡"①。

王华权《〈一切经音义〉文字研究》指出《一切经音义》中就有"嬲"②，并整理如下：

【嬈恼】古文作嬲也。（H6）③【嬈乱】或作嬲也。（H30）字或作嬲。（H32）又作嬲，亦通也。（H72）【为嬈】或作嬲，古字也。（H5）【无嬈】亦作嬲也。（H43）【往嬈】或作嬲。（H16）【侵嬈】古文作嬲。（H78）

以下引用王华权对"垚""嬈""嬲"字的关系判定：

"垚"字从二土从人，体现古人的生育崇拜，《说文》收"堯"，从垚在兀上，训"高也"，为基于讹变字形的附会。"嬈"，甲金文未见收，当为"堯"的增旁字。《说文》训"嬈"一曰"嬲也"，段玉裁释"嬈"注"上文嬲下曰嬈也，二篆为转注，亦考老之例。然嬲之训嬈，即谓苛也，扰也。不当此有一曰嬲也四字。"《一切经音义》收"嬲"，以为古文或古字，甲金文未见收，《说文》亦未收。段玉裁释"嬈"注"嬲乃嬈之俗字，故许不录。嵇康《与山巨源书》'足下若嬲之不置'李善云'嬲，擿嬈也'，音义与嬈同，奴了切。近孙氏星衍云'嬲即嫋字草书之伪'，然嵇康草迹作嬲，玄应引《三仓》故有嬲字，则未可轻议。"王筠句读"嬈，俗作嬲"。

由以上可知，王华权认为段玉裁、王筠的看法是正确的，即《一切经音义》认为"嬲"是古文或古字的观点是不正确的，"嬲"是"嬈"的俗写。

---

① 詹伯慧、丘学强:《广东粤方言的共同特点述略》，载《第八届国际粤方言研讨会论文集》，詹伯慧主编，中国社会科学出版社，2003年，第22页

② 王华权:《〈一切经音义〉文字研究》，上海师范大学博士学位论文，2012年，第83页。

③ 根据王华权《〈一切经音义〉文字研究》第12页注45，他所引用以丽藏刻本为底本，辅以狮古本、碛砂藏本为参照。《慧琳音义》用"H+卷数"表示，因此以上用例都出自《慧琳音义》。

《说文》中"嬈"有"扰、戏弄"义，张文冠（2014）认为"嬲"表"烦扰"义可写为"娚"，作者文中列举书证为明代娄坚作品，并说明只见于娄坚作品中。现摘引其书证如下：（1）明娄坚《吴歈小草》卷二《示儿复闻》："志骛千里遥，心潜一毫小。颜蹠复分塗，依附塗为娚"。（2）同上卷四《闻禽阁绝句为顾学宪赋》："啼嬾娇鹰趁柳藏，旋呼童子炙笙簧。耳根惯为声尘娚，时向闲中觅少忙。"①《说文》中"嬈"表"扰、戏弄"义与客家方言"游玩"、闽方言"奇怪、放荡"义、粤方言的"恼"义都有引申关系，各方言"嬲"的用法与"嬈"有关，但各方言语音是否与"嬈"相合还需进一步论证。

二、方言同音通用现象

蒋礼鸿（1959）指出："其实同音通用字在民间的应用是十分广泛的；例如敦煌写本的变文里交字通用作'教'，由字通用作'犹'，'望'和'忘'互相通用，歌字通用作'哥'等。搜辑和归纳这些用例，也应该是俗文字学中应有的内容。"②方言文献中同音通用现象频繁，有些与官话文献迥异，给我们理解和阅读文献造成了障碍。以下略举几例。

元　年

《客家社会生活会话》中有两例"元"的用法，"元"对应的罗马字拼音注为 niân，语例如下：

（1）阿元伯，你老人家，样咁浅想！（《客家社会生活会话》（下），第532页）

（2）哎！我中国人十分多迷信，也十分多纪念日，像正月十五日，名曰元宵节。（《客家社会生活会话》（下），第374页）

《客英大辞典》"元""年"二字同音，都为 Nyên.（第592页）"元""年"同音，所以，"元宵"被写成了"年宵"，如：

---

① 张文冠：《近代汉语同形字研究》，浙江大学博士学位论文，2014年，第220页。
② 蒋礼鸿：《中国俗文字学研究导言》，《杭州大学学报》，1959年第3期，第130页。

（3）我也识测过：爱摆摆咁对，就麽，也有成滴意思。譬如人话："云盖中秋日，水打来年宵"；我测过好多摆都准准，倘使係云盖中秋日里，我就唔敢种麦。还有一句话："惊蛰㗲到，雷先行，乌阴乌暗到清明。"我测到也真真係对。(《客家社会生活会话》（上），第 276 页）

（4）年丨，nyên s.the night of 1.15: the first full moon of the year: the feast of the lanterns.（《客英大辞典》，第 794 页 "宵" 字）

（5）出年宵 the new year's festivities.（《广州方言习语》，第 37 页）

对比李如龙、张双庆《客赣方言调查报告》"元""年"的注音可以看出，今天部分客赣地区二字还同音，武平读 nieŋ²，梅县读 n̠ian²，揭西读为 ŋien²，宁都读为 nan²，三都读为 nien²。[①]

改

（1）你障说改得我病轻。(《明本潮州戏文五种·荔镜记》第二十五出，第 472 页）

（2）我见你乜伤情，俖恁成就只姻亲，即会改得你病轻。(《明本潮州戏文五种·荔镜记》第二十五出，第 473 页）

（3）拙时针线停歇，不免绣一光景改闷。(《明本潮州戏文五种·荔镜记》第二十六出，第 478 页）

（4）未至半途却被里正夺去，如今公□□□投井死，奴家在此劝改则个。(《明本潮州戏文五种·蔡伯皆》第一册，第 260 页）

"改"在这里不能按照官话文献的用法来理解，《普通话闽南方言常用词典》"解"字文读音为 gǎi，白读音为 guě 或 gě，"改"字文读音为 gǎi，白读音为 guě 或 gě，可见在闽南话中"解""改"同音，这里"改"当为"解"的方言记音字。

---

① 李如龙、张双庆：《客赣方言调查报告》，厦门大学出版社，1992 年，第 101、110 页。

春　橣　㜣　萅

家禽的卵，客、粤方言称为"春"，如鸡春、鱼春。用例如下：

（1）何阿九买倒鸡春，放落瓶里去，鸡春打烂哩。其婶话："你搅差哩，鸡春爱放在篮子里。"（《客话读本》，第 151 页）

（2）将该等地豆、鸡春、麻饼与掌吾介人同下欢欢喜喜来食耶稣诞餐。（《客话读本》，第 1226 页）

（3）egg，鸡蛋 kei tan；鸡卵 kei lun；鸡春 kei chun.boiled egg，煲鸡蛋 pow kei tan.fried egg，炒鸡蛋 .chaou-kei tan.or rather，煎鸡蛋 tseen kei tan.（《广东省土话字汇》，第一册）

《汉语大字典》已收录"春"的这一用法。除写为"春"，还可写为"橣"，如：

（4）ovum 卵 ˏlun.lwán，萅 ˏch'un.ch'un，蛋 tán ˀ.tán. 春 ˏch'un.（《英华字典》卷三，第 1270 页 ovum）

（5）断不肯打一棍骂一言，如鸡之护橣，牛之引仔，只恐相离相失，而不知有严束之道焉。（《俗话倾谈二集·茅寮训子》，第 445 页）

（6）mok hok kei chun kum tsing che。 剥 壳 鸡 萅咁 精 致。A peeled off shell； ─hen's egg，so clear and beautiful；glossy and white like a hard boiled egg when the shell is taken off.（《广东省土话字汇》第三册）

还可写为"㜣"，如：

（7）spawn，（of fishes）鱼㜣 ue-ch'uun；frog spawn，田鸡㜣 t'in kai ch'uun；to spawn，散㜣 saan ˀ ch'uun.（《英粤字典》，湛约翰，1907 年，第 82 页）

（8）egg，蛋 taan ˀ，卵 ˏluun，㜣 ch'uum.（《英粤字典》，湛约翰，1907 年，第 82 页）

（9）橣 Nit，虱㜣 shat-na' -ch'unn.（《英粤字典》，湛约翰，1862 年，第 96 页）

（10）oval，椭圆 t'oh'-uen，鹅橣样 ngoh-ch'uun-yeung.（《英粤字典》，湛

约翰，1862 年，第 100 页）

（11）pebble，石䃦 shek- ch'uun（《英粤字典》，湛约翰，1862 年，第 104 页）

"䃦"字当代还在使用，庄初升、黄婷婷（2014）："属于粤方言区的番禺区沙湾镇有一条叫'鸡䃦巷'的巷子小有名气，就是因为'䃦'这个非常特殊的方言用字。"①

嫽　撩

客粤方言表"逗弄"义写为"撩"，如：

（1）撩，liâu，to manage，pull，stir up，excite. "撩"字下有词语"撩理"（to manage）、"撩起来"（to pull up）、"撩人"（make fun of a man）、"撩弄"（to provoke）、"撩情"（excite）。（《客英大辞典》，第 447 页"撩"字）

（2）ne im how lew kuy ah. 你唔好撩佢阿。Don't annoy him—said chiefly of children striking or plaguing each other.（《广东省土话字汇》第三册）

（3）fung fong， 蜂 房 bee's or wasp's room—the comb. 黄蜂实唔好撩。Wong fung tǎw im how lew, it is not good to keep a wasp's comb— a bad man.（《广东省土话字汇》第三册）

还可写为"嫽"，如：

（4）嫽，liâu，to play，sport with. "嫽"下有词语：嫽弄（make sport of）、嫽刁（boisterous，troublesome as a child）。（《客英大辞典》第 447 页"嫽"）

李新魁等《广州方言研究》认为"嫽"是古语词："嫽 [liu^{11}]，用言语逗弄。《广韵》落萧切，'相姑戏也。'"②

还可写为"嬲"，如：

（5）嬲，liàu，to dally with，lewd.（《客英大辞典》，第 449 页"嬲"字）

（6）dally，to amuse one's self with idle play，打谑 ᶜtá yéuk₂ ₂tá yoh，戏

① 庄初升、黄婷婷：《19 世纪香港新界的客家方言》，广东人民出版社，2014 年，第 365 页。

② 李新魁等：《广州方言研究》，广东人民出版社，1995 年，第 240 页。

弄 hí ² lung ². hí lung，嬉戏 ˎhí hí ². hí hí，优諢 ˎyau wan ². yú hwan. 嬲 ˎnau.
niáu. 嫩 nat ˎ，玩耍 ˎwán ˎshá. hwán shá.（《英华字典》卷一，第 554 页 dally）

近些年出现了网络新词"撩妹""撩女孩子"等，关于该词的来源不同学
者有不同看法，温佩君、张海涛（2018）注意到了方言中的用法："撩（diáu/
liáu）在赣语东部抚州地区中使用率很高，有挑逗、戏弄、招惹的意思，如
撩人、撩女、撩娘子人、撩男子人等，是赣语抚州话的一大特点。"[1] 庄美
英（2017）、孟慧娟（2017）、查慧慧（2017）认为"撩"的这种用法来源于
"撩"的"掀起"义[2]。玛突来维切·帕维尔（2002）认为来源于"嫽"："Y154
嫽 [liu²¹]，又作 Y154A '撩'。 招惹（多指用言语挑逗）：唔好～人哋（别招
惹人家）｜～到佢嬲晒（惹得他生气了）。《广韵》宵韵，～，落萧切，'相～戏
也'。《广韵》萧韵，撩，落萧切，'取物又理也'。（音同义异，为同音字）"[3]，
具体还有待进一步考证。

担

粤方言文献中有：

（1）未知何日正把仇还，担头叫句天开眼。（《俗文学丛刊》第 414 辑
《龙舟歌》，第 98 页）

（2）白鸽担头高处望。（《俗文学丛刊》第 414 辑《龙舟歌》，第 439 页）

（3）待我椅子担张同佢并坐。（《俗文学丛刊》第 415 辑《龙舟歌》，第
74 页）

（4）担一张校椅来。Tan chék-chiah kau-in lai. Get me a chair.（《A Handbook
of the Swatow Vernacular》，第 67 页）

---

① 温佩君、张海涛：《说"撩"》，《汉字文化》，2018 年第 3 期，第 33 页。

② 详见庄美英：《网络流行语"撩妹"的模因论解读》，《黔南民族师范学院学报》，2017 年第 5 期；
孟慧娟：《汉语方言对网络流行语的渗透方式及相关研究》，《忻州师范学院学报》，2017 年第 4 期；查
慧慧：《从网络流行语看大众的审美问题》，《大众传播》，2017 年第 6 期。

③ 玛突来维切·帕维尔：《粤语特殊方言用字研究》，北京语言文化大学硕士学位论文，2002 年，第
21 页。

（5）担头体见有一位少年郎，见佢弹打南来开口雁，枪刀票鱼水面亡。（《俗文学丛刊》第 414 辑《龙舟歌》，第 360 页）

同书又有：

（6）你至讲"金盅来奉，敬酒抬头"。（《俗文学丛刊》第 414 辑《龙舟歌》，第 142 页）

白宛如（1980）："【頕】tam（阴平）通常写作'担'。抬（头），仰（头）：~高头睇下_{抬起头看看}｜~天望地_{看天看地，形容不专心}。《集韵》覃韵，~，都含切，'缓颊也，一曰举首'。"① 而罗翙云《客方言》提出了另外一种看法："举头曰担头。俗言担起头者，谓举起头也（举足亦曰担足）。《广雅》：担，举也。举物曰担物，而举头即曰担头，犹举物曰抬物，而举头即曰抬头矣。担起头亦曰傲起头。傲者，卬之声转。卬与担，《广雅》同训举，翘、仰亦举也（《广雅》）。翘首、仰首皆谓举首，担义并同。古无舌上音，詹旁加手为擔，詹旁加耳为聸（同耽），詹旁加月为膽。以此例求之，则詹旁加目为瞻，古并读入舌头。故今俗又有担天望日之语，担天即瞻天，此古音之存于方言中者也。"② 唐七元（2009）认为"擔""眈""覝""頕"在南方方言都可表"抬起、抬高"义，其中"覝"是方言本字，"頕"为方言俗字，其他为方言同音字。③

三、在方言同音通用字基础上形成的文字

另有一种现象，最初使用方言同音字，后来在此基础上逐渐形成了新的文字。如：

旦　诞　誔

"诞"在表示"生日""诞生"义时，可写为"誔"，如：

（1）互相庆祝，同下来做耶稣圣誔。（《客话读本》，第 1047 页）

---

① 白宛如：《广州话本字》，《方言》，1980 年第 3 期，第 216 页。

② 罗翙云：《客方言》，详见陈修《〈客方言〉点校》，华南理工大学出版社，2009 年，第 87 页。

③ 唐七元：《〈汉语方言大词典〉所见方言同源词举例》，《汉语史学报》第八辑，上海教育出版社，2009。

（2）兼且等过两日，就係耶稣生日/誔，逢倒节期，唔係十分紧急介病，吾唔想与佢割。（《医界客话读本》，第 98 页）

（3）今日菩萨誔。（《广州方言习语选录及阅读》，第 19 页）

（4）birthday，生日 shang yat；寿誔 show tan；生辰 shung shun；荣寿 wing shăw.your birth day. 贱辰 tseen shun，my birth day.（《广东省土话字汇》第一册）

（5）Natal，……，natal day，生日 ₌shang yat ₌.sang jih，生誔 ₌shang tán ˀ.sang tán.（《英华字典》卷三，第 1211 页）

"誔"出现时间很早，清初粤方言文献《分韵撮要字汇集》第二十五"反"上声列有"诞""誔"，"诞"："妄也，欺也，又语词。""誔"："生日曰降丨，生子亦曰丨。"可以看出作者将"诞""誔"视作两个不同的字，意义和用法有明确的分工。冉卫格（2015）指出潮州歌册《粉妆楼》中表"生日"也写为"誔"[①]，曾良（2017）指出《古本小说集成》清刊本《大明正德皇游江南传》第二十五回有"寿誔""华誔"。[②]我们也确实发现，"誔"只表示"生日、出生"义，目前发现只有一例例外，见于《英华字典》legend 条："legend，古传……；fabled legends，虚传 ₌hü ˀchün ˀ. hü chuen，虚誔 ₌hü tán ˀ，hü tán，……"（卷三，第 1100 页）19 世纪的传教士文献中，"誔""诞"在表"生日、出生"义上形成异体字关系，如《粤语中文字典》"诞"："诞 [a.w. 哑 tán ˀ v.a.w. 誔 tán ˀ]……"（第 698 页）

表"生日、出生"义还可写为"旦"，如：

（6）今者岳丈寿旦，我与你恭祝之后，往二叔处住，永不归来，未知你意如何，以为好否？（《俗话倾谈二集·好秀才》，第 374 页）

（7）birthday sen-jit 合旦（《A Handbook of the Swatow Vernacular》后附的词汇部分，第 10 页）

（8）明早伯爷华旦日，要来恭贺冇死银。（《俗文学丛刊》第 414 辑《龙

---

① 详见冉卫格：《潮州歌册〈粉妆楼〉方俗字词研究》，河北大学硕士学位论文，2015 年，第 18 页。

② 曾良：《明清小说俗字研究》，商务印书馆，2017 年，第 218 页。

舟歌》，第 33 页）

"旦"是"诞"的方言记音字，"誕"则是改换部分部件增加汉字示音功能的结果。理解了以上三字的关系，就可以追溯今天方言区特殊用字现象的原因。"诞"写为"旦"，对当代广州方言区用字也产生了一定影响。广州街头曾看到"两旦快乐"这样的标语，"两旦"即元旦、圣诞节，由于"圣诞"的"诞"可写为"旦"，因此这两个节日可合称为"两旦"。

餂 賍 舌 咭

《汉语大字典》"餂"字：（一）tián 同"甜"；（二）tiǎn ①取，诱取 ②用舌头取物。其他大型工具书释义与此相同。闽、粤方言文献中表"折本"义也可写为"餂"，如：

（1）（外）我只镜本当值三十两银，今着你打破，一人餂一半，你赔我十五两。（《明本潮州戏文五种·荔镜记》第十九出，第 436 页）

（2）嗤！唔餂得咁多。（《粤语中文文选》，第 236 页）

（3）冇，先两年我都带嚟，总係你的本地人唔出得价，要餂本，所以总唔带嚟，况且又唔消得几多。（《粤语中文文选》，第 236 页）

（4）唔係，因为我从前上过当嚟，我先唔知到佢验长咁多，要我暗餂咁多银，真正唔抵。（《粤语中文文选》，第 238 页）

（5）这个生意我要餂本。（《英话注解》）

（6）There will be great loss on tea this year. 今年茶能大餂本。Kin nî tê ōe tōa sih pún.（《厦门方言英汉辞典》，第 528 页）

（7）Profit, to have made, 有賺 yǎw chan. loss in trade, 失本 sheet poon; 有餂 yǎw teem; 贴本钱黎。（《广东省土话字汇》第一册）

（8）Evaporable, 能餂得 oē síh tit.（《厦门方言英汉辞典》，第 152 页）

（9）lose, 失（in trade）餂本。（《英粤字典》，西村茂树）

（10）girl, 女仔 ʿnue-ʿtsai, 餂本货 shit ʾ ʿ poon foh ʾ, (servant) 妹仔 mooi-ʿtsai.（《英粤字典》，湛约翰，1907 年，第 112 页）

字还可写为"賖",如：

（11）lose，遗失，wai-shat，賖本 shit-poon'.(《英粤字典》，湛约翰，1962 年，第 86 页）

（12）賖 [a.w. 折 shit₂ or ch 'ito]V.loss.—Co.| 本 shit₂ᶜ pún, loss of capital；| 眼前亏 shit₂ᶜ ngán ₛts 'in ₛk 'ai, keep your eyes open as to losses；| 了亏 shit₂ᶜ liú ₛfai，swindled. (《粤语中文字典》，第 627 页"賖"）

（13）I am afraid he will lose his money（lit.capital）. 我慌佢賖本呀。(《粤语易通》，第 22 页）

（14）failing，……；ditto in business，倒灶ᶜ tò tsòˀ，táu tsáu，折本 chít₂ ᶜpún. Cheh pun，賖本 shít₂ᶜpún. (《英华字典》卷二，第 794 页）

（15）cost，……；loss，亏本银 ₛfai ᶜpún ₛgnan.kw 'ei pun yin. 賖本银 shít₂ᶜpún ngan.sheh pun yin. (《英华字典》卷一，第 510 页 cost）

（16）a colloquial word：for it 餲 is often used.to lose in trade；to be imposed in；shít₂pún, to lose money on；pat₂, shít₂ᶜngán ₛts 'in ₛfai, i will not be cheated this time；shit₂ᶜliú ₛfai；to be swindled. (《英华分韵撮要》，第 448 页"賖"字）

还可写为"舌"，如：

（17）loss，in trade，舌本 sheet poon. (《广东省土话字汇》第一册）

（18）你卖舌本我填番。If you sell it less than cost, I will indemnify you.(《广州方言习语》，第 78 页）

（19）lose，失 shat, not seen, 唔见 im keen.lose 失了 shat-lew；失去 shat huy.to lose in trade，失本 shat poon, and 舌本 sheet-poon. (《广东省土话字汇》第一册）

还可写为"咶"，如：

（20）咶本 lose capital. (《广州方言习语》，第 17 页）

目前收集到的文献中，"餲"表"折本"义最早见于明代，由以上也可见"餲""賖""咶"使用面之广。《汉语大字典》《汉语大词典》等工具书还没有收录以上各字的这一用法。《中华字海》有"餂"："shí，音时。同'蚀'。亏损；损耗。一斤～咗二两。见《广州话方言词典》。"舌"，中古音为船母山摄薛韵开口三等入声，"蚀"为船母曾摄职韵开口三等入声字，声母、声调同，韵尾不同，"舌"为"蚀"的方言记音字，后又写为"餂""咭""餂"。

<h2 style="text-align:center">呢 尼 緎 莘 哗</h2>

表"呢绒"类布料粤语文献可写为"呢""尼""緎"。写为"呢"，最早见于《澳门记略》。《澳门记略》有一个记录汉语词语及用汉字标注葡语发音的词语表，其中就有"大呢（巴奴）""小呢（西而非拿）"[①]。其他用例如下：

（1）cloth, woollen，绒，jung；大绒 ta jung；or 大呢 ta ne；and 哆囉呢 to lo ne.（马礼逊《华英字典》，第 73 页）

（2）worleys，大呢 tai ne；小绒 sew yung.（《广东省土话字汇》第一册）

（3）baize 粗大呢 tsow tai ne.（《广东省土话字汇》，第一册）

（4）呢 [o.p. ₋ni] Ca.read ni in a demonstrative pronoun（this one），a final interrogative particle.—Mi. 多 罗 | ₋to ₋lo ₀ni or 杂 色 | tsáp ₋ shik ₋₀ni，spanish stripes；常行大 | ₋shéung ₋ hang tái ² ₀ni，habit cloth；冲衣着 | ₋ch 'ung ₋i chéuko ₀ni Medium cloth；小 |siú ₀ni，narrow cloth；正衣着 | ching ² ₋i chéuko ₀ni，superfine cloth；衣着大 | ₋i chéuko tái ² ₀ni，fine woollens，broad cloth；公司大 | ₋ kung ₋ sz tái ² ₀ni，Company's woollens；粗大 | ₋ ts 'ò tái ² ₀ni，baize.（《粤语中文字典》，第 484 页）

（5）a word used for woolens；tai ni，broadcloth；siu ni，spanish stripes，habit cloth.《英华分韵撮要》，第 724 页"呢"字）

写为"緎"如：

（6）woollens，哆罗绒 .to lo yung. Or 哆罗緎 to lo ne.（《广东省土话字汇》

---

① （清）印光任、张汝霖（著），赵春晨点校，《澳门记略》，广东高等教育出版社，1988 年，第 93-94 页。括号内的文字为用汉字注的该词语葡语发音。《澳门记略》，赵春晨点校本"前言"认为"它产生于清代乾隆前期，即十八世纪中叶"。并指出"是以此次点校出版，以乾隆初刊本作为底本，校以嘉庆、光绪诸本，并参校了《瀛涯胜览》《西洋朝贡典录》《明史》等书"。

076

第一册）

写为"尼"，如：

（7）哈喇尼 hap ₎ ₎la ₎ni，Russian cloth.（《粤语中文字典》，第 142 页"哈"字）

闽语文献也有写为"呢"的用例，如：

（8）spanish，……，—stripe，呢 nî.（《厦门方言英汉辞典》，第 493 页 spanish）

（9）woolen clothes. ₎Ni 呢 .（《榕腔初学撮要》，第 101 页）

闽语文献中常见的是写为"哖""莩"。写为"哖"，用例如下：

（10）woollen cloths 哖 nî.（《翻译英华厦腔语汇》，第 96 页）

（11）woollen，哖 nî^n.（《厦门方言英汉辞典》，第 593 页）

（12）baize，粗哖 chho-nî。（《厦门方言英汉辞典》，第 28 页）

（13）broadcloth，哖 nîn，大哖 toa-nî.（《厦门方言英汉辞典》，第 49 页 broadcloth）

（14）camlet，……，哖羽，nî^n-ú.（《厦门方言英汉辞典》，第 49 页 camlet）

写为"莩"，用例如下：

（15）莩 ni^n woollen cloth.（《A Handbook of the Swatow Vernacular》，第 114 页）

（16）白莩 péh-ni^n flannel.（《A Handbook of the Swatow Vernacular》，第 114 页）

（17）水莩 tsúi-ni^n tweeds.（《A handbook of the Swatow Vernacular》，第 114 页）

（18）莩 name of a tree which bears a small fruit.（《汉英潮州方言字典》，第 115 页）

"哖"，《厦门方言英汉辞典》注音为 nî^n 或 nî，《A Handbook of the Swatow Vernacular》中"莩"注音为"ni^n"，以上罗马字注音与粤语"呢"的注音

ni 接近，可见"茟""哖"是闽南方言根据"呢"的读音"年"再加上形旁"艹"或示意部件"口"造出来的方言记音字。"茟"读 ni，上平声，与"年"①"尼""妮"等字读音、声调相同，该字典中无"哖"字。

"茟"字不见于字书，《中华字海》《汉语大词典》有"哖"，为地名用字，读 nián，噍吧哖，地名，台湾台南县玉井乡。查各字书可知，"呢"指称"毛织物的一种"，应该是 18、19 世纪新兴的一种用法，19 世纪 20 年代粤语文献如《华英字典》《广东省土话字汇》中"呢"对应罗马字拼音为 ne，19 世纪中期文献罗马字注音为 ni。《汉语大词典》有"呢羽"一词，释义为："泛指毛织品与丝织品。清中叶以后多指自国外输入者。"林伦伦（2012）："'羽'（u²），毛料（衣物），过去生活水平低下，毛料衣物难得一见，有'真羽缀毲'之夸张说法。'羽'与'羽毛'的'羽'只是巧合，实际上是英语单词 wool 的音译。"②"呢"表"毛织物"的原因还值得继续探讨。

掤

《类篇》："博幻切，绊也，引击也。"《汉语大字典》"掤"：（一）bàn 绊；引击。《类篇·手部》："掤，绊也；引击也。"（二）bān 用同"扳"。（三）pān 用同"攀"。《中华字海》收有"掤"，释义与《汉语大字典》基本相同。

粤方言文献"掤"意思同"襻"，有"带子"义。如：

（1）绑住下耙底下個条叫做帽掤。（《粤语中文文选》，第 146 页）

（2）bonnet, ……; bonnet-strings, 帽掤 mò² pán². Máu pán, 帽带 mò² tái², máu tái（《英华字典》卷一，第 221 页）

（3）帽掤，bonnet string（《华英通语》，第 111 页）

也写为"攀"，如：

（4）Mow pan, 帽攀 strings of a cap that go under the chin.（《广东省土话

---

① 《汉英潮州方言字典》"年"有两读：1.ni，上平声，a year；a person's age（115 页）2.nien，上平声，a year；one's age。（第 116 页）

② 林伦伦：《潮汕方言中的外语》，《潮商》，2012 年第 2 期，第 91 页。

字汇》第三册）

《广东俗语考》："襻，读若扳，去声。帽带为襻。《类篇》：'衣系曰襻。'《庾信镜赋》：裙斜假襻。'凡所以系裙系帽者，皆襻也。"[1] 可知，粤方言中"襻"读音与"班"相近，因此写为"掰"。

"掰"还有"绑"义，如：

（5）to tie up，to tie fast；a hand，a tie，a loop，a tether；mo fan，a hat tie under the chin；tseung pan，an oar-tie.（《英华分韵撮要》，第 356 页"掰"字）

（6）tie，……；to tie with cords，俾绳绑住 ꞁpí ꞁshing ꞁpong chü꞉，掰 pán꞉.（《英华字典》卷四，第 1790 页 tie）

《分韵撮要字汇集》第二十五"泛"去声下有"掰"："掰，绊也，引系也。"

郁　煜　嘟

粤方言表"动、微微动"义写为"郁"，如：

（1）shake 郁（《广州方言习语》，第 5 页）

（2）郁手指 move the finger.（《广州方言习语》，第 28 页）

（3）jostle，碰郁。（《英粤字典》，西村茂树）

（4）move，郁（《英粤字典》，西村茂树）

（5）agitate，郁动 yuuk-tuung꞉.（《英粤字典》，湛约翰，1907 年，第 6 页）

（6）Jolt，嘌荡 p'iu-tong꞉，移移郁 i-i-yuuk.（《英粤字典》，湛约翰，1907 年，第 149 页）

（7）move，郁动 yuuk-tuung꞉，（remove）搬 poon.（《英粤字典》，湛约翰，1907 年，第 185 页）

（8）rickety，移移郁 i-i-yuuk.（《英粤字典》，湛约翰，1907 年，第 331 页）

（9）a colloquial word. To move，to shake，to joggle；to move rapidly，to quiver；ꞁmai yuk꞉ ꞁt'oi，don't joggle the table.（《英华分韵撮要》，第 705 页"郁"

---

[1] 孔仲南：《广东俗语考》，南方扶轮出版社，1933 年，第 22 页。

字）

（10）attempt，……；they made no attempt，佢唔郁ᶜk'ü̱m yuk̖，佢唔郁动ᶜk'ü̱m yuk̖ tung².（《英华字典》卷一，第 110 页 attempt）

字也可为"喐"，如：

（11）上帝俾过你，亦令你噜喐动嘅。（《广州方言习语选录与阅读》，第 52 页）

或写为"煜"，如：

（12）唔好煜手 do not move the hands.（《广州方言习语》，第 42 页）

也可写为"惰"，如：

（13）Emotion，a moving of the mind，慟 tung²，tung. 心动者̖sam tung² ᶜché. Sin tung ché，恇̖ch'ung，ch'ung，惰 yuk̖.yuh，忕 yik̖.yih.（《英华字典》卷二，第 722 页 emotion）

《广东俗语考》（上）"蠕"字："蠕，读若郁，微动曰蠕，有蠕蠕下之说。《说文》：'动也'，《集韵》：'音儒，虫行貌'，以北音读之，即作郁音。"[1]

哑　吖

《明本潮州戏文五种》中有"哑"字，用例如下：

（1）有哑没有？（《明本潮州戏文五种·荔镜记》第五十二出，第 574 页）

（2）只一查厶仔不识物，我捻手看大哑小，卜打手指乞你。（《明本潮州戏文五种·荔镜记》第五十二出，第 376 页）

粤语文献中有"吖"，用例如：

（3）係好唔好呢？好吖。（《粤语中文文选》，第 2 页）

（4）有吖，总係有几多啫。（《粤语中文文选》，第 170 页）

（5）好喇，爱肥嘅吖，抑或要瘦嘅呢？（《粤语中文文选》，第 177 页）

（6）大班好吖？好，你好吖。（《粤语中文文选》，第 233 页，"吖"注音为 á。）

---

① 孔仲南:《广东俗语考》，南方扶轮出版社，1933 年，第 62 页。

（7）你好吖 are you well？（《广州方言习语》，第 20 页）

（8）ˎníˏhòˊáˊ 你好丫 are you well？（《广州方言习语选录与阅读》，第7 页）

（9）乜人嚟吖，乜谁吖，or 边個吖。（《粤语易通》，第 6 页）

（10）脱吖你嘅鞋。Take off your shoes.（《华英通语》，第 245 页）

（11）你好爽快吖。Do you enjoy good health？（《华英通语》，第 247 页）

也有"亚"，如：

（12）司阜個内在何处，爾知否？知亚。（《A Handbook of the Swatow Vernacular》，第 55 页）

（13）一担敢是五元亚。（《A Handbook of the Swatow Vernacular》，第93 页）

从以上用例看，"亚""哑""吖"通"呀"，为语气词，古今各种辞书均未出现以上各字做语气词的用法。《汉语大字典》"吖"：（一）yā ①喊，②象声词；（二）a 叹词，相当于"呵"。欧德理《粤语中文字典》"吖"读 á，上平声，解释为 "an interrogative or emphatic or merely euphonic final particle."（第 1 页）

"阿""亚""丫"在闽、粤方言都读为 a，由于同音借用，"亚""丫"字可写为"阿"，如"丫鬟"可写为"阿环"，如：

（14）（旦）亦罢，甲我爹讨几个哑环来伏事你。（生）阿环是乜？（旦）姿妚人叫佐阿环。（《明刊闽南戏曲弦管选本三种·新刻增补戏队锦曲大全满天春》，第 9 页）

"阿"称名时可写为"亚"，《英华字典》："the first letter of the english alphabet，英话字母首字……；its broad and open sound is expressed by 亚 á or 阿 á." 后有注释：both these characters are pronounced 亚 yá and 阿 o when not forming the first syllable of a proper name of a person of the inferior stations in life and of children.（卷一第 1 页字母 A）

因此"啊"也可类推写为"哑""吖"。

081

𥨊

客家文献中有：

（1）因为无数水湖**𥨊**，囤紧水介禾／水田。（《医界客话读本》，第 14 页）

（2）肚脐**𥨊**与耻骨中间现出一条乌色介直线，叫做妊娠线。（《医界客话读本》，第 55 页）

（3）子宫向上扩张，到肚脐**𥨊**以上三个手指咁阔。（《医界客话读本》，第 57 页）

（4）又在其背囊上或者屎**𥨊**／臀／屁股上打几巴掌。（《医界客话读本》，第 71 页）

（5）夫妇在生就共床睡，死哩又共**𥨊**埋，样般话得唔亲呢？（《客话读本》，第 1339 页）

（6）行到半路药店里，就买倒苍术塞紧一个鼻公**𥨊**，即时赶快走紧转屋家。（《客话读本》，第 1485 页）

"窟"为溪母臻摄合口一等入声没韵，粤方言中部分溪母字今读 [f]，《汉语方言词汇》"屁股"条今广州、阳江对应方言词为"屎窟"，广州读 [ʃi˦ fɐt˦]，阳江读 [ʃiˊ fɐtˊ]①。《客赣方言调查报告》"屁股"条很多方言点对应词语都为"屎窟"，"窟"翁源、清溪、宁都、西河、陆川、香港读为 fut⁷，连南读为 fɔt⁷。②庄初升、黄婷婷（2014）指出《启蒙浅学》中"窟"字客家话读为 fut⁶，为"洞"义③。"**𥨊**"当是根据客方言"窟"字的读音造的形声字，"弗"为声旁，"穴"为形旁。曾庭豫、褟健聪（2020）指出粤方言还可写为"朏"："《西关集》有一篇《女闹屎朏》，……按，篇名所谓'屎朏'和文中所谓'囉柚'，皆粤方言对臀部的俗称。《广州方言词典》[3]³⁹：'屎膃 [si³⁵ fɐt⁵⁵]……'。'膃'又做'胐'，《玉篇·肉部》：'胐，臀也。'又：'膃，臀也。'《集韵·没韵》：'胐，髋也，或从屈。'"作者认为："'屈'或'出'是声符，然与粤方言

---

① 北京大学中国语言文学系语言教研室：《汉语方言词汇》，北京：语文出版社，1995 年，第 255 页。

② 李如龙、张双庆：《客赣方言调查报告》，厦门：厦门大学出版社，1992 年，第 309 页。

③ 庄初升、黄婷婷：《19 世纪香港新界的客家方言》，广东人民出版社，2014 年，第 69 页。

读音 [fɐt⁵⁵] 相去较远，故或另选声符'弗'造'艴'字为之。"①

艼

方志中有：

化州石城间贫者欲避火于野外，搆茅以棲名曰艼。音寮。雷州有艼村，有蒲艼，有新艼岛，吴川有芋镇，琼有芒镇，儋有郎墟，定安有坡艼市，万有黎艼，都乐会有薄艼澜陂，会同有李艼塘，文昌有罟艼墩，黎峒有岑艼、黑艼、居艼、陈婆艼。(《中国方志所录方言文献汇编》（一），《广东通志》，第 38 页)

这句话也见于《琼海府志》："贫者避火于野外，搆茅以棲名曰艼。音寮。琼有芒寮，儋有郎艼墟，定安有坡寮市，万有黎寮，都乐会有薄寮澜波，会同有李寮塘，文昌有罟寮墩，黎峒有岑寮、黑寮、居艼寮、陈婆艼。"(《中国方志所录方言文献汇编》（一），《琼海府志》，第 45 页)

《粤海关志》卷九第 39 页也有："芋艼口　出产粗纸烟叶、薯苓、土碗各货。""艼"字还见于《广东新语》《南越笔记》卷一《粤闽巡视纪略》。

《汉语大字典》《中华字海》收有"艼"字。《中华字海》："同'芐'。见《字汇补》。"《汉语大字典》："同'芐'。《改并四声篇海·艸部》引《类篇》：'艼，口解切，戾也。'《字汇补·艸部》：'艼，同"芐"'。"《汉语大字典》《中华字海》"芐"字都注音为 kǎi，义为"戾"，与方志用例明显不符。这里"艼"应当是根据"寮""寮"字造的方言形声字。《广州话正音字典》"寮"字粤方言读 liu⁴，为"小屋"义。(第 138 页)

遛 嬲 喇 嫽 聊

客家方言表"游戏、玩耍"义可写为"遛"，如：

（1）孔融该下正四岁，腾紧其哥在屋门口搅遛。(《客话读本》，第 117 页)

（2）好了，另日再坐遛。(《客话读本》，第 114 页)

---

① 曾庭豫、禤健聪：《〈广州大典〉所见粤方言语料述略》，《广东开放大学学报》，2020 年第 6 期，第 20 页。

（3）有一日，佢带紧所有学生，坐紧车出去游邋。（《客话读本》，第1334页）

（4）散会以后佢就与先生坐邋，跟问基督教介道理。（《客话读本》，第1416页）

也可写为"嬲"，如：

（5）所以到四月十四日，无论士农工商，都爱到各处去游嬲，希望遇到神仙。（《客家社会生活会话》（下），第377页）

（6）Y：你没紧要事，来我里坐谈，好呀！L：咖！好，来你里坐嬲，食你茶。（《客家社会生活会话》（下），第541页）

（7）另日有闲，请你到草舍来嬲。我转了，你请。（《客家社会生活会话》（下），第464页）

（8）│嬲个人 .h.liàu kài nyîn, do.（《客英大辞典》，第166页"闲"字）

写为"唎"，如：

（9）任佢喺家去城里箇街巷游唎。（《启蒙浅学》第123节，第35页）

（10）偓去嚟花园游唎。（《启蒙浅学》第145节，第46页）

写为"了"，如：

（11）游戏曰则剧，顺德曰仙，新会曰了。[1]（《广东通志》）

写为"瞭"，如：

（12）东莞谓事讫曰劾，游戏曰瞭，曰欣，新会曰流，指何处曰蓬蓬。[2]（《广东通志》）

（13）游戏曰瞭，瞭当作婬，土音转为瞭。按：《广东新语》谓"莞语游戏曰瞭"，谓"瞭望也"，考"瞭"当作"婬"，《方言》："婬，惕游也。"王念孙《疏证》："婬之言逍遥，惕之言放荡也。"《庄子·大宗师》篇："女将何以游？夫遥荡恣睢转徙之塗乎？"遥荡与婬惕通。今莞俗谓游戏曰瞭，即婬之音转。莞又谓游戏曰荡，亦即惕之音转，婬转为瞭，犹惕转为荡，皆平声转为仄声，

---

① 《中国方志所录方言资料汇编》（一），第27-28页。《广东通志》，同治甲子（1864年）重刊。

② 《中国方志所录方言资料汇编》（一），第35页。《广东通志》，同治甲子（1864年）重刊。

盖由土音缓急之不同。又按:《广韵》:"嘹,落萧切,又卢鸟切。"有平上二音,遥媱并余昭切,落、卢,来母字。余,喻母字,音属类隔,盖岁久而变也。①(《东莞县志》)

写为"嬲",温美姬(2009)指出:"梅县方言歇一下或玩一会儿说'嬲一下',去串门儿说'寻人嬲'。此词用字不一,有作'嬲'(如《客赣报告》499页),又有作'嬲'(如《梅县词典》120页),还有作'聊',练春招(2002)已确证本字当为'嬲'"②。

《客英大辞典》有读音 liàu,没有对应汉字,英文解释为: to walk out for amusement. 下有词语"行丨""游丨""丨地方"等。(第449页),应该和以上记录的同一个词。

鱷

(1)祭鱷鱼介祭文。(《客话读本》,第1156页)

(2)拂落恶溪介潭里去,畀鱷鱼食。(《客话读本》,第1156页)

(3)咁样就你鱷鱼屏紧在这里,传子带孙都唔怪得。(《客话读本》,第1156页)

(4)你鱷鱼样般好与吾同下在这地方住呢?(《客话读本》,第1157页)

"鱷"当为"鳄"的换旁字,"噩"与"鳄"读音相同,所以换声旁为"噩"。

仈 八

(1)(旦)姻缘是乜?阮不仈。(生)不,我教你。(《明刊闽南戏曲弦管选本三种·新刻增补戏队锦曲大全满天春》(上卷),第10页)

---

① 《中国方志所录方言资料汇编》(一),第92页。《东莞县志》,宣统辛亥(1911年),重修(1916年)。

② 温美姬:《梅县方言古语词研究》,华南理工大学出版社,2009年,第134页。

（2）○^①八不八。正 认得不认得。（《官话汇解》，第 1553 页^②）

（3）○八说。正 懂得。（《官话汇解》，第 1571 页）

以上"八"为"认得""懂得"义，字还可写为"仈"，如：

（4）do you know the road ? 路 仈 伓仈？ Tio² paik˳ ng² paik˳（ᶜpeng paik˳）.（《榕腔初学撮要》，第 73 页）

（5）if（you）do not know the road,（you）must inquire. 伓仈路着借倜。Ng² paik˳ tio² tioh˳ chioh˳ mwong².（《榕腔初学撮要》，第 74 页）

（6）can（you）read ? 字仈伓仈 che² paik˳ ng² paik˳（ᶜpeng paik˳）（《榕腔初学撮要》，第 81 页）

"仈"还有"听过、听说"义，如：

（7）had you heard of it ? 仈长啰昧 paik˳ tiong˳ ló mwoí².（《榕腔初学撮要》，第 89 页）

（8）I had heard of it. 仈长了。Paik˳ tiong ᶜlau.（《榕腔初学撮要》，第 89 页）

"八"有"分辩、知晓"义，是一个闽方言词，该词在禅宗语录里也有出现，王长林（2015）指出"君子可八"中的"八"就是"知晓、知道"的意思。^③后因闽方言字有加"亻"的习惯，又写为"仈"。

佬 獠

（1）其薀子係个耕田佬，自都唔曾摸过书皮介人。佢虽然毛乜个症候，但係乜个道理也唔识，竟係晓做一份死勋。（《客话读本》，第 1054 页）

（2）这个发财佬名安做雅各，生倒十二个薀子。（《客话读本》，第 1099 页）

（3）克德曰："老明，我唔怕死佬，我作佢冬瓜咁辘都做得。但係撞板，

---

① 按照该书体例，○后的词语为方言词。

② 本书所用《官话汇解》来自《明清俗语辞书集成》，此处及本书列出的页码是《明清俗语辞书集成》统一编的页码。

③ 王长林：《禅语"君子可八"释义商兑》，《语言研究》，2015 年第 1 期，第 99-100 页。

今日发大热气，周身唔自在，都冇食饭，现在想叫老婆刮一身痧，点能替你做得呢？"（《俗话倾谈二集·骨肉试真情》，第 227 页）

（4）凌氏叹曰："别个妇人向枕上造是非，故意想离人骨肉，人家做男子的唔肯从。唯我劝你爱自己细佬，你做老公，唔慌信我一句，嫁你咁硬颈，有乜法子呢？"（《俗话倾谈二集·骨肉试真情》，第 223 页）

（5）你吩咐个衣服佬唔使浆个的睡衫。（《拾级大成》，第 89 页）

曾昭聪、谢士华（2018）中提到了"佬"在粤方言构词系统和组合方面的情况，认为"佬"指称具有某一特征的一群人，列举《教话指南》中的"佬"系词语有：大佬、细佬、个佬、洗衣服佬、做木佬、泥水佬、裁缝佬、洗衣佬、外江佬、有钱佬、财主佬、拐子佬、拐带佬。①《汉语大字典》"佬"字释义有："（二）lǎo，称成年男性（含轻视意）。鲁迅《书信·致许广平（一九三二年十一月二十六日）》：'盖我久不惯于围巾手套等，万分臃肿，举动木然，故贼一望而知为乡下佬也。'矛盾《生活之一·香港死了》：'整个旅馆二十多号房间，就只有我们这批外江佬，男女大小共计七口。'老舍《四世同堂》第二部六十三："'忙着给女儿找北平城内最好的打鼓佬。'"书证偏晚。

文献中还可写为"獠"，如：

（6）行开细獠 my little brother，move aside.（《广州方言习语》，第 51 页）

（7）叫洗衣服獠来。Call the washerman.（《广州方言习语》，第 64 页）

（8）唔係个个獠，呢个係新来。It is not that one, this is a new-comer.（《广州方言习语》，第 91 页）

（9）你有父母冇呀？有，兼有一个亚哥，两个细獠。（《拾级大成》，第 85 页）

《分韵撮要字汇》第十二"古"上声下有"獠"："村獠，呆獠，鄙陋之称。"

另外，在福州方言文献"老"字可写为"佬"字，如：

---

① 曾昭聪、谢士华：《论清末粤方言教材——〈教话指南〉的价值》，《暨南学报》（哲学社会科学版），2018 年第 1 期，第 52 页。

（10）wife, 佬妈, lau²˅ma.(《榕腔分韵撮要》，第 171 页)

《正字通》："佬，俗字"。《字汇》："连條切，音遼。佟佬，大貌。"《龍龕手鉴》："音遼，又所臻反，正作佹，二。"《玉篇》："力彫切，佟佬也，大貌也。"《中华大字典》："力彫切，音遼。萧韵。一佟佬也，大貌也。见《玉篇》。二粤人称男子曰佬，读若鲁，去声。亦读劳，上声。字又作猺。"当代辞书都只记载了"指成年男子，具有贬义"这一用法。

粤方言"佬"指称具有某一特征的一群人的用法，其本字当为"老"，王云路（2010）指出中古汉语中对某类人的泛称可以用"老"，"老"相当于"者"义，不含敬意，如《洛阳伽蓝记·序》中有"游儿牧竖，踟蹰于九逵；农夫耕老，艺黍于双阙。"其中"耕老"指耕田的人。[①]

<h3 style="text-align:center">舺 艃 舣</h3>

"舺"，《字汇》："他盖切，音泰，舟行也。"《康熙字典》《集韵》义与此相同。粤方言文献表示"舵"义读为 tài 的词写为"舺"，用例如下：

（1）rudder, 舺 tai. To steer with the rudder, 使舺 shei-tai；扒舺 pa tai；梢 shaou.the man at the rudder, 梢公 shaou kung.(《广东省土话字汇》第一册)

（2）steer a boat, 把舺 pa tai.(《广东省土话字汇》第一册)

（3）tiller, 舺柄 tai peng.the rudder is called 舺 tai, and the tiller, 柄 peng, or handle.(《广东省土话字汇》第一册)

（4）Tai, 舺, a rudder.(《广东省土话字汇》第三册)

（5）tiller, 舺柄。(《英粤字典》，西村茂树)

（6）rudder, 舵 t'oh, 舺˅t'aai.(《英粤字典》，湛约翰，1907 年，第 340 页)

（7）steer,（to）把舵 pa-t'oh, 揸舺 cha-t'aai, a steer,（a bull）骟牸 sh'u˅˅koo.(《英粤字典》，湛约翰，1907 年，第 468 页)

字也可写为"艃"，如：

---

① 王云路：《中古汉语词汇史》（上），商务印书馆，2010 年，第 279 页。

（8）[c.p.tái ᵌ]Ca.rudder.—Co.｜柄 ᶜtái peng ᵌor｜牙 ᶜtái ᵼ ngá, tiller；揸｜ ᵼ chá ᶜtái, steer；推｜ ᵼ t'úi ᶜtái, ease the helm；攋｜ ᵼ mán ᶜtái, luff；松｜ ᵼ sung ᶜtái, let go the tiller.（《粤语中文字典》，第 688 页 "艔"）

（9）luff, to, 攋艔 ᵼmán ᶜt'ái.（《英华字典》卷三，第 1134 页 luff）

（10）luff, 扳舵 p'aan- ᶜt'oh, 攋艔 maan- ᶜt'aai.（《英粤字典》，湛约翰，1907 年，第 166 页）

《英华分韵撮要》"艔"字解释为："a colloquial word. a rudder； ᵼchá ᶜt'ái, to steer, to hold the tiller； ᵼsung ᶜt 'ái, to crane up a rudder; to let go the tiller； ᵼmán ᶜt 'ái, to luff， ᵼt'úi ᶜt 'ái, to ease the helm； ᶜtái ᵼt'ung, a tiller. Read tái ᵌ, a long narrow boat."（第 496 页）

还可写为"舼"，如：

（11）helm, 舵 t'oh, 舼 ᶜt'aai, 舼筒 ᶜt'aai-t'uung.（《英粤字典》，湛约翰，1907 年，第 124 页）

"舼"，《字汇》："苦泫切，音犬，《玉篇》：'舟近也'。"《康熙字典》："《正字通》：'舼字之伪'。""艔"，《字汇》："丁代切，音代，艇船也。""艔""舼"粤方言用法与古代字书记载不同。

力　仂

（1）不免力只头上金钗拨一个放下伊身边，待伊醒来见钗，也叫阮孜𡟰人有信。（《明本潮州戏文五种·荔镜记》，第 502 页）

（2）（外）只一孜娘人多少心事，明知阮只处坐，故意不看，不免力扇连面遮除，假意过去，伊必然是来留我。（外）委得不知，那卜知亦来寻尔乞桃一二番。（《明刊闽南戏曲弦管选本三种·新刻增补戏队锦曲大全满天春（上）》，第 25 页）

（3）乡　仂来。正　拿来。（《正音乡谈》，第 364 页）

以上"力""仂"当为"拿"的记音字。《普通话闽南方言常用词典》中"拿"字可读为 lná，俗读音有 lnǎ，"力"的文读音为 lík、liák，白读音为 lát，

"力"的白读音与"拿"的读音 lná、lnǎ 相近,"拿"写为"力",又因闽语用字有加"亻"旁的习惯,因此又写为"仂"。

第三节 文字记录词义的视角考察

汉字是记录汉语的书写符号系统,是表意性文字。因此,梳理字际关系,必须从文字的具体用例、意义出发来判断文字间的关系及发展演变过程。以下通过几个方面的具体实例来说明。

一、同形字的判定与辨析

张书岩(1996):"同形字是汉字发展演变中产生的一种现象,它是指形体相同,意义不同的两个(或几个)字。"[①] 毛远明(2004):"用同一个字形记录两个或两个以上的词,各词之间意义上没有内在联系,只是字形偶合,这样的字称同形字,或称同形词。"[②] 李军、王靖(2016)在前贤研究基础上指出:"事实上,应当从来源、理据与记词功能角度来界定同形字,即同形字是形体相同的几个字,有着不同的构形来源与理据,记录意义无关的几个词(词素),分属不同的字位。同形字有三种区别特征:一是一个字形记多词,二是构形'来源与理据'的多重性,三是不同字位间意义无关、义不同源。"[③]

从以上定义来看,字义是判别同形字的重要标准。当前由于人们对同形字理论认识不足及文献局限,有些同形关系还没有被挖掘,或存在误辨现象。如:

---

① 张书岩:《简化与同形字》,《语言文字应用》,1996 年第 3 期,第 71 页。

② 毛远明:《〈汉语大词典〉同形字处理辨证》,《西南师范大学学报》(人文社会科学版),2004 年第 1 期,第 168 页。

③ 李军、王靖:《同形字的定义与特征》,《南昌航空大学学报》(社会科学版),2016 年第 1 期,第 83 页,摘要部分。

矼

《汉语大字典》"矼"：（一）读 gāng，①石桥，②石级、石路，③石岗；（二）kòng 诚实貌；（三）qiāng ①坚实，②被坚硬的东西碰伤。《汉语大词典》与此同，《中华字海》读音有二：（一）gāng，桥；（二）qiāng 诚实。

闽南方言文献也有"矼"，用例如下：

（1）jar，large mouthed 矼 kng（《翻译英华厦腔语汇》，第 45 页）

（2）（jars）青矼 chhin-âng.（《厦门方言英汉辞典》，第 136 页 dyeing 条）

以上"矼"当为"缸"的俗写，将"缸"的"缶"旁改换为"石"旁所成。"矼"可表"罐子、坛子"义，与各辞书中的"矼"为同形字。

《正音乡谈》有："乡　菜豆。正　矼豆，又姜豆。"（第 335 页）《普通话闽南方言常用词典》中"豇"的闽南话读音为 gāng，"矼"又为"豇"的方言记音字，"矼豆"即"豇豆"。

睸

《汉语大字典》"睸"字："同'睸'。《可洪音义》卷二十三：'睸，晚也。正作睸。'《经相异律》卷三十六：'时五百商客，从优那禅国来，睸至，道路辽远，绝粮三日，入城买食，时世饥俭，且天盛热，都无所得。'"将"睸""睸"看作异体关系。

客家文献也有"睸"，为"看、视"义，用例如下：

（1）佢就起个鬼心，故意唔出声；睸倒第二儕睡落觉，偷偷子摘倒自己介死蕴子放在其床上，又摘倒其生介来。（《客话读本》，第 1376 页）

（2）阿智睸倒佢两儕一出，就将砒礵放落镬头里去。（《客话读本》，第 1657 页）

"睸"，《玉篇》："卜古切，视也。"《字汇》："博古切，音补，视貌。"《重订直音篇》："音补，视也。"《中华字海》："视，看。"《客话本字·再补遗》："睸，音补，视貌。俗谓看不分明者曰睸目，呼若甫，正合。"①《康熙字典》：

---

① 《客话本字·再补遗》，《汉语方言研究文献辑刊》第十二卷，第 478 页。

"《玉篇》卜古切，音补，视貌。"《正字通》："俗字，旧注音补，视貌，非。"《中华字海》："音补，视，看。见《玉篇》。"《客家话词典》："睭 pu⁴ 偷偷地察看：秋睭夜来过贼古，今睭夜～呀盛欵（昨晚来过贼，今晚埋伏下来窥探一下）。"（第178页）

可见"睭"的"视、看"义在古籍、客家方言中广泛存在。《汉语大字典》认为"睭"同"晡"，则是由于部分文献"目""日"形体相近、书写中将"睭""晡"混同导致的。

趜

《汉语大字典》"趜"字有 jú、qū、qiú 三个读音：（一）jú《广韵》居六切，入屋见。沃部。义项有：①穷；②体不伸。（二）qū《集韵》丘六切，入屋溪。恭敬。也作"翑"。（三）qiú《集韵》渠尤切，平尤群。同"趜"。

《客话本字·客话单字》"趜"字下有："趜，居六切。弓，入声。穷追也。今赶人曰趜人，土谈较合。"① 文献用例如：

（1）耶稣与使徒当年医病人趜介工作，今日还在汤伯媺介身上实现。（《医界客话读本》，第189页）

（2）佢虽然被人骂，被人趜，被人用石钉，被人押坐监，都毛滴畏懼，还讲道毛停。（《客话读本》，第196页）

（3）狗就走前去，用两个前脚伏紧地下尽嗷，像喊冤介一样，趜佢也唔走。（《客话读本》，第1165页）

（4）狗四听倒，就拿紧杖棍去趜佢。（《客话读本》，第1212页）

《汉语方言词汇》"追"条梅县有两个词：一个读 kiuk˩，本字不明，另一个为"赶"，读 kɔn˩。②《客赣方言调查报告》"追"条梅县读 kiuk⁷，武平读 tsiək⁷，香港读 kiuk⁸，字形都用"趜"③。客家文献"趜"读"居六切"、表"追

---

① 杨恭桓：《客话本字》，载于南江涛编《汉语方言研究文献辑刊》第十二卷，国家图书馆出版社，2013年，第457页。

② 北京大学中国语言文学系语言学教研室编：《汉语方言词汇》，语文出版社，1995年，第424页。

③ 李如龙、张双庆：《客赣方言调查报告》，厦门大学出版社，1992年，第366页。

赶"义与古籍中"趣"的其他意义无引申关系，当为同形关系。

料

《英华字典》中有：

（1）incubate, to, 菢蛋 pò tán，páu tán，菢料 pò tau˒，觟蛋 pò tán˒，páu tán.(《英华字典》卷三，第 1010 页 incubate）

（2）litter，……；a brood[litter]of young pigs. 一料猪 yat tau chü；……(《英华字典》卷三，第 1119 页 litter）

（3）nest，……；a hornet's nest，黄蜂料˒wong fung tau˒；a bee's nest，蜂料˒fung tau˒；……；to build a nest，作料 tsok˒tau，作巢 tsok˒ch'áu .tsoh ch'áu；a nest of boxes &c.，一套箱 yat˒t'ò˒séung，yih t'ú siáng.(《英华字典》卷三，第 1219 页 nest）

（4）nestegg 留料蛋 lau tau tán.(《英华字典》卷三，第 1219 页 nestegg）

《汉语大字典》等古今字书"料"有两个读音：（一）zhǔ，勺子，舀水用具；（二）dǒu，柱上支持大梁的方木，语义与以上用例不合。覃远雄（2018）提道："客家方言、粤语、桂南平话以及少数湘粤桂边界平话土话'窝'的说法，其读音一般都对应于中古音流摄一等端母去声，比如广东梅县、翁源……。所见材料写法多种，以'窦'用得最多。但'窦'定母字应读阳去，今读阴去，不合常例，本字有待研究。"[①]文中列举该词的写法有"窦""斗"，使用"斗"的如：翁源——鸟斗 tiau²² tɛu⁵⁵，连南——鸟子斗 tiau⁴⁴ tsi³ tæi⁵¹，武平——鸟斗 tiɒu⁴⁵ təɯ⁴⁵²，陆川——鸟斗 tiau¹¹ tæi⁵³，北乡——鸡斗 kei²¹² tɛi³³，连州——鸡斗 kA²² tAu¹¹。由此可知，"斗"是个方言记音字，《华英字典》中的"料"当为"斗"的增旁字，其演变轨迹为：斗→料，与各种辞书记载的 dǒu 表"柱上支持大梁的方木"义为同形字。

① 覃远雄：《汉语方言"窝"类词的地理分布考察》,《民族语文》, 2018 年第 3 期, 第 52 页。

叻

粤方言文献中的"叻"字用例如下：

（1）tack，（nail）钉仔 teng-ʿtsai，（on）叻住 naaiˀ-chueˀ。（《英粤字典》，湛约翰，1907 年，第 531 页）

（2）tie，……；to tie on，叻住 naaiˀchueˀ；tie up the cow，叻牛 naaiˀngau。（《英粤字典》，湛约翰，1907 年，第 582 页）

（3）tow，粗蔴 tsʻo-ma，（to）使缆拖 shai-laam-tʻoh，拉缆 laai-laam，（at the stern）叻船 naaiˀ-shuen.（《英粤字典》，湛约翰，1907 年，第 605 页）

（4）astern，……；fasten on astern，叻船尾 náiˀˌshün ˁmí，nái chʻuen wí.（《英华字典》卷一，第 104 页 astern）

《汉语大字典》《中华字海》《异体字字典》收有"叻"。《汉语大字典》注音为 réng，副词，表示频度，相当于"仍""再"，书证为《马王堆汉墓帛书·战国纵横家书·苏秦自赵献书于齐王章》："寡人之叻功（攻）宋也，请于粱（梁）闭关于宋而不许。"《中华字海》"叻"：一音 réng，释义与《汉语大字典》同，又音 ne，同"呢"，字见《川剧选集·增绨袍》。《异体字字典》与《中华字海》释义相同。粤方言"叻"读 naaiˀ，有"固定、绑住"之义，与各辞书中记载的"叻"为同形字。

跰

（1）阿九买倒鱼，就放落水里去洗，鱼就跰走哩。（《客话读本》，第 152 页）

（2）在后扛紧过桥当时，忽然间该条驴发惊尽跰；索蔴一断，驴跌落河浸死哩。（《客话读本》，第 615 页）

《汉语大字典》:（一）bèng①[跰跰]，奔走貌；②同"迸"，散走。（二）pián[跰蹮]，也作"跰躚"，行步倾斜不稳貌。（三）bǐng 并足立貌。这里"跰"为"蹦跳"义，当为"蹦"字的记音字。

二、特殊汉字意义的识读

1. 表化学元素的文字

牛振（2016）："自 1849 年英国传教士合信（B. Hobson）在《天文略论》中首次介绍养（氧）气和淡（氮）气始，至 1900 年，外国传教士和清政府官办机构出版了 40 多种化学译著。译者所选元素用字五花八门，出现了一个词语用多个书写形式记录，以及一个字符记录多个词语的现象，直到 1933 年才基本统一。"[①] "清末化学译著涉及 64 种化学元素，分别被译为 64 个化学元素词，有 300 多个书写形式。"[②] 对于化学元素的用字问题，刘泽先（1991）指出 19 世纪以来化学字有两派截然不同的造字方法：一派是根据外文名称的一个音造一个谐音的形声字，代表人物为徐寿，他在《化学鉴原》中造了许多此类化学字；另一派是造一个一个能够表达出化学元素的某种特点的会意字，如《化学阐原》里的化学字[③]。这里着重讨论第二派造的化学会意字。

刘泽先（1991）总结会意造字法有两种套数：1.《化学阐原》中的会意字，如𨭥（锰）、𨭟（锰）、𨭤（锰）、𨦃（铬）、鈣（钙）[④]、𨧨（碘）[⑤]；2. 1876 年内山篁出版的由津田仙、柳泽信士、大井镰合译的《英华和译字典》里面有術（氢）、衡（碳）、衢（碘）、衔（锶）、衞（碲）、衕（氮）、衖（钒）、衢（钠）、衞（氧）、衕（磷）、衢（钨）、衒（钛）、衙（硅）、儒（锆）、衡

---
① 牛振：《清末元素用字同形异用考察》，《北方论丛》，2016 年第 4 期，第 49 页。

② 牛振：《清末元素用字同形异用考察》，《北方论丛》，2016 年第 4 期，第 49 页。

③ 刘泽先：《从化学字的兴衰看汉字的表意功能》，《语文建设》，1991 年第 10 期，第 28 页。

④ 牛振（2016）："而嘉约翰、何了然（《化学初阶》）根据钙元素存在于'各种石'中的特性，借用固有汉字'鈣'翻译 Calcium。"见牛振：《清末元素用字同形异用考察》，《北方论丛》，2016 年第 4 期，第 52 页。

⑤ 根据刘泽先介绍，现在的"锰"是根据英文 Manganese 造的谐音字，上文用"無名異"加金字旁，是因为这种元素是从叫"无名异"的东西中提炼出来的；"铬"是根据英文 Chromium 造的谐音字，这个英文字来自希腊的 Chroma，意思是"颜色"，所以会意字用"生色"加"金"字旁来造；"钙"是因为这种元素是石灰里的。详参刘泽先：《从化学字的兴衰看汉字的表意功能》，《语文建设》，1991 年第 10 期，第 29 页。

（溴）、衙（氯）、衖（钛）、衡（铂）、衕（氟）、衒（铀）①。

目前阅读到的南方方言文献中还没有发现第一种化学会意字，第二种在比《英华和译字典》早十年的《英华字典》中就已经出现。将刘泽先所列《化学阐原》中的化学字与《英华字典》作以对比，可以发现：（1）《化学阐原》有 20 字，《英华字典》有 19 字，《英华字典》无"籲"（钠），其他字形二书相同；（2）两书大部分字所表示的化学元素相同，有 3 个字表示的化学元素不同：《化学阐原》"衖"为锶，《英华字典》第 1568 页"衖"对应英文 selenium，即"硒"；《化学阐原》"衕"为"钛"，《英华字典》第 1695 页"衕"对应英文 strontian，即"锶"；《化学阐原》"衡"为铂，《英华字典》卷四第 2012 页"衡"对应英文 yttrium，即"钇"。

刘泽先（1991）、傅惠钧、蒋巧珍（2000）认为这套化学字用五行的"行"代表元素，发展发扬了我国的古代哲理②。刘泽先（1991）对此评价道："19 世纪的这些会意字，表意功能极为卓越，联想极容易，视觉信息量极大，可以说已经到了登峰造极、无以复加的程度。"③那么，为什么这些化学字只是昙花一现，没有流传下来呢？刘泽先（1991）认为原因是："字意是语音派生的，必须依附在声音语言上才有作用。脱离语言的'意'，像那些会意字所表的'意'，实际上是硬塞在方块里的'注释用语'，虽然有助于联想和理解，有望文生义和艺术形象的优点，却不是文字的必要条件，是多余功能，虽然有所得，但是学习、使用方面的代价太大，得不偿失，是巨大的浪费。"④傅惠钧、蒋巧珍（2000）认为："这种会意字不如既表音又表义的形声字更适合记录语言的需要"，除此之外，我们认为"行"代表化学元素不区分气体、固体金属、液体，字形的表意性、区别性不强，也是导致其最终被淘汰的原因

---

① 详参刘泽先：《从化学字的兴衰看汉字的表意功能》，《语文建设》，1991 年第 10 期，第 28 页。

② 傅惠钧、蒋巧珍：《略论化学用字的特点》，《浙江师范大学学报》（社会科学版），2000 年第 6 期，第 97 页；刘泽先：《从化学字的兴衰看汉字的表意功能》，《语文建设》，1991 年第 10 期，第 28 页。

③ 刘泽先：《从化学字的兴衰看汉字的表意功能》，《语文建设》，1991 年第 10 期，第 29 页。

④ 刘泽先：《从化学字的兴衰看汉字的表意功能》，《语文建设》，1991 年第 10 期，第 29 页。

之一。

2. 根据文字记录的词义自造的文字

方言文献有许多自造字，如"兲""冇""橘"等，通过形体、构字部件及部件摆放的位置等来揭示文字的意义，以下着重介绍不被学界所知的自造字"不"等。

不

粤语文献有"白不子"，用例如下：

（1）petuntse，白不子 pǐh tun tsze. See porcelain.（马礼逊《华英字典》，第 318 页）

（2）白不子 petuntse，pák₂ ͨtun ͨtsz.（《粤语中文文选》，第 432 页）

（3）petuntsze，（i.e.tablets of white quartz powder）白 不 子 paak- ͨtuun- ͨtsze。（《英粤字典》, 湛约翰，1907 年，第 232 页）

（4）table，……tablets of white quartz powder，白不子 paak ͨtun ͨtsze.（《英粤字典》, 湛约翰，1907 年，第 531 页）

（5)pentunse/petuntsze 白不子 pák₂ ͨtun ͨtsz.peh tun tsz.（《英华字典》卷三，第 1310 页 petunse ）

（6）white，……；white clay，petunse，白墩子 pák₂ ͨtan ͨtsz，白不子 pák₂ ͨtan tsz.（《英华字典》卷四，第 1977 页 white ）

petunse 百度翻译为：白墩子（一种精练的白瓷土，做成墩状以便运输），例（6）明确认定"白不子"即"白墩子"，各种大型辞书中均无"白墩子"的解释。马礼逊《华英字典》说道：

In the manufacture of this article, the trade use several characters, peculiar to themselves.as yew for 浟 yew，and 釉 yew，or 油 yew，all of which words are used for the glaze.some characters they use with a pronunciation peculiar to themselves.as 不 Ga or Gǒ，they pronounce as 敦字 tun-tsze.from whence the "petuntsze" of European books is derived.

The materials used in making porcelain are called

1st, 官古不者 kwan koo tun chay.

2ed, 上古不者 shang koo tun chay.

3rd, 中古不者 chung koo tun chay.

……

8th, 黄泥不 hwang ne tun.（马礼逊，《华英字典》，第 326 页）

据马礼逊《华英字典》，英文 petunse 是来自汉语的借词，"不"指烧制瓷器的原材料，其颜色不限于白色。大概白色的原材料较多见，最常用，所以"白不子"最为著名，并被引入了英语。称烧制陶瓷的原材料为"墩"，因为"不""墩"读音相近。

方言文献记载了"不"字，清钮琇《觚賸·粤觚上·语字之异》："截木作垫为不"。方志材料中还记载了该字的读音，如：

"截木作垫曰不，敦，上声。①"

"截木作垫曰不，敦，上声。"②

"截木作垫曰不，敦，上声。"③

"截木作垫曰不，敦，上声。"④

《客英大辞典》"不"字下又有："不，Nyet, a mound; a block.coll, tún, which see."（第 597 页）也有："不 tun, a mound; a block."（第 1099 页）下有词语"不頭""一不书""树头木不""门不石""柱不""桥不""灯盏不""牛不"⑤"企紧像钉不一样""洗身不"⑥。

《英华分韵撮要》及《英华字典》对二字有详细说明，如下：

a word used for tan 墩 a tumulus, a base of a pillar；chai tun, an unlucky

① 《中国方志所录方言资料汇编》（一），《广东通志》，第 29 页。

② 《中国方志所录方言资料汇编》（一），《电白县志》，光绪 18 年（1892 年），第 52-53 页。

③ 《中国方志所录方言资料汇编》（一），《潮州府志》，光绪 19 年（1893 年），第 60 页。

④ 《中国方志所录方言资料汇编》（一），《揭阳县志·序》，民国丁丑（1937）年，第 205 页。

⑤ 英文释义为 the short post to which cows are fastened.

⑥ 英文释义为 a block to sit on when bathing.

day for lending money；pak tun tsz，petuntse，feldspar powder used by porcelain makers.（《英华分韵撮要》，第 622 页"䃂"字）

acroters，small pedestals，座 tso，tso；pedestals of pillars，䃂 tun，墩ᶜ tan，tun.（《英华字典》卷一，第 19 页 acroters）

文献还有"丝䃂""炮䃂""窗门䃂"的用法，如：

（7）strut，岳头行 ngok-t'au-hang；a strutting fellow（lit.a bundle of strew），炮䃂 paauˀᶜ tun；an affected strut，逶迤 wai i.（《英粤字典》，湛约翰，1907 年，第 490 页）

（8）winder，（silk）丝䃂 sze ᶜ tun.（《英粤字典》，湛约翰，1907 年，第 778 页）

（9）window，……；a window-sill，窗檑 ch'eung leng，窗门䃂 ch'eung moon ᶜ tun.（《英粤字典》，1907 年，第 778 页）

（10）丨台，c. thôi. a candlestick. 丨䃂 .c tún.do.（注：这里的 do 指与烛台英文意思一样。）（《客英大辞典》，第 75 页"烛"字）

（11）丨䃂，k.tún，the pillars，or tresstles of a bridge.（《客英大辞典》，第 310 页"桥"字）

（12）丨杆托，n.kon thok. The blocks that support the foot of mast. 丨杆䃂，n.kon tún，the supports for do.（《客英大辞典》，第 573 页"桅"字）

（13）门䃂丨，mûn tún s，stone for door-step.（《客英大辞典》，第 736 页"石"字）

可见"䃂"为"墩"的会意字，木头或树桩砍掉参差不齐的部分使之平整，称为"木墩"，可以坐，即"䃂"。《广州话正音字典》有"䃂"，广州音为 dan^2，对应普通话读音为 dǔn，有两个义项：①墩子；②做成砖状的瓷土块，是制造瓷器的原料。《现代汉语词典》："dǔn，见下。【䃂子】dǔn·zi〈方〉名①墩子。②特指砖状的瓷土块，是制造瓷器的原料。"又有："【墩子】dūn·zi 名①矮而粗大的整块石头、木头：菜～（切菜用具）丨坐在石～上。②矮的圆柱形的坐具：这个～使用蒲草编的。"以上辞书对"䃂"的用法概括的还不够全面。

朒

（1）○乳。正　朒子。（《官话汇解》，第 1555 页）

（2）○乳汁。正　朒水。（《官话汇解》，第 1555 页）

"朒"即"奶"字。殷梅（2000）指出《柳州方言词典》中有"朒"，音 [nẽ⁴⁴]，"乳房、乳汁"义，他认为"朒"从造字理据来看，强调了乳房是人身体的一个器官。[1]

冇

闽南方言文献中有"冇"字，如：

（1）冇 phàⁿ porous, soft.（《A Handbook of the Swatow Vernacular》，第 85 页）

（2）冇 p'á² empty as grain without a kernel；withered；blasted.（《汉英潮州方言字典》，第 119 页）

（3）冇 柴 phàⁿ-tshâ wood，light.（《A Handbook of the Swatow Vernacular》，第 121 页）

（4）soft wood 冇柴 p 'àⁿ ch 'â.（《翻译英华厦腔语汇》，第 37 页）

（5）constitution，weak sin-hùn phàⁿ；sin-hùn nám 身分冇身份弱（《A Handbook of the Swatow Vernacular》，后附词汇表第 28 页）

（6）blight，称乌 chheng o，白冇 peh phàⁿ.（《厦门方言英汉辞典》，第 41 页"blight"）

（7）bloated，腫 tséng，胀 hàm，冇膝 phàⁿ-phúh.（《厦门方言英汉辞典》，第 41 页"bloated"）

（8）— solid，冇 phàⁿ（《厦门方言英汉辞典》，第 341 页 not）

（9）unsubstantial，……，（as foundation）冇冇 phàⁿ phàⁿ.（《厦门方言英汉辞典》，第 563 页 unsubstantial）

（10）sit down and chat. 坐坐冇讲。Sói² sói² p'ang²ᶜ kong.（《榕腔初学撮

---

[1]　殷梅:《汉语方言俗字研究中的几个问题》，山东师范大学 2000 年硕士学位论文，第 12 页。

要》，第 77 页）

（11）乡　冇，官　泛谷。正　秕的，别　扁稻。（《正音乡谈》，第 334 页）①

另外客家话文献中也有该字，如：

（12）冇丨，phàng k.，empty，useless do.（《客英大辞典》，第 411 页"穀"字）

（13）牛冇丨，nyû phàng f.，cow's lungs.（《客英大辞典》，第 706 页"肺"字）

（14）打冇丨，tá phìng k.，to beat the air，tsiong kî kài k thêu mò kí kài chòi kok，to use his own（enemy's）fist to smite his cheek—use his own weapons（or goods）to fight him with.（《客英大辞典》，第 263 页"拳"字）

《汉语大字典》"冇"："mǎo 方言。没有。《中国谚语资料·一般谚语》：'一把刀冇两利。'"其解释应该为粤方言"冇"的用法。李新魁（1964）："奅 [p'ã³] 潮州话中与模意义相反的词是'奅'，方言字写作'冇'，意义为'不坚实'或'虚弱'，如说'伊个身份奅死'（他的体质很虚弱），'个包浮酵浮了奅奅'（包子发酵发得松软松软的）。……案：效韵字潮州口语多念 [a] 音，如'抛、敲、教、孝、罩、豹'等，而 [a] 字音又常常鼻化为 [ã]（如'怕'），故奅念为 [p'ã³]；又'起酵'、'空大'等均有'不坚实'义。音义全通。"②《说文解字注》："奅，大也。此谓虚张之大。《广韵》曰：'起酵也。'从大卵声。各本作卯声。今正。按：《汉书》与窌通用，其字当力救切，古音在三部，伪从卯，乃匹貌切矣。""奅"音义与闽南方言、客家话"冇"相同，陕西洛南方言也有该词，形容衣服、棉被等空虚、柔软，如"棉被奅奅的"。

与"冇"的"空大""虚弱"义相反，闽南方言中还有"冇"，义为"硬，坚实"义，如：

（15）hard tōiⁿ；ngẽ 冇，硬。（《A Handbook of the Swatow Vernacular》，第

---

① 殷梅（2000）指出于都方言表"秕谷"写为"冇"："冇 [ie²²]'冇谷'为秕谷（《于都方言词典》p.96）。考其本字，可能为'穤'，《集韵》琰韵於琰切：'禾稻不实也。''冇'是由'冇'缺笔而创，因'冇'具备'果实丰收'之义，'禾稻不实'则由'冇'缺笔而创的'冇'表示。"详见殷梅：《汉语方言俗字研究中的几个问题》，山东师范大学 2000 年硕士学位论文，第 16 页。

② 以上二字来自李新魁：《潮州方言词考源》，《学术研究》，1964 年第 3 期，第 101 页。

50 页）

（16）solid 有 tiēng.（《翻译英华厦腔语汇》，第 134 页）

（17） 有 柴 tōiⁿ-tshâ wood，hard.（《A Handbook of the Swatow Vernacular》，第 121 页）

（18）hard wood 有柴 tiēng ch'â.（《翻译英华厦腔语汇》，第 37 页）

《汉语大字典》"有"："有 diàn 方言。坚硬；坚实。如：有柴；石头真有"。陈泽平（2009）分析 19 世纪美国传教士编写的《福州话拼音手册》和福州方言课本《榕腔初学撮要》中的福州方言时指出，福州方言"冇"读 phaŋ⁵，义为"虚；空虚"，"有"读 taiŋ⁶，义为"实；坚实；硬"，认为二字与"有"字的理据关系明确，把"有"字掏空，表示外壳是一样的，但只是虚有其表，有了"冇"字，在空虚的腹心加上一点，也就顺势造出了它的反义词"有"[1]。李新魁（1964）认为其本字为"楝"字："楝 [tōi⁷] 坚实，坚硬，如说：'呣块柴楝死'（这块木头很坚实）。楝，《集韵》霰韵：'堂练切，木理坚实'。案：霰韵字潮州口语中多念 [õi]，如'殿、先、佃、楝'等，故楝也念 [õi] 音。方言字写作'有'。"[2]

第四节　字际关系生成的途径及成因

以上三节分别从形、音、义的角度对方言文献中文字间的字际关系进行了认同、别异研究。方言文献中文字使用具有临时性、较强的主观随意性，用法很难稳定下来，大多数方言字只是昙花一现，有些文字的理据不可解或有违背于汉字的基本性质，同时异体字、俗别字、同形字、通假字、生僻字较多。人们对这一状况的认识是：方言文字的形成、使用是非理性的、随意

---

① 陈泽平：《福州方言杂字试析》，《福建师范大学学报》（哲学社会科学版），2009 年第 2 期，第 101 页。"冇"读 phaŋ⁵，"有"读 taiŋ⁶，数字 5、6 标示的为调类，不是调值。

② 李新魁：《潮州方言词考源》，《学术研究》，1964 年第 3 期，第 101 页。

的。其实单个汉字看似孤立、散杂，但又与其他汉字彼此联系，形成一个整体。毛远明（2013）曾指出："从宏观上就整个汉字符号系统而论，它是有体系的，有发生、发展、变异、行废的规律。就汉字体系中的个别符号而论，也有创制、演变、行废的历程，在整个汉字体系的制约、影响下生成和变化。"[①] 基于此，以下尝试归纳方言文献文字字际关系生成的途径及原因，同时试着思考以下问题：古今、方言间语音变化较大，汉字记录方言时如何适应这种变化。需要明确的是，纯粹用方言书写的方言文献较少，大多数所谓的方言文献，大部分还是用官话书写，中间穿插一些方言词或人物对白用方言，因此方言文献中大部分文字使用表现出和官话文字体系的"同""异"的成分穿插在官话文字中，记录零星出现的方言词。

一、方言文字生成的途径

方言文字从生成途径来看，主要以官话文字体系为参照，对官话文字进行改造或在此基础上形成，生成途径主要有四种。

（一）对官话文字的局部改造

毛远明（2013）指出："构件是汉字的基本构形单位，是汉字构形系统的核心，而数量又相对有限，具有封闭性。从形义关系的角度考察，用各种带有音义信息的符号组装起来的汉字，其理据表现于构件与字音、字义的联系，而这种联系又是有序的，成系统的，有规律的。"[②] 字在应用时，就得适应用字习惯、用字环境，其原有符号功能就不会一成不变。构件是汉字的二级单位，为了适应记录方言的需要，就可以充分利用构件的变化来形成新字，主要表现为对已有汉字构件的改造。构件改造是方言文字甚至是近代汉字形成的一种主要途径，改造主要表现为构件的俗写、讹变、省略、改换、增删等。改

---

① 毛远明：《汉字源流与汉字研究的新视角》，《西南大学学报》（社会科学版），2013年第6期，第124页。

② 毛远明：《汉字源流与汉字研究的新视角》，《西南大学学报》（社会科学版），2013年第6期，第127页。

造可以是局部构件的改造，也可以是以官话文字为参照的整体改造。

1. 文字局部构件的改造

包括构件省略、改换、增加三种情况。

（1）构件省略。即方言文献在书写时省略了与记录的词相对应的官话文字的部分构件，形成了方言中特殊的书写形式，如"蘇"省略左下角构件"魚"变为"茉"，"熟"省略左上角构件变为"杰"，"然"省略左上角构件变为"点"。

（2）构件改换。改换可以归纳为两种情况。

第一，文字在书写、传抄过程中有些构件会产生俗写或形体发生讹变，如"爹"字构件"多"讹变为"矛"或者用重文符号"："来表示，就写为"爷""爹"。"芗"下半部分的构件写为"芗"，"酸"右边部件"夋"讹变形成俗字"酜"，"叉"写为"义"。受"绿"字部件"糹""录"经常连用的影响，"氯"字左下部的部件"录"换为"糹"，又因"糹"写为"糸"，于是"氯"写为"氪"。"般"右边部件"殳"俗写为"犬"，整字讹变为"猷"，含有"般"构件的"搬"也写为"撒"。"犭"讹变为"彳"，"猛"写为"徝"，"猖狂"写为"徝徎"，"狗"写为"徇"，"狼狈"写为"很徂"。"岳"的部件"石"讹变为"后"同时整字结构调整就写为"屙"。

第二，方言书写时改换官话文字特别是形声字的形符、声符，改换遵循换用笔画少、方言中更常用、声旁表音更明显、形旁表义更显豁的原则。声符改换的例子如"姊"字写为"妲"，"毯"字写为"毱"，"窟"字写为"窋"，"鳄"字写为"鱷"，"寮""蒤"字写为"芀"，语气词"呀"写为"亚""哑""吁"，"艪""舩"在粤方言文献中都表示"舟行"义，"呢绒"类布料粤语文献可写为"呢""尼""綟"，闽语文献中改换为表音更准确的声符"年"，写为"哖""芊"。形符改换的例子如"驼"（表"驼背"义）写为"佗"，"地"写为"坨"，"甜"写为"醂"，"缸"写为"矼"，"伸"写为"舯"。

（3）构件增加，构件增加主要受文字记录的词的意义、上下文影响，增加相应的表义或类化的部件。受上下文影响如受前一字"石"的影响"板"写为

"砱"，受前字"禾"的影响同时粮食也从禾而来，"粮"写为"秋"，"胡椒"的"胡"受后字"椒"或该物可以做作料的影响写为"糊椒""椡椒"，"石榴"的"石"受后字"榴"影响写为"柘榴"。受表义影响的例子如"了"表"八哥鸟"时写为"鸟"，粤方言"利"表"舌头"时写为"脷"，"愚"写为"憨"，"臼"写为"砶"，"丛"写为"欉"等，"占米"的"占"后增旁写为"粘"，"母"增旁写为"姆"，"汞"因"汞"的金属性质增加形旁写为"錸"。还有一类构件的增加受潜意识类化思维的影响，如闽方言文献中有很多加"亻"旁的字，粤方言记录方言词、音译词时会选择加"口"旁，产生了较多的"口"旁字。

2. 文字整体部件的改换

文字整体部件的改换也是有理据的，整体部件改换后，因构件不同，构形理据也就发生了变化，可以重新解释。理解方言文字时如果能以原来的官话文字做参照，解释会更容易、更准确。如粤方言文献"佬"有时写为"獠"，"寮"是根据"佬"的读音改换的声旁，形旁"亻"变为"犭"。"挷"粤方言文献意思同"襻"，有"带子"义，声旁"攀"改换为"班"，形旁"礻"改换为"扌"。《宁波方言字语汇解》有"餗"字，本字当为"育"，陕西洛南话喂养小孩、喂猪、喂小动物都称"育"，"餗"是根据"育"的读音和意义造的一个形声字。

（二）借用官话文字

碰到方言词无法书写时，最简便的方法就是直接借用官话文字，借用与方言中该词语音或意义相同、相近的官话文字，借用读音相同、相近的文字称为方言记音字，借用意义相同、相近或相关的文字称为方言训读字。

方言记音字使用非常多。如表示"生日、出生"义时官话文献写为"诞"，粤客方言为了书写方便用同音的"旦"字来书写。闽方言中"解"用音近的"改"字来记录，"力"为"拿"的记音字。客方言表"抬头"义写为"担"字，元、年客家方言同音，因此"元宵"写为"年宵"。粤方言表"动、微微动"义写为"郁""煜"，"折本"义的"折"写为"舌"。方言记音字中还有一种情况是因为同源分化，一个词在不同方言中因读音、用法差异逐渐分化为两个或多个词，因此不同方言根据该词在自己方言中的读音用新的字形来记录，如"櫥""欛""橘"字，即"家禽的卵"，后来又经常借用"春"字。有些记音字所记的音和官话该字的读音差别较大，读者对记音字所记录的方言词不熟悉，再加之不同书写者所用的记音字不同，造成"一词多形"的现象，给不熟悉该方言的读者造成了极大的困惑。

方言训读字如"黑"经常写为"乌"，"黑人"写为"乌人"。还有一些因避讳某些意义产生的方言字，如"舌头"，不叫"舌"，叫"利"，因此产生了"脷""唎"字。

（三）给方言记音字增加相应部件

给方言记音字增加相应部件，是指给第二类提到的方言记音字增加相应部件形成新字，增加的部件一般为示意部件。用方言记音字记录该词，从字形（或字面）上看不出为什么要用这个形体来表示或记录这个词语，而汉字字形一般具有很强的表意性，为了弥补这一缺失，就给记音字添加相应意义的部件，起到示意作用。有两种情况：1.添加和该词意义相关的部件，"利"字增加"月"旁写为"脷"，如"折"字方言文献写为"舌"，后来在此基础上又写为"賭""咭""餂"；2.受类化思维影响添加"口"旁或"亻"旁，其中"口"旁、"亻"旁示意作用很弱，"口"旁字以粤方言文献使用较多，最为典型，其他方言区也有使用，用于记录方言词、外来音译词。闽方言会增加"亻"旁，如"力"为"拿"的记音字，又在此基础上写为"仂"，"八"为"认得""懂得"义，字又写为"仈"。

（四）新造方言字

方言文献中也可以根据方言词的意义、读音等新造一些方言字，主要类型有会意字、形声字、方言反切字、合体字。

会意字如指称"家禽的卵"，粤方言根据该词的意义造出了"櫥""欛""橘"三字；粤语文献有"白朩子""朩子"等，木头或树桩砍掉参差不齐的部分使之平整，可以坐，称为"木墩"，"朩"为"墩"的会意字；《翻译英华厦腔语汇》《汉英潮州方言字典》有"槏"字，"槏"为会意字，取"木成皿"之义，即一种盒子。形声字如闽方言文献中有"肕"字，即"奶"字，从造字理据来看，强调了乳房是人身体的一个器官；"盅"，最早用于粤方言文献，如"茶盅""炖盅"，为"杯子"义。方言反切字在客方言童蒙课本《启蒙浅学》中表现最为典型，是根据反切造字法造的文字，但是没有流传下来。合体字是把两个字合在一起书写，如"㝽"字，即为子、宫二字的合体，其他方言也有使用，如"甭"为"不用"的合音合体字。

当然以上四种生成方式不是截然分开的，一个方言字的发展变化有可能先后使用了以上两种或两种以上的生成途径，比如《客英大辞典》《客家社会生活会话》中有"□□"字，《客英大辞典》中注音为 mâng，表否定，义为"不要"，该字演变轨迹为罔→网→罒→□□→□□，本字为"罔"，先写为方言记音字"网"，"网"再经历字形的讹变，最终写为"□□"。

二、方言文字生成的原因

方言文献同音字、疑难字、怪字较多，使用具有临时性、个体性，给人们的印象是方言字的产生和变化是非理性、无理据的。其实不然，字形变化不是无规律的、任意的，有它非变不可的原因和理由，以下试分析方言文字产生、形成的原因。

（一）增强文字记录语言的职能

王志方（1998）认为："决定文字发展演变进程的，主要是它所记录的语言，语言对文字的制约是文字发展演变的内因，文字的每一次演变，和经过演变之后的稳定，都是为了减少它跟语言之间的距离，是为了加强语言的表现力和准确度。"[①]汉字部件可分为标音、表义、单纯符号三种类型，原则上，

---

① 王志方：《试论影响汉字发展演变的语言文字因素》，《上海师范大学学报》（社会科学版），1998年第 4 期，第 121 页。

汉字系统要求每个字符中表义构件的意义明了准确地传达其所记录单词或语素的意义，表音构件准确传达所记录词的语音。方言文字音义关系的变化、语义内容增加或凸显、书写效果求便等原因，导致已有的官话汉字构件不能满足方言书写中标音、表义的实际需求，出现文献用字所表语义、语音与字形（字面）不相一致的现象。为了更好地记录语言，强化文字的标音、表义功能，就需要对已有官话文字进行改造。改造的主要着眼点为构件，表现为构件的增加、改换，增加、改换相应的形旁以示义、声旁以示音，以使形义、形音关系更加明晰。李运富（2007）谈到汉字结构演变原因时指出："为了克服汉字表达职能的退化，人们会有意识地改变某些字的结构，以求汉字的形音义达到新的协调，从而恢复或增强汉字的记词职能。"① 构件的改造大多使汉字走向了形声化的道路，成为既表意又标音的音意文字，增强了字词的对应关系、区别字词混同等现象，是汉字职能对汉字结构属性影响导致的变化。

（二）书写过程及受众求简求便的心理

文字书写者自身的文化素养、心理（求简求便求快、对文本的重视程度）、文本的用途、使用场合及对象等都会影响到方言文献文字的具体使用。方言区通俗文学作品如戏曲、白话小说，受书写者文化素养不高及提高书写速度、方便书写心理影响，会省略汉字中的某些构件，如"蘇"省略左下角的"鱼"变为"苏"，"熟"省略左上角的"享"变为"热"，或将笔画繁多的构件换成笔画少、易书写的构件，换后的构件有可能和原字的构件功能一样，也有可能增添了标音或表义功能，如"姊"将右旁的部件换为既标音又易写的"只"，"毯"将部件"炎"换为"旦"，写为"毢"。

由于通俗性文本的书写及阅读对象为普通大众，对文字规范性的要求不高，使用随意。当碰到不会书写、已有汉字结构或笔画繁难、有音无字词时，人们首先不会想到翻阅字书查找，而是采用一种更简便的方法来解决，即用

---

① 李运富：《论汉字结构的演变》，《河北大学学报》（哲学社会科学版），2007年第2期，第5页，后收录于《汉字汉语论稿》，北京：学苑出版社，2008年，第164页。

方言中同音或近音的文字来替代。就文字的学习和使用层面而言，要求文字简单、数量少、方便书写、容易掌握，即单一文字可以和多个所指对应，而方言书写中，当碰到不会书写或写不出来的文字时，用已有的同音或近音字来代替不亏是一种简便之法。

（三）文化因素

文化如禁忌文化、古代文化的传承、异文化的传入、不同地域文化的相互接触等因素也会对文字使用产生重要影响。忌讳文化，如粤方言"舌"与"折"同音，为了避讳"折本"义，把"舌"改为"利"，造出了新字"唎""脷"。不同地域文化间的相互接触、异文化的传入，就会有词汇间的相互借用产生借词，借词需要相应的文字来记录，就会扩大已有文字的职能或新造其他文字来记录，如记录粤方言音译词的"口"旁字就是适应明清时期中西文化接触产生大量借词的要求，同时受佛经文献音译词加"口"旁字来记录的影响而产生的，与前代佛经文献中的"口"旁字具有一脉相承的关系。地域文化的影响如指"鸟兽家禽的卵"和"中国沿海地区水上居民的统称"，本可以既用"蛋"字，也可用"蜑"字，"蛋""蜑"为异体关系，后来二字用法出现分化，表"鸟兽家禽的卵"用"蛋"，表"在水上居住的这类人"用"蜑"。

（四）类化思维方式的影响

近年来已经有较多的学者如刘钊、张涌泉、黄文杰、毛远明等注意到了类化思维对文字的影响，意识到类化现象在文字学中非常普遍，对汉字中类化产生的声符、形符有了深入的认识和思考。根据类化因素有无出现，可将类化分为显性类化和隐性类化。显性类化指类化因素出现，类化因素一般为与该字相邻的上下文字、相邻构件等，隐性类化指文字受词义、语境义、头脑中形义相关的他字等不可见因素的影响而发生的类化现象，这种类化是一种潜意识的、隐形的类化，存在于人的思维层面。

方言文字的形成，主要受头脑中形义相关的他字的影响，人们在创造、使用方言文字时，已经习得的官话文字系统及对官话文字的认知在方言文字的创造、使用、传播方面的影响非常之大。已经习得的官话文字及对官话文字的认知是人们创造方言文字的参照，人们根据已掌握的官话文字及对官话文字的认知展开类化，创造出方言文字。可以说，方言文字系统是根据官话文字系统类化而来的。人们在使用方言文字时，会不自觉地带入对官话文字的认知，受官话文字的影响。

受潜意识影响的类化字，如方言文献中大多数的新造字，大都是按照形声、会意等方式创造的或者为官话文献中已有的文字类型。方言新造的形声字大多受构形法特别是形声字"左形右声"类化影响，方言反切字受音韵学反切法影响，会意字受传统六书"会意"造字法影响。同样，受类化思维影响，同类字容易在形体、结构等方面有共性，粤方言在记录音译词和为"有音无字"的方言词造字时使用了大量的"口"旁字，"口"旁自造字在今天记录方言词时还大量使用，闽语文献中大量加"亻"旁的文字也是受类化思维影响的结果。

第三章 方言词字词关系考察

　　韩琳（2008）："汉字是记录汉语的符号系统。汉语中字和词的关系着重体现为汉字个体字形与汉语基本表达单位——词的对应。"① 他的系列论文《改革开放以来字词关系研究现状考察》（2007）、《近代字词关系研究述评》（2007）、《中国传统语言文字学字词关系研究述评》（2008）、《黄季刚字词关系理论概述》（2008）对先秦至当代字词关系理论研究成果进行介绍与梳理，指出："近代语言文字学者在字词关系研究上有了突破性进展，虽然在概念的运用上仍然将字与词混同，但在文字的产生上明确区分了语言和文字，揭示了'字'随'词'的发展而产生规律以及与此密切联系的'字''词'的系统性。改革开放以来，伴随训诂学的复兴，文献解读日益受到重视，在继承传统语言文字学理论和方法的基础上，字词关系研究视角日益拓宽，从理论到实践，从探讨同词字际关系概念到关注'字''词'两种语言单位之间的关系，都取得了很大的进步。"②

　　但是，我们也应看到，"汉语字词关系是一个动态的系统，在不同的时代和空间里，其表现就会不同。"③ 因此，字词关系还有很多值得关注的问题。曾良（2015）指出："在漫长的汉字使用过程中，字与词的关系较为复杂，还有不少可以研究的东西。有的字与词之间的对应未被今大型辞书所载录，有一些俗写相混的现象，因字形问题将 A 词的意义交给了 B 词，从而音随形

---

① 韩琳：《中国传统语言文字学字词关系研究述评》，《社会科学论坛》，2008.1（下），第 79 页。
② 韩琳：《改革开放以来字词关系研究现状考察》，《辞书研究》，2007 年第 6 期，第 39 页。
③ 夏大兆：《甲骨文字用研究》，安徽大学博士学位论文，2014 年，第 73 页。

变，如此等等，复杂多样，值得我们在研究古籍时重视。"①

以往字词关系探讨，大多以官话文献为对象，较少涉及方言文献及方言词，忽视了方言文献或方言词呈现的字词关系，这也给方言词汇、历史词汇研究带来了困扰。游汝杰（2004）也认为："以前的方言词汇研究偏重于个别的地点方言词汇的记录、释义和研究，较少不同方言的比较研究和综合研究。结果往往是仅仅根据表面上的语音形式或方言字的字形的不同，片面强调地点方言词汇的特殊性，而忽略了不同方言词汇的共同性。也造成本字考证和词源研究的分歧和混乱，不利于方言史研究。"②张振兴（2000）指出："闽、吴、粤、客方言类似'敆、門'这样的共同词汇成分，我们还可以举出一些来。有时候，各方言之间习用字形的差异，会掩盖词语相同来历的本质。"③

因此，本书第三章以方言词为对象，收集方言词多种词形，挖掘词形变化的原因及体现出的复杂多变的字词关系，最后以实例形式展示方言词多种词形在探究词语语源及发展变化过程中的作用，通过词形梳理弄清楚词与词之间的界限和关系，考察方言文献字词互动及词语动态发展过程，同时注意与共同语词汇比对，寻找方言词汇和共同语词汇发展变化的接口，了解方言词汇系统和共同语词汇系统的关系，为词源探讨、历史词汇学研究提供参考。第四章以外来词为对象，收集外来词多种词形，摸清英源外来词用字情况及早期存在状态及发展过程，为当今外来词规范提供借鉴④。

为了方便深入讨论，以下对本书涉及到的"方言词"概念及其内涵做如下说明：

颜峰（2003）："对方言词的划分大致也有广狭之分。狭义上的方言词只是指那些在某个地区共同使用的词。广义的方言词既是指地域方言词，也指那

---

① 曾良：《近代汉字的字词关系探讨——以"嬠""鹄""蚖"三字为例》，《安徽大学学报》（哲社版），2015年第4期，第103页。

② 游汝杰：《汉语方言同源词的判别原则》，《方言》，2004年第1期。

③ 张振兴：《闽语及其周边方言》，《方言》，2000年第1期，第14页。

④ 需要说明的是，一些外来词，最初先从外语进入方言，既有方言词又有外来词的属性，但是其来源和外语有关，因此将其归入外来词的范畴。

些在某一行业或社团通用的词语，即行业语、隐语等"。① 本书"方言词"指方言区使用的词，这个词也可能在官话或其他方言使用。另外，字际关系探讨部分已经涉及单音节方言词，故这一部分我们将研究对象限定为双音节或多音节方言词。

第一节　一词多形

王宁、陆宗达（1983）认为："词形，指词的外部形式，在口语里，词形就是词的语音形式；在书面语里，记录这个词的字形也可称作词形"。② 曾良（2009）称之为"字面"："在汉语各个历史时期，都有一些词的字面处于过渡不稳定的阶段，往往出现多种字面形式。经过长期的大众使用，有的字面最后成为规范词面，而其他形式有可能因不占优势，最后消亡。多种字面的形式，在近代汉语中最为常见。对其形式进行细致研究是非常必要的，现代汉语的许多词面形式必须联系到近代汉语乃至于中古汉语，才能较好地知道其来龙去脉。"③ 裘锡圭（1988）将这一现象称为"一词多形"④，本书称其为"一词多形"。

关于"一词多形"在语言研究中的作用及价值，张文冠（2014）认为："弄清楚一个词在历史文献中，曾采用了哪几个词形并勾勒出其历时变化，显然也是汉语词汇史研究的基础工作。"⑤ 陈明娥、李无未（2012）指出了异形词尤其是方言异形词研究的价值："有些官话课本中使用了一些与现代汉语不同的异形词，这些异形词在一定程度上暗示了其早期的语源或语音变化信息，

---

① 颜峰：《现代汉语方言词研究综述》，《山东科技大学学报》（社会科学版），2003年第1期，第104页。

② 王宁、陆宗达：《训诂方法论》，中国社会科学出版社，1983年，第175页。

③ 曾良：《明清通俗小说语汇研究》，江西教育出版社，2009年，第123页。

④ 裘锡圭：《文字学概要》（修订本），商务印书馆，2013年，第244页。

⑤ 张文冠：《近代汉语同形字研究》，浙江大学博士学位论文，2014年，第252页。

为探求方言本字或汉语词汇史研究提供了方便。有些异形词则反映了方言词在口头交际中发生的语音变化现象。"①

目前"一词多形"研究成果主要有：上古汉语，陈斯鹏《楚系简帛中字形与音义关系研究》（2011）第三章"一音义用多字形现象"，对楚系简帛一词多形类型进行系统总结。近代汉语，曾良《明清通俗小说语汇研究》（2009）第六、七章"语词多种字面的探讨""多种字面探讨的重要意义"列举了一词多形现象，并阐述了其在词汇发展、语源探讨、汉语规范等方面的重要作用。刘君敬《唐以后俗语词用字研究》（2011）对唐以后的 20 个单音词、5 个复音词的用字及其变化进行详尽描写，总结俗语词用字规律。张文冠《近代汉语同形字研究》（2014）第七章"同形字与词汇学"第一节"增补新的词形"分单音节词、复音节词两个方面增补近代汉语常用词未被辞书收录的多种写法。

以下主要考察方言文献中的"一词多形"现象，进行比对归纳，通过细致的分析求得方言词词形演变的原因、过程及方言词用字规律，将不同文献中同一方言词的各种写法沟通起来。

一、同一方言内的"一词多形"

细二　细腻

闽南及福州方言文献有"细二"的用例，如下：

（1）深林边逢着一位奼子，生得有只千娇百媚，肌肤细二。（《明刊闽南戏曲弦管选本三种·新刻增补戏队锦曲大全满天春》，第 2 页）

（2）（旦）绣匣上绣牡丹，绣得真细二，平时看伊十分欢喜，今心内无物通表阮心意，贮得五百太平钱乞君作表记。（《明刊闽南戏曲弦管选本三种·新刻增补戏队锦曲大全满天春》，第 23 页）

---

① 陈明娥、李无未：《清末民初北京话口语词汇及其汉语史价值》，《厦门大学学报》（哲学社会科学版），2012 年第 2 期，第 60-61 页。

（3）next time be careful。下二回着细二。A ˊ ne ˀ ˌhuí tioh ˌ sá ˊ ne ˀ.（《榕腔初学撮要》，第 58 页）

（4）in washing be careful, not to break the buttons。洗衣裳着细腻，鈕怀通洗破去。ˋSá ˌ i ˌ siong tioh ˌ sá ˊ ne ˀ k'aiu ˊ ng ˀ ˌt'eng ˋsá p'wai ˀ k'ó ˀ.（《榕腔初学撮要》，第 64 页）

例（3）（4）句中的"细二""细腻"《榕腔初学撮要》罗马字注音都为 sá ˊ ne ˀ，结合以上用例可知，"细二""细腻"当为同一个词的不同词形。古代汉语官话文献写为"细腻"，中古音"腻"为娘母止摄脂韵开口三等去声，"二"为日母止摄脂韵开口三等去声，二字韵母及声调同，声母有差异，"腻"为娘母，"二"为日母。音韵学中有著名的"娘日二母归泥"说，朱声绮（1985）："中古次浊音里有泥、娘、日三个声母。所谓'娘日二纽归泥'，是说上古没有娘日二纽，只有泥母。据研究，《切韵》时代，泥娘尚为一。中古以后，泥母分化为三：泥、娘、日。"[①] 同时他指出："人、日、热、肉、耳、二、儿等日纽字，在吴语区以及广东、广西、福建等地，都念成泥母。如而在闽南语中，都念成 ni，这也能说明上古日、泥二组本合为一。"[②] 因此"二""腻"闽方言中同音，《榕腔初学撮要》"二"注音为 ne ˀ，"细腻"写成了"细二"。

咱厶　查某　姿姆　姿母　媸妐

闽南方言有"查某"一词，有"妻子""女人"义。该词的语源学界探讨较多，以吴守礼为代表，如《查晡查某语源的试探》《闽南俗文学中所见性别称谓——查晡查某语源探测之二》《查晡查某语源探索》，另有孙洵侯《"查晡""查某"本字考》，周法高《从"查晡""查某"说到探究语源的方法》。周法高（1963）将学界对"查某"来源的看法归纳为 5 种：1."查晡""查某"即"此男子""此女子"，"查"为"这"之近音。"这"，此也。2."查晡"即"打捕"，"查某"即"在户"，与男女在家庭中的分工有关。3."查晡""查屺"，

---

① 朱声绮：《娘日二纽归泥及其运用》，《山东师大学报》（哲学社会科学版），1985 年第 3 期，第 69 页。

② 朱声绮：《娘日二纽归泥及其运用》，《山东师大学报》（哲学社会科学版），1985 年第 3 期，第 70 页。

即男子查巡山埔，女子查管田畍。4."诸父""诸母"。5."者夫""者妇"。[①] 此外，陈恒汉（2011）认为查某跟印度对婆罗门妇女的称呼 Chamo（本意为"安稳"）如出一辙，甚至可以追寻到更早的梵文 Sama。[②] 目前关于该词的语源分歧还较大，还没有形成统一的说法。

本书就该词在明清闽方言文献中的写法进行收集整理。明代闽南戏文中该词写为"咱厶"或"查厶"，如：

（1）见尽咱厶戏好怯，不如金花野姿娘。（《明本潮州戏文五种·金花女》，第 817 页）

（2）只一查厶仔不识物，我捻手看大哑小，卜打手指乞你。（《明本潮州戏文五种·荔镜记》第五出，第 376 页）

（3）我爹一日赏雪，赐院子二个肉包子，院子不甘食，卜控去乞伊七岁查厶孙食。我妈哀泪忆自到咱处，即使院子送五斗米、十刃艮来度咱，尔疑值去。（《明刊闽南戏曲弦管选本三种·新刻增补戏队锦曲大全满天春（上）》，第 36 页）

清代文献中写为"查某"，如：

（4）〇 查某妬的。 正 呼吃醋的老婆。（《官话汇解》，第 1589 页）

（5）female of mankind 查某 cha bó.（《翻译英华厦腔语汇》，第 127 页）

（6）daughter， 查某子 tsa-bo-kián（《厦门方言英汉辞典》，第 100 页 daughter）

还可写为"姿姆"，如：

（7）effeminacy / effeminate，姿姆体 tsa-bó thoé，母形 bú-hêng.（《厦门方言英汉辞典》，第 140 页 effeminacy）

（8）elope，……，—with a maiden，拐骗人之姿姆子 koái-phièn lâng ê tsa

---

① 以上观点引自周法高《从'查晡''查某'说到探究语源的方法》，详见周法高：《中国语文论丛》，正中书局，1963 年，第 165-166 页。

② 陈恒汉：《闽南方言的外来词研究：历史及类型》，《内蒙古农业大学学报》（社会科学版），2011 年第 1 期，第 210 页。

bó kián（《厦门方言英汉辞典》，第 142 页 elope）

也可写为"姿母"，如：

（9）hag，……，（a fury）赤姿母 chhiah-tsa-bó.（《厦门方言英汉辞典》，第 206 页 hag 条）

该词今天还可写为"媸妖"，林伦伦（1992）："印尼语中借自潮州话（闽南话）的词语也很多，如'头家，媸妖（女人），红包，豆干，甲由（蟑螂），十五夜，福气，冬节'等，相应的，异国潮汕话中也有了不少所在国国语借词。"[1] 符小奋（2016）指出文献中还写为"乍否""炸姈"："'当作亲生炸姈女'[taŋ²⁴ tso⁴⁴ tsieŋ²⁴ se²⁴ tsa³ beu⁴² ni⁴²]（《中国田园村雷歌集》p.184）；也用假借字表示，写作'乍否'，如'生乍否婧哭命败'[sa²⁴ tsa⁴⁴ beu⁴² po²² khau³¹ mia²⁴ pai²⁴]{生女儿就说命不好}（《雷州文化》p.67）。"[2]

《台湾闽南话推荐用字 700 字表》第 574 条该词推荐用字为"查某"。

孜奸　姿娘　珠娘

明代闽南方言戏文中有"孜奸"或"孜娘"，如：

（1）（旦）伊是丈夫人，阮是孜奸人，甲阮乜？（《明刊闽南戏曲弦管选本三种·新刻增补戏队锦曲大全满天春》，第 2 页）

（2）（争）老个今年八十九，不见丈夫共孜娘人结朋友，秀才，那卜即好朋友，今晚乞老个佐中道，亦搭一脚如何？（《明刊闽南戏曲弦管选本三种·新刻增补戏队锦曲大全满天春》，第 8 页）

也可写为"姿娘""姿奸"，如：

（3）daughter tsán-kián；tsu-niên-kián 女子，姿娘仔。（《A Handbook of the Swatow Vernacular》后附词汇表，第 36 页）

（4）（旦）秀才斗酒百篇，俪通比阮姿奸人。（《明刊闽南戏曲弦管选本三种·新刻增补戏队锦曲大全满天春（上卷）》，第 6 页）

---

① 林伦伦：《潮汕方言的外来词及其文化背景》，《韩山师专学报》，1992 年第 1 期，第 104 页。

② 符小奋：《雷州方言用字研究》，暨南大学硕士学位论文，2016 年，第 30 页。

还可写为"珠娘",林伦伦（1991）："珠娘 tsⁿ niõ 女人"①，今天写为"诸娘"。《汉语方言词汇》"姑娘""女孩子"条潮州话都为"姿娘囝"，读为 tsˠ↑ niẽ˥ kĩa˥，福州都为"诸娘囝"，读为 tsy↑ nøyŋˊ(-ouŋ) ŋiaŋˊ。②

得桃　乞桃　七桃　逗桃　得跎

明沈周《石田杂记》："陈启东论学宁德，常作诗述闽人常谈。云：'蛮音鴂舌语糊涂，雨落翻将祸断呼。谁信撻挑原是要，怎知诈讲（吴人称谎说也）却云诬。长公仔（音蹇，子也）贬南瓜（即西瓜也）卖，李到（屋也，犹言李家也）门书老酒沽。昨听邻家骂新妇，声声明白唤貍奴（其骂声云帽帽，即猫叫声。如吴人云杜货也）'。闽人自闻亦为绝倒。"③ 其中提到闽南方言表"玩耍"一词为"撻挑"，明代闽南戏文中该词写为"得桃"，如：

（1）恁哑爹呾说是西街林大爹在只，请伊得桃。（《明本潮州戏文五种·荔镜记》第五出，第 375 页）

（2）满街锣鼓闹喧天不禁夜，人人欢喜得桃。（《明本潮州戏文五种·荔镜记》第五出，第 376 页）

还可写为"乞桃"，如：

（3）（外）只一孜娘人多少心事，明知阮只处坐，故意不看，不免力扇连面遮除，假意过去，伊必然是来留我。（外）委得不知，那卜知亦来寻尔乞桃一二番。（《明刊闽南戏曲弦管选本三种·新刻增补戏队锦曲大全满天春（上）》，第 25 页）

（4）乡　扳乞桃。正　扯耍子。（《正音乡谈》，第 362 页）

《汉语方言词汇》"玩儿"条厦门方言对应词为"七桃"，读为 tsʻit˥ tʻo˥，潮州为"剔桃"，读为 tʻik˥ tʻo˥。④《汉语方言大词典》写为"逗桃"："【逗桃】

---

① 林伦伦：《汕头方言词汇（二）》，《方言》，1991 年第 3 期，第 235 页。

② 北京大学中国语言文学系语言教研室：《汉语方言词汇》，语文出版社，1995 年，第 271、273 页。

③ 引自黄沚青：《明清闽南方言文献语言研究》，浙江大学博士学位论文，2014 年，第 3 页。该段话见于《石田杂记》，齐鲁书社，1995 年版，《四库全书存目丛书》第 239 册，第 566-567 页。

④ 北京大学中国语言文学系语言教研室：《汉语方言词汇》，语文出版社，1995 年，第 444 页。

〈动〉游玩。吴语。浙江。歌谣《指甲花》：'指甲花，脚生毛，姊多嫁有妹嫁无，姊多嫁给马上婿，妹多唔敢随姊去～。'"（第 4648 页）同时"七"下有"七桃"：'【七桃】，〈动〉玩儿。闽语。福建厦门 [ts 'it³²⁻⁵ to²⁴]。"（第 106 页）又有"【得跎】〈动〉，游玩。闽语。广东潮州。《潮州民歌》二十：'老鼠拈猫上竹竿，尼姑抱仔去～。'广东海丰。《海丰民歌——一脔》：'七月好～，姊绣牛郎织女隔重河。'也作'得桃'：广东潮州。"（第 5591 页）百度百科中也收入了"七桃"，另外，在百度里输入"七桃"，就会有"七桃郎""七桃club""七桃旅店""七桃人"等说法，"七桃"为"玩耍"义。

"逗桃""七桃""得跎""乞桃""得桃"当为同一个词的不同词形。台湾作"迌迌"或"彳亍"[1]。《台湾闽南语推荐用字 700 字表》第 622 条推荐字形为"迌迌"，异写形式有"彳亍""佚陶""得桃""敕桃"。

加川　脚川　脚卌　朒川　尻仓

《汉语方言词汇》"屁股"条厦门方言写为"脚穿"，读为 k'aˈ ts'ŋˈ，潮州写为"脚穿板"，读为 k'aˈ ts'uŋˈ põĩˈ，福州方言读为"股穿"，读为 kuˈ zuoŋˈ（ts'-）。[2] 明代闽南方言戏文中写为"加川"，如：

（1）许时不存你，老大打你加川，厶了也着还。（《明本潮州戏文五种·荔镜记》第三十七出，第 524 页）

（2）行开去，莫只处闹动，老爹卜升堂了，看见力去打你加川。（《明本潮州戏文五种·荔镜记》第四十五出，第 542 页）

还可写为"脚川"，如：

（3）〇脚川空。正　粪门榖道。（《官话汇解》，第 1555 页）

还可为"脚卌"，如：

（4）rump 屁股　脚卌 k'a ch'ng.（《翻译英华厦腔语汇》，第 56 页）

写为"朒川"，如：

---

① 李春晓：《闽南方域文字刍议》，《东南学术》，2014 年第 2 期，第 228 页。
② 北京大学中国语言文学系语言教研室：《汉语方言词汇》，语文出版社，1995 年，第 255 页。

（5）fundamental，肟川 kha-chhng.（《厦门方言英汉辞典》，第 190 页 fundamental）

（6）○肟川。正　屁股。（《官话汇解》，第 1555 页）①

今闽南方言著作以写为“尻仓”居多。林伦伦（1991）：“尻仓 ka ts‘ʏŋ 屁股跟；尻仓板 ka ts‘ʏŋ pōĩ 屁股”②《说文 · 尸部》：“尻，脾也。”段玉裁注：“脾，今俗云屁股是也。”《广雅》卷六下：“尻，臀也。”关于“尻”“脚”为何同音的问题，许宝华（1988）认为：“剩下的可能性就是福建的原来土著‘脚’是有一个 [k‘au] 的读音。汉族移民迁入以后，好多基本词汇都汉化了，但是‘脚’这个闽越语词却还顽强地保留下来，后来就随着其他溪母肴韵的汉字变作现在的 [k‘a]。现在闽南语中‘腿’词的语音跟吴、闽语十分接近。”③李新魁、林伦伦（1992）：“‘尻’，《广韵》平声豪韵音‘苦刀切’，按规律潮音文读应为 [k‘au^{1}]，白读为 [k‘o^{1}]，今读 [ka^{1}]，稍有变异。溪母字在潮汕话中读不送气的例外字还不少，如‘枯傀块蒯奎窥靠渴券羌’等；再说，‘尻’从‘九’得声，‘九’也念不送气声母。豪韵字也有与肴韵字相通者，肴韵字则白读为 [a]，故‘尻’字潮音有可能读 [ka^{1}]。”④黄沚青认为闽南方言“脚”读 [k‘a^{1}] 与巧 [k‘a^{3}] 只是声调不同⑤。

可见闽南方言“加”“脚”“巧”“尻”读音相近，同一个词可写为“加川”“脚川”“脚胴”“肟川”“尻仓”。另外，由于闽南方言“脚”与“巧”读音相同，“脚”也可写为“肟”，如：

（7）○肟疼。正　脚疼。（《官话汇解》，第 1559 页）

据黄沚青（2014），《官话汇解 · 身体举动》还有⑥：

① 该页还有“肟川缝”“肟川头”“肟川尖”，“肟川”都为屁股。

② 林伦伦：《汕头方言词汇（二）》，《方言》，1991 年第 3 期，第 237 页。

③ 许宝华：《汉语方言研究中的考本字问题》，载宗廷虎编《名家论学：郑子瑜受聘复旦大学顾问教授纪念文集》，复旦大学出版社，1988 年，第 453 页。

④ 李新魁、林伦伦：《潮汕方言词考释》，广东人民出版社，1992 年，第 24 页。

⑤ 黄沚青：《明清闽南方言文献语言研究》，浙江大学博士学位论文，2014 年，第 212 页。

⑥ 黄沚青：《明清闽南方言文献语言研究》，浙江大学博士学位论文，2014 年，第 202 页。

○所浴，正：洗澡。○所朏，正：洗脚。（"所"是"洗"的记音字，"所朏"即"洗脚"）

○屈朏困，正：屈脚睡。○春朏困，正：伸脚睡。

○所朏，正：洗脚。○赤朏，正：打赤脚。○缚朏，正：缠脚，包脚。

"脚""巧"音近，方言区采用在同音字"巧"的基础上加形旁"月"形成新的形声字"朏"的方式来记录"脚"，与"朏川"的"朏"为同形字。

仙瑚　珊瑚

"仙"，中古音为心母山摄仙韵开口三等平声，"珊"为心母山摄寒韵开口一等平声。闽南方言"仙""珊"音近，"珊瑚"写为"仙瑚"，如：

仙瑚 sien-hú 珊瑚 san-hú coral.（《A Handbook of the Swatow Vernacular》，第 118 页）

修拾　收拾

中古音"修"为心母流摄尤韵开口三等平声，"收"为书母流摄尤韵开口三等去声。高德《汉英潮州方言字典》"收""修"同音，读 siu，上平声（详见第 141 页）。因此"收拾"常写为"修拾"，如：

order siu-síp; sū-lí 修拾，修理。（《A Handbook of the Swatow Vernacular》后附词汇表第 64 页）

玛珎

闽南方言文献有"玛珎石""玛珎珠"，如：

（1）carnelian，玛珎石 bé-ló tsióh.（《厦门方言英汉辞典》，第 56 页 carnelian）

（2）cornelian，玛珎 bé-ló，—beads，玛珎珠 bé-ló tsu.（《厦门方言英汉辞典》，第 86 页 cornelian）

"玛珎"即"玛瑙"，今闽南方言区普通话 n、1 不别，如"难"读为 lán，因此"玛瑙"读为 mǎ lǎo，写为"玛珎"。

乾埔　乾夫　唐晡

闽南方言文献"丈夫"可写为"乾埔"[①]，如：

（1）谢得张千救阮脱只祸灾，拚除性命扮作乾埔去到东京卜寻玉盒儿婿。（《明刊闽南戏曲弦管选本三种·精选时尚新锦曲摘队》，第18页）

（2）许乾埔人蒲情，亏阮姿娘人守只孤单。（《明刊闽南戏曲弦管选本三种·新刊弦管时尚摘要集》，第3页）

（3）看许乾埔人真个是铁打心肝，伊今一去，恰亲像许风筝断除线，水流流过别滩。（《明刊闽南戏曲弦管选本三种·精选时尚新锦曲摘队》，第6页）

还可写为"乾夫"，如：

（4）尔书信无半纸，恨许乾夫人蒲情，亏阮姿妏人守只孤单。（《明刊闽南戏曲弦管选本三种·精选时尚新锦曲摘队》，第7页）

写为"唐晡"，如：

（5）husband，唐晡 tong pwo.（《榕腔初学撮要》，第171页）

《海口方言词典》"咋妼"[ta^{33}? $bɔu^{24}$]："咋团：青年男子。"（第37页）林寒生（2003）指出莆仙剧本《目连救母》中"丈夫"写为"达埔"[$ta?^{21}$ pu^{533}]，福州人写为"唐晡"，莆仙人写为"达晡"，闽南一带的人则写为"大晡"[②]。林伦伦（2012）从语音方面分析了原因："丈夫，潮音文读为[$ziang^6$ hu^1]（仗腐），指女人的配偶，在'男子汉大丈夫'中也读此音。白读为[da^6 bou^1]（打埔），指男人，不论年纪大小，长者称为'老丈夫'，小者叫做'丈夫团'。……'丈夫'音[da^6 bou^1]，当是由[$dang^6$ bou^1]发展而来。'澄'母字潮语白读为[d-]的很多，后来失去后鼻音韵尾。至于'夫'读[bou]，则是声母保留重唇音古读[b-]和"虞"韵字白读为[-ou]的结果。'轿夫'的'夫'也读[bou]，可为佐证。"[③]

[①] "乾埔""乾夫"当中的"乾"当为"幹"书写之误。

[②] 林寒生：《汉语方言字的性质、来源、类型和规范》，《语言文字应用》，2003年第1期，第58、60页。

[③] 林伦伦：《潮汕方言：潮人的精神家园》，暨南大学出版社，2012年，第36-37页。

连理　连里　连裡　婕娌　連娌

《汉语大词典》"连理"有两个义项：①异根草木，枝干连生。旧以为吉祥之兆。②喻结为夫妇或男女欢爱。该词还写为"连里"，如：

（1）古人云：孝弟之至，通于神明，光于四海，无所不通，见古木连里之枝，白兔有驯□□□绕之牲。（《明本潮州戏文五种·蔡伯皆》，第353页）

（2）值见隔墙花，强攀做连里。（《明本潮州戏文五种·荔镜记》第二十八出，第500页）

还写为"连裡"，如：

（3）那贪共娘仔爱结成连裡。（《明本潮州戏文五种·荔镜记》第二十六出，第483页）

又写为"連娌"，如：

（4）（生唱）瓜田李下不畏人疑。（生）只处谁人疑？（占）值见隔墙花，强攀做連娌。（《明本潮州戏文五种·荔枝记》第二十七出，第691页）

写为"婕娌"，如：

（5）（春唱）称说伊要求官到容易，贪谋奻子生亲醒，要结成婕娌。（《明本潮州戏文五种·荔枝记》第十四出，第671页）

（6）（生白）在天愿做比翼鸟，（旦白）在地共成婕娌枝。（《明本潮州戏文五种·荔枝记》第二十四出，第684页）

（7）（生）赧双人卜放真心，守成百年婕娌相共。（《明本潮州戏文五种·荔枝记》第二十八出，第695页）

（8）（生唱）六月初六赏夏天，偶逢黄家五娘娇羡，掷落荔枝为记，设计磨镜，结成婕娌。（《明本潮州戏文五种·荔枝记》第四十六出，第755页）

亚蘇　亚臊

粤方言"婴儿"可写为"亚蘇"或"亚臊"，用例如下：

（1）及至满月个朝，用黄皮页煲水，共熟鸭蛋二只，铜钱九个载在面盘内，同亚蘇抹身。（《广州方言习语选录与阅读》，第48页）

（2）baby，亚蘇仔 aʾ-so-ꞈtsai.（《英粤字典》，湛约翰，1907年，第16页）

（3）baby，an infant，亚蘇 áʾꞈsú，Á sú，蘇仔ꞈsú ꞈtsai，sú[子]tsz，细蚊仔 saiꞈman ꞈtsai，婴ꞈying，ying.（《英华字典》卷一，124页 baby）

（4）亚臊仔 áʾꞈsò ꞈtsai，a baby.（《粤语易通》，第41页）

细蚊仔　细仪仔　细氓仔　细吷仔　细纹仔

小孩子，粤语称为"细蚊仔"，用例如下：

（1）child 细蚊仔。（《广州方言习语》，第5页）

（2）kiúʾ saiʾ ꞈman ꞈtsai ꞈlai 叫细蚊仔嚟 call that boy.（《广州方言习语选录与阅读》，第15页）

（3）child，细蚊仔 saiʾ-mun-ꞈtsai.（《英粤字典》，湛约翰，1907年，42页）

（4）大人，我见佢俾棍打一个细纹仔。（《英语不求人》，1888，第137页）

也可写为"细仪仔"，如：

（5）有细仪仔冇呢。Are there any children?（《粤语易通》，第6页）

（6）事头、事头婆、细仪仔喊嗮哟去澳门。The master，mistress（and）children have all gone to Macao.（《粤语易通》，第110页）

还可写为"细吷仔"，如：

（7）有的细吷仔喺门口常时烦我。（《英语不求人》，1888年，第65页）

（8）呢个细吷仔打破窗门，拉佢坐监。（《英语不求人》，1888年，第67页）

还可写为"细氓仔"，如：

（9）child，细氓仔。（《英粤字典》，西村茂树）

（10）lad，细氓仔，童。（《英粤字典》，西村茂树）

还可写为"细民仔"，《汉语方言大词典》："【细民仔】〈名〉小孩子。粤语。广东广州、台山、开平、恩平、新会。"（第3786页）

谭季强《分类通行广州话：附百家姓同音字表》附录粤方言"同音字表"

部分同一竖列列有"闻文纹闽民岷缗雯蚊珉"字①，李新魁等（1995）归纳粤方言同音字汇时有："men①焖（炆）②蚊缗（货币单位，元）③文纹雯旻民岷氓（又）珉缗闻④抆（话）抹⑤敏鳘闽闵悯吻刎黾～勉愍抿抆（书）絻⑥□靠近边缘⑦问璺絻（又）"②，说明粤方言"文""纹""民""氓"为同音字（"蚊"声调略不同），"细蚊仔"中的"蚊"写为"民""文""氓""纹"属同音假借现象。"蚊"则是受粤方言书写时在同音或近音字左边加"口"旁来记录其他同音字词这一习惯影响的结果，"仗"也为粤方言字，大概因为该词表示的事物与"人"相关。

<h2 style="text-align:center">老豆　老哣　老脰</h2>

粤方言背称父亲为"老豆"，谭世宝（1991）、陈楚敏（2014）都认为其最初词形为"老窦"③。人们把教子有方的父亲喻为"老窦"。"老窦"来自一个典故，《三字经》里有："窦燕山，有义方，教五子，名俱扬"。据释，窦燕山，姓窦名禹钧，燕山是他的出生地，官居右谏议大夫。窦禹钧操守清廉，当仁不让。建义塾，请名儒以教贫士，尤其教子有方，五子（长仪、次俨、三侃、四偁、五僖）经他悉心教养，皆出仕成名，号为窦氏"五龙"。窦燕山成为世人景仰的"模范父亲"，称为"老窦"。粤方言的"豆"与"窦"同音，故此"老豆"遂被作为对父亲的尊称。④但从我们目前阅读到的明清方言文献来看，还没有写作"老窦"的。

有写为"老豆"用例如：

（1）老豆（個）ᵉlò tauˀ（koˀ），father.（《Cantonese for Beginners》，第30页）

---

① 谭季强：《分类通行广州话：附百家姓同音字表》，《中华民俗方言文献选编》（第7册），文海出版社，1985年，第64页。

② 李新魁、黄家教、施其生、麦耘、陈定芳：《广州方言研究》，广东人民出版社，1995年，第179页。

③ 谭世宝：《粤方言"老豆（窦）"及相关字词考释》，《语丛》，1991-1992，页42-46；陈楚敏：《谈粤方言长久误用别字的词语——老"豆"》，《语文学刊》，2014年第13期。

④ 详参 https://zhidao.baidu.com/question/18310922.html。

（2）besayle，a great-grand-father，曾祖ᶜtsang ᶜtsò，tsang tsú，老豆嘅亚爷ᶜlò tauˀkéˀáˀᶜyé，太公t'áiˀᶜkung，t'ái kung.（《英华字典》卷一，第173页besayle）

该词还可写为"老哑"，如：

（3）佢係我老哑咯。He is my father.（《粤语易通》，第14页）

还可写为"老脰"，见于方志材料，如《开平县志》《东莞县志》。《东莞县志》："称父于他人曰老子，有曰老脰。按：陆游《老学庵笔记》：'南郑俚俗谓父曰老子，虽年十七八，有子亦称老子，乃悟西人所谓大范老子，盖尊之为父也。莞称老子，本此仪礼也，士相见礼右头章之。注：今文头为脰，俗称老脰犹老头也，老头之称，外省多有之，读头如脰，此古音之仅存者。'"① 《开平县志》论述与《东莞县志》同，只是末尾加了一句话："或又云老豆是豆腐之豆，腐读父音，故直谓老父为老豆，或又云实是老窦。'"②

曾良、陈敏（2017）指出"豆"为"頭"的俗字③，我们发现的用例如《十全福·恶遇》④："应该倒运，碰着了妙玉这丫豆，叫我扮痘司老爷，再没有这么闯巧的事。"（第236页），又《十全福·互疑》："舅母吓，弟弟在当街丢了，我好去找，如今在炕豆上，被人偷了去，你纳亲眼见的噓。"（第256页）汪维辉（2018）指出"脰"和"頭"的关系："脰"是上古汉语的遗存，分布在闽东、闽中、闽北、闽南、琼文、莆仙、邵将各区，……广泛分布于吴语和徽语的"頭颈"，最初可能是"脰颈"，……我们推测这很可能是受了"俗语源"的影响：因为"脰"是个古老的语素，人们早就不知道它的理据了，所以就把它想当然地理解成了位置相邻、读音相近的"頭"，于是"脰颈"就变成了"頭颈"，而恰好在多数吴语中"阳平＋阴上"和"阳去＋阴上"的连

① 《中国方志所编方言文献汇编》（一），《东莞县志》，宣统辛亥（1911）年，重修（1916）年，第67页。

② 《中国方志所录方言文献汇编》（一），《开平县志·序》，民国21（1932）年重修，第167页。

③ 曾良、陈敏：《明清小说俗字典》，广陵书社，2018年，第620页。

④ 《十全福》，《早期北京话珍稀文献集成》，（清）佚名著，陈晓导读，陈金雀抄录，北京大学出版社，2017年。

读调相同，人们把它写成"頭颈"就顺理成章了。[1] 最早词形到底为"老豆"还是"老脰""老窦"，还需进一步论证。

喊嗙哢　喊桻哢　唅嗙哢　喊嗙哢　冚嗙哢[2]　喊嗙哢

粤方言有"冚嗙哢"一词，为"总共、都"之义。该词还可写为"喊嗙哢"，如：

（1）喊嗙哢都係一样啫。they are all alike very good.（《粤语中文文选》，第 179 页）[3]

（2）我讲公道价钱，货真价实，個的七金头卖五个八，红夹金五个六，⊥‖⊥∟对半，五个四，喊嗙哢拉扯算作五个，五毫六卖过你。（《粤语中文文选》，第 247 页）

还可写作"喊嗙哵"，如：

（3）喊嗙哵有六十人咯。Altogether there are sixty men.（《粤语易通》，第 6 页）

（4）喊嗙哵都係杂货。All miscellaneous goods.（《粤语易通》，第 22 页）

（5）事头、事头婆、细仗仔喊嗙哵去澳门。The Master, mistress and children have all gone to Macao.（《粤语易通》，第 110 页）

还可写为"喊嗙哢"，如：

（6）hám² páng² láng²，喊嗙哢 the whole; altogether.（《广州方言习语选录与阅读》，第 9 页）

（7）amount，……，喊嗙哢 ham² páng² láng².（《英华字典》卷一，第

---

[1]　汪维辉：《汉语核心词的历史与现状研究》，商务印书馆，2018 年，196 页。

[2]　"冚嗙哢"详见黄小娅：《近两百年来广州方言词汇和方言用字的演变》，暨南大学博士学位论文，2000 年，第 25 页，黄文引自 1869 年罗存德编《广州方言词典》。

[3]　《粤语中文文选》第 179 页有一段英文，是对引用句子中"喊嗙哢"一词的解释，现摘引如下：the phrase ham páng láng, or as it is always abbreviated hampaláng, it is constant use to express a collected quantity or a number of thing when taken together; in Macao, the word tò tò, from the protuguese to do, is frequently employed。

54 页 amount）

又可写为"喊桙呤"，如：

（8）喊桙呤放里头。Put all of them inside.（《广州方言习语》，第 59 页）

还可写为"唅嘭呤"，如：

（9）多谢你解钱唅嘭呤。I will thank you to pay down the cash，all of you.（《广州方言习语》，第 79 页）

还可写为"喊嶧呤"，如：

（10）all，……；all gone，喊嶧呤去 ham² páng² láng² hü².（《英华字典》卷一，第 45 页 all）

（11）total，喊 嶧呤 hám² páng² láng².（《英华字典》卷四，第 1807 页 total）

《广州话词典》写为"冚綾呤 ham⁶ baang⁶ laang⁶"（35 页），《实用广州话分类词典》写为"冚（咸）綾呤"（注音为：ham⁶ baang⁶ laang⁶）或"冚（咸）巴呤"（注音为：ham⁶ baa⁶ laang⁶）（第 324 页）。李新魁等（1995）认为该词为古语词："咸 [hɐm²²] 唪 [paŋ²²] 呤 [laŋ²²]，全部。《说文》：'咸，皆也，悉也。''唪呤'是词尾。"[1]杨小平、唐凤缘（2020）举了"冚"表"全"义的例子，如下：冚湴烂——全部（《高明县志》）。[2]

帷裙　围裙

《现代汉语词典》（第 7 版）："【围裙】围在身前保护衣服或身体的东西，用布或橡胶等制成。""围"的释义为"四周拦挡起来，使里外不通""环绕"。"围裙"已成为现代汉语普通话规范词形。

粤方言还可写为"帷裙"，用例如下：

（1）帷裙 apron 鸭布喻。（《华英通语》，第 111 页）

---

[1]　李新魁等：《广州方言研究》，广东人民出版社，1995 年，第 241 页。

[2]　杨小平、唐凤缘：《广东客家方言中俗字俗语考证举隅》，《贵阳学院学报》（社会科学版），2020 年第 1 期，第 43 页。该例出现于《高明县志》，高明县地方志编纂委员会，广东人民出版社，1995 年，第 709 页。

（2）帷裙 ˌwai ˌk'wan° or 围裙 ˌwai ˌk'wan, plaited skirt.（《粤语中文字典》，第 325 页 "裙"）

（3）apren 围裙（后用红笔写了 "帷裙"①）。（《英粤字典》，西村茂树）

（4）skirt，……，plaited skirt，帷裙 wai k'wun，围裙 wai k'wun.（《英粤字典》，湛约翰，1907 年，第 408 页）

（5）Apron，帷裙 ˌwai ˌkw'an，wei kw'an；……；other names for apron are，围裙 ˌwai ˌkw 'an，wei kw 'an，半围巾 pún ᐟ ˌwai ˌkan，pwán wei kin.（《英华字典》卷一，第 77 页 Apron）

（6）tie，……；tie on an apron，勒翻条帷裙咋 lak ᐟ fán ˌt'iú ˌwái ˌkw'an chá ᐟ.（《英华字典》卷四，1790 页 tie）

以上用例 "帷裙" "围裙" 对应英文 apron 或 plaited skirt，所指相同，当为同一个词的不同写法。《汉语大词典》无 "帷裙"，收有 "围裙"，义为 "围在身前用以遮蔽衣服或身体的裙状物"，书证为冰心《分》："他外面穿着大厚蓝布棉袄，袖子很大很长，上面还有拆改补缀的线迹，底下也是洗得褪色的蓝布的围裙。" "围裙" 一词 19 世纪也已经出现，《汉语大词典》所引书证偏晚。

"围"，中古音为云母止摄微韵合口三等平声，"帷"，云母止摄脂韵合口三等平声，粤方言文献中二字读音都注为 ˌwai。《说文》："围，守也。从口韦声"。由 "守" 义引申出 "包围，四周拦挡起来，使里外不通" 义，进而引申出 "包、裹" 义，"围裙" 即包裹在身上的裙子。与之相同搭配关系的还有 "围巾" "围脖" "围嘴儿" 等，"围" 为动词义，侧重强调动作。《说文·巾部》："帷，在旁曰帷。" 有 "帷幕、帐子" 义，后引申出动词义 "用幕布遮挡"。"帷裙" 即用布帛做成、起遮挡作用的裙子。该词写为 "帷裙" "围裙" 都有其理据基础。从该词的产生来看，"围裙" 更符合语源。《汉语大词典》 "帷" 下虽有 "帷席" "帷帐" "帷帽" 等词，其中 "帷" 为名词 "幕布" 义，"帷席" 指带有帷布的席子，"帷帽" 指四周皆用布围起来的帽子。

---

① 西村茂树编《英粤字典》为手写本，字典用黑色、红色笔迹书写，黑色字体内容为最初书写内容，红色为后来增加的内容。

二、方言间或方言与官话间的"一词多形"

别婆　蝠婆　蜜婆

客家文献有"别婆"。如:

(1)毛定见介别婆。(《客话读本》,第 610 页)

(2)飞鸟与走兽打仗,别婆在墙上企紧来看。(《客话读本》,第 610 页)

(3)后来飞鸟与走兽讲和,商量样般处置别婆。(《客话读本》,第 611 页)

该词还可写为"蝠婆",如:

(4)P:係啰,百样兽都算係胎生個。咖!蝠婆,你知係胎生呀卵生個?

　　X:蝠婆像鹏一样会飞,我想竟係卵生個。

　　P:唔係啊!照常有翼嘴飞個动物都係卵生個过多,总係单单蝠婆就係胎生。(《客家社会生活对话》(上),第 315 页)

"蝙蝠"今普通话读为 pien˥ fu˥,《汉语方言词汇》"蝙蝠"条梅县读为"帛 * 婆□ pʻet˥ pʻɔ˩ ʋ"[①],"别婆""蝠婆"与《汉语方言词汇》梅县读音接近,当为"蝙蝠"的方言记音字。"蝙"为帮母山摄开口四等先韵平声,"蝠"为非母通摄合口三等屋韵入声。《汉语方言词汇》"蝙蝠"条厦门读为"蜜 * 婆 bit˥ pɔ˩"[②],建瓯为"比 * 婆 pi˩ pɔ˩"。闽方言明母字可读 [b],"蜜""蝙"读音相近,非母字在闽方言中读 [p],也可读 [h],"蝙蝠"又可写为"蜜炮""蜜婆",如:

(5)乡　蜜炮。正　蝙蝠扁付。(《正音乡谈》,第 332 页)

(6)○蜜婆。正　蝙蝠。(《官话汇解》,第 1574 页)

(7)bat 蜜婆 bít-pô,蝙蝠 pién-hok.(《厦门方言英汉辞典》,第 32 页 bat)

也有写为"蝙融"的,如:

---

① 北京大学中国语言文学系语言教研室:《汉语方言词汇》,语文出版社,1995 年,第 47 页。

② 《汉语方言词汇》指出词汇按实际口语读音来记,第 47 页厦门该词读音在语流中 bit˥ 音变后调值为 bit˩.

（8）bat 蝙融 bit pô.（《翻译英华厦腔语汇》，第 54 页）

该条注音为 bit pô，可见"蝙融"也是"蝙蝠"方言音变后的记音字。粤语文献与官话文献相同，写为"蝙蝠"，如：

（9）vampire，蝙蝠 pin-fuuk，蝠鼠 fuuk-ˋshue.（《英粤字典》，湛约翰，1907 年，第 696 页）

翁东辉《潮汕方言》卷十五"蝠婆"："蝙蝠俗呼别婆，应作蝠婆。案：蝠从畐声，逼别双声，蝙蝠呼蝠，省去蝙字，与蝴蝶称蝶，同一语例。然继以婆者，因婆字义有'张大貌'。"[1] 林伦伦（1991）指出汕头方言为"蝠婆"："蝠婆 pik po 蝙蝠"[2]。"蝙蝠"又写为"别婆""蝠婆"是对的，但翁东辉对"蝙蝠"在闽、客方言中词形变化的解释还值得商榷。"蝙蝠"，今普通话读 biǎn fú。"蝙"，中古音为帮母山摄先韵开口四等平声，高本汉、王力拟音为 pien，"别"为帮母山摄薛韵开口重纽三等入声，高本汉、王力拟音为 p~（Et，二字韵尾阳入对转，客家方言"蝙""别"读音极为相近[3]。客家方言保留"古无轻唇音"的特点，唇齿音声母 f 往往读为双唇音 b 或 p，"蝠""婆"音近，因此"蝙蝠"写为"别婆"，又写为"蝠婆"。

陕西关中方言及河洛方言中写为"鳖虎"，景尔强（2000）"夜蝙蝠"条："即蝙蝠，以其昼伏夜出，故呼为夜蝙蝠。关中地区读成'yē bié hǔ（夜鳖虎）'。'biān'读'bié'系双声音转，'fū'读'hǔ'系叠韵音转。'夜蝙蝠'或写作'盐鳖户'。……'蝙蝠'亦有读'鳖虎'者。王广庆《河洛方言诠诂》：'河洛今谓之蝙蝠，不云服翼，声转为鳖虎。'"[4]

---

[1]　翁东辉：《潮汕方言》，南江涛编《汉语方言研究文献辑刊》第十二卷，国家图书馆出版社，2013 年，第 309 页。

[2]　林伦伦：《汕头方言词汇（二）》，《方言》，1991 年第 3 期，第 232 页。

[3]　以上王力、高本汉拟音引自东方语言学网中古音查询系统，详见 http://www.eastling.org。

[4]　景尔强：《关中方言词语汇释》，陕西人民出版社，2000 年，第 364 页。

新抱　心抱　新婆　心臼　薪臼　奻姁

"新妇",《汉语大词典》有"新娘子""儿媳妇"等义。张桂光（2009）："惠州方言的'心布 [sim^{33} p'u^{213}] 媳妇'、新丰方言的'心铺 sim^{22} p'u^{31}'、广州方言的'心抱 [sʌm^{1} p'ou^{5}] 新妇'中的布 [pu^{213}]、铺 [p'u^{31}]、抱 [p'ou^{5}] 也都当与'妇'字古音相类,其本字当作'妇',至于心 [sim^{33}] 则当是新 [sin] 受下字声母 p、p' 的影响而变韵尾 n 为 m 所致,'心布''心铺''心抱'并当作'新妇'。"①

19 世纪粤方言文献"新妇"可写为"新抱""新婆""心抱",如：

（1）marry, a man marry a wife，娶亲,tsuy tsǔn, taking a relation，娶老婆, tsuy low po.taking an old woman，娶新妇 tsuy sun foo,（vulgo，做心抱 tsow sum pow）taking new woman a bride.（《广东省土话字汇》第一册）

（2）娶新婆 marry a new wife.（《广州方言习语》,第 30 页）

（3）bride，新娘 san-neung，新抱 san-ᶜp'o，sum-ᶜp'o.（《英粤字典》,湛约翰,1907 年,第 29 页）

（4）新抱拜堂咁样。（《粤语中文文选》,第 94 页）

（5）marry,（a wife）娶 ts'ueˀ，取心抱ᶜts 'ue-sum-ᶜp'o.（《英粤字典》,湛约翰,1907 年,173 页）

《潮汕方言·释宫》："新妇,俗呼子妇为新捕,应作新妇或媳妇。案：心新双声,捕音叶妇,此新妇之说也。……广州称心婆,连平称心铺。罗翙云曰：'婆铺俱妇之音转。心新为双声,心婆、心铺,皆新妇也。'梅县称心舅,温仲和曰：'妇舅叠韵,心舅亦新妇也。'丘逢甲曰：'心舅即新臼,言其操薪、水井、臼之劳也。'（语太穿凿）但罗氏又曰：'心者息之声变,舅者姁之声变,心舅者,息姁也。……'"

19 世纪客家文献写为"薪臼",如：

（6）薪臼奶家娘。（《客话读本》,第 615 页）

---

① 张桂光：《方言描写的用字问题略议》,《学术研究》,2009 年第 11 期,第 153 页。

（7）佢大薪臼和细薪臼，各人就生到一个穑子，佢极欢喜，送我有几十块钱。(《客家社会生活会话》（下），第 415 页）

温美姬指出还写为"心臼"："'心臼'即'新妇'"①。"心臼"因为与女性有关，因此加"女"旁写为"妡妡"，如：

（8）㜷穑子妡妡看倒都肚癟，就唔俾㜷公摙佢同吓坐棹食饭，又使佢去背处角里食，咁样㜷公嚯嚯食饭都嗷出眼汁来。(《启蒙浅学》230 节第 95 页）

（9）有一日佢跌烂㜷碗仔，惹倒㜷妡妡唔知幾多说话摙佢驳。(《启蒙浅学》230 节第 95 页）

面龟　面粿

19 世纪粤语文献有"面龟"一词，用例如下：

（1）做个松酥白鸽面龟。make the pigeon pie tender and crisp.（《粤语中文文选》，第 165 页）

（2）局蠔面龟要起好酥。bake the oyster pie, so that [the pastry] will become light and tender.）(《粤语中文文选》，第 165 页）

（3）oysters，蠔面龟。(《英粤字典》，西村茂树）

（4）pastry，点心（candy dish），面龟。(《英粤字典》，西村茂树）

（5)pie,（bird）喜鹊ᶜhi-tsʻeukˀ,（pastry）面龟 minˀ-kuai.（《英粤字典》，湛约翰，1907 年，第 235 页）

（6）apple-pie，苹果龟ᶜpʻingᶜkwoᶜkwai, pʻing ko kwei.（《英华字典》卷一，第 73 页）

（7）chewed, a kind of pie, made with chopped substances，殽麵龟ᶜngau mínˀᶜkwai.hiáu mien kwei.（《英华字典》卷一，第 371 页 chewed）

（8）oyster, ……; oyster pie，蠔面龟ᶜhò mínˀᶜkwai.háu mien kwei.（《英华字典》卷三，第 1271 页 oyster）

（9）pie，龟 kwai.kwei; goose giblet pie，鹅头龟ᶜngoᶜtʻauᶜkwai.ngo tʻau

---

① 温美姬：《梅县方言古语词研究》，华南理工大学出版社，2009 年，第 225 页。

kwei.（《英华字典》卷三，第 1315 页 pie）

（10）patty，肉面龟 yuk̖ mín² kwai, juh mien kwei.（《英华字典》卷三，第 1290 页 patty）

（11）plum-pie，梅面龟 ̖ múi mín² ̖ kwai.mei mien kwei.（《英华字典》卷三，第 1332 页 plum-pie）

以上"面龟"，对应英文为 pie，今译为"派"。《现代汉语词典》（第 7 版）："一种带馅儿的西式点心：苹果~｜巧克力~。[英 pie]。"

英文 pie 为什么在粤语文献中写为"面龟"呢？各种大型工具书无"面龟"的记载，其实闽南方言有"面龟"一词，林长华（2016）："每年元宵节，台湾关帝庙祭神、酬神、喜庆等场合常以米面等制成龟形的吉祥食品，如面龟、米龟、饼龟、红龟粿、糕仔龟等，人们视龟形吉祥物为福、禄、寿、喜、财的象征。"[①] 韩琳（2010）："广义的'红龟粿'也包括用红点、红线条装饰的白色或其他颜色的龟粿，还可以包括用上述方法制作的桃形、鱼形、金锭形以及连钱、方胜等纹饰的粿。"[②] 但这里"面龟"与英文 pie 语义较远。

陈建华、李富敏（2016）："而当潮州方言要指称由面粉（即小麦碾成的粉）做成的类似食物时，通常称为'面粿'：即需要用'面'一字对'粿'进行限定，指明其主要原材料，方可指普通话里所谓的发糕一类的食物。"[③] 李新魁、林伦伦（1992）："用米粉末儿做的各类饼食点心，潮汕话统称为'粿'。"[④]《玉篇·食部》："餜，古火切，饼子"。潮汕地区表"饼子"义的"餜"又俗写为"粿"。李新魁、林伦伦"粿""餜"注音为 [kue²]，《闽南方言大词典》"龟"的厦漳方言注音为 kui¹，泉州为 kui¹。（第 824 页）百度百科"粿"字："潮汕人对于凡是用米粉、面粉、薯粉等经过加工制成的食品都称

---

① 林长华：《台湾关帝庙根在福建东山》，《福建史志》，2016 年第 2 期，第 39-40 页。

② 韩琳：《红龟粿在台湾》，《闽台文化交流》，2010 年第 2 期，第 138 页。

③ 陈建华、李富敏：《潮汕方言中词的文化理据——以食物名称为例》，《普洱学院学报》，2016 年第 2 期，第 94 页。

④ 李新魁、林伦伦：《潮汕方言词考释》，广东人民出版社，1992 年，第 80 页。

'粿'。比如……面包叫'面粿'"①。粤语文献"面龟"的"龟"注音为 kwei、kuai 或 ｡kwai，与闽方言表各类饼食点心的"粿"读音相近，因此"面龟"的"龟"应该是潮汕方言"粿"的记音字。②

三板 三舨 舢舨 杉板

《汉语大词典》"三板"义项②为："亦作'三版'。即'舢板'。近海或江河上用桨划的小船。"粤语文献中也写为"三板"，如：

（1）三板 pinnace or gig.（《华英通语》，第 193 页）

（2）杋短于桨三板，中用手持以扒。（《粤语中文文选》，第 326 页）

（3）boat of a ship，三板 sam pan. A very small chinese boat is called by the same name，other boats are called 艇 teng and 船 shune.（《广东省土话字汇》第一册）

还可写为"杉板"，如：

（4）boat，……；a pull-away boat，三板｡ sám ᵓ pán.sán pán，三板艇｡ sám ᵓ pán ᶜ t 'eng.sán pán t'ing，虾笱艇｡ há ᶜ kau ᶜ t'eng，hiá kau t'ing，杉板 shám ᵓ ᶜ pán，sán pán；……；a two-oared boat，孖吟艇｡ má ｡ lang ᶜ t'eng.（《英华字典》卷一，第 213 页 boat）

（5）cock-boat 杉板 ｡ shám ᵓ pán. Sán pán.（《英华字典》卷一，第 416 页 cock-boat）

（6）pinnace，杉板 sam-pán，船仔 tsûn-á.（《厦门方言英汉辞典》，第 382

---

① http://baike.baidu.com/link?url=X4x2SHm72dWHazGz64SXk7BYgNehPHecvdSvxAVOU6HZM1usX1FqAubfPWY_Cg5SVZ5JtFDIW_Wm8Xgj7EFRK8XRozxOZ9jug8SdEmS4EXy。

② 《汉语方言大词典》"馃（餜）"有两个义项：①〈名〉米粉做的饼。用于吴语（浙江温州、乐清）、闽语（福建永春、仙游、莆田，广东汕头，台湾）。②〈名〉有馅儿的糕点。用于中原官话（河南原阳）、晋语（河南获嘉、焦作，陕西北部）、吴语（浙江金华岩下）。（第 5643 页）"粿"义项①：〈名〉米、面、绿豆等制的糕、团总称。用于吴语、闽语（福建闽侯洋里、福清、沙县、三明、永春、厦门，广东潮阳、揭阳）（第 6944 页）。由以上我们认为，"粿""馃"主要用于闽方言区，粤方言无用例，林伦伦（2012）认为该词传到了泰国，泰语中有 [cao guai]（草粿）、[guai diao]（粿条）、[guai zab]（粿汁）等，详见林伦伦：《潮汕方言：潮人的精神家园》，暨南大学出版社，2012 年，第 76 页，粤语区也有可能从闽语区借用该词，字形上写为方言音近字"龟"。

页 pinnace）

（7）strut，khô，摇摆 iô-pái，杉板摇 sam-pán iô.（《厦门方言英汉辞典》，第 510 页 strut）

还可写为"三舨"，如：

（8）boat 三舨 sam pán.（《翻译英华厦腔语汇》，第 67 页）

也写为"舢舨"，如：

（9）舢舨 pinnace（《英话注解》）

（10）大舢舨船 large boat.（《英话注解》）

最早做"三板"，南方方言平翘舌不分，"三""山"读音相同，"三板"和"舟"有关，因此加"舟"旁为"舢板"，后又类化写为"舢舨"。

芫荽　莞荽　芫茜　园荽　盐荽

香菜，也叫"胡荽"，《现代汉语词典》（第 7 版）写为"芫荽"，读作 yán·suī，该词闽南方言文献还可写为"莞荽"，如：

（1）coriander uân-sui 莞荽。（《A Handbook of the Swatow Vernacular》，第 94 页）

还可写为"盐荽"，如：

（2）乡　盐荽。正　芫荽。（《正音乡谈》，第 335 页）

粤语文献中还可写为"芫茜"，如：

（3）parsley，芫茜 une sei.（《广东省土话字汇》第二册）

客话文献还可写为"园荽"，《客话本字·客话单字》"荽"："荽，息遗切，音若犀，即今香荽、园荽是也。"[1]

石膏　石羔　石糕

"石膏"，闽、粤语文献写为"石羔"，如：

（1）gypsum，石羔 shǐh kaou.（《华英字典》，马礼逊，第 197 页）

---

[1]　杨恭桓:《客话本字》，南江涛编《汉语方言研究文献辑刊》卷十二，国家图书馆出版社，2013 年，第 453 页。

（2）石羔 chieh-ko gypsum.（《A Handbook of the Swatow Vernacular》，第119 页）

（3）石羔 gypsum.（《英话注解》）

（4）石羔 shek ˌₓ kò, gypsum.（《粤语中文字典》，第 268 页"羔"）

（5）gypsum 石羔 shik ˌₓ kò.（《粤语中文文选》，第 431 页）

（6）plaster，……；plaster of pairs，巴利士灰 pálísz ˏ fúi.pálísz hwui，石羔粉 shek ˌₓ kò ˋfan.shih káu fan，石羔桨 shek ˌₓ kò ˏtséung.shih káu tsiáng.（《英华字典》卷三，1326 页 plaster）

（7）gypsum, fibrous 石羔 shǐh kaou；some way，君石 keun shǐh.（马礼逊《华英字典》，第 197 页）

还可写为"石糕"，如：

（8）gypsum，石糕 tsióh-ko.（《厦门方言英汉辞典》，205 页 gspsum）

鲳鱼　苍鱼

《汉语大字典》"鲳"："鲳鱼，鱼纲鲳科。古称'鲳鯸鱼'。体侧扁而高，卵圆形，呈银灰色，被细鳞。头小，吻圆，口小，牙细。平时栖息外海，初夏群游内海产卵，肉味鲜美，我国沿海均产。……"

《英华字典》中又有：

pomfret, stromateus, 苍鱼 ts'ong ˏ ü.ts'áng yú, 鲳 ch'éung, ch'ang; another species of ditto, 黑苍 hak ₓ ts'ong. Heh ts'ang; another species of ditto, kurtus, 黄蜡苍 ˏwong láp ˌ ts'ong, hwáng láh ts'áng; ditto, caranx, 花苍 ˏfá ˏts'ong.hwá ts'áng; ditto, equula, 瓜子苍 ˏkwá ˋtsz ˏts'ong.kwá tsz ts'áng; ditto, vomer, 跳板鱼 t'iú ˋˋ pán ü, t'iáu pán yú.（《英华字典》卷三，1339 页 pomfret）

《广州话正音字典》"鲳"广州音为 tsoeng[1]，"苍"广州音为 tsong[1]，tsoeng[1]、tsong[1] 听感上极为相近，因此"鲳鱼"写为"仓鱼"。

莱菔

闽南方言有"莱菔",如:

乡 莱菔_{官蔓菁。} 正 蘿蔔_{大曰蘿蔔,小曰水菜。}(《正音乡谈》,第 335 页)

《闽南方言大词典》[萝卜]:"luo² po ‖〈厦〉lo²pɔk⁸, la²tak⁸〈泉〉lo² pok², la² pak⁸〈漳〉lo² pɔk⁸ △【菜头】tshai⁵⁻³ thau²."(第 906 页)闽方言中没有声母 [f],"莱菔"即方言读音 la² pak⁸ 的方言记音字。

烟通 烟筒 煙燵

《现代汉语词典》(第 7 版):"【烟囱】yāncōng 烟筒"。又"【烟筒】yan·tong 炉灶、锅炉上排烟的管状装置。"

该词粤语文献还可写为"烟通",如:

(1)烟通塞,唔上烟。(《粤语中文文选》,第 131 页)

(2)chimney,烟通。(《英华韵府历阶》,第 34 页)

(3)chimney,烟通 in-t'uung.(《英粤字典》,湛约翰,1907 年,第 42 页)

(4)flue,烟通,yen tung.(《英华韵府历阶》,110 页)

(5)Een tung,烟通 a chimney.(《广东省土话字汇》第三册)

(6)chimny,烟通,烟筒。(《英粤字典》,西村茂树)

又可写为"煙燵",如:

(7)煙燵 chimney.(《英话注解》)

蒋宗福(2002):"烟筒。清朱骏声《说文通训定声·丰部》:'瘄谓之灶,其窗谓之埞。今苏俗谓之烟囱。'《蜀方言》卷上:'灶突曰烟囱。'原注:'《说文》:囱本窗字。张祜诗:鼻似烟窗耳似铛。今读若冲。'《二十年目睹之怪现状》第五十回:'大众瞎猜瞎论了一回,早望见红烟囱的元和船到了,在江心停轮。'"[1]

"烟通""烟囱""烟筒",所指相同,命名时观察事物的视角不同,"烟

---

① 蒋宗福:《四川方言词语考释》,巴蜀书社,2002 年,第 748 页。

通"侧重强调"烟可以从中通过","烟囱"强调其"中空"的特点,"烟筒"则强调其形状是筒状的。

鬆容

客话文献有"鬆容",如:

在圩上唔愛遛咁久,转来赴畫顶鬆容。(《客话读本》,第 270 页)

《客家话词典》有"松繁":【松繁】sung^1 fan^2 宽裕:歆几年大家日歆过得好~(这几年大家生活过得很宽裕)。(第 201 页)同时该页又有"松容",【松容】sung^1 yung^2 与"松繁"同。"鬆容"即"从容"。王力引江永《音学辨微》:"'松'本详容切,邪母也(力案:今广西南部'松'字即读入邪母),世人皆呼之如'鬆',则混浊于清,为心母矣(力按:此等字只能认为少数的例外,除'松'字外尚有见母的'况'、喻母的'铅'等字)。然方音亦有呼如详容切之音者:而'详'字呼之重则'松'亦如'从,必轻呼'详'字以切之,始得'松'字之本音。"[1] 在古代官话文献中"从容"一词也有"经济宽裕"义,如《二刻拍案惊奇》卷二三:"是居镇江吕城,以耕种为业。家道从容。"《红楼梦》第六十回:"我添了月钱,家里又从容些。"另外"从容"又有"悠闲舒缓,不慌不忙""宽缓"义,与《客话读本》中"鬆容"的语义正相合。

透气　歒气　逗气　哱气　抖气

"表"呼吸空气"义最早写为"抖气"[2],出现于明末文献,如:

(1)把一片要与他分个皂白的雄心,好像一桶雪水淋头一淋,气也不敢抖了。(明末凌濛初《拍案惊奇》三卷)[3]

---

① 《王力全集》卷十《汉语音韵学》,中华书局,2014 年,第 96 页。

② 据李荣(1980),《水浒全传》校记提到该处有"抖气"(容与堂本)、"歒气"(全传本、芥子园本)、"鼗气"(贯华堂本)三种写法,据范宁(1982),以上版本中容与堂出现最早,"抖气"当为最早写法。

③ 引自《明清吴语词典》第 150 页。

（2）白生抖（吸口气）气方回道……（《二荷花史》，第 64 页）①

18 世纪官话文献也有"抖气"用例，如：

（3）不想被赵武用力一挟，胁扇骨根根挟断，抖气不转，竟是直了。（《异说反唐全传》）

19、20 世纪客、粤方言文献也写为"抖气"，如：

（4）我为汝流泪，长日抖气（叹气）。（《粤讴·人实首恶做》，第 52 页）②

（5）取有生物都噲抖气、行动。（《客家书——启蒙浅学》第三节）

（6）鼻公有两个窟透落肺里去箇，时时抖气，鼻公也辨得香臭出。（《客家书——启蒙浅学》第七十节）

（7）to breathe，抖气ᶜ tʻau híˀ.（《英华字典》卷一，第 208 页 blow）

（8）suspiration，抖气ᶜ tʻau híˀ. 吸气 kʻap ˌhíˀ.hih kʻí，叹气 tʻán ˀhíˀ.tʻán kʻí.（《英华字典》卷四，第 1730 页 suspiration）

19 世纪粤方言文献还可写为"透气"，如：

（9）respire, to exhale，呼出气 ˌfú chʻut ˌhíˀ.hú chʻuh kʻí，透气 tʻau ˀhíˀ.tʻau kʻí.（《英华字典》卷四，第 1482 页 respire）

（10）余秋间患喘哮症，自起病，目不交睫者，凡半月，甚至滴水不进，痰壅喘急，大有透气不转之势。（《申报》（上海版），1896 年 9 月 30 日，同样内容还见于该报 10 月 1、2、3、4、20、21 日）

20 世纪客家文献也写为"逗气"③，如：

---

① 例句（2）摘自邓小琴：《粤方言书面化及其历史演变研究》，南京大学博士学位论文，2011 年，第 97 页。该文 94 页指出："《花笺记》和《二荷花史》的作者及确切的出版年代，尚无明确的定论。"邓小琴引文采用的是薛汕 1985 年校订本，该文介绍薛汕校订本的底本为丹桂堂《新刻评点第九才子二荷花史》影印本，同时还参照五桂堂的仿刻本加以订正。邓文还有"抖"表"休息"义的文献用例，如："转身遂把书收拾，只话返房抖（休息）下免伤神。"（《二荷花史》51 页）。

② 该例引自邓小琴：《粤方言书面化及其历史演变研究》，南京大学博士学位论文，2011 年，第 115 页

③ 《汉语方言大词典》有"逗气儿"：〈动〉因不服气而故意惹对方生气。主要用于北京官话。（第 4649 页）我们认为这个"逗气"与本书讨论的表"呼吸"义的"逗气"无关，这里的"逗"本字当为"鬥"。

（11）运气听到，逗下大气，头颏颏哩走开。(《客话读本》，第533页)

还可为"透息"，如：

（12）依然是千层万层的雾呀，浓重的令人不能透息。(《蝴蟆集·罪恶的金子塔》，郭沫若，引自《汉语大词典》"透息"条)

李荣（1980）、白宛如（1980）分别在吴语本字举例和广州话本字考证时提到"敨"，指出表"呼吸""敨开""休息"义、吴语读 [tʻɤ]、广州话读 [tʻɐu] 的词，本字为"敨"[①]。林立芳、邝永辉、庄初升《闽、粤、客方言共同的方言词考略》（1995）、周长辑《厦门方言词典》（1998）、林伦伦《广东闽粤客方言古语词比较研究》（2000）、张振兴《赣语几个重要字眼的方言研究启示》（2010）、庄初升、黄婷婷《19世纪香港新界的客家方言》（2014）认同这一观点。林立芳、邝永辉、庄初升（1995）进一步指出"敨"是闽、粤、客方言有共同来源的词，张振兴（2010）认为是闽、吴、客、粤、赣方言普遍使用的口语常用词。《水浒全传》校记第420页提到全传本、芥子园本有"不敨气"的用例。张振兴（2010）："一般字书很少有收录这个字眼的，例如新旧版的《辞源》也不收这个字。但1979年版的《辞海》（上海辞书出版社）中卷第3132页收录这个字，注释是：'方言。把包卷的东西打开。'文献上这个字几乎都写作从手从斗的'抖'字。"[②] 的确，古代字书很少收录"敨"字，当代辞书"敨"释义大都为"把包卷的东西打开"[③]。《嘉定县续志》（1930年）："敨，俗谓开口呼吸也。"除此之外，各类方言学著作、辞书表"呼吸""休息"义写为"敨"都在李荣（1980）、白宛如（1980）考证本字之后，我们认为这是受二位学者观点影响的结果。古今的各种大型辞书中，收录"敨"的有《集韵》《汉语大字典》《中华字海》《汉语大词典》《中文大辞典》，释义都为"〈方〉把包卷的东西打开"。白维国《白话小说语言词典》"抖气"：

[①]　详见李荣：《吴语本字举例》，《方言》，1980年第2期，第138页；白宛如：《广州话本字考》，《方言》，1980年第3期。

[②]　张振兴：《赣语几个重要字眼的方言研究启示》，《汉语学报》，2010年第1期，第47页。

[③]　《水浒全传》全传本、芥子园本有"不敨气"的用例。

"抖气，舒畅地呼吸。抖，借作'敨'。"① 我们也赞成这一看法。

以上"敨""透""抖""唞""抖""逗"还可表"休息"义。《汉语方言大词典》有：

【透】〈动〉休息。粤语。广东阳江。[t'ɐu²¹]。

【抖】④〈动〉吐气；嘘气。西南官话。四川成都 [t'əu³⁵] ~了一口气。⑥〈动〉休息。粤语。广东广州 [t'ɐu³⁵]。仲~阵添。

【唞】〈动〉歇；休息。粤语。广东广州 [t'ɐu³⁵] 大家~下先啦 _{大家先歇一会儿吧} | ~喇 _{休息吧}。广东阳江 [t'ɐu²¹]。

【逗】〈动〉暂时休息。客话。广东五华 [t'ieu³¹] 扛石头十分苦，中间爱~一下。〈动〉住。客话、闽语。如：莫急，~几日再转去。

文献用例如：

（13）I will go to bed, 要瞓 iúˀ fanˀ, yáu hiun, 去抖 hüˀ ᶜt'au, k'ü t'au 去睡 hüˀ shuiˀ, k'ü shwui.（《英华字典》卷一，第 157 页 bed 条）

（14）repose, to be at rest, 安, ₅on.ngán, 卧 ngoˀ.ngo, 歇 hítˌ.hieh, 抖 ᶜt'au.（《英华字典》卷四，第 1471 页 repose）

（15）to rest, 抖 ᶜt'au, 抖羅 ᶜt'au ₅lo, 抖吓精神 ᶜt'au ᶜhá ₅tseng ₅shan.（《英华字典》卷一，第 95 页 asleep）

（16）nap, a short sleep or slumber, 抖吓瘡 ᶜt'au ᶜhá kúiˀ; to take a nap, 抖吓 ᶜt'au ᶜhá, 抖倦 ᶜt'au künˀ; he is taking a nap, 佢抖咯 ᶜkü ᶜt'au lokˌ; go and take a nap, 抖囉 ᶜt'au ₅lo.（《英华字典》卷三，第 1210 页 nap）

（17）a rest at noon, 歇午 hítˌ ᶜng.hieh wú, 抖午 ᶜt'au ᶜng.（《英华字典》卷三，第 1226 页 noon）

（18）对一个庸妇装束的便说："再赌三两回你就很容易赢回了，你不过输了十几块钱吧，怎么你肯就此罢手，吸一根纸烟，抖抖气，才回去呀。"像这样的你言我语，门前又挤得水泄不通，生意似乎还不坏。（《申报》1939 年 5

---

① 白维国:《白话小说语言词典》，商务印书馆，2010 年，第 287 页。

月 1 日，香港版）

写为"逗"，如：

（19）半山的古庵屋顶上逗息着几只白鸽和灰鸽，时或飞起在黑色的屋脊上打一回旋又息下。(《申报》，1935 年 12 月 5 日上海版）

（20）国王走到树头下，想暂避水，觉倒身体十分瘱，就挺挺昂睡紧在树头下逗安。(《客话读本》，第 590 页）

<h3 align="center">什物　拾物</h3>

（1）traps，物件 mat kin ⸴，行李 hang ⸌li，什物 shap mat.(《英粤字典》，湛约翰，1907 年，第 615 页）

（2）陈桂江回转此方，什物般般都买便，又有床铺一副共衣裳。(《俗文学丛刊》第 415 辑《龙舟歌》，第 136 页）

（3）waif，拾物 shap mat，弃物 hi ⸴ mat，漂流者 p'iu lau ⸌che，无家者 mo ka ⸌che.(《英粤字典》，湛约翰，1907 年，第 727 页）

"什物""拾物"当记录同一个词，粤方言中"什""拾"同音。冉卫格（2015）指出潮州歌册《粉妆楼》中有"什""雜"通用之例[①]，现摘引如下：

太太道尔这什种，敢就入来食藤条。(A289)

大汉高声大叱骂，尔这什种恶心胸。(A496)

该文指出："什""雜"潮州读音均为"zab⁸<之盒>十"，故"雜种"同音通用作"什种"。同时，"杂货"写为"什货"，如：

（4）wares，货 foh ⸴；miscellaneous wares，杂货 tsaap foh ⸴，……《英粤字典》，湛约翰，1907 年，第 734 页）

（5）杂货 | ，tsháp fò p.，shop for small wares.(《客英大辞典》第 702 页，"铺"字）

（6）| 货，t.fo. Miscellaneous goods；sundries.(《客英大辞典》第 964 页，"杂"字）

---

① 冉卫格：《潮州歌册〈粉妆楼〉方俗字词研究》，河北大学硕士学位论文，2015 年，第 36-37 页。

（7）catalogue, a chak ⏐ hwo ⸴ tang，什货单。（《榕腔初学撮要》，第 107 页）

另外，"杂碎"也被写为"什碎"，如：

（8）sundries，什碎。（《英粤字典》，西村茂树）

（9）adds，……什碎 shap(sap)sui ⸴ ,or 零零碎碎 leng leng sui ⸴ sui ⸴；……（《英粤字典》，湛约翰，1907 年）

打嘶嗌　打嘶噫　打息噎

（1）hiccough，打嘶嗌 ᶜta-sze-yik.（《英粤字典》，湛约翰，1907 年，第 126 页）

（2）hiccup，打噎，打嘶噎。（《英粤字典》，西村茂树）

（3）hiccup 打嘶嗌 tá sz yek.（《中国语启蒙》，第 121 页）

（4）eruct, eructate, to，打嘶噫ᶜtá ⸴ sz yik ⸴.tá sz yih，打噫ᶜtá yik ⸴, tá yih，打喀ᶜtá hák ⸴, tá kʻeh，喑噫⸴yam yik ⸴.yih yih，出嗳氣 chʻut ⸴ ᶜoi hí ⸴. chʻuh ngái kʻí，打嗳氣ᶜtá ᶜoi hí ⸴, tá ngái kʻí.（《英华字典》卷二，第 749 页 eruct）

（5）belch, to eject wind from the stomach with violence，打息噎 ᶜtá sik ⸴ ít ⸴, tá sih yeh，嗳气 oi ⸴ hí ⸴, ngái kʻí，打嗳气ᶜtá oi ⸴ hí ⸴, 打噫ᶜtá ⸴ í.tá í，……（《英华字典》卷一，第 164 页 belch）

"打嘶嗌""打嘶噫""打息噎"为"打嗝"义。《客方言》："噎曰打噫噎（声如正音遏齿），噫噎二字出自《内则》。噫，饱食息也（《说文》）。噎，喷鼻也（《仓颉篇》。《说文》以为悟解气，气悟逆而欲解之，故喷鼻，义本相贯。噫，有隘音，今转入声，为正音遏。噎，本丁计切，归舌头，变为舌上音，陟利切，声如致。……"①《汉语方言大词典》"打益"："〈动〉打嗝。粤语。广东阳江 [ta²¹ ek²⁴]"（1028 页），《汉语方言大词典》"打馁"："〈动〉打嗝。吴语。浙江杭州 [ta⁵³ ge²¹⁴]"（1030 页），"打噎"："〈动〉打嗝，打饱嗝。用于西南官话、客话、粤语。"（1034 页）

---

① 罗翙云:《客方言》，详见陈修《〈客方言〉点校》，华南理工大学出版社，2009 年，第 92 页。

蝲蛪 蝲蠄 蟧蜞 蟟蜞

蜘蛛，《客赣方言调查报告》中梅县、翁源、连南、清溪、揭西、秀篆、香港读为 la^2 $k'ia^2$，[①]《客话读本》中写为“蝲蛪”，用例如下：

（1）该下佢看倒树上有只蝲蛪正在该里牵丝。（《客话读本》，第 590 页）

（2）其家官话：“该等枱凳椅桌都生尘了，蝲蛪丝那里都牵满哩，灶头生草锅生锈，都毛人打理！”（《客话读本》，第 1488 页）

（3）佢所倚靠介会像蝲蛪网一样，动下倒就会烂。（《客话读本》，第 1617 页）

也写为“蝲蠄”，如：

（4）有曉𠱸個就有六个脚，唔曉𠱸個好比蝲蠄、蠍蛇個𠱽，佢有八只脚。（《启蒙浅学》第三十六节，该节末尾注：蝲，音拉。蠄，其牙切。）

闽语文献中有“蟧蜞”“蟟蜞”，注音为 la giâ 或 lâ-giâ，如：

（5）spider，large 蟧蜞 la giâ。（《翻译英华厦腔语汇》，第 61 页）

（6）spider，蜘蛛 ti-tu，large—，蟟蜞 lâ-giâ，—web，蜘蛛丝 ti-tu-si。（《厦门方言英汉辞典》，第 495 页 spider）

以上 la giâ、lâ-giâ 当与 la^2 k ‘ia^2 为同一个词在不同方言中的不同读音[②]。“蟧蜞”“蟟蜞”虽注音为 la giâ 或 lâ-giâ，但实际并不这样读，如《粤语中文文选》中“蟧蜞”注音为꜀lau ꜀ü，这里为训读字。《汉语方言词汇》“蜘蛛”条广州读为 k ‘ɐm˩ lou˩，lou˩ 还可变调读为 lou˥，阳江读为 k‘ɐm˧ lou˧，因此粤语文献蜘蛛写为“琴劳”“蠄蟧”，如：

（7）long legs，琴劳，[蠄蟧 is the general term of spiders]。（《英华行箧便览》，第 84 页）

（8）spider，蜘蛛，[蠄蟧；蟧蜞；蚰蜒]。（《英华行箧便览》，第 85 页）

---

① 李如龙、张双庆主编：《客赣方言调查报告》，厦门大学出版社，1992 年，第 251 页。

② 《闽南方言大词典》“蜘蛛”读为只读为 ti^1 tu^1，《汉语方言词汇》与此相同，因此这里的 la giâ、lâ-giâ 当是用闽南语读的客家话“蜘蛛”。

餛飩　云吞

粤方言文献中有：

（1）dumpling，水饺子，shui' -kaau' -tsze'，餛飩 wun-t 'un.（《英粤字典》，第 43 页）

（2）竹策报卖云吞。（《粤语中文文选》，第 301 页，"云吞"罗马字注音为 ₌wan ₌t'an.）

"馄"中古音为匣母臻摄合口一等平声，"飩"为定母臻摄合口一等平声，"云"中古音为喻母臻摄合口三等平声，"吞"为透母臻摄开口一等平声。粤方言匣母字读音分化读为 [w]，"云""馄"读音相同，《广州话正音字典》"云""馄"读音都记为 wan⁴（第 35、293 页），"吞"读为 tan¹，"飩"的文读音为 tan⁴，白读音为 tan¹。（第 238 页、290 页）由此可见，以上的"餛飩""云吞"为"馄饨"在粤方言的记音字。

交带

（1）佢嚕听话，凡事都係还好交带。（《客家社会生活会话》（下），第 544 页）

（2）有一摆其爸出门，就交带其薳子，来关顾房中一切介菩萨。（《客话读本》，第 709 页）

（3）林积交带店主以后就转自己房里。（《客话读本》，第 558 页）

（4）店主也忘记开林积交带佢介说话。（《客话读本》，第 558 页）

"交带"，官话文献中大多写为"交代"。

勤�捹　勤紧

（1）有人相帮，唔怕。我见过有人还细，同人掌牛，后来做大事业，变发财；总係，爱克苦勤揝，唔好学懒。（《客家社会生活会话》（上），第 73 页）

（2）diligience，勤紧 khûn-kín.（《厦门方言英汉辞典》，第 112 页 diligience）

（3）industrious，……，勤紧 khûn-kín（《厦门方言英汉辞典》，第 239 页"勤紧"）

（4）works diligently，做代计野勤紧。Chó ˊ tai ˀ ié ˊ ˋ yǎ ˴ k 'üng ˋ king.(《榕腔初学撮要》，第 82 页）

例（1）"勤揿"，《客家社会生活会话》注音为：k 'ioûn k 'ím，《关中方言词语汇释》收有"勤谨"："qín jǐn 勤，勤快。如说'他勤谨得很，每早六点就下地了''他是个勤谨人，爱作活'等等。……'勤谨'或写作'勤紧'。《拍案惊奇》卷 19：'在船上时，操作勤紧，并不懈怠，人都喜欢他。'又卷 21：'老师勤紧，颇称得用。'"①

花消

（1）其实俱是亡家贼子，将来长大，赌荡花消，奸淫邪盗，种种献丑，玷辱门风，以报你父一生阴谋暗算之罪。(《俗话倾谈·九魔托世》，第 158 页）

（2）Tow tong fa sew，赌荡花消 gambling and debauchery lead to theft and robbery.(《广东省土话字汇》第三册）

"花消"，今写为"花销"。"花消"当为早期写法，首先从构词上看，"花""消"都为动词，"花"为"用掉"义，"消"为"消费"义，用掉就是消费，"销"古代通做"消"。

和"花消"一样，文献中还有"推消""消流"，如：

（3）圣书公会介工作，最紧要介就係推消圣经。(《客话读本》，第 730 页）

（4）Fo măt sow lăw， 货 物 消 流。Goods dissolving and flowing away，quick sale，great consumption.(《广东省土话字汇》第三册）

也有单用"消"的，如：

（5）wei yǔn kǎn loy im to sew ne te fo. 为因近来唔多消呢的贷。Because of late，there has not been much consumption of these goods.(《广东省土话字汇》第三册）

---

① 景尔强:《关中方言词语汇释》，西安人民出版社，2000 年，第 257 页。

《现代汉语词典》（第7版）表"销售""消费"义写为"销"，如供销、畅销、脱销、兜销、一天销了不少货、花销、开销，但"消费"一词中却写为"消"，其实"消"更能彰显以上词的词源和意义。

一毫不拔

《俗话倾谈》及《申报》中有"一毫不拔"，用例如下：

（1）再说龚承恩一生做事，总冇益人，乡里贫难，一毫不拔。（《俗话倾谈二集·借火食烟》，第318页）

（2）人皆叹息，话："天眼无珠，亏负好人，无怪世间有的一毫不拔咯。"（《俗话倾谈·九魔托世》，第156页）

（3）然其中必有喜事生风之辈，乘机煽惑，播散谣度，就中取事，以为抢掠财务之计，甚至遍贴匿名揭帖，捏造不经之谈，满纸胡度，冀以耸动愚民之观听，迨至事已决裂，祸发难收，房屋则已灰烬矣，财务则已抢失矣，地方官秉公办理，不得不以赔偿了事，然其钱出自官家，而与纵火抢物之人一毫不拔也。（《申报》，第6494号，1891年5月22日）

（4）父母廉知其情，以该女已许字于人，现在婚期将届，挽人向甲索鹰饼二十枚以寝其事，甲一毫不拔，坚不依从。（《申报》，第7988号（上海版），1895年7月17日）

《汉语大词典》无"一毫不拔"，《中华成语大词典》《汉语辞海》有"一毫不拔"，解释为："一根毫毛也不肯拔。原指杨朱的极端为我主义。后形容为人非常吝啬自私。"出处《孟子·尽心上》："杨子取为我，拔一毛而利天下，不为也。""一毫不拔""一毛不拔"都形容人非常吝啬、自私，但来源不同。"一毫不拔"当来自粤方言，《清稗类钞》第五册2233页"方言类·上海方言"："八开，一角之小银元也，京语谓之小毛钱，粤语谓之毫子。"《广东省土话字汇》第三册："go yăt how tow mow chan tow ah，我一毫都冇赚到阿。I one fibre all not profit—I don't make any profit at all。""一毫不拔"就是一毛（脚）钱都不愿意拿出来。"

琅玕　欄玕　欄杆

闽南戏文中有"琅玕"，如：

（1）春色恼人眠不得，月移花影上琅玕。（《明本潮州戏文五种·荔镜记》第二十四出，第457页）

（2）手倚琅玕独自无意听，倚偏琅玕独自无意行。（《明本潮州戏文五种·荔镜记》第二十四出，第456页）

（3）大小牡丹花开在玉琅玕内。（《明本潮州戏文五种·颜臣全部》，第372页）

（4）晚来月上琅玕角。（《明本潮州戏文五种·颜臣全部》，第373页）

《汉语大词典》"琅玕"有八个义项：1.似珠玉的美石；2.传说和神话中的仙树，其实似珠；3.指仙树之实；4.比喻珍贵、美好之物。比喻佳肴；5.比喻珍贵、美好之物。比喻优美文辞；6.形容竹之青翠，亦指竹；7.喻冰凌；8.犹阑干，纵横散乱貌。以上义项都与戏文用例不合，这里"琅玕"即"栏杆"。原因在于后鼻音韵母闽南方言常读为前鼻音，lang、lan相混，又古代的栏杆有很多用玉石做成，因此从"玉"旁。文献中还有写为"欄玕""欄杆"，如：

（5）書帛堂前玉欄玕。（《明本潮州戏文五种·颜臣全部》，第367页）

（6）便佐欄杆围□，莫佐时闲心肠。（《明本潮州戏文五种·颜臣全部》，第477页）

條查

（1）咖！佢爱来條查咁多次，照常爱查究几多那个？（《客家社会生活会话（下）》，第645页）

（2）照你咁得讲，佢爱條查教员资格，就有好多难处呀！（《客家社会生活会话（下）》，第647页）

这里"條查"即"调查"。冉卫格（2015）："'调'潮州读音为'diou³

〈刀夭³〉吊'，'條'潮州读音为'diou⁵〈刀夭⁵〉召'，'调'与'條'音近而通用"①。

眼揖毛

（1）眼揖毛。（《粤语中文文选》，第48页）

（2）Cilia，the eyelids，眼揖毛 ₛngán yap ₛ mò. Yen yih máu，眼睫毛 ₛngán tsít ₛ mò.yen tsieh máu；……（《英华字典》第一卷，第385页 cilia）

黄小娅（2002）粤方言用字附录第186页："眼揖毛；眼挹毛 ŋan⁵ jɐp³ mou⁴ 眼睫毛（以上来自《实用广州话分类词典》《广州话词典》）；眼翕毛（翕 yap ₛ）/p323（1871年 W.Lobscheid 编的 A Chinese and English Dictionary）"②

马极

（1）开马极嘅门口。open the camp-chair at the gate.（《粤语中文文选》，第137页）

（2）马极 camp-chair.（《华英通语》，第162页）

（3）马极ᶜ má chāp ₛ，a folding chair.（《粤语中文字典》，第406页"马"字）

（4）camp-stool，马极 ᶜma-chaap.（《英粤字典》，湛约翰，1907年，第34页）

（5）camp-stool，a stool with crosslegs to fold up，马极ᶜ má cháp ₛ，má kih.（《英华字典》卷一，第302页 camp-stool）

（6）fold-stool，a kind of camp-stool，皮睡椅ₛp 'í shui ² ᶜ í.p'í shwui í，马极ᶜ má cháp ₛ."（《英华字典》卷二，第797页 fold-stool）

（7）leather folding chair of the chinese，马极 ma chǎ.（马礼逊《华英字典》，第65页）

---

① 冉卫格：《潮州歌册〈粉妆楼〉方俗字词研究》，河北大学硕士学位论文，2015年，第28-29页。该文"调""條"二字的读音分别引自张晓山《新潮汕字典》第118、344页。

② 黄小娅：《粤语方言用字—百多年来的演变》，单周尧、陆镜光主编《第七届国际粤方言研讨会论文集》，2000年，第254页。

"马极"即"马札"。黄小娅（2000）附录粤方言用字第 254 条为"马札 ma^5 tsap^6 折叠式躺椅（见于《使用广州话分类词典》《广州话词典》）；马极（cháp $_{>}$）/p218（见于《香港粤语词典》）"[①]。

了哥　鷯哥　鷯哥　了歌

粤语文献中有"了哥"，如：

（1）了哥，八哥 wattled grackle.（《粤语中文文选》，第 473 页）

（2）grackle，了哥 liáu kó.（《英华韵府历阶》，第 124 页）

（3）grackle，wattled，了哥，八哥。（《英华行箧便览》，第 14 页）

（4）Grackle，了哥 liu-koh，本地了哥 ˊpoon tiˊ liu koh，a common native bird much like a starling，and like the latter，capable of being taught to talk.（《英粤字典》，湛约翰，1907 年，第 115 页）

又有"鷯哥"，如：

（5）lew ko，鷯哥 a black parrot.（《广东省土话字汇》第三册）

（6）oan nam lew ko，ooy kong ooy wa. 安南鷯哥会讲会话。A cochinchinese parrot，can talk and speak，——said of the prosperous in trade or otherwise，who are rendered thereby loquacious.（《广东省土话字汇》第三册）

还写为"了歌"，如：

（7）loory，or parroquet 了歌 leaouko，or 八歌 pǎ ko.（马礼逊《华英字典》，第 261 页）

客家文献《启蒙浅学》中写为"鷯哥"，如：

（8）有日鷯哥箇主人唔在家，箇亚僬就捉倒箇只鷯哥在嗦袋裡张竟就想转。（《启蒙潜学》第 204 回）

周振鹤、游汝杰（2015）："阿拉伯人讲鹦鹉叫做 bakghā 或 babbagha，这个词从中亚输入后，汉人也就把一种跟鹦鹉一样能模仿人说话的鸟——鹩鸲

---

① 黄小娅：《粤语方言用字一百多年来的演变》，《第七届国际粤方言研讨会论文集》，商务印书馆，2000 年，第 257 页。

叫做'八哥'或'八八儿'。后来南唐后主李煜正式废去'鸲鹆'之名,将八哥这个别号为正名。"[1]

滑哥 滑鯛 滑蝎 滑鰛

《客话读本》中有"滑哥",用例如下:

(1)竟係太公望用直钓去钓,又爱分心读书;故此除开死食介滑哥同蝦公以外,好少被佢钓得倒介。(《客话读本》,第 1125 页)

(2)作算运气好滴子,也不过每日钓多条把滑哥蝦公止哩,盲时断真有官做?(《客话读本》,第 1126 页)

受人们认知影响,若将其归为鱼类,则写为"滑鯛",如:

(3)X:我识见过有鯏鱼,带鱼,鲤鱼,鱏鲛鱼,鲳鱼,鱲鱼,□鱼,滑鯛,鳗鱼,还有别样我就唔识了。P:你知那个鱼就有鳞,那个鱼就麼鳞吗?X:我知鲤鱼和□鱼,就係有鳞,滑鯛和鳗鱼就係麼鳞鱼。(《客家社会生活会话》(上),第 323 页)

将其归为虫类,则写为"滑蝎",如:

(4)蝎,音哥,虫也,俗谓蛇蝎、滑蝎即此字。[2](《客话本字·再补遗》"蝎"字)

又可写为"鰛哥",如:

(5)鰛 vát, a winged snake. 又有词语:丨哥, v.ko, a black fish(without scales), that has 'horn'.(《客英大辞典》,第 1117 页"鰛"字)

哈息 呵欠

(1)gape 打哈息 hah hi.(《翻译英华厦腔语汇》,第 158 页)

(2)yawn 哈息 hah hì.(《翻译英华厦腔语汇》,第 214 页)

(3)yawn,打呼 ta hoo;打呼轤 ta hoo loo;呵欠 o kën. to gasp or yawn,

---

① 周振鹤、游汝杰:《方言与中国文化》,上海人民出版社,2015 年,第 243 页。

② 杨恭桓:《客话本字·再补遗》,南江涛编《汉语方言研究文献辑刊》第十二卷,国家图书馆出版社,2013 年,第 479 页。

打哈息 ta ha seǐh.（马礼逊《华英字典》，第 478 页）

（4）yawn，打喊露ᶜta-haamˀ-loˀ，打呵ᶜta hoh，呵欠 hoh himˀ；to streth and yawn，伸懒 shanᶜlaan.（《英粤字典》，湛约翰，1907 年，第 810 页）

（5）yawn，to gape，打喊露ᶜtá hámˀlòˀ，打擘露ᶜtá makˌlòˀ，打哈息ᶜtá hòpˌsikˌ.tá hoh sih，打呵ᶜtáˌho.tá ho. 张口打呵ˌchéungᶜhauᶜtáˌho.chángk'au tá ho；to yawn at，想ᶜséung.siáng，贪ˌt'ám，t'án.（《英华字典》卷四，第 2007 页 yawn）

陈明娥（2014）指出《官话急救篇》（1904 年）有"打哈息"，即"打哈欠"，指人困乏时张嘴深深地吸气和呼气，现引用如下[1]：

"打哈息"即"打哈欠"，亦作"打呵欠"，元代已见用例。如杨文奎《儿女团圆》第二折："王兽医做打哈欠科。"明清以来，具有多个形式变体：西南官话作打呵献"或"打哈仙"；吴语作"打呵献"或"打呵线"；湘语作"打呵献"或"打呵信"；兰银官话作"打呵先"或"打哈吸"；胶辽官话作"打哈下"或"打哈气"；赣语作"打哈因"；冀鲁官话作"打哈吸"或"打哈嘻"；北京官话作"打哈唏"或"打哈什"；中原官话作"打哈涕"等等。

李新魁（1964）"喝呬"条有："喝呬 [huaʔ⁴ hi³] 潮州话称打哈欠为'喝戏'，案原词当为'喝呬'。《广韵》至韵：'呬，虚器切，息也'；《方言》：'息也'，注：'许四切，东齐曰呬'；《玉篇》：'火利切，息也'，'喝'义为'呼'，见《集韵》；'喝呬'即呼出气息，此即'打哈欠'。翁书谓'喝戏'为'哈欠'之转，牵强之甚。"[2]

乞痴　吃癡　乞嗤　遏嚏　嚇哆

粤方言文献有"乞痴""吃癡""乞嗤""遏嚏""嚇哆"等，用例如下：

（1）打乞痴係冷着。后注的英文为：one sneezes because he has taken cold.（《粤语中文文选》，第 74 页）

---

① 陈明娥：《日本明治时期北京官话课本词汇研究》，厦门大学出版社，2014 年，第 157 页。

② 李新魁：《潮州方言词考源》，《学术研究》，1964 年第 3 期，第 99 页。

（2）sneeze, to, 打吃癍 ᶜtá hat⸰‿ᶜ ch'í, 打噴嚔 ᶜtá p'an ᵓ t'ai ᵓ.tá p'in t'í, 打噴滋 ᶜtá p'an ᵓ‿ᶜ tsz, tá p'in tsz, 打噴 ᶜtá p'an ᵓ. Tá p'in. 喷嚔 p'an ᵓ t'ai ᵓ, p'in t'í.（《英华字典》卷四，第 1625 页 sneeze）

（3）sneeze 遏嚔（《广州方言习语》，第 6 页）

（4）to sneeze, 打嚇哆。（《how to speak cantonese》lesson V，第 10 页）

黄小娅（2000）粤方言用字附录第 154 条："乞嚏 het1 ts'i¹ 或 et¹ ts'i¹, 喷嚔。"[1]《英话注解》："打喷 sneeze 司坭司"，"乞痴"其实就是"喷嚔"。粤方言又称为"阿嚏"，《散曲》中写为"阿鹊"[2]。粤方言用字有加"口"旁的习惯，因此又写为"吃癍"。"乞嚏""遏嚔""嚇哆"都为"乞痴"的记音字。

<h3 style="text-align:center">下耙　下把　下爬　下巴　下吧　下扒</h3>

粤方言文献中，"下巴"一词的词形多样，有写为"下巴"的，如：

（1）beard, 鬚 so, 下巴鬚 ha ᵓ -p'a-so.（《英粤字典》，湛约翰，1907 年，第 20 页）

（2）下巴, chin.（《粤语中文文选》，第 517 页）

还可写为"下耙"，用例如下：

（3）chin, 下耙 Ha pa; 下腍 Ha hum.（《广东省土话字汇》第一册）

（4）ne lok chu ha pa che how kong oh. 你络住下耙至好讲阿。Tie up your jaws, and then speak freely—for there is danger of their falling from your face as a judgement for the lies you tell.（《广东省土话字汇》第三册）

（5）托住下耙至讲。（《粤语中文文选》，第 74 页）

（6）绑住下耙底下個条叫做帽搣。（《粤语中文文选》，第 146 页）

（7）chin, 下耙。（《英华行铗便览》，第 29 页）

（8）chin 下耙。（《广州方言习语》，第 3 页）

---

① 黄小娅:《粤语方言用字一百多年来的演变》，载《第七届国际粤方言研讨会论文集》，北京：商务印书馆，2000 年，第 253 页。

② 子静:《打阿嚏》，《广州研究》，1984 年第 2 期，第 42 页。

还可写为"下爬",如:

(9) chin, 下颔, 下爬。(《英粤字典》, 西村茂树)

(10)chin, 下颔 ha ˋ - ˋhom, 下爬 ha ˋ -p'a.《英粤字典》, 湛约翰, 1907 年, 第 42 页)

(11) 下爬 | há ˋ ₌ p'á ₌ sú, beard. (《粤语中文字典》, 第 656 页"鬚"字)

还可写为"下把""下吧""下杷""下扒",如:

(12) 頦者即下把殼。(《粤语中文文选》, 第 517 页)

(13) 下吧 |há ˋ ₌ p'á ₌ tau, an old man's chin (《粤语中文字典》, 第 708 页 "兜"字)

(14) 呢处有你下杷咁深水。(《广州方言习语》, 第 86 页)

(15) chin 下扒 há pá.(《中国语启蒙》, 第 115 页)

《广州话词典》写为"下扒"(第 8 页)。《实用广州话分类词典》写为 "下爬"(第 34 页), 黄小娅《粤语方言用字一百多年来的演变》一文指出 "下巴"粤方言还可写为"下扒""下肌""下腋"[①]。写为"下腋"如:

(16) chin, 下 腋 há ˋ ₌ p'á, hiá p'á, ……; a pointed chin, 下 腋 尖 há ˋ ₌ p'á ₌ tsím.hiá p'á tsien。(《英华字典》卷一, 第 374 页 chin)

闽语文献《正音乡谈》:"乡　下斗。正　下吧巴。"(第 327 页)《官话汇解》:"○下斗。正　下巴壳。"(第 1555 页)

交椅　校椅　高椅　茭椅

文献中有"交椅",如:

(1) 交椅 elbow-chair.(《华英通语》, 第 162 页)

(2) arm-chaim, 交椅 kaau- ˋ i.(《英粤字典》, 湛约翰, 1907 年, 第 12 页)

《潮汕方言·序》:"又以如为瑜, 以趋为初, ……, 以交为椅, 以毛为摩, 以流为劳, 以涛为头, 以投为到, 叶与鱼、虞、歌、麻、萧、肴、豪、尤,

---

① 黄小娅:《粤语方言用字一百多年来的演变》, 载《第七届国际粤方言研讨会论文集》, 商务印书 馆, 2000 年, 第 244 页。

古通同^①""交"受"椅"影响增加偏旁"木"为"校",形成"校椅"。如:

（3）校椅 kau-i^n a chair.（《A Handbook of the Swatow Vernacular》, 第 65 页）

（4）chair 校椅 kow i.（《中国语启蒙》, 第 22 页）

（5）kaou ee, 校椅, a chair.（《广东省土话字汇》第三册）

（6）担一张校椅来。Ta^n chék-chiah kau-i^n lai. Get me a chair.（《A Handbook of the Swatow Vernacular》, 第 67 页）

（7）chair, 椅 E；校椅 kaou e；椅子 E tsze, chair arms, 椅手 E shăw.（《广东省土话字汇》第一册）

（8）seat, ……, (a chair) 校椅 kau í.（《厦门方言英汉辞典》第 463 页 seat）

（9）seat, or chair, 椅子 e tsze；with arms, 校椅 keaou e.（马礼逊《华英字典》, 第 380 页）

还可加"艹"头写为"茭椅", 如:

（10）chair 茭椅 kau í.（《翻译英华厦腔语汇》, 第 42 页）

（11）back of a chair, 茭椅背 kau-í-pè.（《厦门方言英汉辞典》, 第 27 页 back）

高德《汉英潮正两音字集》"高""交"读 kau, 上平声（第 67 页）。因此又写为"高椅", 如:

（12）chair kau-i^n 高椅。（《A Handbook of the Swatow Vernacular》, 后附的词汇表部分第 21 页）

由以上的英文可知, 交椅、校椅、高椅为同一个词, 即 chair, "交椅"古代汉语常见, 即"胡床"。

---

① 详见:《潮汕方言·序》, 南江涛编《汉语方言研究文献辑刊》第十卷, 国家图书馆出版社, 2013年, 第 6 页。

木斗　墨斗

（1）我买些木斗共零些虾。Uá bói làn-ló bák-táu, kah tshoh-hê. I bought some cuttle-fish and some shrimps.（《A Handbook of the Swatow Vernacular》，第92页）

（2）guttle-fish　Bé-táu　木斗。（《A Handbook of the Swatow Vernacular》，第91页）

（3）乡　墨贼。正　乌鲗、墨鱼。（《正音乡谈》，第330页）

（4）○肖管、木贼。正：墨鱼。（《官话汇解》，第1574页）

可见"木贼""墨贼"相同，指墨鱼。《潮汕方言》卷十五："墨鱼，俗呼墨斗。"[1] 高德《汉英潮州方言字典》（第二版）"墨""木"都读"bák"，声调都为下入声（第2页），[bak⁸] 为"木"的白读音，因此"墨斗"又写为"木斗"，又如《福建方言字典》"茉莉"也写成"木莉[2]"。

另外，《英粤字典》："marking-line，墨斗 mak-ˊtau"（湛约翰，1907年，第173页）此处的"墨斗"当为木工做活时画线的一种工具，与闽南文献中的"墨斗"不同。

第二节　同语素异形 [3]

同一个语素采用不同的同音或近音字书写，就会造成"同素异形"，这种现象会影响到含有该语素的一批方言词，造成方言词"同词异形"。从本质来看，这种"同词异形"是由于"同素异形"造成的。只要我们认清了"同素

---

[1]　详见翁东辉:《潮汕方言》，南江涛编《汉语方言研究文献辑刊》卷十二，国家图书馆出版社，2013年，第318页。

[2]　详见马睿颖:《〈福建方言字典〉中汉语借词的翻译方法研究》，福建师范大学硕士学位论文，2011年，第57页。

[3]　此节内容以《明清南方方言文献"亚"字的两种用法》为题发表于《闽南师范大学学报》（哲学社会科学版），2016年第3期。

异形"的基本规律，就会对含有该语素的一批方言词的"同词异形"现象有更深入的认识。以下以语素"阿"为例，探讨语素的多种写法对含有该语素的其他词书写的影响。

《明本潮州戏文五种》有"亚娘""哑娘""阿娘"，如：

（1）都不叫益春伴亚妚赏月。（《明本潮州戏文五种·荔镜记》，第502页）

（2）（净）尌耐小八可无理，力哑娘、益春焄走不见，思量起，乜心悲，忆着益春那好啼。（《明本潮州戏文五种·荔镜记》，第515页）

（3）（童白）阿妚闺房什静无闲事，听见子规二三声。（《明本潮州戏文五种·荔枝记》，第588页）

学界认为"阿""亚"不能看作两个词缀，为同一词缀的不同写法，但对其成因看法不同，王曦（2014）认为是重刊时[1] 受潮泉两地用字不同影响的结果，清代地方县志及当代学者认为"阿"音转为"亚"[2]。

《广东省土话字汇》《粤语中文字典》《A handbook of the Swatow Vernacular》"亚"做前缀，罗马字注音为 A，"音转说"不成立。明清南方方言文献"亚"做前缀不局限于闽方言，粤方言也常见，可见不是潮泉两地用字问题。那么"亚"（读 [a]）做前缀是如何形成的呢？

查阅明清南方方言戏文、地方志、传教士编撰的词典及读本、英文教科书等材料，"亚"（读 [a]）有两种用法：（1）用于人名、亲属称谓前缀；（2）用于音译词，对应英文音素 [a][ei][æ]。以下将通过"亚"两种用法探讨"阿""亚"字的关系及"亚"字两种用法的产生原因、传播方式。

---

[1] 　明嘉靖本《荔镜记》全名《重刊五色潮泉插科增入诗词北曲勾栏荔镜记戏文》，明代福建建阳余新安堂 1566 年刊行，余氏在戏文末尾介绍说："因前本《荔枝记》字多差讹，曲文减少，今将潮泉二部增入彦臣勾栏诗词北曲，校正重刊，……名为《荔镜记》。"

[2] 　清宣统辛亥年《东莞县志》："父母通称爷娘，又曰阿爷阿娘，又曰亚爷亚娘。亚，音鸦，阿之音转也。"见《汉语方言大词典》"亚爷亚娘"条（第 1735 页）。蒋冀骋、吴福祥（1997）："阿"在称谓词前，或音转为"亚"，详见蒋冀骋、吴福祥：《近代汉语纲要》，湖南教育出版社，1997 年版，第 200 页。

一、"亚"用于亲属称谓及人名前缀

古汉语表人名或称谓前缀用"阿"，学界对其来源观点不同[①]，确定的是中古汉语书面形式亲属称谓前缀写为"阿"。"亚"的最早用例为南宋温州戏文《张协状元》，戏文第五出："亚哥，亚哥，狗胆梳千万买归，头须千万买归。"[②] 比较可知，"阿""哑""亚"附着在亲属称谓前无意义和语法功能区别，是同一词缀的不同写法，"阿"为早期写法，"哑"[③]"亚"为后起写法。

《张协状元》除"亚哥"外，还有"亚娘""亚公""亚婆"等。[④] 这一现象早已引起学者注意，钱南扬《永乐大典戏文三种校注》："《歧海琐谈》卷八：'吾温方言，凡呼爷、妈、哥、嫂，以亚先之；儿女弟行以至命名，无不皆然。此之亚，犹吴下之言阿也。'案：《洛阳伽蓝记》卷二'景宁寺'条：'吴俗有自呼亚侬，语则阿傍。'可见亚阿之用，由来很古了。本戏尚有'亚公''亚婆''亚娘''亚奴'等称仿此。"[⑤]

另外，明清至民国的闽、粤、客方言文献有大量称谓前缀"阿"写为"亚"的用例，下面我们将从"亚"做称谓前缀的文献用例、各方言出现时间、地域分布等方面来观察这一用字现象的形成及传播过程。

[①] 王力（1980）认为来源于"伊"，见于《汉语史稿》（中册），中华书局，1980年第223页；杨天戈（1991）认为来源于"阿"的实词义，前缀"阿"最早出现于"阿母"，见于杨天戈：《名词前缀"阿"探源》，《中国语文》，1991年第3期，第233-234页；竟成（1994）认为"阿"来自上古汉语前缀"有"，见于竟成：《也谈汉语前缀"阿"的来源——兼与杨天戈先生商榷》，《华东师范大学学报》，1994年第3期第88-94页；王华权（2009）认为"阿"做前缀是受鲜卑等北方少数民族影响的结果，见于王华权：《汉语亲属称谓前缀"阿"成因再探——兼说鲜卑等北方少数民族对中古汉语的影响》，《长江大学学报》，2009第4期，第154-155页；李新魁（1995）等认为来词缀"阿"自于苗语，详见李新魁，黄家教，施其生，麦耘，陈定芳著：《广州方言研究》，广东人民出版社，1995年，第13-14页。

[②] 引例来自罗竹风主编：《汉语大词典》，汉语大词典出版社，1993年版。

[③] "哑"做亲属称谓前缀只见于《荔镜记》，麦都思《福建方言字典》（1832年）"亚""阿""哑"都读[A]，"哑"为上平调，"阿"为上声，"亚"既可读上平，也可读上去，也可看做音近假借，这里主要探讨"亚"的使用情况。

[④] 杨观：《〈张协状元〉中的亲属称谓词》，《绵阳师范学院学报》，2005年第6期，97-101页。

[⑤] 钱南扬：《〈永乐大典〉戏文三种校注》，中华书局，1979年，第38页。

（一）方言文献用例

1. 闽语

最早见于潮州戏文《荔镜记》，19 世纪传教士编撰的潮州方言词典中也用"亚"，如：Father A-pẽ, a-tia　亚父　亚爹

Mother　A-bó, a-neⁿ　　亚母　亚妮

Sister's husband A-nñg　亚郎

Sister，elder　A-ché　　亚姊

Sister，younger A-mūeⁿ　亚妹（《A Handbook of the Swatow Vernacular》，第 150 页）

《厦门方言英汉辞典》亲属称谓写为"阿[1]"，《荔枝记》《金花女》用"阿"，不见使用"亚"，可见闽南方言亲属称谓前缀写为"亚""阿"均可。

2. 粤语

清代粤地学者笔记及编修的县志材料记载了亲属称谓前缀写为"亚"的现象，如：

香山谓人曰能，番禺谓人曰寅，东莞之南头谓刀曰多，增城谓屋曰宙，广州谓父又曰爸，母曰妳。或以阿先之，亦曰亚。（《广东新语》，屈大均）

各地通行之俗字颇多，今略举之。……广东人所用者如下：亚，音阿，阿俱写为亚。（《清稗类钞·俗字之训诂》，徐珂）

具体文献用例如下：

（1）子女谓其祖父曰亚公，祖母曰亚婆。（《广东新语》[2]）

（2）忽一个亚婆随后到，开声叫佢做银禅。（《二荷花史》[3]）

（3）A-ko，亚哥 or 阿哥 o-ko, An elder brother.（《广东省土话字汇》第一册）

（4）A-kung，亚公，a grand father.（《广东省土话字汇》第一册）

（5）亚姨 á₌i, younger materual aunts.（《粤语中文字典》，第 184 页）

---

① 《厦门方言英汉辞典》第 201 页有"阿妈""阿公"，第 291 页有"阿奶""阿母"。

② 检索自中国基本古籍库。

③ 引自《汉语方言大词典》1734 页"亚婆"条。

（6）其大仔有数岁，见炖鸡待外婆，问其父曰："我去叫亚妈来食饭，好唔好呢？"二成曰："问你老母，方能做得主意。"（《俗话倾谈·横纹柴》，第40页）

（7）亚妹，亚叔。（《汉语方言文献研究辑刊》卷10《粤语全书》，第14页）

3. 客家话

客家文献最早用例为《启蒙浅学》，如：

（8）照咁样来看，佢兜就知得上帝造倒箇物件，唔单止想显出嚟智慧来俾人看，也想用佢来帮补人个缺乏，使人知得佢係仁爱个亚爸。（《启蒙浅学》第七节）

也见于其他文献，如

（9）A：有人讲佢亚爷做贼，有影麽？

P：麼影，那人讲？（《客家社会生活会话（上）》，第36页）

（二）各方言出现时间

粤语记载"亚"做亲属称谓前缀的最早文献为《广东新语》（明末清初），最早用例见于木鱼歌《二荷花史》（18世纪中期）。从文献产生时代的先后看，温州方言早于粤方言。原因有三：第一，《广东新语》《二荷花史》等晚于《张协状元》；第二，《岭外代答》（宋代）没有记载"亚"的这种用法，《广东新语》："或以阿先之，亦曰亚。"《清稗类钞·俗字之训诂》："阿俱写为亚。"从以上表述可见这一用法的发展，"阿"写为"亚"用例迅速增多当在清代，清末时亲属称谓前缀大多写为"亚"；第三，"亚兄""亚哥""亚爸""亚妈"在中国基本古籍库、中国方志库中的用例，除《张协状元》"亚哥"4例外，其他用例都出自清代粤方言地方志或文人诗作，说明"亚"在粤语区的广泛使用在清代。

由目前收集到的材料可以判定，"亚"表亲属称谓前缀最早见于温州方言，当为方言用字现象。

（三）分布地域

《汉语方言大词典》（以下简称《汉大》）"亚""阿"字释义中表亲属称谓前缀用法分布的方言区如下表。

表 3-1 《汉大》"阿""亚"字释义中表亲属称谓前缀的分布

方言	阿	亚
中原官话	+	-
西南官话	+	-
吴语（浙江、上海等）	+	-
平话（广西南宁、心圩）	+	-
闽语	+	-
客话	+	-
吴语	-	+
粤语	-	+

《汉大》"亚"单字释义中介绍"亚"做亲属称谓前缀分布的方言区与实际文献用例略有不同，有关"亚"的词条也涉及其他方言。根据文献用例和《汉大》"亚"有关词条，其分布方言区归纳如表 3-2。

表 3-2 根据文献归纳的亲属称谓前缀用法及分布方言区

方言前缀	阿	亚	哑
中原官话	+	-	-
西南官话	+	-	-
吴语（浙江、上海等）	+	-	-
平话（广西南宁、心圩）	+	-	-
闽语	+	+	+
客话	+	+	
吴语（温州）	+	+①	-
江淮官话	-	+②	-
粤语	+③	+	-
湘语	-	+④	-

---

① 《汉语方言大词典》中"亚公""亚哥""亚娘"见于浙江温州，引用材料为南宋戏文《张协状元》，《歧海琐谈》也有论及（该书明万历年间永嘉姜准著，专记温州宋元明三朝逸闻旧事、方俗风习）。

② 《汉语方言大词典》"亚爷"见于江淮官话区的江苏东台、新曹。

③ 阅读到的粤语文献中，称谓前缀大多数写为"亚"，也有用"阿"，用例较少，如《广东省土话字汇》有"阿哥"。

④ 《汉语方言大词典》中"亚公""亚爷""亚妈""亚爸""亚爹""亚娘""亚婆"出自清光绪十九年《新宁县志》，今湘语论著没有提及称谓前缀、人名、排行写为"亚"。

由表 3-2 可知：中原官话、西南官话、吴语（浙江、上海）、平话、闽语、客话用"阿"，"亚""阿"同时使用于闽、粤、客方言区[①]，"亚""阿"分布具有南北地域差异，"阿"用于北方官话区，"亚"用于闽、粤、客、吴等南方方言区；"亚"用于亲属称谓前缀使用的方言区域随时间缩小，吴语（温州）、湘语（湖南新宁）今天不再使用"亚"[②]。

（四）产生原因及传播方式

1. 产生原因

"亚""哑"影母假摄麻韵开口二等去声。《汉语方音字汇》中"亚"方言读音归纳为 4 种：（1）读 [a]，梅县、广州、阳江、厦门、潮州、福州；（2）读 [ia]，北京、济南、西安、太原、武汉、成都、合肥、扬州、长沙；（3）读 [o] 或 [io]，苏州、双峰读 [io]，温州读 [o]；（4）读 [ŋa]，南昌、建瓯[③]。四种方言读音有如下联系：

$$[a]（闽、粤、客等南方方言区）\rightarrow [o]（吴语，苏州）\rightarrow [o]（开口）$$
$$\nearrow \qquad\qquad\qquad\qquad\qquad\qquad \searrow [io]（齐齿）$$

亚[a] → [ia]（北方方言区）

　　　　↘ [ŋa]（南昌、建瓯）

[a] 为最古形式；[a] 与牙喉音声母相拼颚化为 [ia]；"亚"，影母字，受声母影响读 [ŋa]；[a] 元音后高化变为 [o]，齐齿呼读为 [io][④]。今普通话和北方方言麻韵与唇、舌、齿声母相拼读 [a]，与牙喉音声母相拼颚化为 [ia]，吴语麻

---

① 吴语（温州）、江淮官话（江苏东台、新曹）、湘语（湖南新宁）也有用"亚"，吴语（温州）只见于《张协状元》《歧海琐谈》，湘语（湖南新宁）只见于清光绪十九年《新宁县志》，江淮官话《汉语方言大词典》只有"亚爷"一个词条。

② 清末吴方言小说《海上花列传》亲属称谓前缀用"阿"无"亚"，郑张尚芳《温州方言志》也未提及，说明这一用字现象在吴语区已不存在。

③ 北京大学中国语言文学系语言教研组编：《汉语方音字汇》，文字改革出版社，1989 年，第 9 页。

④ 王力："麻韵在隋唐时代读 [a]，元代麻韵齐齿字分化出来，称为车遮韵，读 [e]。"，见王力：《王力文集》第二卷《汉语语音史》，北京，中华书局出版社，2014 年，第 574 页。吴语麻韵早期读音也为 [a]，后高化读为 [o]，此现象由庄初升教授报告知。

韵字开口读 [o]，齐齿读 [io]。

"阿"，影母果摄歌韵开口一等平声。《汉语方音字汇》中，"阿"各方言有文白异读，白读有 3 种：（1）读 [a]，如北京、济南、西安、成都、合肥、长沙、梅县、阳江、厦门、潮州、福州、建瓯，且声调相同，都为平声，广州也读 [a]，但声调不同；（2）扬州方言读 [æʔ]，太原、苏州为 [aʔ]；（3）双峰方言读 [ŋo]，南昌方言读 [ŋa]①。"阿"文读有 4 种：（1）读 [o]，如武汉、成都、扬州、温州、长沙、厦门、潮州；（2）读 [ɔ]，如福州、建瓯、阳江、广州、梅县，南昌读 [ŋɔ]；（3）读 [u]，如合肥、温州、双峰，西安为 [uo]，苏州为 [əu]；（4）读 [ɣ]，北京，济南为 [ŋɣ]，太原为 [ɣˠ]②。

多数方言"阿"白读为 [a]，且为平声，与官话亲属称谓前缀"阿"读音相同，官话称谓前缀"阿"（读 [a]）很可能是各方言产生白读音 [a] 的原因，扬州读 [æʔ]，苏州为 [aʔ]，变为入声，是前缀经常读轻声逐渐促化导致的③；文读 [o][u][ɔ][ɣ] 是后元音 [o] 在各方言唇形圆展、舌位高低稍有差异造成的。

今温州方言"亚"读 [o]，由温州方言麻韵字的演变情况来看，宋元时期"亚"当读 [a]，与各方言"阿"白读音相近。张正学归纳出南（戏）曲用韵因"旁入他韵"从而经常"混""杂"通用的几个"混合韵部"来，其中第（3）种为鱼模、家麻、歌戈、车遮④。"亚"麻韵，"阿"歌韵，都为影母，麻、歌韵部通用。"亚"做亲属称谓前缀，是由于"阿""亚"读音相近、导致文字上"阿"借为"亚"形成的温州方言用字现象。明清温州、扬州等地麻韵变 [o]⑤，与"阿"白读音不同，同时吴语区受北方话影响较大，这一用字现象

① 北京大学中国语言文学系语言教研组编：《汉语方音字汇》，文字改革出版社，1989 年，第 14 页。
② 北京大学中国语言文学系语言教研组编：《汉语方音字汇》，文字改革出版社，1989 年，第 14 页。
③ 郑张尚芳：《温州方言志》，中华书局，2008 年，第 219 页。
④ 张正学：《试论宋元南戏的韵系、韵部与用韵》，《戏剧艺术》，2014 年第 4 期，108 页。
⑤ 温州、扬州方言麻韵由 [a] 变为 [o] 具体时间不详，姜准《歧海琐记》（明万历年间）记载了"阿"用为"亚"的现象，刘镇发（2006）指出 1893 年 Montgomery 著《温州方言导论》中假摄开口二等字韵母为 [o]，详见刘镇发：《温州方言在过去一世纪的元音推移》，《语言研究》2006 年第 2 期第 32 页，温州方言麻韵后高化应该在明代万历年（1573-1620 年）至 19 世纪末这一段时期。

在吴语区消失。

2. 传播方式

"亚"用作亲属称谓前缀为宋元温州戏文用字现象，其向闽、粤、客方言传播靠语言因素和非语言因素的强力推动。

（1）明清时期闽、粤、客方言"阿""亚"音近。《福建方言字典》（1832年）"亚""阿""哑"都读[A]，"哑"为上平调，"阿"为上声，"亚"既可读上平，也可读上去（第1页）①，19世纪潮州、厦门方言文献表亲属称谓前缀还用"亚"，《粤语中文字典》（1870年）"阿""亚"都读为[á]，上去声（第1、2页），可见19世纪闽、粤、客方言"阿""亚"仍然音近，各方言二字音近为其传播创造了合理性。

（2）戏文的强力推动。张烈（2004）认为："南戏起源于温州，毫无疑问！"，"温州是源头，却是杭州、温州、福州、福清、泉州，还包括潮州，在这一条'带'上，最早开创了南戏的辉煌。"②饶宗颐《〈明本潮州戏文五种〉说略》："这一部《明本潮州戏文五种》，名称虽只五种，其实《荔镜记》上栏为《颜臣》，《金花女》则合《苏六娘》为一，原是不同的两种戏，合计应得七种戏文，其中大半属于徐渭所称'宋元旧篇'。"③可见《荔镜记》等地方戏文和宋元南戏之间确有传承关系。"亚"表亲属称谓前缀最早见于温州文献，随后见于闽、粤戏曲作品，与南戏传播方向一致，另外各方言这一用字现象最早用例都出自戏曲作品，我们认为它是随着地方戏曲文学作品传播开来的。

---

① 上平声如"亚片"，即opium，上去声"亚"，表"第二"义，如亚圣、孔孟之亚。

② 张烈：《南戏的起源和传播——兼谈潮泉戏剧对南戏的传承》，《中国戏剧》，2004年第3期，第26页。

③ 饶宗颐：《〈明本潮州戏文五种〉说略》，《明本潮州戏文五种》，广东人民出版社，1985年，第15页。

元代后，麻韵齐齿音分化，北方方言麻韵"亚"读音由 [a] 变为 [ia]①，"亚""阿"不再同音，"阿"写为"亚"在北方方言失去了存在的语音基础，另外这也与戏文传播方向相背，因此官话文献还未发现"阿"写为"亚"的用例。

（3）粤方言书面写作发达。闽、粤、客都有"亚"做亲属称谓前缀的用例，如粤方言《广东新语》《二荷花史》《广东省土话字汇》《粤语全书》，客话《启蒙浅学》《客家社会生活会话》，闽语《A handbook of the Swatow Vernacular》。粤语明清至民国具有大量书面语文献，"亚"做亲属称谓前缀现象较为常见，并延续到当代②，被认定为粤方言用字现象。

二、"亚"用于音译词

鸦片战争前后的英源外来词最初进入闽、粤方言，普通话再从方言当中借用过来。从英语进入闽、粤方言的音译外来词带有明显的方言痕迹，音译词用字体现了方言读音及用字习惯。"阿"假借"亚"的现象使用于闽、粤、客方言，鸦片战争前后的音译词书写及英文教科书注音用字也受其影响，"亚"应按方言读 [a]。

---

① 王福堂（1999）认为："见溪晓母字'家掐虾'的舌根音声母 k、k '、x 在开口二等韵前元音的影响下颚化成舌面前音 tɕ、tɕ '、ɕ，同时韵母也因为声母舌面前音的影响衍生出一个前高元音 i 作为介音，声母韵母的音变同步完成（'掐'字还经历了入声韵韵尾脱落的过程）。……根据近人的研究，在见系开口二等字声母颚化的元明时期，影母字音节已经不再有 ʔ 声母，而是以纯元音起头，其中三四等字已经和喻母字合流。也就是说，影母已经不存在引起可能颚化的语音基础了。这就很难解释'鸦'字韵母的低元音 a 为什么会变成 ia。可以设想，'鸦'和'家掐虾'的韵母本来同组，在'家掐虾'等字的韵母变成 ia 以后，为了保持同韵，'鸦'的韵母随着也变成了 ia。这种音变应该是类推的结果。"详见王福堂：《汉语方言语音的演变和层次》，北京：语文出版社，1999 年，第 16 页。"亚"读 ia 当与"鸦"类似。

② 据庄初升教授告知，今漳州地区还有这种用字现象，如人名写为"亚川"，读为 á chuān。

（一）英文音素 [a][ei][æ] 折合为粤、闽方言 [a] 后的用字问题

英文音素 [a][ei][æ]，折合为粤方言音素 [a]，记为"亚""哑"[①]。如：

（1）亚细亚 Asia、亚非利加 Africa、亚喇伯 Arabia、亚里弼 Albert、亚齐（即柬埔寨）Acheen（《粤语中文文选》）

（2）亚瀝[②]酒 Arrack（《英华韵府历阶》）

（3）哑力酒 Arrack、哑叻酒 Arrack、哑啰 Aloes（《英华行箧便览》）

（4）亚墨利加 America（《英粤字典》，湛约翰，1862 年）

音译词中"亚""哑"须按照粤方言读 [a]，才能与英语词的读音对应。另外 Adam，明代译作"阿聃"或"阿耽"[③]，今为"亚当"，Abraham，明代译作"阿无罗汉"，今为"亚伯拉罕"，"阿门"又做"阿们""亚孟""亚们"，也是受粤方言用字影响的结果。

《福泽全集》卷一《华英通语》也有很多英文音素 [a][ei][æ] 用汉字记音写为"亚""哑"的，如：

（5）S 哑时　　　　h 亚治　　　　l 哑倪　　　　r 亚倪（76[④]）

（6）半员银　　　　half a dollar　　虾父　　　　亚挪拉（91）

（7）砒霜　　　　　arsenic　　　　哑哓嗝（92）

（8）白玛瑙　　　　agate　　　　　亚嗑（94）

（9）琥珀　　　　　amber　　　　　亚林（94）

闽方言文献中也有音译词英文音素 [a][ei][æ] 用汉字记音写为"亚"的，

[①] 音译词中 [a] 音写为"哑"字，有两种可能：1. 粤语"阿""亚""哑"音近，因此用"哑"；2. 鸦片战争前后的音译词有喜用"口"旁字或给常用汉字加"口"旁的习惯，"哑"可能是"亚"增加"口"旁形成的。

[②] 为了保持音译词用字原貌，个别今天已被简化的字，我们照文献原样录出，文中出现的繁体字、新造字都属于这种情况。

[③] Adam 译作阿聃或阿耽，Abraham 译作阿无罗汉，"阿门"又做"阿们""亚孟"分别详见史有为《外来词——异文化的使者》，上海辞书出版社 2004 年版第 225、221 页。"亚们"引自马云霞《早期传教士作品中的新词创制》，《大同大学学报》，2015 年第 1 期，第 68 页。

[④] 以下几个例子都来自《华英通语》，括号内的数字表示《福泽全集》卷一的页码。

如：亚当 Adam、亚腓利迦 Africa、亚麽士 Amos、亚略巴古 Areopagus、以塞亚 Isaiah、约书亚记 Joshua、米塞亚 Messiah、斯利亚 Syria。（以上来自《厦门方言英汉辞典》）

（二）opium 一词的音译用字

opium[ˈəupiəm]，即鸦片。明代李时珍《本草纲目·谷二·阿芙蓉》写为"阿片"，当为最早词形，《福建方言字典》"亚""阿"读音为 A，opium 写为"亚片"（第 1 页）。《粤语中文字典》"亚""雅""鸦""阿"都读 [a]（第 1 页），声调略有不同，opium 还写为"雅片""鸦片"，如廖礼平（2005）提道："民怠惰，好战猎，吸雅片。（《海国图志》1852 年）。"[①]《粤语中文文选》（第 213 页）、《中国语启蒙》（第 125 页）写为"鸦片"，今天普通话规范词形为"鸦片"。

第三节 同形异词

陈长书（2011）："同一形式的词代表一个词，还是多个词；不同形式的词代表一个词，还是多个词，即词的同一性的问题。解决先秦文献中词的同一性问题，最大的难点是同形异词和异形同词现象，二者往往相互交叉，同时又涉及文字、语义和语音等多个方面，是个极其复杂的问题。"[②]张联荣（2000）："在我们确认词的同一性时，汉字既给了我们很大的帮助，同时也带来了许多干扰。"[③]汉字带来的干扰源于一个词可能由几个字表示，几个词也可能由一个字表示。方言文献中有些词，与官话常用词书写形式、读音相同，但意义无任何联系，实为不同的词，我们称为"同形异词"现象。这些"同

---

① 廖礼平：《论近代汉语西源外来词》，《语言研究》，2005 年第 2 期，第 67 页

② 陈长书：《从〈国语〉字词关系看先秦文献中的分词问题》，《古籍整理研究学刊》，2011 年第 5 期，第 60 页。

③ 张联荣：《古汉语词义论》，北京大学出版社，2000 年，第 182 页。

形异词"现象还没有被辞书收录，给正确解读方言文献形成障碍，以下略举四组"同形异词"现象。

红牌

《现代汉语词典》："【红牌】hóngpái（～儿）①体育比赛中，裁判员对严重犯规的运动员、教练员出示的红色警示牌。足球比赛中被出示红牌的球员须立即退出赛场，并不得参加下一场比赛。②借指对有违法、违章行为的个人或单位给予的严重警告或处罚：对污染企业亮～。"其他辞书无"红牌"的记载。

19 世纪粤、闽方言文献有"红牌"，用例如下：

（1）Grand chop or clearance，红牌 hung pae；大牌 ta pae.（《华英字典》，第 69 页）

（2）clearance for ships to leave a port，大牌 ta pae；牌票 pae peaou；红牌 hung pae.（《华英字典》，第 69 页）

（3）clearance，port，大牌 Tai pai；红牌 Hung pai.（《广东省土话字汇》第一册）

（4）Hung-pai，红牌 A red ticket，a port clearance，a grand chop.（《广东省土话字汇》第二册）

（5）红牌 passport.（《华英通语》，第 224 页）

（6）clearance port 红牌 âng.pâi.（《翻译英华厦腔语汇》，第 84 页）

（7）permit，a 红牌 âng.pâ（《翻译英华厦腔语汇》，第 91 页）

（8）register，ship's —，船牌 tsûn-pâi，红牌 âng-pâi，to —，记 kì.（《厦门方言英汉辞典》，第 430 页 register）

（9）clearance，红牌。（《英粤字典》，西村茂树）

（10）clearance，（port—）红牌 huung-p'aai.（《英粤字典》，湛约翰，1907 年，第 44 页）

（11）port clearance，˷Ëng ˷pá，红牌。（《榕腔初学撮要》，第 114 页）

（12）clearance, port-ditto, 海关船牌 ᶜhoi ₌kwán ₌shün ₌p'ái, hái kwán ch'uen p'ái, 红牌₌hung ₌p'ái.hung p'ái. 大牌tái ²₌p'ái.tá p'ái.（《英华字典》卷一，第 401 页 clearance）

（13）port-clearance, 海关船牌ᶜhoi ₌kwán ₌shün ₌p'ái.hái kwán ch'uen p'ái, 红牌₌hung ₌p'ái, hung p'ái, 红单₌hung ₌tán, hung tán, 大牌tái ²₌p'ái. tá p'ái.（《英华字典》卷三，第 1341 页 port-clearance）

以上"红牌"对应英文 clearance、passport、permit，即"船只进出口岸的通行证"，又写为"红单"。由例（4）可知，称为"红单""红牌"是因为其颜色是红的，与《现代汉语词典》中的"红牌"同形异词。

地豆

《汉语大词典》"地豆"："即马铃薯。又叫土豆。萧红《生死场》四：'于是好良心的赵三天天进城，弄一点白菜担着给东家送去，弄一点地豆也给东家送去。'"

南方方言文献也有"地豆"，指"花生"。客家话如：

（1）隔耶稣诞先几日，吾就请阿抵伯爱与吾买十过只鸡春，几斤地豆，几包麻饼，与三对细蜡烛来。（《客话读本》，第 1225 页）

（2）将该等地豆、鸡春、麻饼与掌吾介人同下欢欢喜喜来食耶稣诞餐。（《客话读本》，第 1226 页）

粤语文献如：

（3）ground-nut, 花生 fa-shang, 地豆 ti'-tau'.（湛约翰《英粤字典》，第 64 页）

（4）地｜ ti ² tau ² or 土｜ ᶜt'o tau ², groundnuts.（《粤语中文字典》，第 710 页"荳"字）

（5）ground-nut, 花生, 地豆。（《英粤字典》，西村茂树）

（6）ground-nut,（arachis hypogea）花生 fa-shang, 咸水花生 haam ᶜshui fa shang, the best kind of ground nut, 地豆 ti ²-tau ².（《英粤字典》，湛约翰，

1907 年，第 118 页）

（7）Arachis, ground-nut, 花生 ₍fá ₍shang.hwá sang，地豆 tí ² tau ² .tí tau，相思豆 ₍séung ₍sz t'au ²，siáng sz tau，长生果 ₍ch'éung ₍shang ˋkwo, ch'áng sang ko.（《英华字典》卷一，第 78 页）

（8）earth-nut, ground-nut, 地豆 tí ² tau ² .tí tau.（《英华字典》卷二，第 698 页 earth-nut）

（9）peanut, 地豆 tí ² tau ² .tí tau.（《英华字典》卷三，第 1293 页 peanut）

（10）pig-nut, 地豆 tí ² tau ² . Tí tau.（《英华字典》卷三，第 1316 页 pig-nut）

闽语如：

（11）○ 落花生。正 地豆。（《官话汇解》，第 1583 页）

从以上可以看出，闽、粤语地豆明确指花生。《汉语方言大词典》"地豆"有三义：①〈名〉花生，使用方言区为冀鲁官话、晋语、西南官话、客话、粤语、闽语；②〈名〉马铃薯，使用方言为东北官话、冀鲁官话、中原官话、晋语、江淮官话。③〈形〉坚固。可见南北方方言"地豆"同形异词，《汉语大词典》只收了北方"地豆"的用法。

西洋

《汉语大词典》"西洋"有两个义项：①南宋始将今南海以西海洋及沿海各地称为"西洋"；②指欧美各国。《辞海》《现代汉语词典》《重编国语词典》都收有此词，释义与《汉语大词典》大体相同。

19 世纪粤语文献也有"西洋"，用例如：

（1）portuguese, are commonly called 西洋人 se yang jin.（马礼逊《华英字典》，第 329 页）

（2）portugal, 西洋国 se yang kwǒ.（马礼逊《华英字典》，第 329 页）

（3）地问在细利窟之东南，地归西洋管辖。（《粤语中文文选》，第 420

页）①

（4）佢老婆係西洋人。his wife is a portuguese.（《粤语易通》，第 39 页）

（5）portuguese，西洋人 sai yeung yan.（《英粤字典》，湛约翰，1907 年，第 252 页）

（6）portugal，大西洋 tái²˰sai˰yéung.tá sí yáng，葡萄牙国˰p'ò t'ò ngá kwok. P'ú t'áu yá kwoh.（《英华字典》卷三，1342 页 portugal）

（7）portuguese，西洋人 sai yeung yan.（《英粤字典》，湛约翰，1907 年，第 252 页）

（8）portugal，大西洋 tái²˰sai˰yéung.tá sí yáng，葡萄牙国˰p'ò t'ò ngá kwok. P'ú t'áu yá kwoh.（《英华字典》卷三，第 1342 页 portugal）

以上例句英文 portuguese、portugal 对译中文"葡萄牙"或"西洋"。《英话注解》有"西洋""大西洋""小西洋"，其所指不同，如：

（9）西洋 portugal（《英话注解》）

（10）大西洋 Europe（《英话注解》）

（11）小西洋 India（《英话注解》）

"西洋"称"葡萄牙"，学界也有讨论。杨锡彭（2007）："周振鹤、司佳（1998）指出：'葡萄牙在中国长期被称作大西洋国，利玛窦译作波尔杜瓦尔，与其拉丁读音相当符合。'"② 黄兴涛（2010）："在欧洲人东来之后，由于葡萄牙长期盘踞澳门，总以西洋代表自居，而中国人对欧洲了解甚少但相对说来与澳门葡人又接触较多等缘故，以'大西洋国'来指葡萄牙一国的用法，在清初以至乾隆时期的中国也并不少见。"③

"西洋"除了指"葡萄牙"外，还可指"荷兰"。麦耘（2006）："在早期广州话和吴方言里，汽水称为'荷兰水'，厦门话称为'荷兰西水'（见李荣

---

① 其英文为：Timor is situated south east from Celebes，and is under the government of the Portuguese.

② 详见杨锡彭：《汉语外来词研究》，上海教育出版社，2007 年，第 98 页。周振鹤、司佳《汉译西洋地名的两个系统》，香港中国语文学会：《词库建设通讯》，1998 年，第 17 期。

③ 黄兴涛：《〈嘆咭唎国译语〉的编撰与"西洋馆"问题》，《江海学刊》，2010 年，第 1 期，第 158 页。

[主编]2002：3090），但没有任何证据可以证明汽水是由荷兰人传入的，这里的'荷兰'，其实只等于'西洋'罢了。"该处作注为："原产意大利的青花菜（广州人叫'西兰花'），北方有的地方叫'荷兰花椰菜'，其来由也值得探讨。"① "为什么是荷兰人作西洋人的'代表'而不是英国人或其他国家的人呢？因为荷兰人是最早给这里的人民以深刻印象的西洋人。在荷兰人之前，早有其他西洋国家的传教士到过中国，也多先经过广东（如利玛窦即是），但人数少，影响小，更重要的是他们是来传教的，是和风细雨的渗透，不是明火执仗的入侵，给中国人的是新奇的印象，而非激烈的印象。较早大规模来到的武装的西洋人是葡萄牙人，时间是 16 世纪初，直到 1553 年侵占澳门。但那时明朝还相当强大，葡萄牙人在碰了几个钉子之后，跟明朝的关系还比较友好，与地方官吏和老百姓也基本上相安无事。"②

打交

《汉语大词典》"打交"：见"打交道"。《重编国语辞典》有两个义项：①交往、接触；②广东方言。指打架。《汉语方言大词典》写为"打较"：〈动〉打架，粤语，广东广州 [ta^{35} kau$^{55-33}$]。（第 1026 页）又有"打跤"：〈动〉打架，角斗，使用于客话、粤语、土话。（第 1033 页）曹廷玉（2002）："解交（动词）：劝架、调解叫'解交'，南昌、永修、安义、都昌说。皖西南宿松等地的赣方言也说。如张为纲记录的《江西南昌的长工歌》：'老夫解交凑五百，四吊大钱做一年。'外区四川成都、贵州沿河的西南官话及江苏常州的吴方言等也说。《通俗编·直语补正》：'俗以事不就理曰解交不来。'南昌片的'解交'之'调解'义与此较近。"③ 由以上可以看出，"打交"指"打架"，"解交"指

① 麦耘：《广州方言文化词两则》，全国汉语方言学会《中国方言学报》编委会，《中国方言学报》，第 1 期，商务印书馆，2006 年，第 83 页。

② 麦耘：《广州方言文化词两则》，全国汉语方言学会《中国方言学报》编委会，《中国方言学报》，第 1 期，商务印书馆，2006 年，第 83 页。

③ 曹廷玉：《赣方言特征词研究》，载李如龙：《汉语方言特征词研究》，厦门大学出版社，2002 年，第 187 页。

"劝架、调解"。那么方言中的这种用法是怎么形成的呢？

《说文解字》："交，交胫也，从大，象交形，凡交之属皆从交。"根据《汉字源流字典》，我们对"交"的义项可梳理为：

<pre>
        ↗ 交腿盘坐→跌倒   ↗副词，互相→一齐→轮流
"两腿交叉"→交叉、相错→接触、相遇→互相来往、联系→互相授受→通达
        ↘相连的地方   ↘朋友，朋友关系→外交关系
交合→两性和合→相并，合在一起→付给，托付→缴纳→刚到或进入。
                      ↘做成的买卖
</pre>

由以上"交"的词义发展脉络可以看出，"交"由"互相来往、联系"义可引申出"交好""朋友"义，照此推测，"来往、联系"也可能发展出"交战""敌对"等义。《故训汇纂》"交"：⑨～，交兵也。《孙子兵法·军争》："故知诸侯之谋者不能豫～。"（第70页）《汉语大词典》"交"下表"交战"等敌对关系的词有：交兵、交刃、交手、交手仗、交战、交仗、交伐、交争、交并、交侵、交阵、交唾、交诟、交辩、交竞、交斗。其中"交"有的理解为动词，"交错""接触"义，有的理解为副词，为"互相"义。"交"经常出现在这些词中，"交"也引申出表"敌对关系"之义。"交"做动词、名词，就有了"打架"义，与"交"引申出"交友""朋友"的规律相同，此外，打架时两方也要身体接触，"打交"也有可能源于此。

以下通过方言文献"交""开交""打交"等词的用例和释义来证明我们以上的推测。

1."打交加"即"打架"。如：

（1）乡 义。正 打交加。（《正音乡谈杂字》，第360页）

（2）dashing against，……；blotting out，打交加ᶜtáˏkáuˏká，tá kiáu kiá；making a dash，打一画ᶜtá yatˏwákˏ.tá yih hwáh.（《英华字典》卷二，第559页 dashing）

2."打交"即"打架"。如：

（3）有好多人因多少事，都毛相让介情，致到互相嘈喏打交，甚至挃打

得死。(《客话读本》，第 120 页)

（4）fight，打交 ta kaou；打架 ta ka；相打 seong ta.（《广东省土话字汇》第一册）

（5）chuy ta low, ta kao，吹打佬打交。Musicians' fight.（《广东省土话字汇》第三册）

（6）打一场交 ˪tá yat˩ chong káu，to have a fight.（《粤语易通》，第 50 页）

（7）fight，打交，打架，打仗。(《英粤字典》，西村茂树)

（8）squabble，……；to scuffle，打交˪tá˪káu，tá kiáu，争斗˩cháng tau˒.tsang tau，殴打˪au˪tá，ngau tá，打架˪tá ká˒.Tá kiá；……（《英华字典》卷四，第 1658 页 squabble）

3. 其他与"交"有关的词

19 世纪粤方言文献中还有"开交""相交""闹交""嗌交""救交""争交"等词，如：

（9）后来有个人与佢做开交，劝佢话："唔讲俦就赢。"（《客话读本》，第 214 页）

（10）against，相交，逆。(《英粤字典》，西村茂树)

（11）quarrel，争，闹交。(《英粤字典》，西村茂树)

（12）brawl，闹交 naau˒-kaau.(《英粤字典》，湛约翰，1907，第 28 页)

（13）quarrel，争 chaang，闹交 naau˒-kaau，嗌交 aai˒-kaau.(《英粤字典》，湛约翰，1907 年，第 285 页)

（14）squabble，嗌交 aai˒kauu，争斗 chaang tau˒.(《英粤字典》，湛约翰，1907 年，第 453 页)

（15）separate，to，……；to separate，as two quarreling together，救开交 kau˒ ˪hoi ˪káu，救交 kau˒ ˪káu，kiú kiáu.（《英华字典》卷四，第 1574 页 separate）

（16）squabble，嗌交 aai˒kauu，争斗 chaang tau˒.(《英粤字典》，湛约翰，1907 年，第 453 页)

（17）bate，strife，嗌交 ái ˀ ˪káu，争交 ˪cháng ˪káu.Tsang kiáu，闹交 náu ˀ ˪káu.náu kiáu；a make bate，架梁 ká ˀ ˪léung，kiá liáng.（《英华字典》卷一，第 146 页 bate）

《广州话词典》有"劝交"，义为"劝架"（第 63 页）；"闹交"即"吵架"（第 86 页）；"打交"即"打架"（第 109 页）。可见，"交"的确发展出了"打架"义。这里"打交"与"打交道"义的"打交"都从"交"的"两腿交叉"义引申而来，但二者引申脉络不同，最终发展为两个不同的词。"打交"（"打架"义）主要用于方言（粤、赣、客等），"打交"（"打交道"义）在官话文献中流传。

第四节　词形与词源探讨

赵修（2013）："我们国家地域辽阔，方言材料异常丰富，是人们进行语言比较研究不可多得的宝贵财富。不过对那些想要充分利用这批材料的人来说，还必须下一番收集整理的功夫。有的材料即使有人进行了收集整编，但由于原词的读音发生了变化，人们只能找一个新的记音字去记录；有的词读音虽然没有变化，但方言调查者却用了一个音同或音近的字去记写，从而隔断了古今的传承关系。因此，要想进行现代汉语方言词的理据探讨，必须做好溯源的工作，以便古今贯通。否则，就会错误地认为现代汉语方言只是一个前无所承的静止平面，看不到它的历史来源。"[①]收集方言词早期词形，梳理方言词词形发展变化轨迹，就可为方言词探源提供一定的线索和帮助。

酒渣鼻　酒齄鼻

《现代汉语词典》（第 7 版）："【酒糟鼻】jiǔ zāo bí 酒渣鼻。"又有："【酒渣鼻】jiǔ zhā bí 慢性皮肤病，病因不明，鼻子尖出现鲜红色斑点，逐渐变成

---

① 赵修：《现代汉语方言词的理据探讨应追溯本字——以"打虎的""兔儿虎""耳茄子"为例》，《盐城师范学院学报》（人文社会科学版），2013 年第 2 期，第 75 页。

暗红色，鼻部结缔组织增长，皮脂腺扩大，成小硬结，能挤出皮脂分泌物。也叫酒糟鼻。"不论是"酒糟鼻"还是"酒渣鼻"，这种疾病都和"酒渣""酒糟"没有关系，那么今天为什么会写为"酒糟鼻"或"酒渣鼻"呢？

粤方言文献该词写为"酒渣鼻"，如：

（1）酒渣鼻。（《粤语中文文选》，第 52 页）

（2）nose……酒渣鼻 tsaw cha pe，wine blotched nose.（《广东省土话字汇》第一册）

同时，粤方言文献中"酒渣"还可写为"酒皻"，如：

（3）blossom,……;wine blossoms，酒皻ᶜtsau ˍchá, tsiú chá.（《英华字典》卷一，第 207 页 blossom）

（4）copper-noise,a red nose，酒皻鼻ᶜtsau ˍchá pí ˀ.tsiú chá pí.（《英华字典》卷一，第 501 页 copper-noise）

（5）nose，……；a blotched nose，酒皻ᶜtsau ˍchá.tsiú chá.（《英华字典》卷三，第 1227 页 nose）

同时，《英华字典》还有两处对"皻"做了解释，现摘引如下：

blotch，a pustule upon the skin，疱 p'au ˀ，p'au，热毒粒子 ít ˍtuk ˍnap ˍ ᶜtsai，小瘤ᶜsiú ˍlau.siáu liú；wine blotches，皻ˍchá，chá，酒渣ᶜtsau ˍchá，tsiú chá，硃砂鼻ˍchü ˍshá pí ˀ，chú shá pí，酒渣鼻ᶜtsau ˍchá pí ˀ，tsiú chá pí.（《英华字典》卷一，第 207 页 blotch）

pimple，on the nose or skin，皻ˍchá.chá，膌ˍchá，chá.皻ˍchá，chá.疹子 ᶜch'an ᶜtsz. Ch'in tsz;……pimples or wine blossoms，酒皻ᶜtsau ˍchá，tsiú chá；the nose red with pimples，硃砂鼻ˍchü ˍshá pí ˀ.chú shá pí.（《英华字典》卷三，第 1318 页 pimple）

"皻""皻""膌"为异体字。《汉语大字典》"皻"字："鼻上的小红疱，俗称长有红疱的鼻为酒糟鼻。《玉篇·鼻部》：'皻，鼻上疱。'"

可见，该词最早应写为"皻鼻"，俗称"酒皻鼻"，"皻"有异体字"皻""皻""膌"，该词也可写为"酒皻鼻""酒皻鼻""酒膌鼻"，也写为同音字"酒渣鼻"。"酒糟"义为"造酒剩下的渣滓",因此该词又写为"酒糟鼻",但是该词和"酒糟"没有任何联系。

牢骚　劳愵　劳搔

《现代汉语词典》(第7版)"牢骚"有两个义项:①烦闷不满的情绪;②说抱怨的话。

"牢骚"南方方言文献用例如:

(1)秀音听罢添烦恼,别姑移步好牢骚。(《俗文学丛刊》第415辑《龙舟歌》,第51页)

该词还写为"劳愵",如:

(2)troublesome 劳愵 lô so.(《翻译英华厦腔语汇》,第135页)

(3)trouble 劳愵 lô chô;lô so.(《翻译英华厦腔语汇》,第206页)

(4)annoyance 劳愵。(《字典集成》,第13页)

还可写为"劳搔",如:

(5)intricaty/intricate(involved)缠 tî^n,蹼缠 tak-tî^n,劳搔 lô-so.(《厦门方言英汉辞典》,第252页 intricaty)

《牢骚原是刷马时的哀叹》一文根据现代汉语规范词形推测"牢骚"表"发泄愤懑不满的情绪"的语源:"'牢骚'毫无疑问最早和畜圈里的马有关。马和马车是古代最重要的交通工具,赶马车的御者一天劳累下来,晚上还要在马圈里刷马,不免哀叹自己的身世,就是'牢骚'。"[①]检索汉籍全文检索系统检索,"牢骚"一词的最早用例出现于明代,共有7例,如:

(6)诗曰:"子牙此际落凡尘,白首牢骚类野人。几度策身成老拙;三番涉世反相嗔。……"(《封神演义》第十五回)

(7)柳七官人自解说道:"我少年读书,无所不窥,本求一举成名,与朝家出力。因屡次不第,牢骚失意,变为词人,以文采自见,使名留后世足矣。……"(《今古奇观》第五十一卷)

---

① 《牢骚原是刷马时的哀叹》,《现代班组》,2014年第4期,第56页。(该文没有标作者)

（8）〔内风声介〕搅天风雪梦牢骚。这几日精神寒冻倒。（《牡丹亭》第二十二出）

（9）鼎足三分已成梦，后人凭吊空牢骚。（《三国演义》第一百二十回）

（10）定哥捺不住春心鼓动，欲念牢骚，过一日有如一年；见了乌带就似眼中钉一般，一发惹动心中烦恼，没法计较。（《醒世恒言》第二十三卷）

（11）柳七官人自解说道："我少年读书，无所不窥，本求一举成名，与朝家出力；因屡次不第，牢骚失意，变为词人。……"（《喻世明言》第十二卷）

（12）端庄尔雅，沉雄处没半点轻浮；慷慨牢骚，谈笑里伏万余兵甲。（《禅真逸史》第二十七回）

从明代"牢骚"用例来看，其最初的含义为"忧愁、愤懑的情绪"。《汉语大词典》"牢"的第14个义项为："忧郁。"汉语中也有"牢愁"，与此义相同。《说文·力部》："劳，剧也。从力，熒省。熒火烧冂，用力者劳。"《汉字源流字典》"劳"字下有对《说文》"劳"字释义的评价："析形不确，所释为引申义。本义当为用语言或实物慰问。"并勾勒了"劳"字字义演变的过程，我们按照《汉字源流字典》将其梳理如下：

用语言或实物慰问→到郊外迎接并慰劳→迎接→劝勉→功绩→人类创造物质财富或精神财富的活动，工作→一般的勤杂工作→费力，用力→为他人出力→役使，使劳苦费力→辛勤、辛苦→操心、忧愁→疲惫、劳累。

汉语文献中有"劳""牢"通用的现象，如《现代汉语词典》（第7版）有"牢什子""劳什子"，义为"使人讨厌的东西"（第781页）。《汉语大词典》"劳"表"忧愁、忧心"的词还有"劳心""劳劳"。

"慅"，南方方言文献解释为：

（13）慅ʿsau, moved; agitated; sorrowful; weariness.（《汉英潮州方言字典》，第134页）

（14）慅 K.move, rise, a.w. 懆 tsʿò ˎ; read ˎsiú. e.g.‖ˎsiú ˎsiú。 troubled; a.p. ʿtsʿò; read ʿtsò. u.f. 澡 ʿtsò, cleanse; read ts ʿò ˎ, grief.（《粤语中文字典》，第655页"慅"）

"悄悄"状"忧伤"貌，见于《诗·邶风·柏舟》："忧心悄悄，愠于群小。"《楚辞·九章·悲回风》："愁悄悄之常悲兮，翩冥冥之不可娱。"王云路（2010）指出，"悄悄"叠音词音变后产生"草草""搔搔""遥遥""摇摇"等多种写法，并认为《诗·陈风·月出》："劳心悄兮"，与之相应的是"劳心悄兮""劳心惨兮"，可以证明"搔"与"悄""惨"同义。[1]

以上几个词形中，最初词形当为"劳慅"，并列结构，"劳""慅"都为"忧愁、忧郁"义，今现代汉语规范词形"劳"写为"牢"，"慅"写成了"骚""搔"，词形隔断了词语和其早期语源间的联系。

第五节　词形与词的历时变化

王长林（2018）："中古及近代白话文献保留着汉语方言词汇的早期用例和丰富词形，因此爬梳文献、披抉用例是汉语方言词语溯源的基础性工作。"[2] 可见梳理方言词词形及用例在方言词溯源中的重要性。以下通过勾连词语在官话文献、方言文献中的诸多词形，揭示词语的历时发展变化过程，使我们对一些词语的历时发展变化有较为清晰的认识。

一、透过词形判定词与其他词的关系

南無　喃魔　喃嘸　南巫　男巫

游汝杰、周振鹤（2015）："又寺院墙上常见的'南无阿弥陀佛'六字中，'南无'梵文作 Namah 或 Namo，是皈依、归命的意思。这里的'无'字中古属微母，是清唇音，但上古是重唇音，读 m。可见'南无'传入的时候轻重唇还未分。同时，'阿弥陀佛'的'阿'也应读 o，不能读 a，这也是较古读

---

① 王云路：《中古汉语词汇史》（上），商务印书馆，2010年。

② 王长林：《西南官话"娄馊"考源》，《汉语学报》，2018年第4期，第80页。

法的遗留。"①

梵文 Namo，官话文献大多写为"南無"。粤语文献也有"南無"，用例如下：

（1）conjurer, one who practices conjuration，南無 ˛nám ˛mò.（《英华字典》卷一，第 471 页 conjurer）

（2）enchanter, one who enchants，南無先生 ˛nám ˛mò ˛sín shang. nán wú sien sang，男巫 ˛nám ˛mò. Nán wú.（《英华字典》卷二，第 726 页 enchanter）

"南無"对应英文解释为 conjurer 或 enchanter，二词都为"巫师、行妖术者、妖人"义，也可写为"喃魔"，如：

（3）请喃魔先生大锣大鼓，驶的符法，收佢入禁。（《俗话倾谈·闪山风》，第 145 页）

（4）请个喃魔先生喃唱几句，禀过菩萨知之，抑或惜钱不用喃魔，自己跪禀亦得。（《俗话倾谈·修整烂命》，第 208 页）

还可写为"南巫"，如：

（5）Averter, one who averts, as calamities，送灾者，sung ˊ ˛tsoi ˋché, sung tsái ché，解祸者 ˋkái wo ˋ ˛ché, kiái ho ché; in China this is done by a 南巫 [先生] ˛nám ˛mò[˛sín ˛shang].nán wú[sien sang].（《英华字典》卷一，第 120 页）

还可写为"男巫"，如：

（6）wizard, a，男巫 ˛nám ˛mò.nán wú.（《英华字典》卷四，第 1992 页 wizard）

还可写为"喃嘸"，如：

（7）chant，歌诵；喃嘸。（喃嘸注音为 nán mó）（《英华韵府历阶》，第 32 页）

（8）Nam mo seen shang ta kaou. 喃嘸先生打交。A budha priest strife —

---

① 游汝杰、周振鹤：《方言与中国文化》，上海人民出版社，2015 年，第 228 页。

disputing about the twig with which they beattime，intended to denote，wrangling about 争丁 chang-ting，a trifle.（《广东省土话字汇》第三册）

《汉语大词典》"南无"："[梵 Namas]亦译作「南膜」。佛教语。归命、敬礼、度我之意。表示对佛法僧三宝的归敬。"无"喃魔""喃嘸""南巫"等词形，有"男巫"，释义为"古代男性巫官。祭祀时多作舞以娱鬼神。后亦指民间以装神弄鬼弭灾祈福为业的男性。"以上文献"南無""喃魔""南巫"的用法和解释更接近于"男巫"。"男"与"南""喃"音近，"无""巫"中古音都为微母字，微母字粤方言还读为 m，"無""魔""巫""嘸"读音相同，可见在粤语文献中"南无""男巫"读音相近。从意义来看，"南無""喃魔""南巫""喃嘸"等是"男巫"的记音字，与梵语表"皈依、归命"的"南無"无关。

司傅　司阜　师阜　师傅

《汉语大词典》"师傅"有五个义项：①老师的通称；②太师、太傅或少师、少傅的合称；③对僧道的尊称；④对衙门中吏役的尊称；⑤对有专门技艺的工匠的尊称。又"司傅"："对有技艺的工匠、长工的尊称。""司务"下有两个义项：①官名。明代六部都设有司务。②借用作对手艺工匠的尊称。那么"师傅""司傅""司务"三词之间是什么关系呢？

南方方言文献该词可写为"司傅"，如：

（1）同做衫司傅谈话。（《客话读本》，第 211 页）

（2）go call the tailor to come here tomorrow. 去叫衣裳司傅明旦来。K'ó˒ kieu˒ i˳ siong ˳sa ho˒ ˳ming tang˒ ˳li.（《榕腔初学撮要》，第 64 页）

还可写为"司阜"，如：

（3）我要叫司阜来修整。（《A Handbook of the Swatow Vernacular》，第 54 页）

（4）叫司阜来补。（《A Handbook of the Swatow Vernacular》，第 54 页）

（5）armourer，军器之司阜 kun-khì ê sai-hū.（《厦门方言英汉辞典》，第 21 页 armourer）

还可写为“师阜”，如：

（6）mechanic 师阜 sai hū.（《翻译英华厦腔语汇》，第 33 页）

（7）printer 印书师阜 in ch ‘eh sai hū.（《翻译英华厦腔语汇》，第 33 页）

（8）brewer 焊酒师阜 kiek chiú sai hū.（《翻译英华厦腔语集》，第 34 页）

又可写为“师傅”，如：

（9）打 | 師傅 ᶜtá ᶜngan ꜀sz fú ᵓ，silver-smith.（《粤语中文字典》，第 473 页“银”）

《汉语大词典》“司务”“司傅”“师傅”等词的“对有专门技艺的工匠的尊称”这一义项，“司务”书证为《儒林外史》和周立波《山乡巨变》，“司傅”为邹韬奋《萍踪寄语》和《中国歌谣资料 · 老板吩咐除牛栏》，“师傅”无书证。从《汉语大词典》以上各词书证看，“司务”表“对有专门技艺的工匠的尊称”最早出现。《潮汕方言》：“司务，俗呼工匠为师辅，更讹曰西父，应作司务，江南人厨役工人均称司务。案：明清六部皆设司务，主省署抄目，受发文移，其官署谓之司务厅。”①“务”中古音为微母遇摄虞韵合口三等去声字，“傅”为非母遇摄虞韵合口三等去声字。“务”“傅”韵母、声调相同，声母略有差异，微母、非母都为唇齿音，微母为浊音，非母为清音，闽南方言非母字今读 [p]，微母字读 [b]，“务”“傅”读音相近，“司务”写为“司傅”，又写为“司阜”。南方方言平翘舌不分，“司”“师”音近，因此又写为“师阜”“师傅”。古代汉语官话文献中本有“师傅”一词，“司务”写为“师傅”，所以“师傅”增加了义项⑤。今《现代汉语词典》“师傅”下有两个义项：①工、商、戏剧等行业中传授技艺的人。②对有技艺的人的尊称，无“司傅”“司务”，可见“司务”“司傅”表“对有技艺的工匠、长工的尊称”这一义项今天都写为“师傅”。

“对有专门技艺的工匠的尊称”这一义项，其词形发展经历了司务→司傅→师傅的演变过程。

① 翁东辉：《潮汕方言》，详见南江涛编《汉语方言研究文献辑刊》卷十二，国家图书馆出版社，2013 年，第 209 页。

二、透过词形窥视词语在官话与方言间的发展变化

同一个词在不同方言区、不同历史阶段词形也会变化，词形变化体现了方音特点、语音变化等信息。反之，我们就可以通过词形携带的语音信息等确定词传播的时期、地域，进而描写词发展的地域轨迹或词在方言与通语间的角色转换。以下以"扪胸"为例略做分析。

抹胸　扪胸　文胸

女性内衣称"文胸"，已经被大众接受并广为流传。"文胸"，李作南、李孝仁（1997）认为是"与普通话并用""社会上常有使用，但也不见得人人都能接受"的粤方言词[①]，朱建颂（2005）指出是"进入书面语的方言词"[②]；朱永锴、林伦伦（1999）认为"胸罩、文胸"属于新词语中的"委婉词语"[③]；王伟丽、张志毅（2010）认为是人们将"乳罩"采用"反义或类义义位逆推仿造"形成的[④]；廖荣娟（2016）认为"文胸"的"文"为"遮掩、掩饰"义[⑤]。

《现代汉语词典》（第7版）："【文胸】wén xiōng 名 胸罩。"《汉语方言大词典》"文"下有词条"文胸"："〈名〉旧时妇女贴身穿的束胸小短衣。粤语。广东广州。""文胸"为进入普通话的粤方言词。

"文胸"最早见于1866年传教士W.Lobscheid等编撰的英粤对译词典《英华字典》："bodice，stays，waist-bands，used by native women，文胸 ˍman ˍhung"（卷一，第214页）同本词典 bodice 还写为"扪胸"，如：corset, a bodice，紧身 ˤkan ˍshan táp ˎ.kin shin tah；in china, a broad wrapper，扪胸 ˍman ˍhung.man hiung；to put on the wrapper，缆扪胸 lam ˈ₂ man ˍhung.（《英华字典》卷一，第509页）

① 李作南、李仁孝：《汉语和汉字的规范化问题》，《阴山学刊》，1997年第1期，第30-36页。

② 朱建颂：《语文词典的运筹》，《汉语学报》，2005年第1期，第49-51页。

③ 朱永锴、林伦伦：《二十年来现代汉语新词语的特点及产生渠道》，《语言文字应用》，1999年第2期，第16-22页。

④ 王伟丽、张志毅：《同场逆推仿造新词》，《汉语学习》，2010年第2期，第71-75页。

⑤ 廖荣娟：《古代汉语教学中相关知识的引入》，《语文建设》，2016年第14期，第23-24页。

"扪胸"也见于 19 世纪其他粤方言文献，如：

（1）今日莫缆扪胸。（后注英文为：do not put on a corset today.）（《粤语中文文选》，第 152 页）

（2）bodice 扪胸 moon-huung（《英粤字典》，1907 年，第 26 页）

（3）bodice 扪胸（《英粤字典》，西村茂树）

（4）Ca.read ₤ mún，to cover，……扪胸₤ mún ₤ hung，bodice.（《粤语中文字典》，第 451 页"扪"）

19 世纪传教士编粤方言文献"文胸"目前只发现一例，而"扪胸"多见。"扪胸"是如何产生的呢？

《清稗类钞·服饰类》："抹胸，胸间小衣也，一名袜腹，又名袜肚，以方尺之布为之，紧束前胸，以防风之内侵者，俗谓之兜肚。"张虹（2007）："袜腹成为我国唐宋之后直至清代主要的内衣制式，后来称'抹胸'。"[1] 杜朝晖（2005；2006）详细论述了"袜腹"如何变为"抹胸"。杜朝晖（2005）："束腰的带子，也就是'袜'，可宽可窄，窄一点的束住腰部；向上宽一点，围住上腹，可以叫作袜腹'；向下宽一点，围住下腹（俗称肚子），就可以叫作袜肚'了。"[2] 杜朝晖（2005）："一是古人称名的随意性，二是'袜肚'覆盖的面积大，再加上胸、腹、腰、肚的界限模糊，所以才有'袜肚'叫'袜腹'，又叫'袜胸'的结果。"杜朝晖（2006）："因为袜子、袜肚两种事物都常见，容易混淆，很快'袜肚'之'袜'演变成'抹'，时间大约在唐代。"[3] 因此"袜胸"也写为"抹胸"。"袜肚"的"袜"有"系、围"义，"抹"也有"系、围、束"义，《汉语大字典》"抹"读 mò 的第⑤个义项为：紧贴；蒙住，《汉语大词典》有"抹额""抹腹"。

《粤语中文字典》"抹"："[o.p.mút₤]Ca.read mát₤ to wipe.see mút₤—CO.| 枱 mát₤ ₤ t'oi，wipe the table；| 干净 mát₤ ₤ kon tsing ² ，wipe it dry."（第 421 页）

① 张虹：《与内衣发展有关的汉字考释》，《白城师范学院学报》，2007 年第 4 期，第 31 页。

② 杜朝晖：《释"袜肚"》，《中国典籍与文化》，2005 年第 4 期，第 115 页。

③ 杜朝晖：《"袜"字源流考》，《语言研究》，2006 年第 1 期，第 102 页。

又有"抹"："[o.p.mát₀]K.read mút₂ rub, blot out, make a clean sweep.—Mi.| 额 mút₀ ngák₂, ornaments on the forehead（K.）; 洗 |ᶜsai mút₀ wash and rub; | 粉 mút₀ ᶜfan put on rouge; | 数 mút₀ shò᾿ wipe out an account."（第455 页）

《粤语中文字典》"抹额"释义为 ornaments on the forehead，但粤方言"抹"无"束、系、围"义。

《汉语方言大词典》"扪"义项⑤："〈动〉遮盖。粤语。广东阳江 [mun³³]。"后有词条"扪身布"："< 名 > 工作时围在身前的布。粤语。广东阳江 [mun³³ ʃan³³ pou²⁴]。"义项⑦："〈动〉罩。江淮官话。安徽安庆 [mən³¹] 棉袄外面 ~ 一件褂子 | 桌上 ~ 一块布。"可见在粤方言中"扪"有"遮盖"义。

"扪"表"遮盖"义也见于 19 世纪传教士编粤方言文献，如：

（5）a colloquial word; to cover, to cover a thing; ₌mún ᶜkú, to cover a drum; ₌mún ₌shü ₌p 'í, to put covers on a book; ₌mún ₌shá, to cover with gauze or millinet; ₌mún ᶜkan, pull it over tight.（《英华分韵撮要》，第 302 页"扪"字）

"扪"还可和"鼓""布钮"等组合，如：

（6）剥皮扪鼓打。（后注的英文为：peel off your skin and make a drum of it to beat upon.）（《粤语中文文选》，第 72 页）

（7）button-maker, one whose occupation is to make buttons, 打钮师傅ᶜtá ᶜnau ₌sz fú᾿, tá niú sz fú, 扪布钮师傅₌mún pò᾿ᶜnau ₌sz fú᾿, mun pú niú sz fú.（《英华字典》卷一，第 285 页 button-maker）

（8）cover, …… ; to cover a drum, 扪鼓₌mún ᶜkú.mun kú; to cover with gauze, 扪纱₌mún ᶜshá. Mun shá.（《英华字典》卷一，第 520 页 cover）

"扪"，《汉语大字典》有"扶持""摸；按；摩挲""擦；拭"义，《中华字海》有"持；握""按；摸"义，无"遮盖"义。郭必之、钱志安、邹嘉彦（2008）："汉语南方方言有一批词，两两成组，语义相同或相近，一个收鼻音韵尾（传统音韵学称之为"阳声韵"），另一个收同部位的塞音韵尾（入声韵），其他部位的读音基本相同。我们根据龚煌城（2003）的意见，把这些词称'阳入对转'同源异形词。……上述学者大都相信同源异形词可以在古汉语里找到源头。"[1]"抹"，《粤语中文字典》读为 mát。（第 421 页），又读为 mút。（第 455 页），"扪"读 ˌmún（第 451 页）。"抹""扪"都有"持握""摸"义，可看做阳入对转，"抹胸"粤方言写为"扪胸"，古汉语"抹"有"束、系、围"义，因此粤方言"扪"有"遮盖"义，有"扪身布""扪胸"。粤语"扪"的"遮盖"义来自于古代汉语"抹"的"系、束、围"义，引申为"遮盖"义，有"扪鼓""扪纱""扪巾"之说。"扪胸"本为动宾结构，后发展为名词。

《汉语方言大词典》"文"下有"文胸"，并注明为广州方言词。粤方言"文"无"遮盖"义，无"文纱""文巾"等用法，也无"文"与"额""腹""胸"等身体名词搭配组成新词的用例，可以判定"文"为记音字。《英华字典》"扪胸""文胸"中"扪""文"注音为 ˌman，但"扪鼓"的"扪"注音为 ˌmún，ˌman ˌmún 读音相近，进一步证明"文"是"扪"的近音记音字。由于音近，"扪胸"写为"文胸"，并进入普通话书面语中。

可见，抹胸→扪胸→文胸词形的变化，体现了该词的身份由通语→方言→通语的发展过程。

---

[1]　郭必之、钱志安、邹嘉彦：《粤语"阳入对转"词的底层来源》，《民族语文》，2008 年第 4 期，第 51 页。

第四章 外来词字词关系考察

学界对于外来词讨论较多，争论的焦点是意译词是否属于外来词。张博（2019）梳理了学界对意译词归属的认识："纵观20世纪80年代之前的外来词研究，只有少数学者把部分意译词视为外来词的次类，学界的主导性意见——亦即正确意见是，将意译词排除在外来词之外。然而，自20世纪八九十年代以来，情况逐渐发生逆转，'外来词'的范围被不断扩大。"[①] 她认为，"外来词的界定必须坚持一条基本原则——分清'译'与'借'。……要彻底了断'译''借'纠葛，就必须在充分认识'译'的本质特征的基础上从两个方面来衡量：1）用什么对应外语词？用汉语的词或语素对应是'译'，用汉字的音对应是'借'；2）外语词的对应物从字面上看能否表达外语词的意义？能表达外语词意义的是'译'，不能表达外语词意义的是'借'。只有'借'的词才是外来词，可以用来'译'的词不论是汉语已有还是新造都不是外来词。"[②] 这种将"译""借"分开的观点对外来词的认识更深入。但由于同一个外语词既有音译也有意译，另外部分学者将意译词纳入外来词，出于将同类现象集中归类考察的考虑，本书还是将意译词列为外来词，采用杨锡彭（2007）的观点："外来词是在吸收外语词的过程中产生的表达源自外语词的意义的词语，亦可称为外来语、借词。由音译产生的与外语词在语音形式上相似的词语以及音译成分与汉语成分结合而成的词语是狭义的外来词，通过

[①] 张博：《汉语外来词的界定原则与判定方法》，《汉语学报》，2019年第3期，第68页。

[②] 张博：《汉语外来词的界定原则与判定方法》，《汉语学报》，2019年第3期，第73页。

形译或意译的方式产生的词语是广义的外来词。"①讨论的外来词，主要是 19
世纪鸦片战争前后从西洋国家来的，出现于闽、粤、客方言文献中的外来词。
"外来词"指表示外来事物或概念的词，包括音译词、意译词、半音半意词、
音译加汉语语素等类型。

明清时期，西方科技、文化涌入中国，汉语中出现了大量外来词，特别
是英源外来词。早期以胡行之《外来语辞典》（1936）、20 世纪 50 年代高名凯、
刘正埮《现代汉语外来词研究》为代表。随后出现的外来词词典、专著、相
关论文主要有：外来词词典如《国语日报外来语词典》（1981，台湾）、高名
凯等《汉语外来词词典》（1984）、岑麒祥《汉语外来语词典》（1990）、香港
中国语文学会与汉语大词典出版社出版《近现代汉语新词词源词典》（2001）、
黄河清编《近现代词源》（2010）；专著有马西尼《现代汉语词汇的形成——
19 世纪汉语外来词研究》（1997），作者通过考察 1840 至 1898 年外国人或与
外国人有接触的中国人用汉语写的著作，确定这一时期词汇嬗变的本质和特
征；单篇论文国外有日本学者沈国威、内田庆市等对《六合丛谈》《遐迩贯
珍》等传教士中文报刊外来词的系列研究成果，国内有贺玉华《晚期近代汉
语西洋来源外来词初探》（1997）、周振鹤《中国洋泾浜英语最早的语词集》
（2003）、廖礼平《论近代汉语西源外来语》（2005）、谢贵安《从固守天国立
场到融入世界文明秩序——从西方汉译国名演变看中国人对西方列强的认知
过程》（2007）、程美宝《粤词官音——卫三畏〈英华韵府历阶〉的过渡性质》
（2010）、周振鹤《中国洋泾浜英语的形成》（2013）、游光明《〈林则徐公牍〉
中音译词的类型、特点及价值》（2014）等。硕士论文有李瑾《〈利玛窦中文
著译集〉外来词研究》（2010）、王文琦《晚清外来词发展研究》（2012）等。
史有为（2019）一文综述了建国 70 年来外来词情况，分期介绍了学科先期铺
垫、草创、复元与兴盛三个阶段的情况及每个阶段外来词研究的成果、视角、
关注点、不足之处等，该文是对早期英源外来词研究介绍的最为全面、详细

---

① 杨锡彭:《汉语外来词研究》，上海人民出版社，2007 年，第 37 页。

的一篇论文。①

外来词研究中仍有一些空白需要填补，可概括为：第一，与之相关的论著数量较少，系统深入探讨的论著更少。张西平（2013）认为："对西学东渐的研究在历史学范围内已经做得比较深入，在对明清之际的西方语言学传入的研究上，在语法、语音、方言等方面也都取得了较大进展，但唯独对外来词的研究较为薄弱。"②他倡导"首先应该对明清之际的外来词做一个系统的研究"。③第二，对方言外来词的研究更少。方言外来词研究已经取得了一些成果④，但陈燕（2014）认为："然而，迄今为止，仍有一个问题一直为学界所忽视，即外来词的方言标注问题。在外来词词典的使用实践中，我们发现，一些用方言音译的外来词要么缺乏必要的方言标注，要么方言标签极为简略，这不便于我们研究外来词的方言特征与中外文化交流的轨迹。"⑤词典标注外来词的方言特征，可以避免流俗语源，起到正本清源的作用，外来词典缺乏必要的方言标注或方言标注简略的现象，不是词典编撰者主观刻意为之的，而是我们对方言外来词的研究很少，提供外来词有关方言的信息不多。因此陈燕（2014）指出："方言音译词是一种不可避免的语言现象，值得我们关注和重视。"⑥第三，研究较为粗糙，只注意外来词的来源和传入时间，而

① 史有为：《汉语外来词研究七十年——兼忆先期借词考源研究》，《语言战略研究》，2019 年第 5 期。

② 张西平：《简论罗明坚和利玛窦对近代汉语术语的贡献——以汉语神学与哲学外来词研究为中心》，《贵州社会科学》，2013 年第 7 期，第 128 页。

③ 张西平：《简论罗明坚和利玛窦对近代汉语术语的贡献——以汉语神学与哲学外来词研究为中心》，《贵州社会科学》，2013 年第 7 期，第 129 页。

④ 关注方言外来词的论著，闽方言有李永明《新加坡潮州话的外语借词和特殊词语》（1991）、[新加坡]张楚浩《厦门话、马来语互借词汇探索》（1993）、陈泽平《福州话中的外来词》（1994）、刘剑三《海南话中的方言外来词》（1996）、林伦伦《"过番"文化与潮汕方言词的关系》（1996）及《潮汕方言中的"外语"》（2012）、陈波《海南话中的外来词》（2000）、张嘉星《闽南方言外来借词综论》（2018）。粤语有张日昇《香港广州话英语音译借词的声调规律》（1986）、张洪年《早期粤语里的借词》（2000）、邓秀芬《浅论粤方言中的外来词》（2012）等。

⑤ 陈燕：《汉语外来词的方言标注研究》，《辞书研究》，2014 年第 3 期，第 24 页。

⑥ 陈燕：《汉语外来词的方言标注研究》，《辞书研究》，2014 年第 3 期，第 24 页。

对外来词早期书写形式、语源、词义演变等有关汉英两种语言融合面貌及其发展变化的研究较少，对外来词的早期形态、动态发展过程研究不足。谭海生（1995）："对译借词是音、形、义三位一体的特殊借词，它既是借词，又是汉语词，一身二任。它一创造出来就完全融入汉语之中，而且迅速地成为方言中的常用词。所以，对译借词是很难分辨的一种借词。粤方言中究竟有多少这一类借词，目前尚未准确统计。此外，对译借词的创造要求分属两种不同语言的词语既要读音相同或相近，又要词义相近或相关，因而这类借词的借入具有很大的偶合性。这类借词的创造、使用、流传似乎都毫无规律可循。因此，收集、辨识、整理粤方言中的对译借词，探求它的特点和规律，确是粤方言外来语研究中的一项十分有意义的工作。"① 第四，还有一些疑似外来词缺乏考订，许多外来词引进时间及早期书证阙如，使用数据基本上还是空白，缺乏对第一手资料的挖掘、收集，大部分关于晚清外来词的研究，大都以学界出版的几部外来词词典或著作中收集的外来词为研究对象②。外来词使用信息则是研究的另一个可深入领域的前提，但目前对这方面的研究重视不够。第五，史有为（2019）指出："我们已发表了很多论文，已开始跳出传统类型的研究而走向跨学科类型。但这些论文又不免同质性高，良莠不齐，许多新花样的背后也许隐藏着急功近利的浮躁，值得警惕。"③

　　顾之川《明代汉语词汇研究》第四章第一节讲到明代汉语词汇的外来语，

① 谭海生：《对译借词：——粤方言外来语中的一种特殊借词》，《广东教育学院学报》，1995 年第 1 期，第 30 页。

② 如张照旭《源自近代西洋译语的汉语词汇》，吉林大学硕士学位论文，2011 年；王文琦《晚清外来词发展研究》，陕西师范大学硕士学位论文，2016 年。对第一手资料的挖掘除廖礼平（2005）、马西尼（1997）外，还有硕士学位论文，如谢雨丽《〈航海述奇〉（两种）外来词研究》，华中师范大学硕士学位论文，2015 年；崔腾腾《〈瀛寰志略〉西方国家名称研究》，山东师范大学硕士学位论文，2016 年，另外张琢硕士论文《清代外来词研究》则以钟叔河主编收录清代文人旅欧著作的《走向世界丛书》为主，同时参考民族志、词典、学者论著等，详见张琢《清代外来词研究》，辽宁师范大学硕士学位论文，2013 年。

③ 史有为：《汉语外来词研究七十年——兼忆先期借词考源研究》，《语言战略研究》，2019 年第 5 期，第 86 页。

明代外来语主要为蒙古语、梵语和其他语言（契丹语、突厥语、波斯语、阿拉伯语），史存直《汉语词汇史纲要》第五章"汉语中的借词和译词"中将来自西洋的借词分为两部分，即鸦片战争前来自西洋的借词和译词、鸦片战争后来自西洋的借词和译词，鸦片战争前的西洋借词最早见于明末，音译词如斐西加（physica）、范利弟加（politics）、额各诺靡加（economics）、洛日伽（logics）、鸦片（opium）等，鸦片战争后来自西洋的借词和译词，其数量之大，实远非前代的借词和译词可比。

明清时期是英源外来词进入中国的早期阶段，留存于19世纪南方方言文献，目前还未有学者对这批外来词进行系统收集、整理、研究，因此本书对南方各方言文献中出现的外来词（以英源外来词居多）进行收录整理，归纳异形形式，分析词形及用字特点，为外来词词源考证和整理提供参考。

第一节　外来词的异形形式

外来词"异形形式"，又称"同义译名"[①]"一词异名"[②]，即"指称同一个外来概念的两个或两个以上的等值译名。"[③] 邓慧蓉（2008）指出："同义译名是与外来词的吸收和使用相伴而生的一个特殊的语言现象，所谓同义译名是指一个外来词进入汉语后有多个译名。在汉语外来词史上，很多外来词在形成比较固定的译名前往往有从多个译名到单个译名的选择过程，……"[④] 外来词的异形形式在外来词引入初期普遍存在，它对于考察外来词的早期存在形式、词形历时演变、外来词规范等具有重要作用。以下从外来词异形形式形成的原因方面展开讨论，将其分为四个方面。

---

① 李计伟：《汉语外来词同义译名现象研究》，《语言文字应用》，2005 年第 4 期，第 32 页。

② 刘苗：《当代汉语外来词一词异名现象分析》，《深圳大学学报》（人文社会科学版），2001 年第 3 期，第 123 页。

③ 李连伟：《外来词异形形式及其规范》，《吉林广播电视大学学报》，2009 年第 5 期，第 103 页。

④ 邓慧蓉：《试析当代汉语外来词同义译名现象》，《学术交流》，2008 年第 3 期，第 148 页。

一、翻译方式不同

同一个外来词，因采用音译、意译不同的翻译方式，形成了外来词的异形形式。如：

mangosten，音译为"茫姑生"（《英华韵府历阶》第 37 页、《英华字典》第 1148 页），又可意译为"山竹果"（《英粤字典》第 88 页），又可称"茫栗"（《英华字典》第 1148 页）。

Cake，既音译为"戟"（《粤语中文文选》第 165 页），又可意译为"饼"（《中国语启蒙》第 33 页）、"蛋糕"（《中国语启蒙》第 33 页、《英话注解》）、"粿"（《A Handbook of the Swatow Vernacular》第 87 页）、"面饼"（《英华行箧便览》第 57 页）、"糕"（《英粤字典》第 19 页）。

Cadmia，音译为"吉未亚"，意译为"白铅灰"（《英华字典》第 292 页）。

二、意译词的认知视角不同

因人们对外来事物的认知视角不同，采用意译方式形成的外来词也不同，如：

Jelly，可译为"猪脚冻"（《英华行箧便览》第 59 页、《中国语启蒙》第 30 页），又译为"果汁""糕"（《英粤字典》第 79 页）。

Cheese，可译为"牛乳饼"（《英华韵府历阶》第 33 页），又译为"牛奶饼"（《华英通语》第 138 页、《广东省土话字汇》第二册）、"牛奶膏"（《广州方言习语》第 6 页）、"干酪"（《英华字典》第 368 页）。

Post-office，可译为"书信馆""公文馆"（《英华韵府历阶》第 216 页），又译为"书信局"（《英华韵府历阶》第 125 页）、"批馆""信关"（《A Handbook of the Swatow Vernacular》第 58 页）、"文书馆"（《榕腔初学撮要》第 114 页）。

对同一类事物，人们意译时倾向于采用相同的认知方式。如国家名，人们是根据国旗的颜色来指称这些国家的，America 为"花旗国"或"花旗"

(《广州方言习语》第 17 页、《英华字典》第 53 页），Denmark 为"黄旗国"或"黄旗"（《粤语中文文选》第 410 页），Prussian 为"单鹰旗"（《广东省土话字汇》第一册），Sweden 为"蓝旗国"（马礼逊《华英字典》第 421 页）。

三、音译词选择不同的同音或近音字

英源音译外来词进入汉语，首先要解决英语音节向汉语音节的转化，其次书写上还要用语音对应的汉字把转化后的音节记录下来。受方音影响，加之汉语同音字较多、同一个英语音节的切割不同、个人书写习惯等因素，造成了音译词异形形式的多样性。明清外来词音译形式居多，本章第二、三节重点考察音译词异形形式，详细讨论音译词词形差异的形成原因，此处不再讨论。

四、社会文化背景的变化

同一个外来事物，因社会变化，不同历史时期分别从两种不同的语言中引入，即使同为音译，语音上也会出现差异。

鸦片

《本草纲目·谷二·阿芙蓉》有"阿芙蓉"，也写为"阿片"。潘允中（1957）："'鸦片'的前名'阿芙蓉'也是在明末输入汉语中的。成书在鸦片战争前二百多年即明万历年间（公元 1573-1619 年）的《本草纲目》已有'阿芙蓉'的记载。这是阿拉伯语 afyun 的对音。"[①] "阿芙蓉"当为最早词形，后来写为"阿片""阿扁"等，罗国强（2012）指出："阿片：opium 的音译，即鸦片。……据《清稗类钞》记载，鸦片，曾有过许多不同的名称。例如:（5）鸦片，药名，即罂粟，其名称至多，而曰阿片，曰阿扁，曰阿芙蓉，曰芙蓉，曰仓玉粟，曰藕宾，曰乌香，曰乌烟，曰药烟，曰亚荣，曰合

---

① 潘允中:《鸦片战争以前汉语中的借词》,《中山大学学报》(哲学社会科学版），1957 年第 3 期，第 112 页。

甫融，曰洋药膏，曰洋药土，曰膏土，曰公班烟，曰公烟，曰公膏，曰菰烟，曰大土，曰白皮，曰红皮，曰小土，曰洋药，曰洋烟者皆是也。（徐珂《清稗类钞·饮食类》）"①众多词形中"阿片"使用频率很高。南方方言"阿"与"亚""雅""鸦"等字音近，《福建方言字典》"亚""阿"读音为 A，opium 写为"亚片"（第 1 页），《粤语中文字典》"亚""雅""鸦""阿"都读 [a]，声调略有不同，opium 还写为"雅片""鸦片"（第 1 页），廖礼平（2005）："民怠惰，好战猎，吸雅片。《海国图志》1852 年）"②马礼逊《华英字典》③及《粤语中文文选》第 213 页、《中国语启蒙》第 125 页等粤方言文献都写为"鸦片"，该词还可意译为"黑货"（《广东省土话字汇》）。闽南方言文献也写为"鸦片"（《厦门方言英汉辞典》第 121 页），今天普通话规范词形为"鸦片"。

这个外来词有众多异形形式，其演变过程为阿芙蓉→阿片→鸦片，"阿芙蓉"是阿拉伯语 afyun 的对译，"阿片"是英文 opium"鸦片"的对译，"鸦片"是粤方言写法。"鸦片"异形形式变化，体现了清代中晚期中西文化交流的过程和阶段性。

觋、香觋

Soap，粤语文献最早译为"番觋"（《广东省土话字汇》第三册），也可译为"觋"（《粤语中文文选》，第 155 页），还可称"香觋"（《英华行箧便览》，第 134 页）。"觋"字文献还可写为"鹻"（《粤语中文文选》，第 217 页），又可写为"梘"（《粤语俗语进阶》第 12、13 页）。闽语"肥皂"称"雪文"，海

---

① 罗国强：《明代外来词管窥》，《当代教育理论与实践》，2012 年第 12 期，第 184 页。

② 廖礼平：《论近代汉语西源外来语》，《语言研究》，2005 年第 2 期，第 66-71 页。

③ 马礼逊《华英字典》第 303 页有该字的详细记载："opium is called in the pun-tsaou 阿芙蓉 o-foo-yung，阿片 o-peen（s.23，p.23）.there is given in that work a short account of the manner of preparing it from the poppy.the pun-tsaou was published about A.D. 1600，it says that opium 前代罕闻 tseen tae han wǎn，in former ages was rarely heard of.then it then began to be used for 泻痢 seay le.dysentery and 俗人房中术用之 suh jin fang chung shuh yung che.the vulgar used it as an aphredisiac."游汝杰《〈上海通俗语及洋泾浜〉所见外来词研究》在表 4 "现代汉语里来自粤语的外来词举例"里就有"鸦片"。可见，该词来自"粤语"。

南话为"柴末",陈波（2000）认为是马来语 sabun 的音译①。

夏娃　额娃　好娲

Eve，the mother of the human race，夏娃 háwá. hiá wá；the characters used by the Rom.Catholics，额娃 ngákwá.gehwá；ditto by the Mohammedans，好娲 hòwá. háuwá.（《英华字典》卷二，第 756 页 Eve）

李娜、王琳（2014）指出："【夏娃】希伯来文 hawwāh 的音译，一译厄娃。"② 张西平（2013）："也物（1-Eva），陌袜（6-69）；夏娃也是《圣经》旧约中的人物，希伯来文是 Hawwah，罗明坚和利玛窦都是从拉丁文音译而来，这是中文文献中首次使用这个词。罗明坚使用'也物'，利玛窦使用'陌袜'。这个词后来也被称'厄娃'，在鲁迅的《坟·摩罗诗力说》中采用的是'夏娃'。"③

第二节　音译词词形考察④

19 世纪西方传教士编写的粤方言读本、词典含有很多早期的英源音译词，为我们研究早期英源音译词的书写形式、文字使用提供了宝贵的材料，

---

① 陈波（2000）："海南人对肥皂的叫法有好几种，或称'番碱'，或称'油箍'，或照普通话称'肥皂'。文昌一带很别致，叫做'柴末'（读 sabun）。Sabun 来自何方？我们把视线放到福建闽南话区域，发现那里管肥皂叫'雪文'，也读 sabun。再把视线移到马来半岛，谜语顿时解开：马来语中肥皂就叫 sabon。"详见陈波：《海南话中的外来词》，《今日海南》，2000 年第 6 期，第 54 页。

② 李娜、王琳：《民国时期新外来词研究——兼对〈汉语大词典〉的补充》，《华南理工大学学报》（社会科学版），2014 年第 2 期，第 80 页。

③ 张西平：《简论罗明坚和利玛窦对近代汉语术语的贡献——以汉语神学与哲学外来词研究为中心》，《贵州社会科学》，2013 年第 7 期，第 126 页。

④ 本章第二、三节部分内容曾以《19 世纪传教士编粤语文献音译词用字特探析》为题发表于《重庆理工大学学报》（社会科学版），2015 年第 12 期。

目前学界对此较少涉猎①。本节以鸦片战争前后传教士编写的闽、粤方言文献为材料，探讨鸦片战争前后英源音译词在词形上的特点，供当代外来词借鉴。对音译词的界定，我们采用陈燕（2011）的观点，"泛指含有音译成分的词，包括依音转写词、音译加注词和半音半意词三种类型。"②

一、音译词词形特点

（一）多样性

1. 表现形式

记录音译词的汉字失去表意功能，只记录音译词的声音。汉语一个音节对应多个汉字，同一个音译词就具有多个可选文字形式，不同文献选用读音相同或相近、形体及意义不同的文字，导致同一个音译词具有多种不同词形。如：Mexico 觅士哥（《粤语中文文选》）、黑西哥（《英华行箧便览》）、墨息哥《英华行箧便览》），Europe 欧邏巴（《粤语中文文选》）、歐罗巴（《英粤字典》），Malacca 麻六呷（《粤语中文文选》）、马六呷（《英华行箧便览》）、满剌加、麻六甲（《华英字典》），Sumatra 苏门答剌、苏门塔喇（《粤语中文文选》），Italy 以大利、以大理（《粤语中文文选》）、意大利（《英华行箧便览》），Nicobars 呢古巴啦（《英华行箧便览》）、呢咕吧拉（《粤语中文文选》），France 佛嘣西（《粤语中文文选》）、法蘭西（《英华行箧便览》《英粤字典》《粤语中文文选》），Cutlets 咭唎（《英华韵府历阶》）、吉烈（《粤语中文文选》），ká-

---

① 马西尼《现代汉语词汇的形成——十九世纪汉语外来词研究》（1997）、廖礼平《论近代汉语西源外来语》（2005）、谢贵安《从固守天国立场到融入世界文明秩序——从西方汉译国名演变看中国人对西方列强的认知过程》（2007）、程美宝《粤语官音——卫三畏〈英华韵府历阶〉的过渡性质》（2010）、游光明《〈林则徐公牍〉中音译词的类型、特点及价值》（2014）等，利用鸦片战争前后西方人用中文撰写的著作、中国人写的游记和公牍、西方人著等探讨近代汉语西源外来词的特点，此外周振鹤《中国洋泾浜英语最早的语词集》（2003）、《中国洋泾浜英语的形成》（2013）利用中西方人编写的英语词汇集探讨早期洋泾浜英语的形成等，从文字学视角考察传教士编粤语文献中音译词特点目前还无学者涉猎。

② 陈燕：《汉语音译词的表意模式研究》，《湖北社会科学》，2011 年第 3 期，109-112 页。

lau-pá 噶喇巴、加留巴（《粤语中文文选》）、咖嘟吧（《英华韵府历阶》）、咖喇吧（《华英字典》）。

不同人对同一个外语词的语音感知不同，对译到粤方言选用的音节也略有差异，记录音译词的文字也不同，如 Malays 无来由（《粤语中文文选》）、嘛噜人（《英华韵府历阶》）、麻礼人（《英华行箧便览》），Latin 拉体纳（《粤语中文文选》）、嘞叮话（《英华韵府历阶》），Peru 庇理（《粤语中文文选》）、啤路国（《英华行箧便览》）。

音译词文字书写形式是其汉化程度的体现，从传教士文献音译词书写形式可以窥视其汉化程度。音译词汉化可分为三个阶段：第一，音译词进入汉语，由于汉语中同音字多，导致记录音译词文字书写形式的多样化，可见它们进入汉语的时间不长，刚刚开始汉化；第二，音译词文字书写形式经历淘汰与选择的过程，逐步固定，单纯表音的文字组合形式作为一个整体使用久了，文字组合形式就具有某种意义，我们将这个过程称为文字组合形式的语素化过程，"鸦片""古巴""基督""弥撒""路加书""马太书""耶稣""磅""亚非利加"等词文字书写形式固定，说明它们作为整体成了语素；第三，单纯表音的文字组合形式使用久了，作为整体的音译词书写形式又会出现省写或缩写，我们称其为音译词书写形式中部分文字的语素化，如England 有"英吉利""嘆咭唎"等异写形式，又有"英国""嘆国"等省略形式，到此阶段，汉化程度进一步加深。传教士文献中省写、缩写的音译词较少，音译词汉化程度不深。当然表达音译词语素化的进程不完全一样，"鸦片""基督"等词已经完成，"英吉利""法兰西""美利坚"还在进行中。

2. 形成原因

（1）外语词通过音译方式传入汉语，其本质是把外语词语音转化为汉语中读音相近的音节，并用相应的汉字记录出来。这一过程中，汉字只承担记音功能，无表意功能。汉字是形、音、义的统一体，音译词中汉字承担表音功能，只需满足形、音条件。同音汉字很多，汉字失去了意义约束，其在形体上的选择性就较大，只要记录音译词的文字和外语原词的读音相近，都会被认可。如：

Libya，闽语文献译为"利未亚"（注音 lī-bī-a）、"吕比亚"（《厦门方言英汉辞典》第 276 页）。

Inch，粤语文献写为"烟治"（马礼逊《华英字典》第 1004 页、《粤语中文文选》第 254 页），廖礼平（2005）指出 inch 写为"因制"[①]，《实用广州话分类词典》中写为"烟子"（第 343 页）。

Canada，粤语文献写为"干拿大"（《粤语中文文选》第 414 页），又写为"加拿他"（《英华字典》第 304 页）。

London，粤语文献译为"伦敦"（《粤语中文文选》第 410 页），又译为"伦顿"（《英华字典》第 416 页），还译为"论顿"（《广东方言习语》第 45 页）。

Sumatra，粤语文献音译为"苏门答剌"（《粤语中文文选》第 416 页），又写为"苏门塔喇"（《粤语中文文选》第 419 页）。

Madras，粤语文献写为"嗑吋喇吵"（《广东省土话字汇》），"曼嗻喇薩"（《粤语中文文选》第 407 页），也写为"孟打拉沙"（《华英通语》第 190 页），"买特拉司"（《英话注解》）。

Africa，粤语文献中音译为"亚非利加"（《粤语中文文选》第 402 页、《英华字典》第 35 页、《英话注解》），还写为"亚啡利加"（《华英通语》第 189 页）、"哑啡唎咖"（《英华字典》第 57 页）。闽语文献中写为"亚腓利迦"（《厦门方言英汉辞典》第 9 页）。

（2）英源外来词最早出现于粤、闽方言，以粤方言居多。它们产生之初，外语词语音先转化为粤、闽方言中的相应音节，再用符合方言语音的文字记录下来。方言间语音上的差异，就会导致同一个外语词在不同的方言中用不同的文字来记录。如：

Tolu，粤语文献译为"嘟路之香油"（《英华字典》第 132 页），闽南文献

---

① 廖礼平：《论近代汉语西源外来词》，《语言研究》，2005 年第 2 期，第 68 页。

Balsam of tolu 译为"到鲁桨"(《厦门方言英汉辞典》第 305 页),Tolo 音译为"到鲁"。

Syriac/Syrian,粤语文献音译为"叙利亚"(《英华字典》第 1741 页),闽语文献译为"斯利亚"(《厦门方言英汉辞典》第 522、1741 页)。

Brandy,粤语文献音译为"罷嘲地酒"(《英华韵府历阶》第 18 页、《广东省土话字汇》),还写为"囉嘣地酒"(《中国语启蒙》第 33 页),又写为"罷蘭地酒"(《华英通语》第 141 页),"罷欄地酒"(西村茂树《英粤字典》、湛约翰《英粤字典》1907 年版第 28 页),又为"啤蘭地酒""罷爛吔酒""啤爛吔酒"(《英华字典》第 241、1362、1400 页)。闽语文献音译为"不懒池酒"(《厦门方言英汉辞典》第 46 页)

Creasote,粤语文献写为"嘰啊卒"(《英华行箧便览》第 97 页),闽语文献写为"幾阿苏"(注音 ki-o so)(《厦门方言英汉辞典》第 306 页)。

Norway,粤语文献音译为"那华"(《粤语中文文选》第 411 页、《英华行箧便览》第 112 页)。闽语文献写为"那威国"(《厦门方言英汉辞典》第 340 页)

Rupee,粤语文献音译为"略啤"(《英华韵府历阶》第 244 页),"爐啤"(《华英通语》第 91 页),"廬啤"(《英华字典》第 1523 页)。闽语文献中音译为"罗丕"(《厦门方言英汉辞典》第 452 页)。

(3)同一个外语词,不同人对其的语音感知不同,音译时对其音节切分不同,导致了同一个外语词音译后音节多少不同,词形也会产生较大差异。

Austria,粤语文献写为"奥地哩亚"(《粤语中文文选》第 409 页、《英华字典》第 116 页),也写为"澳地利"(《英华字典》第 80 页)。

Latin,粤语文献中写为"拉体纳"(《粤语中文文选》第 411 页),也写为"嚹叮"(《英华韵府历阶》第 162 页),写为"喇叮"《英华字典》(第 1939 页),vulgate 对应汉语"喇叮聖经",也写为"拉典"(《英华字典》第 4 页、《英华字典》第 1090 页),写为"辣丁"(《英华字典》第 1090 页)。闽南文献写为"拉丁"(《厦门方言英汉辞典》第 270 页)。

Algiers，粤语文献译为"安遮耳"（《粤语中文文选》第 413 页、《英华字典》第 43 页），又译为"亚利知爾"（《英华字典》第 43 页）。

Brazil，粤语文献音译为"巴西"（《英华字典》第 243 页），闽语文献也译为"比利时"（《厦门方言英汉辞典》第 47 页）。

Paris，粤语文献译为"巴犁"（《粤语中文文选》第 410 页），又译为"巴利士"（《英华字典》第 1281 页）。

（4）受书写者个人文化水平、用字习惯等影响，也会导致词形差异。甚至同一作者同一作品中同一音译外来词词形也不同，表现出极大的随意性。如：

Unite states，《厦门方言英汉辞典》写为"大米国"（第 398 页），又写为"大美国"（第 559 页）。

Morphia，可写为"麼啡亚"（《厦门方言英汉辞典》第 302 页），又写为"嚤啡哑"（《厦门方言英汉辞典》第 325 页）。

（二）同形异用

外语中不同的词，音译为汉语后词形相同，这势必影响到我们对音译词的理解。牛振（2016）已对清末元素用字中的同形异用现象进行了考察[①]，以下主要对南方方言文献中外来词的同形异用现象进行收集整理。

车厘 Jelly，粤语文献音译词写为"车厘"（《粤语中文文选》第 164 页），又见于《华英通语》（第 140 页）、《英华行箧便览》（第 88 页）、《英华字典》（第 1062 页）。另外，今粤语区樱桃称为"车厘子"，"车厘"是 cherry 的音译，《英粤字典》（西村茂树）中 cherry brandy 对应中文为"车厘罷蘭地"，又《英粤字典》（西村茂树）中 cherry 对应中文为"李子"，该词条后用红色字体补写了"樱桃"二字，可证"车厘"为 cherry 的音译词。《实用广州话分类词典》cherry 写为"车蔫子"（第 68 页）。

波斯 Persia，粤语文献写为"波斯"（《粤语中文文选》第 200 页、《英华

---

① 详见牛振：《清末元素用字同形异用考察》，《北方论丛》，2016 年第 4 期，第 49-54 页。

行箧便览》第 120 页、《英华字典》第 81 页 ），闽语文献也写为"波斯"（《厦门方言英汉辞典》第 376 页 ）。Parsee[①]，粤语文献音译为"波斯人"，又称"白头人"（湛约翰《英粤字典》1907 年，第 216 页 ）。

打臣 Dozen，粤语文献写为"打臣"（《粤语中文文选》第 253 页 ），还写为"哆臣"（《英语不求人》第 91 页 ）、"哆呧"（《英华字典》第 675 页 ）、"哆"（《英语不求人》第 127 页 ）。Dancing，粤语文献写为"哆臣"（《英华字典》第 131 页 ）、"哆呧"（《英华字典》第 556 页 ）。朱永锴（1995）："番鬼打臣 $fan^1 kwei^3 ta^3 sen^2$ 来自欧洲的交谊舞。'打臣'即 dancing。"[②]

吧吗油 Damar 或 Dammer，粤语文献写为"吧吗油"（《英华韵府历阶》第 60 页、《英华行箧便览》第 43 页 ），还可写为"吧嘛油"（《英华字典》第 555 页 ）、"打嘛油"（《粤语中文文选》第 206 页、《华英通语》第 131 页、《英华行箧便览》第 43 页 ）。英文 Tar 也可写为"吧吗油"（《中国语启蒙》第 126 页、《英华韵府历阶》第 287 页、《广东省土话字汇》、湛约翰《英粤字典》1907 年版第 540 页 ），也写为"玐吗油"（《华英字典》第 625 页、《英华字典》第 1752 页 ），也写为"吧码油"（《英粤字典》第 142 页、西村茂树《英粤字典》、湛约翰《英粤字典》1907 年版第 239 页 ），还写为"把麻油"（《广州方言习语》第 2 页 ），写为"巴麻油"（马礼逊《华英字典》第 425 页 ）。闽语文献 tar 可译为"打吗油""打马油""鼎马油"（《厦门方言英汉辞典》第 305、352、383 页 ）。英语 tar 和 damar 为两个不同的词，tar 为焦油、沥青、柏油、尼古丁，damar 为硬树胶（漆的原料），二者在文献中词形都可写为"吧吗油"，或者词形极为接近。

比利时 Belgium，粤语文献写为"比利时"（《英华字典》第 165 页 ）。Brazil，粤语文献音译为"巴西"（《英华字典》第 243 页 ），闽语文献也译为"比利时"（《厦门方言英汉辞典》第 47 页 ）。

荷蘭 Holland，粤语文献写为"荷蘭"（《粤语中文文选》第 190 页、《英

---

① 《朗文当代英汉双解词典》Parsee 解释为"印度之拜火教徒；祆教徒"，百度翻译为"帕西人"。

② 朱永锴:《香港粤语里的外来词》,《语文研究》, 1995 年第 2 期，第 55 页。

话注解》《广州方言习语》第 72 页）。闽南方言声母 f 常发为 h，France 又音译写为"荷蘭西"（《A Handbook of the Swatow Vernacular》第 167 页、《厦门方言英汉辞典》第 187 页）。

波　Ball，粤语文献音译为"波"，最早见于《广东省土话字汇》第一册，《英华字典》有"打地波者"即 bowler（第 235 页），"打波戏名"即 tennis（第 1765 页），"打波棍"（第 134 页），湛约翰《英粤字典》1907 年版有"打地波"即 play at nine-pins（第 237 页），"小波球"即 tennis（第 237 页），"打波地"即 tennis-court（第 554 页）。Billiard，粤语文献中写为"波楼"（西村茂树《英粤字典》），"波楼人"（《广东省土话字汇》第一册，其对应英语"Billiards"）。"波楼"也可简省称"波"，但"波"可以指任何球，"波楼"只指 Billiards。《实用广州话分类词典》有"波楼"："波楼● bol lau4 弹子房。打弹子（即台球的场所）。"（第 114 页）释义不确，"波楼"即"台球"，闽语文献译为"床球"（《厦门方言英汉辞典》第 39 页）。

巴黎　Paris，粤语文献译为"巴犁"（《粤语中文文选》第 410 页），今为"巴黎"。《实用广州话分类词典》"巴黎帽"实为英语 barret 的音译（第 78 页），即普通话常说的"贝雷帽"，与城市巴黎无关。

（三）意义导向性

音译词词形单纯记录外语词的读音，为了记录的明晰性，不产生误解，音译词词形与汉语已有词的词形有极大差别，表现为音译词词形大多为汉语中不表意的汉字组合，不与汉语已有词的词形重合，也尽量不使人们联想到汉语中的其他意义。但是，也有少数音译词的词形，其文字组合形式使人联想到汉语中已有的词或词组。如：

Satan，粤语文献音译为"撒单"（《英华字典》第 1536 页），闽语文献音译为"撒但"（《厦门方言英汉辞典》第 455 页）。

Darien，粤语文献中写为"爹哩"（《粤语中文文选》第 414 页）。

Hashed beef，粤语文献译为"乞食牛肉"（《广东省土话字汇》第三册），今译为"牛肉烩饭"。

Tejo，粤语文献对译为"德人"（《广州方言习语》第 46 页），今译为"全球青年世界语学者组织"。

Sardine，粤语文献音译为"沙井鱼"（湛约翰《英粤字典》1907 年第 353 页），今译为"沙丁鱼"。

Carat，粤语文献音译为"加辣"（《英华字典》第 316 页）[①]，今译为"克拉"，宝石的重量单位。

Syrt，粤语文献音译为"沙滩"（《英华字典》第 1741 页）。

Macao，闽语文献译为"马狗"（《厦门方言英汉辞典》第 287 页），今为"澳门"。

Santonine，闽语文献音译为"山道连"（注音 san-tō-liên）（《厦门方言英汉辞典》第 302 页）。

Kino，闽语文献音译为"佳奴"（《厦门方言英汉辞典》第 302 页），今译为"吉纳紫檀"。

Oxygen，闽语文献译为"养气"（《厦门方言英汉辞典》第 361 页）。

以上"养气""沙滩""加辣""乞食"等为汉语已有词，音译词采用它们作为词形让人联想到与音译词无关的意义。

（四）方言地域性

程美宝（2010）指出："过往研究卫三畏的学者，对此书（即《英华韵府历阶》）皆有所介绍，但由于研究者不一定熟谙中国方言，未必注意到当中一个有趣的细节——《英华韵府历阶》收入的汉字虽以拉丁字母标以官音，但却出现了笔者权且名之为'粤词官音'的现象。也就是说，好些收入在《英华韵府历阶》的字词，虽标以官音，但实际上这些字词只在粤语或某些方言

[①] 《英华字典》卷一第 316 页下注：大英国两，即称案士，有四百八十分，四分算为一加辣，称金宝等物则用此法。

区通用。"[1] 该文将《英华韵府历阶》中的"粤词官音"现象归纳为以下 4 种情况：1. 主要通行于粤语区的词汇（粤词）；2. 主要通行于粤语地区的用字（通常是将汉字加以改造而成）（粤字）；3. 主要通行于粤语地区的"粤化"外语词汇，往往还会用上"粤字"（粤化外语词）；4. 主要通行于闽南语地区的词汇和用字（闽词、闽字）。[2]

以上不是《英华韵府历阶》的特有现象，而是 19 世纪传教士编写的方言文献中普遍存在的现象，在外来词的词形中表现最为明显，我们称其为词形的方言地域性。主要表现为以下几个方面：

1. 词形记录方言读音

外来词词形记录音译词的方言读音，必须用该字（或字组）的方言读音才能与外语原词对应。Borneo 粤语文献写为"文莱"（《粤语中文文选》第416 页），该词是 Borneo 按照闽方言读音音译的结果；"亚细亚"[3]"亚非利加""亚喇伯"中的"亚"须按粤方言读 [a] 才能与原词对音。"嚏"，见于"平菓嚏"（即 Apple-tart）、"灯嚏"（即 orange tarts）（以上见于《英华字典》第 73 页）。

2. 词形采用方言字、方言常用字或用方言造字法造的字

音译词词形采用了一些方言字，如："孖"，见于"孖加多之地图"（mercator's chart,《英华字典》第 1169 页），又见于"孖鹰国"（《英华字典》第 116 页）。"䅉"，见于"骂䅉埠"（即"马来"，Malay,《华英通语》第 190 页）。"笒"，见于"金雞笒"（《广东省土话字汇》第三册）。

此外，音译词词形还采用了一些方言常用字。如："啤""喇"等字在粤方言文献中出现较多，很多音译词也采用它们作为词形，"啤"，beer 啤酒（《粤

---

① 程美宝:《粤词官音——卫三畏〈英华韵府历阶〉的过渡性质》,《史林》,2010 年第 6 期, 第 90 页。

② 程美宝:《粤词官音——卫三畏〈英华韵府历阶〉的过渡性质》,《史林》,2010 年第 6 期, 第 91 页。

③ 马西尼《艾儒略对汉语的贡献》一文介绍:"他（指艾儒略）基本上沿用了利玛窦《坤舆万国全图》中使用的音译词, 如'亚细亚''欧逻巴''意大理亚'等。"详参马西尼:《艾儒略对汉语的贡献》,张西平、杨慧玲主编:《近代西方汉语研究论集》, 商务印书馆, 2013 年, 第 206 页。目前所知, "亚"音译 [a] 最早出现于利玛窦作品中。

语中文文选》第 161 页、《广东省土话字汇》第二册），"喇"用于"明呀喇"（《粤语中文文选》第 407 页）、"曼嗹喇薩"（《粤语中文文选》第 407 页）、"嘎吁喇哕"（《广东省土话字汇》第一册）、"吗喇他"（《粤语中文文选》第 408 页）、"哣呀鏻"（《广东省土话字汇》第二册）。

二、音译词词形的定形

（一）音译词文字书写形式成为现代汉语规范词形

传教士粤语文献中一些与外国国名、地名及宗教等相关的音译词，流传至今，词形被汉语书面语采纳作为今天的规范词形。如：英国、亚细亚、印度、伦敦、法蘭西、罗马、瑞典、印度海、古巴、爪哇洲、新西蘭、亚非利加（以上来自《粤语中文文选》），耶稣基督、马太书、马可书、路加书、约翰书（以上来自《中国语启蒙》），太平洋、基督（以上来自《英粤字典》），法国（《广州方言习语》），耶稣、弥撒（以上来自《英华韵府历阶》），迦路米（《英华行箧便览》）。

（二）音译词用字稍作调整后成为现代汉语规范词形

有些音译词文字稍作调整后，被今天普通话的规范词形采用。如：巴犁、麻啰哥、吧布阿、新嘉坡、干拿大、瑞西、土耳基、叽當（以上来自《粤语中文文选》），今为巴黎、摩洛哥、巴布亚、新加坡、加拿大、瑞士、土耳其、巴丹；马呢喇、金囖哪、嚛吁、嘶吁、马六呷（以上来自《英华行箧便览》），今为马尼拉、金鸡纳、苏打、马六甲；嚛啤（《英华韵府历阶》）今为卢比；耶火華（《英华韵府历阶》）、耶货華（《中国语启蒙》）今为耶和华；墨息哥、覔士哥（以上来自《粤语中文文选》）、黑西哥（《英华行箧便览》）今为墨西哥，无来由（《粤语中文文选》）、嚛噜（《英华韵府历阶》）、麻礼（《英华行箧便览》）今为马来；庇理（《粤语中文文选》）、啤路（《英华行箧便览》）今为秘鲁。

（三）音译词文字书写形式被淘汰

一些与化学、国名、地名相关的音译词，其书写形式最终被淘汰。如：阿摩呢阿（氨）、啤啦咄喲（颠茄制剂）、哥的士（碱）、挨阿颠（碘）、喝囃嘶膏、嘰啊卒（即杂粉油）、叻嘙喀、渣臘（泄药）、嘧呢吵（氧化镁）、嘆啡哑（即吗啡）、唰吵、嚒吁、嘶吁（以上来自《英华行箧便览》），腊巴打、破理华、亚齐、脱破利、麦西国、咕哩噶噠、曼噠喇薩（以上来自《粤语中文文选》）。

三、音译词词形的选择与淘汰

音译词最初的文字书写形式主要用来记音。词的音译特征在词的书写形式上的表现是显著的，与汉语阅读、书写习惯也是格格不入的。为了在汉语中生存、发展，音译词用字必然经历选择与淘汰的过程。音译词书写形式选择与淘汰主要有以下三种情况：

1. 音译词使用一段时间后，不同文字书写形式就会展开竞争，淘汰异写形式，保留一种作为常用规范形式。竞争淘汰主要考虑文字形、义等因素：（1）选用易书写、笔画简单、较常用的字；（2）字义上，不用意义比较虚化的字，如哩、呢、吧、叭、啦等，换用利、巴、尼等字，不用使人联想到粗俗、蔑视意义的字，如破、辣、非、难，换用具有端庄、美好意义的字。因此马尼喇、马六呷、嗠啤、苏辣、非耳地难、笨支里、破鲁西国、脱破利、以撒比喇，今为马尼拉、马六甲、卢比、苏拉特、费迪南、本地治里、普鲁士、的黎波里、伊莎贝拉，选用了笔画简单，常用，又给人端庄、正式意味的字。

2. 音译词放弃一种音译法，采用另外一种音译法，包括两种情况：（1）表示化学元素的词放弃了整个英语词音译的方法，只对译英语词的部分音节，以对译的音节为声符，以音译词表示的事物类别为形符，新造形声字，如Ammonia 阿摩呢阿（《英华行箧便览》）、Iodine 挨阿颠（《英华行箧便览》）、Caustic 哥的士（《英华行箧便览》），后来分别造氨、碘、碱；（2）英粤对译时对英语音节的切割、折合方法不同，或由于粤方言音译形式被官话或其他方言的音译形式代替，导致同一个外语词音译到汉语后音节数目不同，文字书写形式差异较大。对译时对英语音节的切割、折合方法不同导致音译词音节数目不同、文字书写形式差异的，如 morphia 嗼啡哑（《英华行箧便览》），Austria 奥地哩亚、Sardinia 撒颠牙（以上来自《粤语中文文选》），今为吗啡、奥地利、撒丁。被官话或其他方言的音译形式代替的，如：Bolivia 破理华（《英华行箧便览》）、Laplata 腊巴打、Darien 爹哩、Algiers 安遮耳（以上来自《粤语中文文选》），今分别为玻利维亚、拉普拉塔、达里恩、阿尔及尔。

3. 外来词进入粤方言，既有音译法形成的词，也有意译产生的词。外来词最终放弃音译，采用意译法。如：pancake 班戟（《粤语中文文选》《英华行箧便览》），油煎饼（《英粤字典》），今为煎饼，Mangosten 茫姑生（《英华韵府历阶》），山竹果（《英粤字典》），今为山竹，Aloes 哑啰（《英华行箧便览》），又为芦荟、沉香（《英粤字典》），今为芦荟。

音译词用字的变化，体现了人们对音译词表示的事物认识状况的变化，也是外来词传入我国后音译形式与意译形式、不同方言不同人音译形式互相选择与淘汰的结果。

四、未被关注的音译词

也有一些音译词的词形，未被学界广泛关注，如：

药鬼

用例如下：

（1）药鬼 iéh-kúi engine.（《A Handbook of The Swatow Vernacular》，第104 页）

（2）开药鬼 khui iéh-kúi to start engine.（《A Handbook of The Swatow Vernacular》，第104 页）

（3）闭药鬼 kuen iéh-kúi to stop engine.（《A Handbook of The Swatow Vernacular》，

第 104 页)

（4）缝衫药鬼 thin-san ieh-kúi a sewing machine.（《A Handbook of The Swatow Vernacular》，第 104 页）

"药鬼"是 engine 的音译，今普通话音译为"引擎"。《潮州音字典》"药"汕头读为 ioh[8]，"鬼"注音为 gui[2]。[1] 关于 engine 一词的翻译，姚小平（2013）指出："engine，（steam）火轮机 or 火轮车，（fire）水龙，（automaton oxen and horses）木牛流马。（按：因用途不同，而有不同的短语名称，比如 W.T.Morrison《字语汇解》仍作'机气，locomotive. 火轮车'。又 Chalmers《英粤字典》作'机器'，取义于广泛的功能，也不失为一种处理法。'引擎'是晚起的音译词，至少那时还不通用。而在 R.Morrison《华英字典》卷六上，engine 还只有一个对应词'水车'，但不是供农用的，而是指消防的；to throw water on burning houses. ）"[2]

荷蘭西

（1）中国与荷蘭西相刣。War between China and France.（《A Handbook of the Swatow Vernacular》，第 167 页）

（2）鸡笼被荷蘭西打去了。Keelung is taken by the French.（《A Handbook of the Swatow Vernacular》，第 168 页）

从文中对译的英文来看，"荷蘭西"当为 France 或 French 的音译。另外"鸡笼"今写为"基隆"。

---

[1]　《潮州音字典》详见 http://www.czyzd.com.

[2]　姚小平：《艾约瑟〈上海方言词汇〉略说》，详见张西平、杨慧玲：《近代西方汉语研究论集》，商务印书馆，2013 年，第 367 页。

第三节 音译词用字特点及其对汉字系统的影响

目前学界对早期音译词用字特点较少涉猎，本书以传教士编写的粤语文献为材料，探讨鸦片战争前后英源音译词用字特点及其对当代汉字的影响，供当代引进、规范外来词时借鉴。

一、音译词用字特点

（一）音译词用字和外语词语音的契合

音译实现了原语文字和译语文字在读音上的转化。鸦片战争前后的英源音译词大多从广州、澳门等地进入，由于粤英两种语言在音节结构上的差异，原语（英语）和译语（粤方言）经过语音对应转化后，还必须经过语音的折合，英语一个词的音节被转写为相应的多个粤方言音节，再用多个汉字将其记录下来。对照传教士文献中英语原词、音译词的文字书写形式及粤语罗马字注音，可以看出音译词用字带有明显的粤方言特征。具体表现为：

1.音译词文字书写形式的粤方言读音与英语词的部分音节读音相同或相近

（1）亚细亚 Asia[1]、亚非利加 Africa、亚喇伯 Arobia、亚里弼 Albert、亚齐（即柬埔寨）Acheen（以上来自《粤语中文文选》），亚瀝酒 Arrack（《英华韵府历阶》），哑力酒 Arrack、哑叻酒 Arrack、哑啰 Aloes（以上来自《英华形箧便览》），亚墨利加 America（《英粤字典》）。

---

[1] "亚"字对译元音 a 早在《职方外纪》（1623 年）中就已经出现，保罗指出："另一个例子是'ya 亚'，它通常被用来翻译意大利语中的开口的原因 a，如'Asia 亚细亚'或'American 亚墨利加'。"详见保罗：《17 世纪耶稣会士著作中的地名在中国的传播》，张西平、杨慧玲编：《近代西方汉语研究论集》，商务印书馆，2013 年，第 236 页。

（2）阿古剌 Agra、阿付干 Afgháns、吧布阿 Papua、阿哇希 Hawaii、阿里 Ari（以上来自《粤语中文文选》），阿摩呢阿 Ammonia（《英华行箧便览》）。

（3）阿利襪 olives（橄榄）、阿土 Otho（奥索，美国地名）、勒阿撥 Leopold、挨阿颠 Iodine（以上来自《粤语中文文选》），阿片 Opium[①]。

英语音素 [ə][ei][æ]，粤语对译为 [a]，（1）组选"哑"或"亚"，"哑""亚"粤方言也可读 [a]。Adam，明代译作"阿聃"或"阿耽"[②]，今为"亚当"，Abhraham，明代译作"阿无罗汉"，今为"亚伯拉罕"，"阿门"又做"阿们""亚孟""亚们"，以上音译词用"亚""哑"是受粤方音影响的结果。（2）组 [a] 音选用"阿"字，"阿"读为 [a]。英语 [o] 对译为粤方言 ˌó，"阿"粤方言也读为 ˌó，因此（3）组音译词用"阿"字。粤语"阿""鸦""雅"同音，"阿片"又写为"雅片"[③]"鸦片"[④]。

2. 选择入声塞音韵尾的字对译英语音节末尾的塞音音素

粤方言入声塞音韵尾为 [p][t][k]，为音译词选择文字书写形式时，人们选用具有塞音韵尾 [t][k] 的入声字对译英语音节末尾的塞音音素 [tʻ][kʻ]，在尽可能少用汉语音节的情况下使原语和译语读音相近。《粤语中文文选》中有：

pancake	班戟	ˌpán kik ˌ
port	砵	pút ˌ
Atlantic	壓蘭的海	át ˌ ˌlán tik ˌ
Mexico	墨息哥	mak ˌ sik ˌ ˌkó
Mexico	覓士哥	mak ˌ sz'ˀˌ kó
chocolate	揸古聿	ˌchá ˤkú lut ˌ

① 见明代李时珍《本草纲目·谷二·阿芙蓉》。

② Adam 译作阿聃或阿耽，Abhraham 译作阿无罗汉，"阿门"又做"阿们""亚孟"分别详见史有为《外来词——异文化的使者》，上海辞书出版社 2004 年版第 225、221 页。"亚们"引自马云霞《早期传教士作品中的新词创制》，《大同大学学报》，2015 年第 1 期，第 68 页。

③ 廖礼平（2005）："雅片（[英]opium，鸦片）：'民怠惰，好战猎，吸雅片。'（《海国图志》1852 年）"廖礼平：《论近代汉语西源外来词》，《语言研究》，2005 年第 2 期。

④ 《粤语中文文选》第 213 页、《中国语启蒙》第 125 页、《英粤字典》第 99 页写为"鸦片"。

cutlets	吉烈	kat ﹂ lit ﹂
leopold	勒阿撥	lak ﹂ ﹕ó pút ﹂
Albert	亚里弼	á ʾ ﹕ lí pat ﹂

3. 音译词文字书写形式的声母读音和英语词的辅音音素相同或相近

按照粤方言语音系统，音译词文字书写形式的声母读音和英语词的辅音音素相同或相近。匣母字"华"，其声母粤方言读作双唇半元音 [w]。英语辅音音素 [v][w]，折合为粤语双唇半元音 [w]，记为"华"字。如：那华 Norway（《粤语中文文选》《英华行箧便览》）、Washington 华盛顿（《粤语中文文选》）、耶火华 Jehovah（《英华韵府历阶》）、耶货华（《中国语启蒙》）、Bolivia 破理华（《英华行箧便览》）。

见母"干"等字，其声母粤方言读作 [k]。英语音素 [k] [k']，折合为粤方言见母 [k]，写为"干""哥""固""古""基""居""金""吉"等字。如咕哩噶嗟 Calcutta、古巴 Cuba、呢咕吧拉 Nicobars、土耳基 Turkey、美洛居 Moluccas、基士阵 Christian（以上来自《粤语中文文选》），金嚸哪 cinchona（金鸡纳）、班戟 pancake、嘰啊卒 creasote（杂粉油）、迦路米 Calomel（洋轻粉，甘汞）、吉时嚟 custard、哥的士 Caustic（以上来自《英华行箧便览》），哥林多 corinthians、哥罗西书 colossians（以上来自《中国语启蒙》），架厘 curry（《英粤字典》），基利斯督 Christ（又叫基督）、基督徒 Christians、咭唒 custard（以上来自《英华韵府历阶》）。

粤方言无 [ɕ]，心母字粤方言读为 [s]。英语音素 [s][ʃ] 译为粤方言 [s]，用"先""西""新"等字。如：先士 cents、亚细亚 Asia、法蘭西 France、破鲁西国 Prussia、西班牙 Spain、新嘉坡 Singapore（以上来自《粤语中文文选》），哥罗西书 colossians（《中国语启蒙》）。

因此，鸦片战争前后这批英源音译词用字带有明显的粤方言痕迹。音译词传播主要依靠书面文献，汉字具有跨空间性，不懂粤方言的人，从书面语文献了解音译词的文字书写形式，将其借用到官话或其他方言中，按照官话读音或自身方言读音来读，这就是所谓的"借形不借音"，即程美宝所谓的

"粤词官音"现象①。这也是为什么当代继承下来的外国国名、地名、人名等音译词，普通话读音和外语词读音相差甚远的原因。

（二）给已有汉字加"口"旁造新字或用带"口"旁字

1. 给已有汉字添加"口"旁，形成新字

哆唰架 toast-rack、嘣嘣哂国 France，叮啹 dozen、嘞叮话 Latin、啝咕嘞 Chocolate（以上来自《英华韵府历阶》）、唦叮 soda、金鸡哪 cinchona（以上来自《英华行箧便览》），囉嘣地酒 Brandy（《中国语启蒙》）。唰、嘣、叮、啹、唦、鸡、嘞、啝、嘞、囉为表音译词的新造字。

2. 倾向于采用带"口"旁的汉字

音译词产生之初，倾向于采用带"口"旁的汉字记录音译词。如：咖啡、哆唰架、啤酒、啝咕嘞、咭咧、荷嘣、新荷嘣、嘣嘣国人、嗼咭唎、嗼国、打嘛油、吧吗油、吧码油、巴吗油、咪唎加国、明呀喇、咕哩噶噠、曼噠喇薩、麻六呷、马六呷、吗喇他、奥地哩亚、巴瓦哩亚、威朵哩、嘣嘣哂国、嘞叮话、麻啰哥、爹哩、啤路国、哈地、噶喇巴、咖喇吧、咖嚠吧、爪哇洲、嚤噜人、呢咕吧拉、吧布阿、叭當、阿哇希、罷嘣地酒、喇达克、囉嘣地酒、哑叻酒、哑力酒、咭唰、喽嘍哆、咯啤、哆囉绒、茫咖薩、马呢喇、哑啰、阿摩呢阿、啤啦叮呐、喝囉嘶膏、譏啊卒、金鸡哪、叿嘌叭咯、嗼啡哑、噕呢哆、唰哆、唦叮、嘛叮、呢古巴啦。

陈燕（2011）认为："19 世纪下半叶傅兰雅提出以平常字外加偏旁创立新字音译西文的主张。"②游光明（2014）认为："《林则徐公牍》的音译词中有大量的字是运用加'口'旁的办法创造的。"③可见，给已有的汉字加"口"旁形成新字记录外国人名、地名、国名、化学物质、日常生活用品之类的音译词，

①　程美宝：《粤词官音——卫三畏〈英华韵府历阶〉的过渡性质》，《史林》，2010 年第 6 期，第 90-98 页。

②　陈燕：《汉语音译词的表意模式研究》，《湖北社会科学》，2011 年第 3 期，第 109 页。

③　游光明：《〈林则徐公牍〉中音译词的类型、特点及价值》，《淮南师范学院学报》，2014 年第 6 期，第 64 页。

是鸦片战争前后音译词用字的显著特点。音译时用加"口"字的办法，使这些带"口"旁的汉字代表粤方言中没有、但又与未加"口"字边的汉字粤语读音相近的音节。

啤、咖、喇、呷、啰、噶、叭、咕、唎、哩、咪、啦、呢、哈、啰、叻、嘍、哑、嚟、噜、嘆、啡等字，历史上曾经被用来记录音译词或拟声词，粤方言记录与语气相关的词，汉字为表意体系的文字，表拟声、语气意义的"口"旁字，"口"旁揭示文字记录的词语与声音有关。音译词文字书写形式是用译语文字记录原语词的声音，其本质也和声音有关。

鸦片战争前后，外来词大量涌入中国，它们大多表示人名、地名、国家名、科技术语等。徐时仪（2008）指出："认知语言学认为，认知者的语义知识不是直接来源于词语内部或外部的语义对比，而是来源于认知者与词语指代的客体或事件间相互作用的经验。"[①] 外来词表示的事物，人们比较陌生，不能将其和汉语中固有的事物联系起来，从而在认知层面把它们归到汉语原有的事物类别中，加之外来词数量多，这些给早期阶段音译词用字造成障碍。汉语史及粤方言表拟声、音译和语气用"口"旁造字的方法，给人们一定的启示，因此音译词选用带"口"旁字或给已有汉字加"口"旁形成新字。这体现了人们对音译词外来性质、和声音有关这一特点的认知，也使汉语原有"口"旁字的功能得到了扩展，从而在一定程度上减少字形的羡余率，维系一定时期里汉字系统的相对稳定性。

（三）音译词用字具有表意倾向

鸦片战争前后记录音译词的文字，我们无法从单个汉字的字形体察音译词承载的意义，汉字和汉字组合形成的整体也不能反映音译词的意义，汉字形体结构的示意功能、汉字作为语素的表意功能消失，汉字成为纯粹的音节符号。如：呢咕吧拉 Nicobars、葛支里 Kedgeree、班戟 pancake、布颠

---

① 徐时仪:《略论汉语文白的转型》,《上海师范大学学报》(哲学社会科学版),2008 年第 2 期,第 67 页。

pudding、烟治 inches、打臣 dozen（以上来自《粤语中文文选》），啤啦咟哟
Balladonna、阿摩呢阿 Ammonia、嘰啊卒 creasote、咯囉嘻膏 colocynth、挨
阿颠 Iodine、吃哩咯 Ipacacuanha、嘧呢哟 Magnesia、嘆啡哑 morphia、啊哟
quassia、嚇咛 soda、唭咛，呢古巴啦 Nicobars（以上来自《英华行箧便览》）。

　　汉语中人们的书写及阅读习惯是每个汉字既表音又表意。尽管音译词中
的文字只记录音译词的读音，人们也希望通过音译词文字书写形式传递一定
意义。这一阶段音译词的文字书写形式记音特征明显，用字随意，文字的表
意作用主要体现在：

　　记录地名、国名、人名的音译词，出现了"辣""刺""非""难""笨""破"
等带有贬义、戏谑色彩的文字，如：咕哩噶嗟 Calcutta、曼嗟喇薩 Madras、阿
古刺 Agra、阿付干 Afgháns、笨支里 Pondicherry、吗喇他 Mahratta、苏辣 Surat、
奥地哩亚 Austria、非耳地难 Ferdinand、巴瓦哩亚 Bavaria、勒阿撥 Leopold、
威朵哩 Victoria、脱破利 Tripoli、破理华 Bolivia、呢咕吧拉 Nicobars、吧布阿
Papua、叭當 padang、喇达克 Ladák（以上来自《粤语中文文选》），mussulman
摩捞人（即穆斯林，《英粤字典》），这些字是清朝政府天朝大国思想及对其他国
家的无知、蔑视的体现。

　　（四）音译词用字的时代性、地域性

　　音译词最先由粤方言进入，后来传播到其他地区。通过传教士粤语文献，
可以更准确地判断音译词文字书写形式产生的时代、地域，纠正学界对外来
词研究的一些认识。如：

　　1. beer 廖礼平（2005）指出啤酒 beer 有"卑酒、比耳、必酒、比儿酒、
比而、必儿酒、碧儿酒、比而酒、必耳酒、比酒"10 种不同的写法[①]，马西尼
（1997）："bierjiu 必耳酒，beer，三音节词，偏正结构，混合词，名词。始见
于 1866 年的 Zhang Deyi（Hanghai shuqi：568）。现在的'啤酒'这一词，是

---

① 廖礼平：《论近代汉语西源外来语》，《语言研究》，2005 年第 2 期，第 68 页。

由粘著语素'啤'加后缀'酒'构成的复合词，它是后来才产生的。"①《粤语中文文选》第57页、《中国语启蒙》第33页已出现了"啤酒"，"卑酒"见于《英粤字典》第12页。因此"啤酒"在文献中的最早出现时间可提前到1841年，比"卑酒"早。"啤"为明清时期粤方言字，"啤酒"首先在粤语区使用，随后逐渐扩散到其他地区。

2. pound 磅　马西尼（1997）："始见于1844年的 Haiguo tuzhi：1874。这是来自英语的音译词，它是根据'磅'的粤语语音 bong 翻译的。"②"磅"为源自粤语的音译词用字，《粤语中文文选》第255页、《英华韵府历阶》第217页已出现"磅"，"磅"在文献中出现时间可提前到1841年。

3. Coffee　廖礼平（2005）指出咖啡"coffee"音译词文字书写形式有架菲、加菲、架非、迦非、加非、加啡、茄非等形体③。《粤语中文文选》第137、162页、《英华韵府历阶》第39页、《中国语启蒙》第34页、《英华行箧便览》第32、58页为"喫啡"。马西尼（1997）："据邵荣芬说，'咖啡'这种写法是1879年才开始使用的（Shao Rongfen，ping wailaici yanjiu：347）。"④，《华英字典》（1820年）已经记载了"咖啡"，"咖啡"在文献中出现时间可提前到1820年，我们考察的7种粤语文献⑤无"咖啡"这一词形，用"喫啡"。

4. Shark　鲨鱼"鲨"，字可写为"鲨"（《英华韵府历阶》第255页）、"沙"（《英华行箧便览》第52页）、"魦"（《华英字典》卷四第719页），对应英语为 shark 或 the shark fish。《正字通·鱼部》："鲨，海鲨，青目赤颊，背上

① 马西尼：《现代汉语词汇的形成——19世纪外来词研究》，1993年出版于《中国语言学报》，黄河清译，汉语大词典出版社，1997年，第191-192页。

② 马西尼：《现代汉语词汇的形成——19世纪外来词研究》，1993年出版于《中国语言学报》，黄河清译，汉语大词典出版社，1997年，第189页。

③ 廖礼平：《论近代汉语西源外来语》，《语言研究》，2005年第2期，第68-69页。

④ 马西尼：《现代汉语词汇的形成——19世纪外来词研究》，1993年出版于《中国语言学报》，黄河清译，汉语大词典出版社，1997年，第225页。

⑤ 分别为：《粤语中文文选》《英华韵府历阶》《中国语启蒙》《英粤字典》（湛约翰，1862年）《英华行箧便览》《广州方言习语选录及阅读》《粤语俗语进阶》。

有鬣，腹下有翅，味肥美。"《六书故》："海中所产，以其皮如沙得名。哆口，无鳞，胎生。其类尤多，大者伐之盈舟。""shark""鲨"读音相近，意义相同，可知"鲨"实为 shark 的音译词，"鲨"从 shark 得名。

二、音译词用字对粤方言书写及当代汉字的影响

19 世纪粤方言音译词用字打破了汉语官话文献文字符号体系，挑战了该体系的严整性、系统性和规范性。粤方言文献中广泛使用的一些文字，被官话文献吸收，最终成为当代规范汉字，给汉语、汉字带来了生机和活力。这一时期粤方言书写音译词的文字对当时粤方言书写及当代规范汉字产生了极大影响，体现在以下三方面：

（一）创造新字

粤方言采用在与外语词读音相同或相近的汉字左边添加"口"旁创造新字的方法记录外来词，如"嘁哟"的"嘁"，就是在"所"的基础上增加"口"旁形成的，或给予语词读音相同或相近的汉字增添其他偏旁（不限于左边），如"袄"是英文 tie 的音译记音字。

粤方言区自创的文字，大多不见于汉语历代字书，目前只被当代个别辞书收录，如"啵"，是 pair 的音译记音字，《汉语大字典》《汉语大词典》《现代汉语词典》无，《中华字海》"啵"下有两个义项：①量词，相当于"对"②指扑克牌。有些粤方言自创文字与汉语字书已有汉字为同形字，如"啤"，《汉语大字典》"啤"有两个读音：（一）bēi，有两个义项，①喉病，不能大声说话②同"諀"；（二）pí，啤酒，"啤"的这两个读音和意义为同形字。

书写粤方言音译词中的文字特别是"口"旁自造字大多昙花一现，短暂出现于 19 世纪文献中，还没有被当代辞书收录整理。

（二）已有汉字因记录音译词获得新的读音和意义

音译词词形固定后，经过缩略，其中某个音节获得了整个音译词的意义，在使用中担负起整个音译词的功能参与造词，具备了一定造词能力后渐渐具

备了语素的资格，词汇学中将这一过程称为音译外来词中音节的语素化。从文字学来看，音节语素化的过程伴随着音译词词形逐渐稳固、专一，最终音译词词形中代表缩略音译词音节的字形逐渐获得了整个音译词的意义，这是在不形成新字的前提下对已有文字系统的创新和应用。这时汉字完成了从记音符号到表意汉字的转变，记录音译词的文字最终完成了与意义的结合，具有了和其他汉字同等的表意作用，这就是所谓的"字化"现象①。关于音译词中多个音节字化的规律，宋作艳（2003）指出："哪个字字化都是有规律的，其原因与字的位置、造字的心理机制及其历史有关。音译字字化遵循下面的原则：原型机制一般使后字字化，因为后字与类字的位置一致，如'吧''菇₁'。前字字化一般通过简缩机制，如'巴''啤'，因为前字的位置与特征字的位置一致，以特征代替整体的借代现象在汉语中很普遍。两个音译字究竟选择哪个字字化，与汉字本身有关，一般选择不会引起歧义的中性字。"②

音译词中的文字"字化"后，与已有汉字相比，字形相同、读音相同或略有差异、意义毫无联系，已有汉字因音译获得了新的读音和意义，形成了一批同形字和多音字。

1. 文字获得新的意义

记录音译词的文字与已有汉字字形、读音相同，意义无联系。如：

"波"，ball 的音译记音字，"波"有"球"义。

"骨"，quarter 的记音字，"骨"有"一刻钟"义。

"仙"，cent 的音译，"仙"有"货币单位"义。

另外如"英""美""法"等字表国家名，这些意义都是因音译而来，与古代汉语中它们的意义无关。

---

① 宋作艳（2003）："字化现象就是指无意义的字变成有意义的字。"详参宋作艳：《字化与汉语限定关系字组的编码机制》，《世界汉语教学》，2003 年第 4 期，第 45 页。

② 宋作艳：《字化与汉语限定关系字组的编码机制》，《世界汉语教学》，2003 年第 4 期，第 51 页。

2. 文字既获得新读音又获得新意义

记录音译词的文字因记录外来词语音获得新读音，又因"字化"现象获得新意义。如：

"咖"，《汉语大字典》有三个读音：（一）jiā；（二）gā；（三）kā。kā 是因英文 coffee "咖啡"而产生的。

"喫"，除《中华字海》外，其他古今字书皆无，《中华字海》"喫"读 jiā："〈方〉语气词，表示肯定或疑问"，并指出这种用法见于《简明香港方言词典》，19 世纪文献中"喫"还用于 coffee 的记音字。

"啤"，《汉语大字典》有两个读音：（一）bēi，（二）pí，读 pí 的这个音源于"啤酒"，其实是德语 bier 的音译。

"磅"，《汉语大字典》有三个读音：（一）pāng，（二）páng，（三）bàng，读 bàng 的这个音源于英文 pound 的音译。

"吨"，《汉语大字典》有三个读音：（一）tún，（二）tǔn，（三）dūn，读 dūn 的音就是因为该字是英文 ton 的音译记音字，"吨"本写为"嗽"，后简化为"吨"。

"打"，《汉语大字典》有两个读音：（一）dǎ，（二）dá，读 dá 的音源于 dozen 的音译，表"量词，十二个"，后省为"打"，"打"有量词"十二个为一打"的用法。

（三）文字使用范围扩大

音译词传播范围扩大，方言字形、读音也随之流入到了其他方言或官话文献。如"磅""啤""吨""咖""打"等已经被今天规范普通话吸收。

第四节　意译词词形考察

　　梁晓红（1987）认为："因为意译词和音译词相比，更容易为汉语吸收，与汉语词汇融为一体，对汉语的影响更大。"① 吴传飞（1999）指出："意译词、借形词的词义是外来的，'可以为文化史作有意味的注疏'，能'告诉我们一个民族从另一个民族学习了什么'，能像原型外来词——音译词一样，同样是文化传播的见证。"② 可见，研究意译词，对汉语史及文化接触、传播史研究具有重要意义。

　　外来词研究，人们大多关注音译词词形的多样性，并对此进行了详细深入的探讨，对意译词词形关注较少。对意译词的研究、分析及举例，大都以定形后的意译词作为考察对象，这些意译词不能反映意译词发展变化的全貌，因此根据这些意译词所得出的有关结论也带有片面性。19世纪南方方言文献特别是传教士文献中有众多的意译词，因此本节以意译词为对象，重点考察意译词词形变化及其定形的过程以及这一过程呈现出的人们对外来事物的认知变化等。

一、意译词词形的多样性

　　早期的意译词，其词形具有不稳定性，同一个词语也会出现多个意译形式，我们将19世纪文献中出现的意译词的众多词形整理如下表4-1：

---

① 梁晓红：《汉魏六朝佛经意译词初探》，《语言研究》，1987年第1期，第109页。

② 吴传飞：《论汉语外来词分类的层级性》，《语文建设》，1999年第4期，第15页。吴引用的两句话分别来自萨丕尔《语言论》（中译本），1985年，第174页，布龙菲尔德《语言论》（中译本），1985年，第564页。

表 4-1　意译词词形整理表

Bread	麵包　麵头　麵饱　方馒头（square bread） 圆馒头（round bread）
Butter	牛乳油　牛油　牛奶油
Cake	面饼　饼　糕　麦饼
Cheese	牛乳饼　牛奶饼　牛奶膏　干酪
Biscuit	面饼　面饼仔　饼干　面饼干　面包干
Cream	牛奶皮　牛乳　牛奶油
Magnifler/ microscope	显微镜　照大镜　影大镜
Map	地理图　地图　图
Portrait-painter	写真先生　写像先生
Negro	乌面人　乌番　乌人　黑人　黑奴
Post-office	书信馆　公文馆　书信局　批馆　信关　文书馆
Police station	差役馆　差馆
Printing-office	印书馆　印字馆
Chapel	礼拜堂　福音堂
Shop	铺头　店
Thermometer	寒暑针　冷热针
A clinical thermometer	冷热针　发热发冷针
Barometer/weather-glass	风雨表　风雨针
Steamer/steam boat	火船　火轮船　火烟船
Steam-ship	火船　水气船
Rail-road/rail-way	火轮车路　铁轨路　铁车路
News	新闻　声气　消息
Telescope/spy glass	千里镜　小千里镜
Import	入口货　入口
Matches	自来火　火牌　火擦
	电火　电灯
Quadrant	量天尺　天尺
Venetion blinds	牛百叶窗　百叶窗
Telegram	电报　电文　电报信
An electrical battery	雷公台　电气台

　　意译词众多的词形，是历时与共时、不同方言、不同认知视角共同作用的结果。体现为：1. 本书研究选取的与外来词相关的文献，最早为 19 世纪初，最晚为民国时期，相隔百年间，意译词会经历发展变化。我们收集到的意译词词形，出现时间有早有晚，体现了意译词的历时发展过程。2. 意译词来源

于不同方言或语言。如"写真先生"为来自日语的官话意译词,"写像先生"则是粤语意译词。3.同一历史阶段同一意译词的不同词形,是由于人们对外来事物的认知视角不同形成的,如"电火"与"电灯","寒暑针"与"冷热针"。

二、意译词词形的发展及其定形过程

以下从历时角度,通过与现存的意译词词形的对比,梳理同一外来词经历的发展变化过程。意译词词形发展的总趋势表现为:同一个外来词存在多个意译形式或意译形式与音译形式并存、竞争的局面,在这一过程中,一部分意译形式被音译形式代替,一部分意译形式短暂出现后或消失或存在于某些方言中,还有一些意译形式在竞争胜出后词形继续变化,经历简化、缩略的阶段。

(一)意译词词形被音译词词形代替

汉语吸收外来词以意译为主,意译词生命力顽强,更容易在汉语中生存下来,但我们也发现,有一些外来词,早期意译形式最终被音译形式替代。如:

Sauce 意译为"豉油"(《A Handbook of the Swatow Vernacular》,第87页),今普通话翻译为果酱、沙司。

Salad 译为"生菜"(《英华韵府历阶》第245页、《华英字典》第374页),今译为"沙拉"。

Sofa 译为"睡椅"(《华英通语》第160页、《英华行箧便览》第134页),今译为"沙发"。

Couch 译为"交子床"(《华英通语》第153页),今译为"长沙发椅"。

Jacket 译为"中衫"(《华英通语》第114页),今译为"夹克"。

Pump 译为"水抽"(《A Handbook of the Swatow Vernacular》后附词汇表第71页、《翻译英华厦腔语汇》第68页、《厦门方言英汉辞典》第410页),

今译为"泵"。

Cheese 译为"牛乳饼"(《英华韵府历阶》第 33 页),"牛奶饼"(《中国语启蒙》第 30 页、《英华行箧便览》第 59 页),"牛奶膏"(《广州方言习语》第 6 页、《英粤字典》(1907 年)第 41 页),今粤语中音译为"芝士"。

(二)短暂出现后或消失或留存于方言中的意译词词形

有一些意译词在历史上短暂存留后,最终被其他音译或意译形式替代,或者存留于南方的某些方言,很多大型工具书还没有关注到它们。如:

"火水"(《客话读本》第 955 页、120 页),今用于闽、粤、客方言,义为"煤油"[①]。

"降机"(《客家社会生活会话》(上)第 206 页),即"电梯"。今《汉语大词典》《汉语方言大词典》不收。

"水抽"(《A Handbook of the Swatow Vernacular》后附词汇表第 71 页、《翻译英华厦腔语汇》第 68 页、《厦门方言英汉辞典》第 410 页),《汉语方言大词典》有"水抽",用于福建厦门。

"脑气筋"(《厦门方言英汉辞典》第 121 页、《英粤字典》(西村茂树)、《英粤字典》(湛约翰,1907 年)第 191 页),今译为"脑神经"。《汉语大词典》收有"脑气筋"。

"血筋"(《厦门方言英汉辞典》第 569 页),今译为"血管"。《汉语方言大词典》有"血筋",用于福建厦门。

Quadrant 译为"天尺"(《英粤字典》(西村茂树)),"量天尺"(《翻译英华厦腔语汇》第 69 页),"天尺""量天尺"各辞书都未收录,今译为"象限仪""四分仪"。

Whiskey 译为"穀酒"(《英华字典》卷四第 1976 页),今译为"威士

---

① 煤油为外来事物,最早出现于清光绪二十二年(1896 年)。具体介绍详见百度百科 http://baike.baidu.com/link?url=75OgZa1aPS1c9JELheO0aeM3Av2hZDPq_DRjxkfqZjwaLVBAkEEZvDHz40pmJ1IAo379aNmxm1XnnNwCdeSaQMAxmJ7YiiEcYxYgj2zmzm.

忌酒"。

Foreign 译为"来路"(《粤语中文文选》第 165 页、《广东省土话字汇》第一册),有来路货、来路葱头、来路咸鱼、来路荔枝、来路物等说法。《汉语大词典》有"来路"一词,但没有收录这一意义。《汉语方言大词典》收有"来路货""来路嘢","来路货"指"进口货",用于西南官话、吴语、客话、粤语。"来路嘢"用于粤语。(第 2520 页)

Matches,可译为"自来火""火牌""火擦",《汉语方言大词典》"火擦"用于闽语,如福建厦门、泉州、永春。"自来火"的"火柴"义使用范围更广,用于东北官话、中原官话、西南官话、徽语、吴语、客话、闽语、官话、土话等,"火牌"工具书未见收录。

(三)意译词形式的相互竞争

外来词传入的早期阶段,意译词和音译词并存,或多个意译词并存。表达同一外来事物的多个译名,有些是同一方言区不同译者造成的,有些是不同方言区说法不同造成的,有些与人们对外来事物的认知有关。当外来事物逐渐传播开来时,多个译名就会展开竞争,意译词的多个译名在词形上非常相似,差别体现为个别语素的不同,音节数量的不同。竞争过程中必定有一个译名胜出,如:

Biscuit,有"面饼""面饼仔""饼干""面饼干""面包干"等形式,最终官话文献选择"饼干"这一形式。

Steamer/steam boat 有"火船""火轮船""火烟船"等形式,"火轮船"使用广泛。《汉语大词典》中收有"火轮船",今缩略为"轮船"。邱克威(2014)认为:"邱克威(2012a)曾以'火车'一词为对象,提出'火轮车/火轮船'与'火车/火船'二词分别由官话和粤方言形成并相互竞争,而最终定于'火车/轮船'的现代汉语词汇现状。"[1]

Rail-road/rail-way 有"火轮车路""铁轨路""铁车路",今称为铁路或

---

[1] 邱克威:《〈叻报〉的词语特点及其词汇学价值管窥》,《语言研究》,2014 年第 4 期,第 105 页。

铁道。

Taken photograph　有"照相""龕小影""耗小影""影相"等，最终官话文献使用"照相"。

Magnifying-glass/microscope　有"显微镜""照大镜""影大镜"等说法，最终使用"显微镜"。

Cream 有"牛奶皮""牛乳""牛奶油"等说法，最终官话文献为"奶油"。

Refrigerator 有"凉箱""冰箱"的说法，最终官话文献为"冰箱"。

（四）意译词词形的缩略

Butter，有"牛乳油""牛油""牛奶油"等说法，"牛奶油"胜出，再缩略为"奶油"。粤方言中缩略为"牛油"。

Steamer/steam boat 胜出的意译形式"火轮船"又缩略称为"轮船"，方言中也称为"火船"。

Map，有"图""地图""地理图"三种意译形式，今译为"地图"，其演变当为图→地理图→地图。

"牛百叶窗"缩略称为"百叶窗"。

一些意译词中，体现人们对外来事物归类的类属语素在词形中消失，如："电影戏"（《客家社会生活会话》（上）第 361 页），人们将其归为"戏"类，今称为"电影"。

Electric，称为"电气"（《英华字典》第 712 页），人们将其归为"气"类，今称为"电"。

从以上可以看出现在词形相差较大的意译词，其早期词形也可能极为相近，如"火车""轮船"，其早期意译形式分别为"火轮车""火轮船"，这两个意译词词形的缩略方式不同，今前者简称为"火车"，后者称为"轮船"。《汉语方言大词典》有"火轮"，指"轮船"。用于东北官话、胶辽官话、吴语（第 909 页）。又有"火船"，指"轮船"，用于客话、闽语、粤语。（第 912 页）

值得留意的是，有的意译词，其词形相对较少，且一直流传到了今天。如 kaleidoscope 即"万花筒"，astronomy 即"天文"。

三、意译词词形定形过程中形成的词缀

曹起（2012）指出："外来词与外来语素不是一一对应的关系。"[①] 朱一凡（2009）总结出翻译对汉语影响的两个方面：一方面翻译直接向汉语输入新结构，另一方面不断激活、扩展汉语中原本就有的表达，或增加了其使用的频率，或扩大了其使用的功能。[②] 俞理明（2014）认为："语言接触中的外来影响，即在语际交流中受到的其他语言和文化的影响，表现为直接引入外语的成分，或是受外语或外文化的影响，本语的成分发生了变化。在这些变化中，外来的影响不可忽视，本语的影响也全面存在。受外语影响出现的本语变化，材料和规则都是本语的，只是变化的动因是外来的，其中本语因素自然不必赘言。"[③]

阅读 19 世纪传教士文献，可以发现：有些词缀的形成与外来事物、外来文化密切相关，是汉语与西方语言共同作用的结果。如：

馆

《汉语大词典》"馆"下第 7 个义项为：储藏、陈列文物或进行文化活动的公共场所。如：天文馆、博物馆、图书馆、展览馆、文化馆、体育馆。"馆"的以上用法是如何产生的呢？检索北京大学中国语言学研究中心 CCL 语料库发现，明清时期"馆"已经有"书馆""茶馆""饭馆""学馆"的说法。《汉语方言大词典》"馆"单字下第二个义项为："学校"，使用的方言区为粤语、闽语，该字下的词目中有"馆仔"："学校"，用于粤语。（第 5645 页）由以上可知，"馆"在闽、粤方言区中是一个比较常见的词缀，有"学校"义。《汉

① 曹起：《新时期汉语新语素考察与分析》，《语言文字应用》，2012 年第 4 期，第 11 页。

② 朱一凡：《翻译与现代汉语的变迁（1905-1936）》，华东师范大学博士学位论文，2009 年。

③ 俞理明：《词汇的分层及其外围成分》，《苏州大学学报》（哲学社会科学版），2014 年第 1 期，第 124 页。

语方言大词典》有"学馆",用于赣语、粤语(第 3703 页),有"书馆",用于粤语、闽语。(第 979 页)《英华字典》卷四第 1546 页还有"书馆""学馆""初学馆""启蒙馆""童子馆""男仔馆""女仔馆""开馆""启馆""解馆""释馆"。

明清时期"馆"在闽、粤语中表"学校"义非常普遍,使用频率高。"馆"由指"学校"义引申指"学校的房子"义,schoolhouse 译为"书馆""学馆"(《粤语俗语进阶》第 89 页),进而指"房子"义,如 club-house 译为"会馆"(《英粤字典》第 25 页、《华英通语》第 167 页),gambling-house 译为"番摊馆"(《英粤字典》第 59 页),auction room 译为"夜冷馆"(《英华行箧便览》第 8 页),"公馆"(《粤语中文文选》第 130 页),也可表示公职办公场所,即 office,《英粤字典》(西村茂树):"office,馆,房,职"。如:insurance office 译为"保家馆"(《A Handbook of the Swatow Vernacular》第 128 页),post-office 译为"书信馆""公文馆"(《英华韵府历阶》第 125 页),又"批馆""信馆"(《A Handbook of the Swatow Vernacular》第 58 页),printing-office 译为"印书馆"(《中国语启蒙》第 14 页),又译为"印字馆"(《华英通语》第 169 页),最终其他从事商业活动的场所也可称为"馆",如:compradore 译为"高菜馆"(《A Handbook of the Swatow Vernacular》第 131 页),brothel 译为"娼馆、妓馆"(《A Handbook of the Swatow Vernacular》后附词汇表第 15 页),opium shop 译为"鸦片馆"(《英华韵府历阶》第 196 页),auction exchange 译为"投货馆"(《华英通语》第 167 页),"洗衣馆"(《英语不求人》第 69 页)

酸

《现代汉语词典》(第 7 版)"酸"字有 5 个义项,分别为:①化合物的一类,电离时所生成的正离子全部是氢离子。能跟碱中和生成盐和水,跟某些金属反应生成盐和氢气,水溶液有酸味,可使石蕊试纸变红。如盐酸、硫酸等等。②像醋的气味或味道③悲痛;伤心④迂腐(多用于讥讽文人)⑤因疲劳或疾病引起的微痛而无力的感觉。义项①是如何产生的呢?

"酸"的义项①在 19 世纪方言文献中已经出现，如：

（1）carbonate，衡酸盐 t'án ² ᶜ sün ᶜ ím, t'án swán yen；carbonate of lime，炭酸灰 t'án ² ᶜ sün ᶜ fúi, t'án swán hwui.（《英华字典》卷一，第 316 页 carbonate）

（2）silicic acid，silex，酸 shek ᶜ ᶜ sün.shih swán，水晶 ᶜ shui ᶜ tsing.shwui tsing.（《英华字典》卷四，第 1604 页 silicic）

也可译为"醋"，如：

（3）boracic acid，硼砂醋 ᶜ p'ang ᶜ shá ts'ò ².p'ang shá ts'ú.（《英华字典》卷一，第 224 页 boracic）

（4）bromid acid，衡醋 ch'au ² ts'ò ².ch'au ts'ú。（《英华字典》卷一，第 262 页 bromid）

（5）capric acid，an acid obtained from butter，乳油醋 ᶜ ü ᶜ yau ts'ò ²，jü yú ts'ú；ditto crystallized，乳油醋冰 ᶜ ü ᶜ yau ts'ò ᶜ ping, jü yú ts'ú ping.（《英华字典》卷一，第 313 页 capric）

（6）nitrate，硝醋盐 ᶜ siú ts'o ² ᶜ ím.siáu ts'ú yen.（《英华字典》卷三，第 1223 页 nitrate）

（7）tungstenic acid，衢醋 chung ² ts'ò.chung ts'ú.（《英华字典》卷四，第 1837 页 tungstenic）

（8）ulmic-acid，醋名 ts'ò ² ᶜ meng.ts'ú ming.（《英华字典》卷四，第 1846 页 ulmic-acid）

《英华字典》中"尿醋""尿酸"同指一物，如：

（9）uric acid/lithic acid，尿醋 niú ² ts'ò ².niáu ts'ú，尿酸 niú ² ᶜ sün.niáu swán.（《英华字典》卷四，第 1900 页 uric acid）

当"酸"类化学物质最初进入我国时，人们对其的认知是有气味，和醋的酸味比较接近，因此就用"醋"或"酸"来指称这类化学物品，今天称为"酸"。

四、未引起关注的意译词

文献中有一些意译词未引起学界关注，如：

水烟　汽机　龙头

大概是因为雾状的水蒸气和烟很像，Steam 被译为"水烟"，如：

（1）水烟 tsúi-in steam.（《A Handbook of The Swatow Vernacular》，第 104 页）

因此，steam engine 又可译为"汽机""气机""龙头"，如：

（2）汽机 ch'i4 chi1. a steam engine.（《官话类编》（下），第 372 页）

（3）engine，steam engine ky'i'-kyi 气机；long-deo' 龙头 .（《宁波方言字语汇解》，第 149 页）

同时 fire-engine 也译为"水龙"，如：

（4）水龙 fire-engine.（《英话注解》）

（5）fire-engine，shü'-long 水龙；foreign fire-engine，yiang shü-long 洋水龙。（该页今人注释有：【洋水龙】消防车。）（《宁波方言字语汇解》，第 176 页）

（6）engine-room，long-deo-kæn' 龙头间；t'ih-ts'ông' 铁仓。（《宁波方言字语汇解》，第 149 页）

《现代汉语词典》（第 7 版）【水龙】[2]："shuǐ lóng 名消防用的引水工具，多用数条长的帆布输水管接成，一端有金属制的喷嘴，另一端和水源连接。"今普通话一般说"消防车""救火车"。

保家　保家馆

"保家""保家馆"用例如下，

（1）insurance office，pō-ke-kuán 保家馆。（《A Handbook of the Swatow Vernacular》，第 128 页）

（2）insurance，保家 pó ke.（《厦门方言英汉辞典》，第 248 页 insurance）

以上"保家"为 insurance 的意译，即保住家业或产业。insurance 也可音译为"燕梳",如：

（3）insurable，可买保险ʿho ˢmái ˢpò ˢhím. K'o mái páu hien，可买燕梳 ʿho ˢmái ín ˎˢsho.（《英华字典》卷三，第 1035 页 insurable）

字

（1）一个字 yat ˎko ˒tsz ˒，five minute；one word.（《Cantonese for Beginners》，第 46 页）

（2）差一个字六点。ˎCh'á yat ˎko ˒tsz ˒luk ˎˢtím，five minutes to six。（《Cantonese for Beginners》，第 46 页）

（3）多谢你。现在差一个字八点略。ˎTot se ˒ˢnéi，ín ˒tsoi ˎˎch 'á yat ˎko ˒tsz ˒páto ˢtím loko，thank you，now different 5 minutes eight o' clock.（《Cantonese for Beginners》，第 47 页）

（4）五点四个字。ˢNg ˢtim sz ˒ko ˒tsz ˒，same[①]。（《Cantonese for Beginners》，第 47 页）

由句子对译的英文可以看出，"一个字"即五分钟，"四个字"即二十分钟。

第五节　词形与外来词词源考证

史有为（1999）将现代意义上的外来词研究分为十项，他认为："这十项之中，最困难的，但也是学者们最注目的是第一项考源流。因为这是整个外来词研究的基础。"[②] 王文琦（2016）："外来词词源的考证与整理，即对历史文献资料详加考证确证某一外来词源出于何种外族语言并追溯其原来的词形与词义，是外来词研究及文化交流研究的基础工作，旨在厘清外来词词形与词义的流变，众多中外学者都在这一领域进行了艰辛的探索并取得了一定的成

① same 指意思和上一条相同，上一条为"五点四"，英文解释为 twenty past five.

② 史有为：《外来词研究的十个方面》，《语文研究》，1999 年第 1 期，第 3 页。

果。"①

外来词词源考证工作已经取得了很大的成绩。但由于有些外来词进入汉语时间久，已经混入汉语本土词汇，不经过仔细辨认很难识别其外来词的本质。对一些词语外来词属性的认定，学界还未形成统一观点，学术期刊常有关于某某词语是不是外来词的讨论，如叶贵良《"表现"是外来词吗？》、崔山佳《"按揭"是外来词吗？》、元丁《"猫匿"是外来词》、刘瑞明《"猫儿匿"的妙趣——兼辨绝非外来词》、易丹《"地中海"是外来词吗？》。这种状况已经严重影响到了汉语词汇研究，如"泊车"的"泊"，学界②公认其为英源外来词，最先使用于粤方言区，讲到粤方言外来词时经常举的例子就是"泊"，而杨琳（2010）则认为"泊车"的说法古汉语中早已有之③。依靠学者认识不一的论证，必然会影响到结论的可靠性。

针对以上外来词词源考证中存在的问题，杨琳（2010）认为："解释词语首先应立足于本民族语言，在本民族语言中确实得不到合理的解释时，才可以考虑异语。汉语与异语中的对应词不仅要音义相符，而且两个词需追溯到共存于同一个时代，还应提供两族在借词产生的时代曾有交往的历史证据，否则异语求证的可靠性难以保证。"④本书在这一思想指导下尝试对若干方言词的外来词源进行探讨。

---

① 王文琦：《晚清外来词发展研究》，陕西师范大学硕士学位论文，2016年，第4页。
② 邵敬敏：《香港方言外来词比较研究》，《语言文字应用》，2008年第3期，第6页；《重编国语词典》（修订本第4版，台湾，1988）"泊车"条："为英语park的音译。"吴汉江：《辞书中音译语素的语源标注及汉语教学的几个问题》，《语文建设通讯》，第88期，2007年。
③ 杨琳：《古汉语外来词研究中存在的问题》，《南开语言学刊》，2010年第1期，第104页。
④ 杨琳：《古汉语外来词研究中存在的问题》，《南开语言学刊》，2010年第1期，第117页。

甲万①

《汉语大词典》："【甲万②】保险柜。"《汉语方言大词典》："【甲万】〈名〉，存放珍贵物品的箱柜。闽语，台湾。[kaʔ²¹⁻⁵³ baŋ⁵³]"，《现代汉语方言大词典》："【甲万】海口 kap maŋ 放钱的保险柜。"后两种辞书认定"甲万"为闽方言词，但当代闽方言辞书《福州方言词典》《闽南方言大词典》《台湾闽南语常用词辞典》没有收录"甲万"或"夹万"等词形，今福建闽语区人们大多表示没有听说过该词③。

《汉语方言大词典》："【夹万】〈名〉保险箱。粤语。广东广州 [kap³³ man³²]、阳江 [kap²¹ man⁵⁴]。香港。章如意《青春日记》：'他自己没有～，却抬了老婆的～到自己家里。'"《现代汉语方言大词典》："【夹万】广州 kap man 保险箱。"认定"夹万"为粤方言词。《广州方言词典》《实用广州话分类词典》也有"夹万"，义为"保险箱"。

《汉语方言大词典》《现代汉语方言大词典》"甲万""夹万"释义相近。《汉语方言大词典》闽语"甲"注音 [kaʔ²¹⁻⁵³]，粤语"夹"为 [kap³³]，看似不同，但 19 世纪传教士编闽方言文献"甲"注音为 kap，如后文例句（4），《现代汉语方言大词典》海口闽语"甲"、广州粤语"夹"注音都为 kap，说明闽

---

① 此部分内容曾以《"甲万"探源》为题发表于《贵州师范大学学报》（社会科学版），2019 年第 2 期。文稿完成后拜读到张嘉星《闽南方言外来借词综论》，介绍台湾闽南语中的西语借词时有："荷兰 / 不详【万甲】[ban⁶ kah⁷]：珍宝、文卷之类的木制、铁制小柜。[20]"详见张嘉星：《闽南方言外来借词综论》，《闽台文化研究》，2018 年第 1 期，第 68 页。2018 年第 1 期，第 68 页。引例中的 [20] 根据张嘉星文末参考文献，指连横《台湾语典·雅言》第 192 条。文中用"万甲"，经核对，《台湾语典》卷三中为："甲万为木柜，或以铁为之，荷兰语。"认为"甲万"来源于荷兰语的观点，经我们考察也有可能性：首先荷兰人在明清之际也曾在东南亚一带广泛活动，台湾曾有被荷兰、西班牙占领的时期，曾在当地语言中留下印记。其次，荷兰语中有 kabinet 一词，对译英文 cabinet。但我们还不知道荷兰语 kabinet 的具体发音，不能甄别荷兰语、英语哪个语音更接近方言文献"甲万"的发音，因此关于"甲万"的来源，还需进一步考察。

② 《汉语大词典》及方言文献中"万"都写为繁体"萬"，本书使用简体，都转换为"萬"的简体"万"。

③ 《汉语方言词汇》第 172 页"皮箱"条梅县有两个词，一为"皮箱"，读 pʻi˩ ɬiɔŋ˩，二是"呷吆□"，读 kapˋ pitˋ ˈ9，潮州为"呷吆"，读 kapˋ pikˋ，从读音和意义来看，与本文探讨的当是同一个词。

语"甲"、粤方言"夹"读音相同或相近;"万"为微母字,闽语为 [baŋ^{53}],粤语为 [man^{32}],微母古属明母,明母字闽南方言读重唇音 [b],粤方言读 [m],又福州等地闽方言无前鼻音,如《汉语方音字汇》山摄合口三等去声字"蔓"广州、阳江读 man,厦门读 ban,潮州读 pueŋ,福州读 maŋ 或 muaŋ。[①] 由此判定:"甲万""夹万"是同一个词的不同词形,下文所举 19 世纪传教士方言文献"甲万""夹万"的英文释义、读音等也可证明。以下称说该词都采用"甲万"这一词形,引用文献照录原文词形。

"甲万"不见于清代以前的文献、字书。黄小娅(2000)将"夹万"列为本字难以考释的粤语方言词[②];陈波(2010)认为海南方言中"夹万"为外来词,但没有考证来源于何种语言,对应哪个词[③];陈泽平(2009)指出 19 世纪传教士编福州方言文献有"夹幔",音为 kak^7 maŋ^6,义为"保险箱","夹幔"为方言记音字,但没有指出记什么音[④];庄初升、黄婷婷(2014)认为客家文献"夹嘠"(kap^6 man^4,为"保险箱"义)借自粤方言[⑤]。

基于该词早期的文献用例,结合其音义、用法及意义,以下重新探讨"甲万"的来源。《汉语大词典》"甲万"书证为《廿载繁华梦》,颜廷亮《晚清社会小说的巨擘——〈廿载繁华梦〉创作、出版和类别等问题考辨》(2004)考证该书开始创作时间为 1905 年[⑥]。除辞书外,该词出现于清末至今以下四类文献:

① 北京大学中国语言文学系语言学教研室:《汉语方音字汇》(第 2 版),文字改革出版社,1989 年,第 223 页。

② 黄小娅:《粤语方言用字一百多年来的演变》,载于单周尧、陆镜光主编《第七届国际粤方言研讨会论文集》,商务印书馆,2000 年,第 253 页

③ 陈波:《海南方言中的外来词》,《今日海南》,2000 年第 6 期,第 54 页。

④ 陈泽平:《福州方言杂字试析》,《福建师范大学学报》(哲学社会科学版),2009 年第 2 期,第 102 页。

⑤ 庄初升、黄婷婷:《19 世纪香港新界的客家方言》,广东人民出版社,2014 年,第 175 页。

⑥ 颜廷亮:《晚清社会小说的巨擘——〈廿载繁华梦〉创作、出版和类别等问题考辨》,《甘肃社会科学》,2004 年 6 期,第 23 页。

一、"甲万"出现的文献类型

（一）19 世纪传教士编闽、粤、客方言文献

最早见于此类文献，词形不统一，有"夹万""夹幔""夹嘠""甲必"等写法。以马礼逊《华英字典》为最早，用例如下：

（1）chest，箱 seang，箱子 seang tsze，a large kind of chest，夹万 keǎ wan，including ten thousand。（《华英字典》，第 67 页）

之后，闽方言用例如：

（2）use the money-safe（kind）of lock. 使夹幔锁。˛Sai kak˛ mang²ᶜsó。（《榕腔初学撮要》，第 71 页）

（3）kak˛夹 as in kak˛mang²夹幔 a money-safe.（《榕腔初学撮要》，第 202 页）

（4）cabinet，……，Cabinet-maker 甲万司傅 kap-bān sai-hū。（《厦门方言英汉辞典》，第 52 页"cabinet"条）

粤语文献用例如：

（5）甲万 treasure chest。（《华英通语》，第 153 页）

（6）夹万 káp˛mán²，a strong chest，a safe。（《粤语中文字典》，第 225 页"夹"字）

客话文献如：

（7）K：咖，有；佢放入甲必肚里，就作辞去了①。（《客家社会生活会话》（上），第 405 页）

（8）家中用箇东西物件一样就爱一样箇司傅来做。好比夹嘠、箱、枱、櫈、椅、桌、高榈、槙箱、衣柜、架子床、写字枱各样木器，乡下人就爱木匠司傅来做。（《启蒙浅学》汉字本，第 103 节）

---

① 《客家社会生活会话》（上）第 405 页"甲必"罗马字注音为 kâp-pit，引用例句对应法文为：mais oui；lui les fourra dans sa valise，puis prenant congé，ilpartit.

（二）清末民国时期报刊

《申报》上海版用例如：

（9）本行开设英大马路第廿五号门牌，即自来火公司楼上二层楼，专承办欧美各国洋酒、罐头、食物、金银首饰、钟表、铁床、铅板、铁夹万、五金杂货、各色玻璃及男女服饰物件并各种丝棉布疋等类，如蒙定购，价目可格外相宜。（11954 号，1906 年 7 月 29 日）

（10）李戒欺得票六万一千四百六十份，其余相去太远不得入选。即由主席嘱令核算员将票码核对清楚，复将入选、备选各票分别封固，经政界主席签押，暂贮收支处洋夹万。（14056 号，1912 年 4 月 4 日）

《申报》香港版用例如：

（11）第四被告亦在其中，第五被告则坐于柜围之内，其旁放有夹万一个，内有广州市立银行伪币五包，每包一百张。（4 号，1938 年 3 月 4 日）

（12）该庄正司理翁子明，因事往星，只留其兄弟翁淮欢、翁淮程等主理店务，所雇伙伴，亦为同乡昆仲。该庄为利便同乡南行、留港办理手续，庄内并间格房，以供留宿。前应为办事处，账房内有中型夹万，保存来往款项及重要文件。（240 号，1938 年 10 月 26 日）

其他报刊如：

（13）电饷捐局据请变更铁夹万、制鱼肚两项捐率一案。[1]

《申报》是近代中国具有广泛社会影响的报纸，该词出现于《申报》上海版、香港版，可见其使用范围相当广泛。

（三）当代东南亚华语报刊

如：

（14）他说，相信这也是该局首次进贼，贼徒相信是撬开其个人办公室的窗口成功潜入，财务处的一个铁甲万成功被撬开，唯由于其办公处每日下午会定时由保安人员将当天收款存放银行，所以铁甲万当时未藏有现款。

---

[1] 《广西省政府公报》，1936 年第 123 期，引文检索自大成老旧刊全文数据库。

（15）他相信，贼徒或许以为周一银行配合公假补假休息，以为铁甲万有收款，幸周一的钱也是例常由保安公司取走，所以才未造成重大损失。①

（16）消息人士形容，掌管本港金融政策的最高两名负责人任志刚与财政司长唐英年，在机密文件夹万内有两套重要文件，一是有关联系汇率的，另一套就是内地 A 股问题。（2007-06-05）

（17）廉署后来在欧文龙前官邸的夹万发现一张承诺书，邓俭民旗下的通利，与被指由欧文龙秘密操控的 Ecoline Property Ltd 达成协议，若污水处理厂能成功续约，Ecoline 就能获得一成水利工程股份。②（2007-11-27）

（四）当代港澳等粤方言区报刊

如：

（18）26 日凌晨 1 时 40 分，陈姓（49 岁）女户主与家人返家发现屋内一片凌乱，更发现有人正在屋内撬其夹万，其间窃贼疑知事败，即沿露台逃走无踪，警员接报到场立即展开搜捕，惜无发现。③

（19）她喜欢收藏珠宝，一次午饭后，她请我到她的豪宅去欣赏她的收藏，她从偌大的夹万中搬出一大盒钻石链，盒子约两尺乘两尺大，里面放满了起码十多条卡数甚高的钻石链。④

该词最早见于 19 世纪传教士编方言文献，东南亚报刊为较晚用例，马来语中没有与"甲万"读音相对应的词。基于以上事实，我们认为东南亚报刊中"甲万"用法是闽、粤方言传播的结果。陈波（2000）认为"夹万"为外来词，本书例句（9）"欧美各国洋酒、罐头、食物、金银首饰、钟表、铁床、铅板、铁夹万、五金杂货、各色玻璃及男女服饰物件并各种丝棉布疋等类"将"铁甲万"和欧美各国洋酒、罐头等并列，例句（10）"甲万"前加了一个"洋"字，由此推测，"甲万"当与 18、19 世纪中西交往有重要关系。

---

① 例（14）（15）引自《光华日报》，东南亚华文媒体语料库 https://huayu.jnu.edu.cn/corpus1。

② 例（16）（17）《联合早报》，东南亚华文媒体语料库 https://huayu.jnu.edu.cn/corpus1。

③ 杜法祖：《窃贼"拆礼物日"，3 豪宅掠财 140 万》，《文汇报》，2012 年 12 月 27 日。

④ 查小欣：《和刘銮雄离婚后，她曾立减肥大计》，《南方都市报》，2012 年 8 月 31 日。

二、"甲万"与 cabinet 用法对比

19 世纪传教士编方言文献"甲万"对译的英文有 safe、cabinet、chest、box，也有"甲万师傅"一词，对译英文为 Cabinet-maker，如：

（20）甲万师傅精造甲万榶箱等物。a cabinet maker is one skilled in the manufacture of trunks boxes，and so forth。(《粤语中文文选》，第 279 页）

（21）a man whose occupation is to make cabinets，tables，burcans&c，甲万师傅 káp﹍mán²﹍sz f ú ².kiáh wán sz fú，木匠 muk﹍tséung²，muh tsiáng。(《英华字典》，第 290 页）

（22）cabinet maker，甲万匠。(西村茂树《英粤字典》）[①]

（23）cabinet -maker，甲万师傅，káp﹍mán²﹍sz fú²，kiáh wán sz fú.(《英华行箧便览》，第 25 页）

（24）cabinet-maker 甲万师傅。(《字典集成》，第 39 页）

特别值得注意的是，目前阅读到的文献中"甲万师傅"对译英文只为 cabinet-maker。此外，"甲万"和 cabinet 在读音、意义和用法等方面相似，与 19 世纪历史史实吻合。

（一）读音

Cabinet['kæbənit]，重音在音节开头，音节末尾音素则读得又轻又快，《字典集成·杂字撮要》有："甲万铺 cabinet maker's shop 急卑匿 觅架士 湿"，《增订华英通语》有："甲万匠 cabinet-maker 急嘅嫩 觅加"[②]，cabinet 用汉字记音两书分别为"急卑匿""急嘅嫩"。"甲万"的罗马字注音，《厦门方言英汉辞典》为 kap-bān(第 52 页)，《榕腔初学撮要》为 kak﹍mang²（第 202 页)，《粤语中文字典》为 káp﹍mán（第 225 页)。矢放昭文（2005）指出："对于英语的 b- 字母，前两本（笔者按：这里指《华英通语》较早的两个版本）有时用明母字，如：'摩、味、孖、扪、嘛'，后两本却不然，一般用'报、必、般、

罢、比'等帮母或并母字。"①《字典集成·杂字》有"孖罅辣 ballarat",《字典集成·语言文字合璧》有:"保释 bail 咩儿""借（入）生揭 borrow from 麽羅 符歆""求 beg 蔜"。"孖罅辣""咩儿""麽羅 符歆"为 ballarat、bail、beg 的记音字，"孖""擘""咩""麽"都记英文音素 [b]。这样，cabinet 两个重读的辅音音素 [k][b] 与"甲万"的声母 [k][m] 或 [k][b] 完全对应。"甲万"读为 kap-ban，前一音节末尾音素为入声塞音韵尾 [p]，后一音节开头音素为双唇音 [b]，入声塞音韵尾读得又急又短，在语流中特别是后接音素 [b] 时极有可能弱化或脱落，"甲万"与 Cabinet['kæbənit] 发音就极为相近了。

（二）意义和用法

1. 用法

《兰登书屋韦氏大学英语词典》Cabinet 的义项①和⑥分别为：① A piece of furniture with shelves, drawers, etc., for holding or displaying items: a file cabinet; a curio cabinet. ⑥ A small case with compartments for valuable or other small objects.

19 世纪英语文献有 cabinet 用例，如下：

（25）I opened the cabinet, and took out a bundle of papers.②

（26）The key was found as usual, and the cabinet opened.

（27）we could turn out a cabinet and appoint other folks.

由例句（10）（12）（16）（17）可知，"甲万"也有存放贵重物品如文件、票据等的功能，与 cabinet 相同。

同时《兰登书屋韦氏大学英语词典》还收有 cabinet-maker：n. a person who makes fine furniture and other woodwork。19 世纪英语也有 cabinet-maker 的用例，如：

---

① 矢放昭文：《〈华英通语〉反映的一百五十年前粤语面貌》，张洪年、张雄根主编《第十届国际粤方言研讨会论文集》，中国社会科学出版社，2005 年，第 435 页。

② 例（25）（26）（27）（28）（29）（30）英语历史语料库 http://corpus.byu.edu/。

（28）Among these none had fewer disadvantages than that of carpenter or cabinet maker.

（29）As we walked into the hall, it smelt of varnish, like a cabinet maker's shop; every thing was bright and new.

（30）The wood of the cherry tree is used for an excellent purpose by the cabinet maker in manufacturing articles of domestic furniture, as tables, chairs, and several articles of ornament; and its fruit may be said to be of the first order for domestic purposes.

"甲万师傅"与同时期英文 cabinet-maker 用法、意义基本相同，"甲万师傅"只对译英文 cabinet maker，19 世纪传教士编方言文献"甲万"最早为"箱、柜"义，我们在深圳至厦门段动车车厢连接处看到，中文写"电气柜"，英文为 electric cabinet，这两例都可证明 cabinet 与"柜子或箱子"有对译现象。

2. 意义

19 世纪文献当表示 iron safe（铁制保险箱）时，在"甲万"前加"铁"字，如：

（31）an iron safe, 铁甲万 t 'ít ˌkáp ˌmán ˋ.t 'ieh kiáh wán.（《英华字典》，第 235 页）

（32）safe,（for meat），风灯 fuung-tang,（an iron）铁箱 t 'it ˋ -seung, 甲万箱 kaap ˋ maan ˋ seung, 铁甲万 t 'it ˋ kaap ˋ maan ˋ.（湛约翰《英粤字典》，1907 年，第 348 页）

20、21 世纪甲万前还有加"铁"字的，如例句（9）（13）（14）（15）。例句（8）有"好比夹嘎、箱、枱、櫈、椅、棹、高稠、槓箱、衣柜、架子床、写字枱各样木器，乡下人就爱木匠司傅来做"。据此推测"甲万"最早不是铁质的，当材质变化，指称铁质保险柜时，则在"甲万"前加修饰语"铁"。

例句（1）出现最早，"甲万"英文解释为 chest, a large kind of chest，"甲万"指"箱柜"，例句（5）为 treasure chest，例句（2）（3）为 money-safe，例句（6）为 a stong chest, a safe。以上英文解释揭示了"甲万"词义的特点

及变化过程，表现为：词义逐渐缩小，表示的事物越来越具体，可表示为：chest → a large kind of chest 或 a strong chest → treasure chest → money-safe。用汉语表示当为：箱柜（木质）→特指存放贵重物品的木质箱柜→保险柜（木质）→保险柜（铁质）。

三、历史史实

（一）保险柜的历史

杨宁（2010）认为："保险箱被认为发源于欧洲，当时的保险箱只是用铁环箍着的坚固厚木板，……直到约 200 年前的 19 世纪初，随着社会财富的增长，保险箱有了现实的市场需求，欧洲专门制锁的厂商开始转向保险箱行业。……18 世纪晚期，苏格兰的 Carron Co. 和英格兰的 Coalbrookdale 开始铸造铁箱子和书柜。这是金属保险箱的发端，但基本沿用木器的榫结技术或整体铸造，无论从外观或工艺上都与当时的家具相仿，锁具的精密程度很低。"① 由"甲万"词义可知其由木质发展为铁质的过程与欧洲保险箱的发展历程相吻合。

（二）明清之际中西交往、语言接触的史实

明清之际福建、广东是中西文化交流的窗口和桥梁，早在鸦片战争以前广州就是中国唯一的对外通商口岸，吴魏魏、林金水（2015）也指出："荷兰人淡出福建海域后，英国人继之而来。英国是继荷兰之后的资本主义新兴大国，其殖民足迹遍及世界，1662 年荷兰被逐出台湾后，英国人趁机而入，与郑氏集团建立贸易关系，在厦门设立工厂。"② 英国人进入福建、广东后，英语和当地方言必然发生语言接触，闽粤方言会从英语中吸收自身没有的词汇。吴义雄《"广州英语"与 19 世纪中叶以前的中西交往》（2001）、林伦伦

---

① 杨宁：《基于 GPS_GSM 的移动式保险箱跟踪监测系统》，西安科技大学硕士学位论文，2010 年，第 2 页。

② 吴魏魏、林金水：《明清之际的福建与中西文化交流史——"海上丝绸之路"的历史契机与当代启示》，《海交史研究》，2015 年第 2 期，第 104 页。

《潮汕方言中的外来词及其文化背景》（1992）、陈泽平《福州话中的外来词》（1994）等已经论及或挖掘了粤闽方言中的英源借词。

保险箱为 18、19 世纪欧洲新兴事物，19 世纪英文文献用 cabinet、safe 等词表示。汉语中本没有保险箱，当这种新兴事物传入中国时，必须要对其命名。从外表来看，保险柜就是一种箱柜，汉语本有"箱子"一词，但为了显示这种箱子的特殊性或其外来身份，汉语没有采用"箱子"一说，19 世纪英文文献中常使用 cabinet，人们就直接采用了 cabinet 这一语音，字形上写为"甲万"等。目前我们收集到的语料中，"甲万"最早出现于 1815 年马礼逊编的《华英字典》，闽、粤方言传教士文献都有用例，该词在口语中的使用应更早。

由此我们认为："甲万"及其诸多词形是英文 cabinet 一词用闽、粤方言音译后的记音字，"甲万师傅"即 cabinet-maker，文献中写为"甲万""夹万""夹幔"等，最终该词在粤方言及闽方言部分地区、海外华语中留存下来。

牛排 牛扒[①]

《现代汉语词典》（第 7 版）："【牛排】niú pái 大而厚的牛肉片，也指用大而厚的牛肉片做成的菜肴。"《汉语大词典》"牛排"有两个义项：①一种西菜。用精牛肉切成大片烩炙而成；②牛排骨，参见"牛扒"。《重编国语辞典》"牛排"："用牛的里脊肉切成厚片所煎成的食物。"由以上可知，"牛排"有三个主要特征：1. 来源于西餐；2. 形状为大而厚的片状物；3. 烹饪方式为煎、炙。"牛排"也称"牛扒"。《汉语方言大词典》"牛扒"："【牛扒】〈名〉牛排（西餐菜名），粤语。广东广州 [ŋeu¹¹ pʻa¹¹⁻³⁵]。"（第 791 页）《广州话正音字典》"扒"："（二）paa⁴[爬]，pá ①用手或耙子等工具把东西聚拢或散开：～草。②一种把食物煨烂的烹调法：～羊肉｜～鸭。③〈方〉排，煎炸的肉块：猪～（猪排）

---

① "牛排""文胸"二则词语以《字词互动视角下的粤方言词探源二则——以文胸、牛扒为例》为题发表于《佛山科技学院学报》（社会科学版），2021 年，第 3 期。

｜牛～（牛排）。"① （第 203 页）

为什么这种西餐称为"扒"或"排"呢？《实用广州话分类词典》"扒"："扒● paa² [外] 肉排。一种西餐菜肴（在西餐中是主菜）。牛～｜猪～ [法语 pièce de résistance 的省译，原义为「主菜」]。"（第 97 页）曹聪孙（1999）列举业已进入普通话的方言外来词时有："一、业已准入的方言外来词。打的、打（12 个）、T 恤衫、排（牛排）……"② "牛排"为西餐，确实为进入普通话的方言外来词，但认为"扒"是法语 pièce de résistance 省译的观点，我们认为还值得商榷。

杜莉（2012）认为："明清时期，西方饮食文化大规模、全方位地传入，其传播内容丰富多样，包括食物原料、饮食习俗和礼仪、饮食科学、菜点品种及其制法、食品工业等；……"③ 牛排，英文 beafsteak，传入中国也该为明清时期。19 世纪粤方言文献已经有 beafsteak，最早见于马礼逊《广东省土话字汇》（1828 年），对应中文为"铁耙牛肉"（其中"耙"也写为"鈀""爬"，写为"耙"最为常见），也称为"牛肉耙"，如：

（1）Teet-pa-găw-yok 铁鈀牛肉 Grilled beef; i.e. Beef steak.（《广东省土话字汇》第二册）

（2）teet pa găw yŏk，铁耙牛肉 beef steak.（《广东省土话字汇》第三册）

（3）Găw yok pa，牛肉耙 beef steak.（《广东省土话字汇》第三册）

后又见于其他文献，如：

① 《实用广州话分类词典》"扒"读 paa4，义项②：一种把食物煨烂的烹调法。"扒"的这个义项还见于其他辞书。《汉语大字典》"扒"有：（五）pá，其中义项②：一种煨烂食物的烹调法。如：扒羊肉。《中华字海》《汉语大词典》释义与此同。《现代汉语词典》"扒"下义项④为：烹调方法，先将原料煮到半熟，再用油炸，最后用文火煮烂。《现汉》"扒"的这种烹饪方式主要为鲁菜烹调技法，如著名的德州扒鸡。本书探讨的主要是英文 beafsteak 对译的"牛扒"等"扒"法，其具有肉片大而厚、炙烤、从西洋引入等特点，鲁菜的"扒"的特点是先煮后油炸，最后文火煮烂，一般用锅，不是炙烤，我们觉得这种烹饪方式与西餐"扒"无关，只是当代字形相同而已。本书主要讨论西餐"牛扒""羊扒"中的"扒"。

② 曹聪孙：《进入普通话的方言外来词》，《咬文嚼字》，1999 年第 9 期，第 12 页。

③ 杜莉：《明清时期西方饮食文化东传的内容及途径研究》，《农业考古》，2012 年第 4 期，第 172 页。

（4）铁耙牛肉，beef steak.（《华英通语》，第 137 页）

（5）steak，beef，铁鈀牛肉。（《英华韵府历阶》，第 273 页）

除"铁耙牛肉"外，还有"铁耙鸡""铁耙红薯""铁耙羊肉"等，如：

（6）铁耙羊肉未整。（《粤语中文文选》，第 164 页）

（7）铁耙红薯 slice of street patato.（《华英通语》，第 140 页）

（8）铁耙红薯切薄。（该句对应英文为：the slices of sweet potatoes should be thin）（《粤语中文文选》，第 166 页）

（9）grilled chicken，铁耙鸡 teet pa kei；铁耙鸡仔 teet pa kei tsei.（《广东省土话字汇》第一册）

（10）Teet pa yaong yok，铁耙羊肉 Grilled mutton.（《广东省土话字汇》第三册）

例句（1）（9）（10）"铁鈀牛肉""铁耙鸡""铁耙羊肉"对应英文分别为 Grilled beef、grilled chicken、grilled mutton。解海江、章黎平（2002）认为："英语中的 toast、barbecue、devil、grill 都含'食物与火接触'的语义特征，汉语中空缺。"[1] 他们在该文表 6 分析 grill 语义特征时指出 grill 有两个特点：（1）烤架；（2）火。的确，明清之前汉语没有 grill 这种烹饪方式，当西方饮食文化传入中国时，英文 grill 这种烹饪方式、烹饪工具连带烹饪出的食品都要在汉语中用相应的词语来表示。英文 Grill 为烹饪方式，gridiron 或 grill 为烹饪工具（grill 既表烹饪工具又表烹饪方式），19 世纪粤方言文献中表烹饪工具英文多用 gridiron，如：

（11）铁鈀 gridiron[2]（《华英通语》，第 152 页）

（12）pa，鈀，gridiron.（《广东省土话字汇》第三册）

（13）gridiron，铁鈀。（《英粤字典》，西村茂树）

---

[1] 解海江、章黎平：《英汉烹饪语义场对比研究》，《烟台师范学院学报》（哲学社会科学版），2002 年第 4 期，第 88 页。

[2] 《华英通语》词汇按类别编排，"铁鈀 gridiron"为器用类，与红酒杯、火炉、炉汁盅等词为一类，可见，"铁鈀"该为烹饪工具。

《汉语大字典》"鈀"字读 pá 有三个义项：①古兵器；②平土除草的锄类工具；③用鈀耕地。"耙""鈀""爬"文献中有通用现象，"耙""鈀"形制相似，都为齿状工具，用途略有不同，"鈀"为铁制，用来平土或碎土，"耙"不一定为铁质，可以用来聚拢树叶、草等。

为什么 gridiron 这种烹饪工具汉语对译为"铁耙"或"铁鈀"呢？《朗文当代英汉双解词典》Gridiron 条：n. 1.also 亦作 grid. an open framework of metal bars for cooking meat or fish on over a very hot fire 烤架；铁格子焙器。根据《朗文当代英汉双解词典》的英文解释，我们找到当代烤架图片，如图 4-1、图 4-2、图 4-3[①]：

图 4-1   图 4-2   图 4-3

农业劳作工具铁鈀如图 4-4：

图 4-4

以上"铁鈀"和"烤架"似无共通之处，但是在百度中也搜索到了以下烤架和铁耙的图片（图 4-5 烤架，图 4-6 为铁鈀），如下：

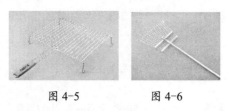

图 4-5   图 4-6

---

① 百度中烤架图片也有网状格子的等。

以上两图烤架和铁鈀形状极为相似。张志毅（2005）认为："命名是依靠感觉经验中经常重复出现的因素。'一个名字的作用永远只限于强调一事物的一个特殊方面，而这个名字的价值恰恰在于这种限制与限定。'"① 明清时期"铁鈀"这种锄类工具使用非常普遍，"耙"在粤人的农业生产劳动中具有重要作用，王祯《农书》卷十二："耙，桯长可五尺，阔约四寸。两桯相离五寸许。其桯上相间，各凿方窍，以纳木齿，齿长六寸许，其桯两端木括，长可三尺，前梢微昂，穿两木桐以系牛軛钩索，此方耙也。又人字耙者，铸铁为齿，《齐民要术》谓之鑐鑠。"② 马礼逊《华英字典》有"耙""鈀"，指"锄类工具"如：

（14）harrow for breaking the clod，耙 pa，or 鈀 pa.（第 201 页）

（15）an iron harrow，铁耙 tëë pa；another form of harrow that has longer teeth is called 耖 chaou.

当给西方这种新的烹饪工具、烹饪方式及其食品命名时，人们认知关注点为烹饪工具，尤其是其形制，由几根铁丝固定在一起，这与铁鈀有相似之处，基于认知上的隐喻机制，人们将这种烹饪工具也称为"铁鈀"，也写为"铁耙"。19 世纪粤方言文献"爬"下对应英文既有 a harrow-rake 又有 a gridiron，可以证明当时人们确实将 a harrow-rake 和 gridiron 这两种事物联系在一起，如：

（16）interchanged with 耙ˎ pá；to scratch；to crawl，to creep；to rake，to scratch up，to claw；…… ；a scratcher，a harrow-rake，a gridiron；a pick.（《英华分韵撮要》，第 345 页"爬"字）

（17）[a.w. 把ˎ p'á（ˎpá）杷ˎ p'á]k.s cratch，crawl，a surname，…… ｜饭ˎ p'á fán²，eat rice with chopsticks；钉｜ˎteng ˎp'á iron rake，牛肉｜ˎngau yuk ˎ₂ p'á，gridiron，beef-steak.（《粤语中文字典》，第 504 页"爬"）

因此，英文 gridiron 这种烹饪工具汉语译为"铁耙"，"铁耙"得名于

---

① 张志毅:《词汇语义学》，商务印书馆，2005 年，第 99 页。

② 王祯:《农书》，收于文渊阁《四库全书》子部。

gridiron 与汉语农作工具"铁耙"有相似之处。用这种烹饪工具做出来的食物就称为"铁耙牛肉""铁耙鸡""铁耙羊肉""铁耙红薯"等,又称为"牛肉耙""鸡耙""红薯耙","牛肉耙"进而简称"牛耙"。"牛耙""鸡耙""猪耙"等中的"耙"字今粤方言常写为"扒",如"鸡扒""牛扒""扒饭"粤语区随处可见。当然今天的"扒"已经不是直接放在火上炙烤,而是放在锅里(或铁板上)煎,但还保留了西餐、大而厚的肉片等特点。"牛扒""猪扒"等中的"扒"字今普通话写为"排",如"牛排""猪排""羊排"①。

gridiron 或 grill 汉译为"铁耙",今写为"铁扒",那么做牛扒、鸡扒、猪扒的炉子(英文为 griddle)也就称为"铁扒炉",又简称为"扒炉"。用扒炉来烹饪肉类的这种方式也称为"扒"。《西餐烹调方法之铁扒》:"铁扒是加工成型的原料,经过腌制调味后,放在扒炉上面,扒成带有网状的焦纹,并达到规定火候的烹调法。"②后称为"扒"。"扒"发展为一种烹饪方式,指在烤架或平板上烧熟食品,边烧边涂汁。宋建英(2013)在总结外国菜肴的烹饪类型时提到的第三类为:"3.用烤炉或炭火对食材进行烹饪的有:烤(barbecued/roast)、炙(broiled)、扒(grilled)、烘(baked)、熏(smoking)。"③胡建国(2013):"西式烹饪方式中,'烤、煎、炸、焗、扒'是最为主要的烹饪方式。……西方烹饪方式重视对食物成熟度的测试,采用'烤、煎、炸、焗、扒'等干热烹调方法。"④

---

① 杨锡彭(2007)指出,上海高校食堂及菜市场常见把"大排"写成"大扒",其中"扒"为方言记音字。说明"排""扒"在方言中有通用现象。详见杨锡彭:《汉语外来词研究》,上海人民出版社,2007年,第95页。

② 《西餐烹调方法之铁扒》,详见 http://www.6eat.com/DataStore/CardExpensePage/397536_0.html。

③ 宋建英:《中西方饮食文化差异与中餐菜肴名称的英译》,《太原大学学报》(社会科学版),2013年第4期,第75页。

④ 胡建国:《文化视野下的中西烹饪比较研究》,《苏州教育学院学报》,2013年第3期,第62页。

煲①

《现代汉语词典》(第 7 版):"【煲】bāo〈方〉①名壁较陡直的锅:瓦～|砂～|铜～|电饭～。②动用煲煮或熬:～汤|～粥。"李如龙(2001)、张双庆(2001)认定"煲"为粤方言特征词②。

詹宪慈(1995)③、徐时仪(2002)认为"煲"本字为"釜"④;章太炎(1904):"《说文》:'鍑,釜大口者。'惠潮嘉应之客籍谓铜器可以煮物者曰鍑,读如包。古音无轻唇,鍑声转平如包矣。"⑤刘织超(1943)承章太炎说法,认为"鍑"音转读为"煲":"鍑曰煲,《新方言》:'鍑,釜大口者,古无轻唇音,转为煲'。按:埔语亦称煲,平声,亦古音之遗。"⑥;孔仲南(1933)认为"煲"由"炰"音转而来:"炰,音褒,以缓火煮之曰炰。《玉篇》:'火熟也。'陆游诗:'自爱云堂炰粥香'。"⑦;罗正平(1960)、黄小娅(2011)认为"煲"可溯

---

① 此部分内容曾以《粤方言词"煲"来源考辨》为题发表于《语言科学》,2016 年第 4 期。文章发表后阅读李新魁、黄家教等著《广州方言研究》,李新魁等认为"煲"是南方少数民族语词的同源词,并对举黎语和广州话二者的发音和用法:"ʔbou¹¹ 煮——煲 [pou⁵³] 煮",详见《广州方言研究》第 248 页,但无具体论证过程。另曾昭聪、谢士华(2018)对"煲"来源于英文 boil 的观点提出了一则疑问材料:"不过徐中舒主编的《甲骨文字典》(成都:四川辞书出版社 1989 年版,第 1124 页)卷十有'🔥'字,从保从火。"详见曾昭聪、谢士华:《论清末粤方言教材〈教话指南〉的价值》,《暨南学报》(哲学社会科学版),2018 年第 1 期,第 52 页下注②。我们认为:《甲骨文字典》中有🔥字,不能证明"煲"在甲骨文时代已经出现,字词之间的关系不是一一对应的,字的产生不代表字所记录的词已经产生。

② 李如龙:《论汉语方言特征词》,载李如龙主编《汉语方言的比较研究》,商务印书馆,2001 年,第 107;张双庆:《粤语的特征词》,载李如龙主编《汉语方言特征词研究》,厦门大学出版社,2001 年,第 406 页。

③ 詹宪慈,清末举人,广东番禺人,《广州语本字》成书于清末,1995 年由香港中文大学出版社出版。

④ 詹宪慈:《广州语本字》,香港中文大学出版社,1995 年,第 141 页;徐时仪:《鼎 - 鬲 - 釜 - 镬 - 锅的演变递嬗考探》,《湖州师范学院学报》,2002 年第 2 期,第 4 页。

⑤ 章太炎:《新方言·释器》,《汉语方言研究文献辑刊》第四卷,国家图书馆出版社,2013 年,第 537 页。

⑥ 刘织超:《(民国)大埔县志》(铅印本)卷第十四,1943 年,第 1431 页。

⑦ 孔仲南:《广东俗语考》,南方扶轮出版社,1933 年,上海文艺出版社 1992 年影印本,第 48 页。

源到唐代段公路《北户录》记载的"褒牛头"，可能来源于古代岭南原住民语言："南人取嫩牛头火上燂过证俗音炙去毛为燂，复以汤毛去根，再三洗了，加酒豉葱姜煮之，候熟切如手掌片大，调以苏膏椒橘之类，都内于瓶瓮中，以泥泥过，煻火重烧，其名曰'褒'。……又按：南朝食品中有奥肉法，即褒类也。"[①]白宛如（2003）："煲，pou⁵⁵锅，菜肴连锅端出者；pou⁵³用砂锅烧煮"[②]。

煲为阴平调。《广韵》里"釜"为并母虞韵遇摄合口三等上声，"鍑"为非母流摄尤韵开口三等去声，"缹"为帮母流摄尤韵开口三等上声。首先三字声调与"煲"不合；其次，明清时期粤方言文献不见使用"缹""鍑"，方言区人民选择本方言不用的词音变产生一个常用的、生命力很强的词，不符合语言发展规律；再次，黄锡凌（1941）"釜"记为fu[③]，"煲"为bou，"釜"未发生音变，"煲"已产生，"煲"不可能源自"釜"，《粤音韵汇》中与"鍑"同音不同调的"浮""妇"等字都读fu，韵母为u，不为ou，"鍑"不可能音变为"煲"，《粤语中文字典》与"缹"同音的"否""浮""缶"等字读fau（第107页），没有音变，"煲"来源于"釜""鍑""缹"说还值得商榷。"褒牛头"说也有矛盾之处：第一，"褒牛头"与"煲"法不同；第二，除唐代段公路《北户录》记载的"褒牛头"外，唐代到清代这一漫长时期黄文没有列举其他文献书证，所举用例都为清代用例，这不符合语言文字的运用规律。

黄小娅（2011）认为："此外，在古代的韵书和历代共同语字书里找不到音义上可以与之相对应的字……再就是也无法在汉语中找到来源根据，至今尚未发现哪个北方方言里有它的来历。"[④]以下我们考察粤方言文献"煲"的使

---

① 罗正平：《广州方言词汇探源》，《中国语文》，1960年第3期，132页；黄小娅：《试论广州方言的基本特征词"煲"》，《暨南学报》（哲学社会科学版），2011年第3期，第145页。

② 白宛如：《广州方言词典》，江苏教育出版社，2003年，第220页。

③ 黄锡凌：《粤音韵汇》，中华书局（香港）有限公司，1941年初版，1997年重印，第45页。

④ 黄小娅：《试论广州方言的基本特征词"煲"》，《暨南学报》（哲学社会科学版），2011年第3期，第147页。

用情况①，再次探求"煲"的来源②。

明清时期粤方言文献表"煮"义有"煮""煎""烹""煲"等词，用"煮"如：

（1）煮结个的鸦片树水。（《广州方言习语》，第 84 页）

（2）要冶家婆洗碗洗碟，煮菜煮饭。（《俗话倾谈·横纹柴》，第 21 页）

用"煎"如：

---

① 《古文字诂林》卷十一第 531 页收有"煲"字："徐中舒🖊一期，库一一零七。🖊一期，前七·一。从🖊从 🖊，🖊 当为 🖊之伪。或从火从🖊好，同。《说文》所无。义不明。《甲骨文字典》卷十"，但古代其他文献中不见"煲"字。目前查阅到最早用"煲"字的文献为李来章《连阳八排风土记》卷四《言语》："包饭去，猺曰煲脓。"（清康熙四十七年连山书院刻本），黄志辉点校本《连阳八排风土记》第 91 页："包饭去瑶曰煲脓。Ndang nongx mi（以葫芦做成的饭具）。"今广东清远市阳山、连山、连南、连县习称连阳，连阳瑶族人房春玲认为，"包饭去"应该是把食物用他物包裹起来，以前的人们下地干活要带食物。唐代柳宗元官贬柳州时曾做《柳州峒氓》一诗，有："郡城南下接通津，异服殊音不可亲。青箬裹盐归峒客，缘荷包饭趁墟人。"可证。这里"煲"与"煮""锅"义无关，且瑶语中"煮""锅""碗"义读音都不和"煲"音近，"煲"只是个记音字。"煲"字早期用例，可用作人名如"张得煲"，见清代金士潮《驳案续编》卷七（清代光绪年间刻本）。"煲"可通"堡"，如：（1）遂不听而退，韩信知而叹曰："放汉王入煲中，养成头角，萧何张良为之用，我与亚父惜乎不得其主，异日必为所灭矣！"长叹不息。（明代甄伟《东西汉通俗演义》卷二，清代宝华楼刊本第 40 页）；（2）城各煲竖红旗应贼者，至是尽更竖白旗，城内无兵接应。援兵又恐中伏，不穷追，贼多逸去。（清代陈殿兰《冈城枕戈记》卷二，1855，30 页），也用于"火药煲""火煲"等，如：（1）二十八日，贼分队攻西南二门，而以悍贼攻东门，叠牌□墙而上，城上掷火药煲爇之，贼尸遍城下。（清代额哲客《韶州府志》卷二十四，1874，787 页）；（2）二月十七日又在所破处斜穿入轰塌城垣二十余丈，并轰去火药弓数间，余率兵勇于所塌处，用抬枪、喷筒、火煲、火箭御贼，不使抢进。（清代吴大猷《四会县志》编十，1925，2048 页）1905 年 D.Maciver，M.A 编《客英大辞典》第 645 页"煲"条目下有"火药煲"："火药煲 fó yók p.，stink-pots used in naval warfare"，"火药煲"即"火药煲"，以上"煲"不在我们的讨论范围内。

② "煲"不见于清代以前字书，因此我们选取文献时间上限为明末清初，对象为粤籍作家编著文献及西洋传教士编写的粤方言读本、词典等。主要有：木鱼书或粤讴，《花笺记》（1712 年）、《二荷花史》（18 世纪中期）、《粤讴》（1828 年）；清末粤方言教科书《粤语全书》（1905 年）；粤地笔记小说《广东新语》（17 世纪末），白话小说《岭南逸史》（1794 年）、《蜃楼志》（19 世纪初）、《俗话倾谈》（1870 年）；粤方言韵书、辞书，《江湖尺牍分韵撮要合集》（1838 年）、《广东俗语考》（1933 年）、《粤音韵汇》（1941 年）、《广州语本字》（1995 年）；明清时期西洋传教士编写的方言读本、词典，《广东省土话字汇》（1828 年）等共 31 种（含"煲"文献详见文末引用文献）。此外，也有部分语例检索自中国基本古籍库、中国方志库。

（3）只就从佢嗰个相思个，求她着睡汗衣裳。取去就时煎水饮，真系好过仙人活命汤。我想白生病亦唔因也，哩下娇姣若要佢身康，唔好畀件汗衫佢煮水，或者饮罢病亦就离床。（《二荷花史·私论药方》，第62页）

（4）我开个方儿，快快撮来煎与他吃，若能渐渐苏醒，就不怕了。（《岭南逸史》，第30页）

（5）石禅师重复邀思斋父子到后轩幽雅去处，再设佳果。煎起那棋盘石绝顶上采取的顶好细茶来，陪待他父子吃了一回，谈叙些佛门中不生不灭的道理。（《岭南逸史》，第8页）

用"烹"如：

（6）浣春纱，无情翻恨素馨花，看去比珠难作串，摘来如雪莫烹茶，识面自从春到夏，罢了罢，硬系相思怕，唔识佢围何日衬堆鸦。（《二荷花史·花下闻琴》，第31页）

（7）虽无炮凤烹龙，真个也肉山酒海，一连饮宴三日。（《岭南逸史》，第58页）

（8）买啲豆角呀，竹笋呀，及烹少少饭添。又开两罐粟米，挤啲盐落去，烹熟佢。（《粤语全书》，第109页）

用"煲"如：

（9）珊瑚煲茶一碗捧来，请婆婆解渴。（《俗话倾谈·横纹柴》，第5页）

（10）山桠虎茎叶俱青，方茎直干，每节三叶，品字对生。长三四尺，跌打刀伤取根煲酒服，捣叶敷伤处神效。（《（同治）韶州府志①》卷十一，第416页）

目前查阅到"煲"表"煮"义的最早文献为马礼逊的《华英字典》：
Boiling and roasting 烹煲 pǎng paou。（《华英字典》，1815—1821年，第47页）
字也写为"㷔"，如：
（11）鹿筋㷔脸有益。（《粤语中文文选》，第162页）

---

① 引用县志材料来自中国基本古籍库、中国方志库，中国方志库同时附有整理本和底本，已经核对。

写为"炰"①，如：

（12）房内不得吸 / 唔好食烟，炰东西爱在特别 / 指定介房间来炰，唔好 / 不得在病房里或游路上烧火。（《医界客话读本》，第 9 页）

（13）兰吉转到屋家，啱啱听倒姚氏又骂该个妾话："浪食人米介！有药都唔晓炰，炰得咁结，想害死吾吗？你做人大婆！尔这阴毒法你纳倒吾唔知吗？"（《客话读本》，第 1949 页）

写为"爀"，如：

（14）爀 [a.w. 煲 ᶜpò]F.boil, cook. 爀 水 ᶜpò ᶜshui, boil water； 爀 粥 ᶜpò chuk ˎ, make congee； 爀茶 ᶜpò ˎch'a, make tea； 爀啖汤 ᶜpò tám ˀˎ t'ong, boil a little soup.（《粤语中文字典》，第 549 页）

此外，我们选取不同年代的 7 种粤地文献，"煮""煎""烹""煲"使用情况详见表 4-2②：

表 4-2　7 种文献"煮""煎""烹""煲"使用情况

	煮	煎	烹	煲
《广东新语》（17 世纪末）	37	16	16	0
《二荷花史》（18 世纪中叶）	3	4	2	0
《岭南逸史》（1794 年）	0	3	1	0
《蜃楼志》（19 世纪初）	2	0	0	0
《粤讴》（1828 年）	0	0	0	1
《俗话倾谈》（1870 年）	14	0	0	14
《粤语全书》（1905 年）	4	0	1	5

① 写作"炰"，只见于《客话读本》《医界客话读本》。"炰"读 páo，义为"毛炙肉"；读 fðu，义同"炰"。"炰"义字书解释有三种：1. 火熟之；2. 蒸也；3. 少汁煮或燥煮。古代汉语文献目前还没有见到义同"炰"的"炰饭""炰药"等说法，《客话读本》《医界客话读本》记录梅县、五华一带客话，这一带客话受粤方言影响较大，粤方言 ou 韵梅县、五华客话对应读为 au，"炰"是按照粤方言"煲"借入客话后的实际读音书写的记音字，与同"炰"的"炰"无涉，只是同形而已。
② 传教士文献大多为方言词典、课本，我们收集到的最早为马礼逊《华英字典》，不便于历时比较，所以这里选取不同年代粤地本土人士编写的笔记小说、粤讴、木鱼书、教科书及白话小说共 7 种文献。其中《二荷花史》《粤讴》《俗话倾谈》《粤语全书》为用粤方言书写或带有明显粤方言色彩的文献，《广东新语》《岭南逸史》《蜃楼志》为粤方言区作家写的笔记小说或通俗小说，粤方言色彩不明显。

由表 4-2 可知，"煮"为最常用、使用时间最长的词。19 世纪以后新出现"煲"，其用法迅速发展。

粤方言表"锅"义的词有"锅""镬""煲"等，用"锅"如：

（15）每峒置酒饷客，当客射牛中腹，即以牛皮为锅，熟而荐客，人各置一碗，客前满酌椒酒，客能饮则一一尝之，否则竟勿尝也。（《广东新语》，第 240 页）

（16）用铁锅嚟炕饼。（《粤语中文文选》，第 139 页）

（17）瓦鍋，鍋，瓦器。（《认物识字》，第 44 张图）

用"镬"如：

（18）哀求赴汤镬，保父千金躯。（《广东新语》，第 267 页）

（19）使大銕镬焓野。（《粤语中文文选》，第 139 页）

"煲"表"锅"义最早见于马礼逊《广东省土话字汇》（1828 年）："鼠磨砂煲。"① 又可写作"煲"，例多不赘举。还可写为"甂"，如：

（20）薄甂：甂，瓦器。煲，煲茶。煲，同上。（《认物识字》，第 44 张图）

也写为"爐"，如：

（21）爐 [a.w. 煲 ᶜpò]，一爐水 yat˳ ᶜpò ᶜshui, a kettle full of water；沙爐˳ shá ᶜpò or 瓦爐˳ ngá ᶜpò, earthen-ware pot；灰爐˳ fúi ᶜpò, stink-pot。（《粤语中文字典》，第 549 页）

"煲""煲""煲""甂""爐"表"煮""锅"义使用情况归纳如表 4-3②：

---

① 见于《广东省土话字汇》，整本书没有页码。

② 有的传教士文献用罗马字拼音来记录汉语的词，统计"煲"的用例时，如果该词记录的是"煲"的读音，义为"煮"或"锅"，我们也一并统计在内，"煲"的使用次数不能说明详细问题，但至少表明"煲"发展变化的一种趋势。

表 4-3　"煲"表"煮""锅"义的使用情况

语法功能			次数	阶段	语例
名词或量词			19	1821—1860	铜煲　药煲　茶煲　瓦煲　煲 po a cooking-pot also po
				1860—1900	一大煲茶　今晚一煲　明晚一煲　大云鼎煲　大铜煲　一爦水　沙爦　瓦爦　灰爦　沙煲
				1900 之后	薄甓　茶煲　沙煲
动词	带宾语	茶、水、酒	17	1821—1860	煲茶　pò chá　煲水　煲水 pò shui pò shui　煲茶
				1862—1900	煲酒　煲茶　煲滚茶　爦茶　爦水　煲水
				1900 之后	煲茶　煲水　煲茶　煲水
		粥、汤	10	1828—1862	pò chuk　煲汤
				1862—1900	煲粥　煲粥　爦粥　买的猪骨煲汤　买猪肉煲汤　pò tam tong　爦唻汤
				1900—1949	煲汤
		其他	9	1828—1862	清心灯心煲白果　煲蛋
				1862—1900	墨鱼煲猪肉
				1900—1949	煲东西　煲蛋　煲衣服　煲啲薏米及凤栗　煲啲糖果通心粉　芋头煲糖
		白米头、饭、羹	7	1828—1862	
				1862—1900	煲羹　煲的白米头　煲五更饭　煲过白米头
				1900—1949	煲倒饭　煲饭　煲饭
	单用		6	1821—1862	煲
				1862—1900	或煲或燉　煲　煲
				1900—1949	煲　煲
	带补语		10	1828—1862	煲腍　煲腍 pò nam
				1862—1900	煲到火候到　煲到干
				1900—1949	煲得咁结　煲沸　煲滚　煲二点钟　饭爱煲绵

　　"煲"及其异写形式表"煮"义不见于《广东新语》[①]《花笺记》《二荷花史》，最早见于《华英字典》（1815—1821 年），之后见于《粤讴》（1828 年）、《广东省土话字汇》（1828 年）、《粤语中文文选》（1841 年）、《英华韵府历阶》（1844 年）、《中国语启蒙》（1847 年）、《英华分韵撮要》（1856 年）、《英粤字典》（1862 年）、《广州方言习语选录及阅读》（1864 年）、《俗话倾谈》（1870 年）、《汉英字典》（1871 年）、《粤语中文字典》（1877 年）、《粤语俗语

[①]　屈大均（1630—1696），《广东新语》为他晚年之作，屈大均在自序中谈到自己创作此书的目的："予尝游于四方，阅览博物之君子，多就予而问焉。予举广东十郡所见所闻，平昔识之于己者，悉与之语。语既多，茫然无绪，因诠次之而成书也。"屈大均对广东、广东方言非常熟悉，《广东新语》无"煮"义记为"煲"及其异写形式，目前还没有发现 17 世纪末粤方言文献"煲"记为"煮"义的用例。

进阶》（1880 年 ）、《客英大词典》（1905 年 ）。本土粤方言辞书《江湖尺牍分韵撮要合集》（1838 年 ）没有 "煮" "锅" 义写为 "煲" 或其异写形式，记录 "煲" 的最早字书为《中华大字海》（1935 年 ）、《粤音韵汇》（1941 年 ）。殷孟伦（1985）认为："语言源远流长，以最早的文献为根据，也不能说明语言最早阶段的情况，只能说是有文献以来的最早阶段的情况。"[1] 这句话给我们的启示是，词的产生年代和文献的最早记载年代并不完全吻合，尤其是口语词。"煲" 表 "煮" 义最早见于《华英字典》（1815—1821 年 ），不代表此时产生，"煲" 在口语中的使用应更早，而《广东新语》《二荷花史》等更早期文献无 "煲" 表 "煮" 义的用例。由此推断其出现应在 18—19 世纪之间。不同时期 "煲" 表 "煮" 义出现的文献类型见下表：

表 4-4　"煲" 表 "煮" 义在传教士和本土人士编的粤方言文献的出现情况

	1828—1862		1862—1900		1900—1949	
传教士文献	6[2]	14	7	11	3	15
本土人士编粤方言文献	1	1	4	12[3]	4	6

从使用频次和文献种类来看，传教士文献均高于本土人士编粤方言文献。本土粤方言文献 "煲" 表 "煮" 义出现较晚，原因在于：一是 "煲" 的这一用法还不普遍，二是字书记载往往比实际语言使用稍晚。

18 世纪中后期 19 世纪初粤方言有 "煮水" "煮粥" "煮饭"，19 世纪以后文献出现 "煲"，有的文献用 "煮"，有的用 "煲"。

"煮水" "煲水"，如：

（22）煮以湖上清醒泉及姚坑水，有味无渣，而出于清明节者尤美。（《广东新语》，第 555 页 ）

---

[1]　殷孟伦：《"闻" 的词义问题》，《子云乡人类稿》，齐鲁书社，1985 年，第 276 页。

[2]　各阶段第一列数字表示 "煲" 出现的文献种类，第二列表示 "煲" 使用次数。

[3]　1860—1900 这一阶段共有本土文献 4 种，"煲" 用例高达 12 例，主要受文本影响，传教士文献为课本、词典，语句以单句形式呈现，《俗话倾谈》为通俗小说，以叙述描写为主，受文本语境影响导致 1860—1900 年 "煲" 在本土文献用例偏高。

（23）小儿急惊风，用臭虫与夜合花煲水服即愈。(《(民国)贺县志》卷十，第1523页)

"煮粥""煲粥"，如：

（24）遇一岁大饥荒，邱普自捐米赈济，煮粥以救乡邻。(《俗话倾谈二集·邱琼山》，第107页)

（25）夫妻是晚发心行孝，即剥花生，四更后起身煲粥，晨早捧献与家婆食。(《俗话倾谈·横纹柴》，第82页)

"煮饭""煲饭"，如：

（26）攞野·佢煮饭。(《广州方言习语》，第57页)

（27）将腊鸭晚晚煲五更饭，今晚一煲，明晚一煲，我何曾食得几多件呢？(《俗话倾谈二集·砒霜砵》，第409页)

以上三组语例"煲""煮"意义相同，可相互替换，由此推断：最初"煲""煮"同义，后来"煲"逐渐承担"煮"的部分用法[①]，变为"煮"的一个下位词，"用较多的水煮且使其沸腾"称"煲"。

由表4-3可知，"煲"后搭配对象的频次由高到低依次为"水、茶、酒"类，"粥、汤"类，"蛋、猪肉、白果"等其它类，"饭、羹、白米头"类。1828—1862"煲"后搭配"水""茶"，有"煮且使其沸腾"义；1862—1900扩展为"汤""粥"；1900—1949可为"薏米及凤粟""糖果通心粉""蛋""饭""白米头"，经历了由纯水向水和固体混合以水为主的变化过程，搭配对象范围逐步扩大。

"煲"表"锅"义最早见于《广东省土话字汇》(1828年)。此后，文献中"锅""煲"都可见，如"铜镬""铜煲"：

（28）铜镬。(《华英字典》，第47页)

（29）铜煲煲水易滚。(《粤语中文文选》，第139页)

---

① 粤方言有"煲水""煲汤""煲粥""煲凉茶"，"煲饭"可说，不常用，用"煮饭"。"煲饭""煮饭"意义不同，"煲饭"指煮米饭，"煮饭"则包括做菜煮饭整个过程，"煮面""煮菜"不说"煲面""煲菜"。"煲"承担了"煮"的"煮水""煮汤""煮粥""煮茶"用法。

如"瓦鍋""瓦煲"：

（30）试茶又点样呢？则用瓦煲煎滚山水泡之。(《粤语中文文选》，第230页）

（31）瓦鍋，鍋，瓦器。(《认物识字》，第44张图）

可见，"煲"逐渐替换"镬""锅"，煮水、药、汤而且壁较深的容器称为"煲"[①]。"煲"表"煮"义始见于《华英字典》（马礼逊,1815—1821，第47页），"锅"义始见于《广东省土话字汇》（马礼逊，1828），同一位作者较早期的著作只有"煲"表"煮"义，无表"锅"义。表4-3说明：从各阶段及整体来看，"煮"义用例多于"锅"义。由此我们认为："煮"义早于"锅"义，"煲"的"煮"义是对原有粤方言词"煮"部分功能的替换，煮水、药、汤、茶称"煲"，"锅"义由"煮"义发展而来，指煮水、药、汤、茶而且壁较深的容器。

"釜""鍑""炰""煲牛头"说不成立，"煲"来自哪儿呢？卫三畏（1856）指出："煲，a vuglar character，to heat，to boil，to cook with water；a cheap earthen pot; a kettle，used for boiling water; a grenade."（《英华分韵撮要》第385页）马礼逊（1815—1821）"咖"："this character is in vuglar use，kea fei 咖啡 coffee，Kea-la-pa 咖喇吧，vuglar name given to java."（《华英字典》第383页）卫三畏认定"煲"为 vuglar character，同本书广东地区流行的俗体字如"槓""嘅""哋"没有指明为 vuglar character，那么"煲"是否和"咖"用法相同，为记录音译外来词的文字呢？

1810年英文文献中"boil"就已为常用烹饪词[②]，粤方言用"煮"。解海江、章黎平（2002）把中英烹饪语义场分为A-G7个子场，A场汉语代表性义位是"煮"，英语为"boil"，A场与其他子场的区别特征为"加热的媒体为

---

① 今天粤方言"镬""煲"用法不同，"镬"指炒、煎、炸时用的锅，烧水、煮汤、煎药、煮粥的容器称为"煲"，不用"锅""镬"。

② 查询自美国近当代英语语料库，http://corpus.byu.edu/coha/，语料库选取语料文本始自1810年，因此我们不知道18世纪boil的使用情况，但boil在1810、1820、1830、1840、1850年代用例分别为6、42、513、49、65次，查询boil在语料库中的用法，boil主要做烹饪用语，后可跟milk 、egg、potato、juice等词，可知18世纪英文有boil一词且为常用烹饪词。

开水"，认为"boil""煮"语义对等，英汉双语词典为对应词[①]。王宇（2001）考察英汉两个烹饪子场所有词汇的释义，认为"boil——煮为完全或基本对应词"[②]。"煲"，马礼逊、卫三畏等人记为 po 或 pau，Boil 读 [bɔɪl]，汉语音节末尾除前后鼻音和塞音韵尾外，无其他辅音做韵尾，中国人会把 [bɔɪl] 发成 [bɔɪ]，与"煲"粤语读音相近。

19 世纪英文 boil 表"煮"义用法有三类：（1）boil+ 蔬菜（potato）/ 肉类（meat、fish）/ 其他液体（milk、juice），有 boil+water/water for tea/rice，不如 milk、juice 用例多；（2）boil+ 代词 + 时间名词或 boil+ 代词 +till+ 形容词，如 boil it two hours、boil it till soft；（3）boil together。"boil""煲"用法对比，见表 4-5。

表 4-5 "煲""boil"用法对比

粤方言文献"煲"的用法	19 世纪英语 boil 的用法
煲饭[④]	To boil rice for this soup in the East India fashion[⑤] to boil Rice for the Curry
煲水 / 茶	To boil the water over a fire made of pine To boil water and prepare our food
煲蛋[⑥]	To boil eggs for breakfast. Boil eggs for twenty minutes
煲朋	Boil them till they are clear and soft. Boil it till very soft
煲两点钟	Boil it three hours boil it six hours

粤方言"煲"搭配对象多为茶、水、酒、药、饭、汤，英语为蔬菜、肉类、果汁、牛奶，都有"煲水""煲饭""煲茶""煲蛋"。解海江、章黎平（2002）："农牧业结构直接影响当地居民的饮食结构与餐饮习惯。"[⑥] 畜牧业发达的西方以肉、奶、蛋为主食，广州地区以米为主，把药材、茶煮水喝极为

---

① 解海江、章黎平：《英汉烹饪语义场对比研究》，《烟台师范学院学报》（哲学社会科学版），2002 年第 4 期，84 页。

② 王宇：《英汉烹饪词汇语义对比研究——兼谈英汉饮食文化差异》，《解放军外国语学院学报》，2001 年第 2 期，第 32 页。

③ 在南方地区"饭"主要指米饭，不指面食。

④ 以下英文例句来自 http://corpus.byu.edu/coha/ 。

⑤ "煲蛋"见于《粤方言全书》第二十三课。

⑥ 解海江、章黎平：《英汉烹饪语义场对比研究》，《烟台师范学院学报》，2002 年第 4 期，89 页。

普遍，"煲"早期常与水、茶、饭、粥、药、酒等名词搭配。

周振鹤（2013）认为："20世纪40年代，研究中国洋泾浜英语的R.Hall根据前人的研究，将这一混合语的变迁过程分成四个时期：（1）起源于广州、澳门时期，大约是1715—1748年，（2）在广州使用的'古典'时期，1748—1842年，（3）扩展并广泛使用于香港、沿海通商口岸以及长江沿岸时期，1842—1890年左右，（4）衰落消亡时期，1890—1940年代。"①由前文可知，"煲"表"煮"义当产生于18—19世纪之间，与广州英语流行时期刚好吻合。"煲"最早见于粤方言文献，广州方言"煲"的使用最频繁，用法最多，形成了一些俗语。清代中后期，广州成为唯一的对外通商口岸，是西洋人集聚地，马礼逊、卫三畏等来中国主要生活在广州。

"煲"借自英文boil也符合广州的历史状况，吴义雄（2001）认为："从1637年到1715年，广州的中国商民和被称为'红毛番'的英国人打了大半个世纪的交道。在这漫长的岁月中，中国人渐渐记住了后者一再重复的、对生意来说至关重要的字眼，极力模仿'红毛番话'那古怪的发音，然后按照自己的语言习惯拼凑成句子，用于完成日常接触沟通。"②吴义雄（2001）提到《红毛通用番话》，其收录的广州英语词汇分为"生意数目门""人物俗语门""言语通用门""食物杂用门"③。程美宝、刘志伟（2004）："住在广州的外国人，是清一色的男性，一切家务杂事，更需聘请本地仆役料理"④，"那么像摆放和打理西式餐具（银器和玻璃器皿）和做西菜这一类的工作，便不得不专门学习"⑤。

因此，"煲"来源于"炰""釜""鍑""褒牛头"不成立，当源于18、19世纪"广州英语"boil一词。产生过程为：

---

① 周振鹤：《中国洋泾浜英语的形成》，《复旦学报》，2013年第5期，第3页。

② 吴义雄：《"广州英语"与19世纪中叶以前的中西交往》，《近代史研究》，2001年第3期，第184页。

③ 吴义雄：《"广州英语"与19世纪中叶以前的中西交往》，《近代史研究》，2001年第3期，第186页。

④ 程美宝、刘志伟：《18、19世纪广州洋人家庭里的中国佣人》，《史林》，2004年第4期，第2页。

⑤ 程美宝、刘志伟：《18、19世纪广州洋人家庭里的中国佣人》，《史林》，2004年第4期，第6页。

（1）西方和清政府通商之前，英语用"boil"，粤方言用"煮"；

（2）西洋人来广州、澳门，和中国仆役交流时，"boil"在西洋人口语中频频出现；

（3）中国仆役模仿英文"boil"，除鼻音韵尾和塞音韵尾外，汉语无其他辅音韵尾，boil[bɔɪl]被模仿为[bɔɪ]，与"水""茶""药""酒"等液体搭配，替换"煮"的部分用法，发展为"煮"的下位词，字形为"煲""㷛""煀""爒"；

（4）"煲"的"煮"义发展出表"锅"义，记为"煲""㷛""爒""甓"，"煲"表"煮""锅"义用法扩散至广州周边及其他沿海地区。

焗

"焗"，张双庆（2002）认定其是粤方言一级特征词[1]："焗：原是一种煮食法，指在密封的器具中烤。又引申为闷热。"[2] 对于这个粤方言词的来源，前贤有不同的认识。

唐莉、涂良军（2000）认为"焗"是方言自创词，但没有展开讨论[3]；陈伯陶《东莞县志》认为来源于"酷"："微火熟之曰酷。按：《方言》：'爦、糦

---

① 张双庆《粤语的特征词》一文利用20世纪八九十年代詹伯慧、张日昇主持的三次大规模粤方言调查成果即《珠江三角洲方言词汇对照》《粤北十县市粤方言调查报告》《粤西十县市粤方言调查报告》，结合当代的粤方言词典等，选取一批粤方言内部具有一致性的词语作为特征词，并对其进行编号和等级认定，该文认定的粤方言一级特征词共231个，"焗"为（208）号。詹伯慧等《广州话正音字典》第343页："焗 * guk⁹……"该书第9页凡例："* 字目右上角的星号，表示为广州话方言用字，一般在普通话中都没有相应的读音，但也有少数字为普通话字（词）典所吸收，编者也给定了普通话的读音。"经施其生教授提醒，我们发现壮语中有 kuk²²（读短元音的阳入调），为"焖"义，有"焖肉"的说法，粤方言"焗"有很多引申意义及用法，壮语 kuk²² 用法相对单一，从词义发展演变规律来看，粤方言"焗"当早于壮语 kuk²²，此外，从时间来看，粤方言"焗（局）"产生于19世纪，用于局面包等西餐，结合当时历史史实来看，粤方言"焗（局）"的这一用法不来自壮语，当时壮语 kuk²² 借自粤方言。

② 张双庆：《粤语的特征词》，李如龙：《汉语方言特征词研究》，厦门大学出版社，2002年，第408页。

③ 唐莉、涂良军：《近期广州地区部分报刊的方言用语调查》，单周尧、陆镜光：《第七届国际粤方言研讨会论文集》，商务印书馆，2000年，第363页。

（笔者注：当为'熺'）、酋、酷，熟也。火熟曰爛，气熟曰熺，久熟曰酋，穀熟曰酷，熟，其通语也。'穀与久对，穀当训善。《吕览》：'酋醿米麴，使之化熟'，故《方言》曰久。《国语》韦昭注：'精熟曰酋'，故《方言》云'善熟曰酷'也。莞俗于饭将成时微火熟之曰酷，或作炉悬肉以中微火熟之亦曰酷，当即此字，俗别造焗字，非。"①；詹宪慈《广州语本字》认为："烚者，天久不雨之热气也，俗读烚若局。《说文》：'烚，旱气也'，《唐韵》：'烚，苦沃切'，烚者，太阳之热，若火气之热也'，则俗曰'好烚'。"②饶秉才等（1997）及麦耘、谭步云（1997）承其说，将"烚"加括号列在字头"焗"后，认为"焗""烚"为异体关系③、；詹伯慧、丘学强（2003）也曾指出："粤方言中较为被普遍认为是'音义皆合'且与目前流行的俗字字形也相同的'本字'不少，例如：……焗：闷热，烘，焖。《广韵》铎韵：'呵各切。热貌。'"④《广韵》铎韵不见"焗"，与'呵各切。热貌'对应的字为"熇"。

    "焗"来源于"酷""烚""熇"的说法都有可商榷之处。首先，语音不合。《广州方言词典》"焗"读 [kok^{22}]（第505页），"熇"读 [hɔk^{33}]（第496页）。《广州话词典》"酷"读 [huk^6]（第262页）。"烚"，《唐韵》："苦沃切"，溪母字。而"焗"不见于古代字书。《广州话正音字典》："焗*，guk^9，[局]"（第343页），字典凡例有："[ ] 表示广州话的直音字。"（第9页）由此可知"局""焗"同音，"局"为群母字，"焗"也当为群母字，"酷""熇""烚"与"焗"声母不合。其次，语义不合。从用法和意义来看，明清粤方言文献无"酷"表烹饪方式的用例，"酷""焗"无用法替换或语义引申关系，"烚"读"苦沃切"有"将食物炒后烹煮""旱气、热气"义，"熇"为"热"义，"焗"

① （民国）叶觉迈修，陈伯陶纂.《东莞县志（102卷）》（民国十年铅印本）第十一卷，第309页。

② 详见《广州语本字》第67页。

③ 饶秉才、欧阳觉亚、周无忌：《广州话词典》，广东人民出版社，1997年，第185页；麦耘、谭步云：《实用广州话分类词典》，广东人民出版社，1997年，第280页。

④ 詹伯慧、丘学强：《广东粤方言的共同特点述略》，詹伯慧：《第八届国际粤方言研讨会论文集》，中国社会科学出版社，2003年，第20页。

为"在密闭的空间烘烤"义①，它们的语义并不同。

黄小娅（2000）指出"焗"为方言俗字，早期字形为"局"，造字方式为在古用的同音字或近音字上加类符，加类符前后其基本意义不变②。黄文所言甚是，但"焗"如何由"局"演变来，文中未加详论。以下通过粤方言文献"局"的用法探讨"焗"的来源③。

粤方言文献"局"有以下四种用法：

1. 表示"在焗炉中烘烤"义，用于制作面包等西餐，最早见于《广东省土话字汇》（1828年）：

（1）bake bread, 烘 面 头 hong meen tǎw.Bake a pie, 局 面 龟 kok meen kwei.（《广东省土话字汇》第一册）

---

① "焗"，各著作释义不同。《汉语大字典》卷三第2206页"焗"："方言。将锅盖严闷煮。"《汉语大词典》与此相同，《现代汉语词典》（第7版）第701页"焗"："〈方〉①（动）烹调方法，利用蒸汽使密闭容器中的食物变熟；②焗油；③因空气不流通或气温高湿度大而感到憋闷。"白宛如《广州方言词典》第505页"焗"读kok，阴入调，下涉三个义项：①憋闷，空气不流通；②微火焖煮或开水泡，不使透气；③（密闭式）烘烤。麦耘、谭步云《实用广州话分类词典》第195、200、280页"焗"列有"闷热""熏（尤指闷着熏）""焖（一般时间不会很长）"义，有"焗汗""焗漆""焗茶"的用法。詹伯慧《广州话正音字典》第343页"焗"有"一种烹调法，用蒸汽焖""熏""闷"，指空气不流通，闷热"义。结合粤方言区"焗"的使用情况，我们认为张双庆对"焗"意义的认识更贴合实际，"焗"最早当为一种烹饪方法，指在密闭的容器中烘烤。

② 黄小娅：《粤语方言用字一百多年来的演变》，单周尧、陆镜光：《第七届国际粤方言研讨会论文集》，商务印书馆，2000年，第246页。

③ "焗"字最早出现在明代，为"爝"的换旁字。如：（1）按察司进表水手银，恤刑按临合用心红、纸劄、油焗、柴炭、吏书供给银。（刘忻春修，徐守纲纂《（崇祯）乌程县志12卷》（明崇祯十年刻本）第三卷，第230页）;（2）及寤，犹四鼓，因呼仆秉焗问视墙壁间，意谓有留题者，而都无所见。((宋)沈作宾修，施宿纂《（嘉泰）会稽志20卷》（清嘉庆十三年刻本）第十九卷，第1412页）。粤方言"焗"的用法不见于清代以前字书，因此我们选取文献时间上限为明末清初，对象为粤籍作家编著文献及西洋传教士编写的粤方言读本、词典等。主要有：木鱼书或粤讴，《花笺记》（1712年）、《二荷花史》（18世纪中期）、《粤讴》（1828年）；清末粤方言教科书《粤语全书》（1905年）；粤地笔记小说《广东新语》（17世纪末），白话小说《岭南逸史》（1794年）、《蜃楼志》（19世纪初）、《俗话倾谈》（1870年）；粤方言韵书、辞书，《初学粤音切要》（1855年）、《广东俗语考》（1933年）、《粤音韵汇》（1941年）、《广州语本字》（1995年）；明清时期西洋传教士编写的方言读本、词典，《广东省土话字汇》（1828年）等共31种。此外，也有部分语例检索自中国方志库。

后在其他粤语文献中出现，如：

（2）局蠔面龟要起好酥。(《粤语中文文选》，第 165 页)

（3）局猪豚极全味。(《粤语中文文选》，第 165 页)

（4）佢话预定做蟹汤、焓石班鱼、局蠔、烧猪仔、吉列鸡、羊排骨、局薯仔、蛋菜、萝蔔粉、铁鈀葱牛肉、红薯、灯噠、牛骨髓布颠、燉吉时、牛奶饼、饼干、两三样果子、酒、啤酒。(《拾级大成》，第 96 页)

（5）局蠔龟 baked oyster pie (《华英通语》，第 196 页)

以上例句"局"均对应英文 bake①。

烘烤面包、薯类的炉子称"局炉"，也最早见于《广东省土话字汇》，如：

（6）oven，局炉 kuk low (《广东省土话字汇》第一册)

后在其他粤语文献中出现，如：

（7）局炉 kuk ₂꜀ lò, a stove；局盅 kuk ₂꜀ chung, a covered tea-cup. (《粤语中文字典》，第 297 页)

（8）stove，火炉꜀ foh-lo，局炉 kuuk-lo，局食物之炉 kuuk shik mat ke ꜄ lo；a hand stove，手炉꜀ shau lo. (《英粤字典》，湛约翰，1907 年，第 479 页)

烘烤、局面包的房间称为"局房"，如：

（9）bake-house 局房 kuk ₂꜀ fong, kiuh fáng. (《英华字典》，第 130 页)

2. 表示"倒入开水加盖儿焖"义，用于"局茶"一词，最早见于《拾级大成》(1842 年)，如：

（10）bring some tea (to a servant).please take some tea.kuk ₂ ꜀ch 'á ꜀lai, ꜀ts 'ing ꜀ch 'á. 局茶嚟，请茶。(《拾级大成》，第 79 页)

"局茶"指"倒开水加盖儿焖茶"，有用火、不用火两种方式。不用火的

---

① 传教士文献大多为西文（英、法、葡等）和粤语对译，粤语用罗马字拼音注音。清末英粤双语词典英文 bake 对应粤语为"局"或"炕"，如：(1) bake, 炕, 局 (《英粤字典》，西村茂树)；(2) bake, 炕 hong꜄, 局 kuuk (《英粤字典》，湛约翰，1907 年)。早期粤方言烘、烤面包等用两个词：1. 读 hong³ 2. 局 guk⁶。用"炕"，如：(1) 用铁锅嚟炕饼。(《粤语中文文选》，第 139 页)；(2) 你有炕定的多时唔曾呀？(《粤语中文文选》，第 174 页)。读 hong³ 表"烘烤"义的"炕"今天粤语报刊写为"烘"。"炕"为粤方言本有用法，"局"是 18 世纪新出现的用法。

"局茶"指倒入开水加盖儿焖茶，即泡茶。如：

（11）茶局好耐 the tea has been steeping a long time.（《广州方言习语》，第56 页）

（12）tea，……，to pour boiling water over tea leaves, i.e.to mash tea, 局茶 kuuk ch 'a（《英粤字典》，湛约翰，1907 年，第 543 页）

用火的"局茶"是指倒开水加盖儿并用慢火煮，即煮茶，如：

（13）局茶，boil tea.（《广州方言习语》，第 7 页）

与之相关，带盖的茶杯称为"局盅"，最早出现于《广东省土话字汇》。如：

（14）kuk chung，局盅 tea cup with a cover.（《广东省土话字汇》第三册，1828）

3. 表示"加盖利用高温蒸气焖（锅下加火）"义[①]，目前所见仅出现于广州本土文献《俗话倾谈二集》。如：

（15）我话煲的白米头，局的好腊鸭，佢唔愿食，话要炒饭。（《俗话倾谈二集·砒霜砵》，第 415 页）

（16）每餐吹几两好酒，局一串风肠。（《俗话倾谈二集·砒霜砵》，第417 页）

---

① 《俗话倾谈二集》"局"不是 bake 义，理由为：焗炉主要用于洋人家庭，《俗话倾谈二集》为通俗白话小说，描写的场景和内容大多和广州中下层人士相关，19 世纪中期广州中下层人民是不可能用西方焗炉来烹饪的，粤地有一种烹饪方法，将肉类放在快要熟的米饭上，盖上锅盖，利用高温蒸气使食物熟，称为"焗"，此处"局"当指"用高温蒸气把肉类焖熟"。此外，粤方言有盐焗鸡、盐焗鱼等，谢栋元《客家话北方话对照词典》第 185 页"盐焗鸡"："客家名菜。将收拾干净的整个鸡，置于炒热的大粒盐之中，热力通过盐粒使鸡焖至熟。盐焗鸡肉滑、骨香、味浓、皮脆，颇受欢迎。传说此法由惠阳盐场某职工所发明。""焗"其实也是"用高温蒸气把肉类焖熟"义。

4.表示"因空气不流通而感到憋闷"义①，最早见于《粤语中文字典》。如：

（17）局，……，局死 kuk$_2$ ^{c}sz，smother，suffocate（《粤语中文字典》，第297页）

"局"的四种用法，以下称局$_1$、局$_2$、局$_3$、局$_4$，义素分析如下：

局$_1$：[密闭的空间][高温][烘烤]

局$_2$：[密闭的空间][温度高][水][蒸汽][焖][用火/不用火]

局$_3$：[密闭的空间][温度高][蒸汽][焖][用火]

局$_4$：[密闭的空间][闷]

从词义发展的角度来看，多义词的各个义项不是同时出现的，而是词义的历时演变在共时平面积淀而成的。王云路、王诚（2014）："一个词有诸多义项，这些义项绝大部分受着深层辩证关系的支配，表面看来杂乱无章，其实都有着相互依赖的脉络联系，清晰而深刻。"②

"局"的上述四种用法，局$_1$、局$_2$出现最早，最早都见于《广东省土话字汇》（1828年）③。局$_2$所表的"局茶"现象是粤方言区早已存在的，粤方言文献《广东新语》（17世纪末）、《花笺记》（1712年）、《二荷花史》（18世纪中期）用"煎茶""烹茶""煮茶"，19世纪出现"局茶"用例。局$_1$与18、19世纪西方传来的烹饪方式及器具有关，其特点为：用密闭的容器、高温烘烤。局$_2$表示的是粤方言本有的现象，17、18世纪用"煎""烹""煮"，19世纪改为

---

① 曹先擢、苏培成《汉字形义分析字典》"局"下有"部分""机关单位的名称""棋盘""形势、处境""器量、度量""拘束、限制""弯曲""圈套"八个义项。由该字典可知，《玉篇·口部》："局，曲也。"局和曲是同源字，其基本义为弯曲，引申为有所收束、限制，变的狭小而不能舒展。详参曹先擢、苏培成：《汉字形义分析字典》，北京大学出版社，1999年，第274页。粤方言文献"局"指"因空气不流通而感到憋闷"义与此无关，"局"表"憋闷"义与空间广狭无关，主要是空间密闭（即空气不流通）而感到的憋闷，后来词义发展，也形容气温高、湿度大而让人感到憋闷的天气。

② 王云路、王诚：《汉语词汇核心义研究》，北京大学出版社，2014年，第38页。

③ "局茶"最早见于《拾级大成》（1842年），"局盅"见于《广东省土话字汇》（1828年），因此局$_1$、局$_2$最早都见于《广东省土话字汇》。

"局"，也有 [密闭的空间][高温] 的义素。由此我们推断，局$_2$当来自局$_1$。局$_1$为最早的用法，局$_2$是受局$_1$影响的结果。局$_1$、局$_2$有共同义素 [密闭的空间][高温]，体现了词义发展的内在联系。

王云路、王诚（2014）："词义的演变发展遵循着事物内在的必然联系，反映出先人认识外界关系的各个角度和侧面，辩证而富于逻辑。"[①] 共同义素 [密闭的空间] 体现的是"局"四种用法所代表的事物内在的必然联系。局$_1$为最早的用法，局$_2$、局$_3$、局$_4$当由局$_1$发展而来，具体过程是：（1）加开水至茶叶中并用盖儿把茶杯（壶）盖好。加盖的茶杯（壶）是一个密闭的空间，温度高，与局$_1$有相似之处，人们便将它与局$_1$联系起来，称为"局茶"，此时局$_2$有 [密闭的空间][温度高][有蒸汽][有水][焗] 等义素[②]。（2）粤菜有一种烹饪方法，是将肉类或番薯放在快要熟的米饭上，盖上锅盖，锅下加火，利用高温蒸汽使食物熟，其特点为"密闭的空间""温度高""有蒸汽"，与局$_2$有相似之处，人们便将其与局$_2$联系起来，称为"局"[③]。今粤方言说的"焗"，除用烤箱烹饪外，都有 [高温][蒸汽][焗] 等义素。（3）粤地的夏天，无风、温度高、湿度大，与"密闭的空间""有水蒸气""温度高"的局茶有相似之处，人们便将其与局$_3$联系起来，今称这种天气为"局"[④]。

综上，局$_1$为最早出现的用法，局$_2$、局$_3$、局$_4$是在局$_1$基础上产生的新

---

① 王云路、王诚：《汉语词汇核心义研究》，北京大学出版社，2014 年，第 39 页。

② 经调查，粤语区年轻人没有听过"焗茶"，可见粤方言口语已不用，但"焗"表"倒水后加盖利用高温蒸汽焗"义仍在使用，以下二例来自"科慧搜索"：（1）先将水沸腾，关火后放入盛了碎茶的茶袋，再低火慢煮两分钟，熄火焗茶 4 分钟，然后用铁匙羹在茶袋内搅拌和轻压茶叶，代替撞茶的高难度动作，最后加入适量淡奶或炼奶便完成。（《自家制港式奶茶》，媒体 am730，A48 版"萌妻之道"栏目，2016-05-04）；（2）以下每款养生茶制作相同：1. 将所有材料放入保温瓶，注入 1 大碗滚水（约300ml）；2. 焗半小时，搅拌即可饮用。（《东方新地》，M109 版"life zone"栏目，2016-03-10）

③ 粤方言焗饭、盐焗鸡、焗番薯等具体烹饪方法有差异，可归纳为两类：1. 密闭器皿（烤箱）里利用高温烘烤使食物熟；2. 密闭的器皿里利用高温蒸汽使食物慢慢焗熟。

④ 经调查，今粤方言无风、气温高的天气就可称"焗"，义素 [水蒸气] 逐渐磨损。

用法^①。

为什么 19 世纪初的粤方言文献中"局"会产生"在焗炉中烘烤"义呢？我们认为，这源自英文 cook，"局"是英文 cook 的记音汉字。理由如下：

1. "局"，《广东省土话字汇》记为 kuk 或 kok，《粤语中文文选》《拾级大成》《英华分韵撮要》《粤语中文字典》记为 kuk$_2$，湛约翰《英粤字典》记为 kuuk。"局"的声母 k，马礼逊《广东省土话字汇》舌根音送气、不送气都记为 k^②，《拾级大成》《粤语中文文选》k 记不送气舌根音。李惠萍（2015）认为："关于其方案中没有区分送气这一点，其实马礼逊在前言里已经说明了广州话有送气音，只是外国人太难掌握，且不妨碍学习汉字，所以可能是出于方便学习才没有区分。"^③以音素 [k] 开头的英文词语对译到粤方言，有选用声母为同部位不送气音的字记录的现象，如 Canada 音译为"干拿大"（《粤语中文文选》第 414 页），Cuba 为"古巴"（《粤语中文文选》第 415 页）。"局"的韵母，《广东省土话字汇》记为 uk 或 ok，《拾级大成》为 uk，湛约翰《英粤字典》为 uuk，李惠萍归纳的罗马字拼音方案都对应 [ʊk]。可见，"局"与英文 cook[kuk] 读音相合。

2. 19 世纪英文 cook 表"烹饪"义，可搭配 bread、food、rice、meat 等，但不表具体烹饪方式，相当于汉语"做饭""做面条""做馒头"的"做"，bake 表"在烤箱里烘烤"。英文做面包可以说 cook bread，也可为 bake bread，就做面包来讲，bake bread 更常用，但作为烹饪词，cook 比 bake 常用^④，搭配的名词更多，更容易记忆，选用常用、简单的 cook 就成为顺理成章的了。"局""cook"用法对比如表 4-6。

---

① 粤方言局$_2$口语不用，局$_3$使用较少，局$_1$、局$_4$常用，原因在于局$_1$表示的是粤方言中本来没有的现象，局$_4$表达既形象又贴切。

② 李惠萍归纳的拼音方案中，19 世纪传教士文献《圣传福音路加》[k][kʻ] 都记为 k/g、《广州方言习语》记为 k/c。

③ 李惠萍：《早期粤语文献的罗马字拼音方案比较研究》，中山大学硕士学位论文，2015 年，第 79 页。

④ 查阅自美国近当代英语语料库 http://corpus.byu.edu/coha/，该语料库选取文本始自 1810 年，1800—1810、1810—1820 cook 使用频次分别为 17、70，bake 为 3、6，cook 比 bake 更常用。

表 4-6　"局""cook"用法对比

"局"	19 世纪英语 cook
局面包	（1）but these were rather incumbrances than aids, and they used the family meal to Cook bread for the troops. （2）I carry my wardrobe all on my back；For want of an oven I cook bread in a pot.
局薯仔	（1）Two of his companions, not aware that water, at the height of two miles, boils at a lower temperature, were vainly endeavouring to cook potatoes. （2）We cook potatoes in every way we know, and eat the whole of our stock remaining.

3. 面包、焗炉为西方物品，明代以前广州本土没有面包、焗炉，也无"局"的以上用法。"局面包""局炉"的用例最早见于《广东省土话字汇》（1828），口语使用当更早。程美宝、刘志伟（2004）："其实，有资料显示，中国商行家庭的厨子，很早就懂得炮制西菜，因为商行经常要招待洋商和外国使节。……不过，可以肯定的是，除了厨子之外，其他中国仆人为了和主人沟通，至少得学会各种西菜、西方食品和用品的中文或英文叫法。"[①]周振鹤（2013）也讲道："20 世纪 40 年代，研究中国洋泾浜英语的 R.Hall 根据前人的研究，将这一混合语的变迁过程分成四个时期：（1）起源于广州、澳门时期，大约是 1715—1748 年，（2）在广州使用的"古典"时期，1748—1842 年，（3）扩展并广泛使用于香港、沿海通商口岸以及长江沿岸时期，1842-1890 年左右，（4）衰落消亡时期，1890—1940 年代。"[②]

"局"表"在焗炉中烘烤"义与"广州英语"出现的时间、地域吻合，符合 18、19 世纪广州地区的历史事实，后写为"焗"，"焗"最早见于《粤语全书》（1905）[③]。

通过以上考察可以发现，粤方言词"焗"最早写为"局"，始见于 19 世

---

① 程美宝、刘志伟：《18、19 世纪广州洋人家庭里的中国佣人》，《史林》，2004 年第 4 期，第 6 页。

② 周振鹤：《中国洋泾浜英语的形成》，《复旦学报》（社会科学版），2013 年第 5 期，第 3 页。

③ 表烹饪方式的"局"写为"焗"，最早文献用例为《粤语全书》，共三处，如:（1）厨炉 煤 柴 煮 透 煲 烧 冲 煎 焗 饼 粉 盐 揾 依（第二十二课）;（2）焗野 焗面包 焗熟 焗饼 焗茶（第二十二课）;（3）个火炉要好热至焗得面包嘅。（第二十二课）

纪粤方言文献，有四种用法：1. 在焗炉中烘烤（用于制作面包等西餐）；2. 倒水并加盖儿焖茶（可用火，也可不用火）；3. 加盖利用高温蒸汽焖熟（用火）；4. 因空气不流通感到憋闷。以上用法有共同义素 [密闭的空间]，体现了各义项间的联系，局₁出现最早、用例最多，"局"是 18、19 世纪"广州英语"cook 的记音字，其他用法由此引申而来。

辘

粤方言"辘"有动词"滚"义，《汉语方言大词典》"辘"字下有义项："①〈动〉滚。㊀客话，广东惠州。㊁粤语，广东广州 [luk^{55}] ~ 铁圈。"（第 7049 页）《现代汉语方言大词典》"辘"："②滚动：喺楼梯 ~ 落来｜~ 地打滚儿。"（第 6036 页）该词典与"辘"有关的词条还有"辘牛""辘仙""辘地沙"。《实用广州话分类词典》"辘（碌）地"："辘（碌）地● lok1 dei6-2，在地上打滚。畀人打到 ~。（被人打得直打滚）"（第 156 页），又有"辘（碌）地沙"，意义与"辘（碌）地"同（第 157 页），又有"辘（碌）地波"："辘（碌）地波● lok1 dei6 bo1 地滚球（辘：滚）。呢個 ~ 冇乜力，畀龙门扑倒。（这个地滚球没什么力量，被守门员扑住。）"（第 226 页）

粤方言"辘"有动词义"滚动"在 19 世纪传教士编粤方言文献《英华字典》中也有体现，用例如下：

（1）devolve, to roll down, 辘落去 luk ˎlok ˎhü ˋ.luh loh kʻü.（卷二，第 609 页 devolve）

（2）trundle, to, 辘 luk ˎ.luh, 摅 luk ˎ.luh. 轮ˎlun.lun.（卷四，第 1833 页 trundle）

（3）troll, ……; to roll, 轮ˎlun.lun, 辘 luk ˎ.luh, 摅 luk ˎ.luh.（卷四，第 1830 页 troll）

（4）distribute, ……; ditto ink, as printers, 辘匀墨 luk ˎˎwan mak ˎ.luh yun meh.（卷二，第 658 页 distribute）

字还可写为"摅"，如：

（5）bowler，……；one who rolls in cricket，摝球者 luk꜄꜇k‘au꜂ché，luh k‘iú ché，踢球者 t‘ek꜄꜇k‘au꜂ché，t‘ih k ‘iú ché.（卷一，第 235 页 bowler）

（6）bowling,……;rolling the ball at cricket，摝球 luk꜄꜇k‘au, luh k‘iú.（卷一，第 235 页 bowling）

（7）bowling-green，a level place of ground kept smooth for bowling，打波场꜂tá꜀po꜇ch‘éung.tá po ch‘áng，摝波场 luk꜄꜀po꜇ch‘éung，luh po ch‘áng。（卷一，第 235 页 bowling-green）

（8）roll，to，……；to roll over the ground，摝 luk꜄.luh，转꜂chün. chuen，滚꜂kw‘an.kwan，打滚꜂tá꜂kw‘an. tá kwan；……；to roll with the foot，俾脚摝꜂pí kéuk꜄luk꜄；to roll a ball，摝球 luk꜄꜇k‘au. Luh k‘iú；to roll the earth，摝泥 luk꜄꜇nai.luh ní；to roll ink in printing，摝墨 luk꜄mak꜅；to roll smooth，轆滑 luk꜄wát꜅，碾꜂chín，chen；……；to roll a road，摝路 luk꜄lò꜆；……；to roll one’ s self，自摝 tsz꜆luk꜄.tsz luh；……；to roll to and fro，摝来摝去 luk꜄꜇loi luk꜄hü꜄，两头摝꜃léung꜇t ‘au luk꜄. liáng t ‘au luh；to roll down，摝落 luk꜄lok꜄.luh loh，摝下 luk꜄꜃há。（卷四，第 1507 页 roll）

（9）rolled，as along the ground，摝过 luk꜄kwo꜄.luh kwo，滚过꜂kw ‘an kwo꜄. kwan kwo；……；where has it rolled to？摝埋边处呢 luk꜄꜇mái꜀pín ch‘ü꜄꜀ní；rolled down to the ground，摝落地 luk꜄lok꜅tí꜆。（卷四，第 1508 页 rolled）

（10）rolling，摝 luk.luh；……；a game of rolling copper-cash，摝牛 luk꜄꜇ngau.luh niú；rolling to and fro，摝来摝去 luk꜄꜇loi luk꜄hü꜄.luh lái luh k ‘ü。（卷四，第 1508 页 rolling）

（11）volubility，aptness to roll，易摝者 í꜆luk꜄꜂ché.í luh ché；the act of rolling，摝者 luk꜄꜂ché.luh ché。（卷四，第 1936 页 volubility）

（12）rock，……；to rock to and fro，扤扤吓 ngat꜅ngat꜅꜃há，摝来摝去 luk꜄꜇loi luk꜄hü꜄。（卷四，第 1506 页 rock）

《汉语大字典》“轆”字没有释义，只列了【轆轤】：“汲取井水的起重装置。《正字通·车部》：'辘，辘轳，井上汲水轴也。'"《中华字海》比《汉语大字典》多了一个用法：②[～～]象声词。车声～～｜饥肠辘辘。

《汉语大词典》"辘"下有两个义项：①车轮碾轧；②亦作"轐"。"辘"字下收有"辘车""辘轳""辘辘""辘轳""辘轳劫""辘轳格""辘轳剑""辘轳韵""辘轳体"等词条。其中"辘轳"下涉5个义项：①利用轮轴原理制成的井上汲水的起重装置；②机械上的绞盘；③车轮；④比喻如辘轳般圆转；⑤指辘轳剑；⑥诗格名称之一；⑦佛教语，即辘轳劫。《汉语大字典》"摝"下有两个义项：①振动，摇动；②捞取。《汉语大词典》《中华字海》与此相同。《故训汇纂》"摝"有四个用法：①振也；②读如涿鹿之鹿；③读如弄；④摇也。

从以上可以判定，粤方言文献"辘""摝"的"滚"义和以上辞书"摝"无关，"摝"只是个记音字。《汉语大词典》"辘轳"的5个义项中，①出现最早，②⑤⑥⑦和①之间的发展关系比较明晰。唯独义项③④"车轮"义和①发展脉络不甚清晰。

《现代汉语方言大词典》"辘"下广州话用法还有：①轮子，轱辘：车～｜线～②滚动：喺楼梯～落来｜～地打滚儿③辗，轧：畀车～亲脚｜～死人。《实用广州话分类词典》第"辘"还有"车轮"义。（第80页）

《汉语大字典》"辘"有"车轮碾压"义，《现代汉语方言大词典》"辘"广州话用法③即为"辗，轧"。《汉语大词典》"辘"的动词义"车轮碾压"书证为宋代苏轼作品《自海南归过清远峡宝林寺敬赞禅月所画十八大阿罗汉·第十二那伽犀那尊者》："以恶辘物，如火自熱。"粤方言"辘"的动词"滚"义是否由古代汉语"辘"的"辗，轧"发展演变而来呢？《现代汉语方言大词典》"辘"下记录粤方言就有"辗，轧"义，又有"轮子"义，从"辗，轧"义发展为"滚"义似乎是顺理成章的事。但是从"辗，轧"义如何发展出"滚"义呢？19世纪传教士编粤方言文献《英华字典》中"滚"主要指球类物体的滚动，不是车轮的滚动，而且"车轮碾压"义出现于宋代，粤客方言"辘"的"滚"义目前发现最早见于19世纪，从时间来看也不能证明二者有直接发展演变关系 [①]。

除了"轆""摌"表"滚"义外,19 世纪粤方言文献"轆""摌"还有"旋转"义及用于"摌鼓"的用法,这些用法古代文献中都没有出现过,如果说粤方言"轆"的"滚"义来自于"碾压"义,那么"旋转"及"摌鼓"又是怎样产生的呢?

19 世纪粤方言文献《英华字典》中"轆""摌"除了有"滚"义之外,还有其他一些用法。

"轆"为名词,为"轮子"义。

(13) roller, a, 轆 luk ₎.luh, 碌 luk ₎.luh, 砣 ₎ tʻo.tʻo;……; a fluted-roller, 碌磚 luk ₎ tuk ₎.luh tuh;……; a roller for leveling the road, 地 轆 tí ˀ luk ₎.tí luh.(卷四,第 1508 页 roller)

(14) roller, a, 轆 luk ₎.luh, 碌 luk ₎.luh, 砣 ₎ tʻo.tʻo;……; a fluted-roller, 碌磚 luk ₎ tuk ₎.luh tuh;……; a roller for leveling the road, 地 轆 tí ˀ luk ₎.tí luh.(卷四,第 1508 页 roller)

(15) wheel-barrow, 轆头 luk ₎ ₎ tʻau, 车轆 ₎ chʻé luk ₎.chʻé luh.(卷四,第 1971 页 wheel-barrow)

(16) wheel, to, 推摌 t'úi luk ₎.t'úi luh, 推轮 ₎ t'úi ₎ lun.t'úi lun.(卷四,第 1971 页 wheel)

---

① 《汉语大词典》"轆"下有"车轮碾压""轮子"义。也有可能"轆"的"轮子"义来源于"辘轳",汲水装置,这种装置靠转动使绳子变长或缩短从井里打水。进而发展出名词"轮子"义,又发展为"滚"或"车轮碾压"义,"旋转"义。"轆轆",象声词,形容车行声,也可形容饥饿时肠中虚鸣声,进而指鼓鸣声。但是仔细来看,其中也有许多不合理的地方,粤方言"摌"不用于"轮子"的滚动,而是球类或其他物件的滚动。"轆"最早当"辘轳"讲,后来"轆"有"车轮碾压"和"轮子"义,按常理来说,"辘轳"为名词,当先发展出名词"轮子"义,再引申为动词"车轮碾压"。但《汉语大词典》中"辘轳"指"车轮"义书证为清代周龙藻《陇头水》,"轆"的动词义"车轮碾压"书证为宋代苏轼作品,动词义用例早于名词义用例。按常理来说,从"车轮碾压"很容易发展出"滚动"义,但粤方言中"滚动"主要是球类的滚动,语义不强调碾压。

271

2. "撸"为动词，为"旋转"义，如：

（17）shake，……；to shake, as a rattle, 撸 luk。.（卷四，第 1585 页 shake）

（18）cireumvolvtion, the act of rolling round, 旋转 sün ᶜ chün.sinen chuen. 撸转 luk。ᶜ chün.（卷一，第 390 页 cireumvolvtion）

（19）rattling, as a peddler, 挚 ngò, ngau, 撸 luk。.（卷四，第 1430 页 rattling）

3. 用于"撸鼓"一词，如：

（20）chub-face, having a plump, round face, 撸鼓面 Luk, ᶜ kú mín ². luh kú mien. 大圆面 tái ²₌ ün mín ². tá yuen mien.（卷一，第 382 页 chub-face）

（21）a clapper-drum, 撸鼓 luk。ᶜ kú.luh kú。（卷一，第 395 页 clapper）

（22）drum, the twirling drum, 鼗鼓₌ t'ò ᶜ kú, t'áu kú, 撸鼓 luk。ᶜ kú, luh kú.（卷二，第 688 页 drum）

（23）rattle, a, 撸鼓 luk。ᶜ kú, 靈鼗₌ ling ₌ t'ò, ling t'áu, 鼗₌ t'ò.t'áu, 靈啉鼓₌ ling ₌ lam ᶜ kú.（卷四，第 1430 页 rattle）

4. "撸撸"还为拟声词，模拟外国鼓旋转所发出的声音，如：

（24）clatter, to strike and make a rattling noise, 做撸撸声 tsò ² luk。luk。₌ shing.tso luh luh shing.[1]（卷一，第 397 页 clatter）

（25）clatter, a rapid suceession of abrupt, sharp sounds, made by the collusion of metallie or other sonoraus bodies, 嘝啪声 p'ik。p'ák。₌ shing, 撸撸声 luk。luk。₌ shing.luh luh shing.（卷一，第 397 页 clatter）

（26）rattle, ……；to speak eagerly and noisily, 讲得撸撸 ᶜ kong tak。luk。luk。；to rattle the hand-drum, 挚撸鼓₌ ngò luk。₌ kú. 摇鼗 iú ₌ t'ò.yáu t'áu.（卷四，第 1430 页 rattle）

（27）ruffle, a, of the drum, 鼓撸声 ᶜ kú luk。₌ shing.kú luh shing.（卷四，

---

[1] 该页下注：luk luk is an important effort at imitating the rattling of foreign drums or the sound of R.

第 1517 页 ruffle）

除此之外，在同时期其他传教士编方言文献中也有体现，如：

（28）在地辘，roll on the ground.（《广州方言习语》，第 26 页）

（29）摭 luk，to roll；to rock；to rattle. 同时该字下有词语："｜来｜去 .l.lôi.
l.hì.rolling backwards and forwards.｜落地 .l.lók thí，roll down to the ground.｜泥，
l.nâi，rolling in the mud."（《客英大辞典》，第 486 页"摭"字）

《宁波方言字语汇解》①又有"搭"，与以上"摭"的用法对应，用例如下：

（30）roll，to le 搭；kweng 滚；kyün 捲；the ball will roll，gyin we le 球会搭；
roll dough，搭面，will roll off，iao le'-ko-ky<i' 要搭过去；roll the ground even，
di-yiang' Le bing' 地上搭平；roll over and over，fæn-læ' foh-ky<i' 翻来覆去；
roll up the sleeves，ziu-ts' kyün-tæn'-zông 袖子捲上。（《宁波方言字语汇解》，
第 403 页）

（31）roller for maps，gyüoh 轴；stone roller，le-zah' 搭石。（ih-go）.《宁
波方言字语汇解》，第 403 页）

（32）rolling pin，ken'-djü' 桿鎚；le-djü' 搭鎚.（《宁波方言字语汇解》，第
403 页）

通过以上探讨我们再回过头来重新审视粤方言"摭""辘"表"滚"义的
来源。

1.《英华字典》"辘""摭"罗马字注音为 luk，，表"滚动""旋转""摭
鼓"义对应英文 roll[rəul]。当时中国人在发音时常将 [r] 发为 [l]，马礼逊谈到
R 字母时说："the sound of this letter although not found in the Chinese，prevails
in the languages of the Tartar and Mabomedan Chinese.when giving the sounds of
Manshur or Arabic words，they use 拉 la，鲁 loo，勒 lĭb，&c.directing the reader

---

① 　《宁波方言字语汇解》（An Anglo-Chinese Vocabulary of the Ningpo Dialect）由美国旅甬传教士睦礼
逊（William T.Morrison）编，上海美华书局（ShangHai:American Presbyterian Mission Press）于 1876
年出版，是史上第一本有英汉对照的宁波方言工具书。该书由姚小平等影印以《宁波方言字语汇解》
为题收入丛书《19 世纪西方传教士编汉语方言词典》，于 2016 年在上海大学出版社出版。

to employ 滚话 kwan shih. A rolling tongue, when pronouncing these syllables."
(《华英字典》，第 349 页)

2.《朗文当代英汉双解词典》roll 有名词、动词两种用法，名词有义项：卷形物（春卷、纸卷等）；面包卷；干酪卷；表册，名册，点名簿；点名。Roll 做动词有：（使）滚动；打滚；（车轮）滚动、转动；卷，缩；包卷；摇摆，摇晃；辗平，压平，被辗平；发隆隆声；开机（尤指摄影机）；笑得打滚；抢劫；掷骰子；使（眼睛）转动，溜转；带动，带。

19 世纪英文文献中有 roll 和 ball、drum 搭配的用例，roll 和 ball 的搭配组合。如：

（28）let the ball roll to the wall.

（29）letting the medicine ball roll away.

（30）In my mind's eye I saw the ball roll up onto the green and stop three feet from the hole.

从组合搭配上来看，以上文献中"辘""摊"的对象多为"球"，有"摊球""摊波场""俾脚摊"等说法。

Roll 和 drum 的搭配如：

（31）and crimson plume -- and sword, With blow of trumpets --roll of drums -- and word of slow command -- and dragging tramp of steeds.

（32）The brawling drum must roll: the keen-toned fife, Must sting the sluggish pulses into life.

（33）And panted at the drum's deep roll; And held my breath, when -- flaming high.

（34）A heavy roll of drums roused Harold from his meditations.

（35）as it anchored just against Castle Island, the roll of the drum, and the shrill notes of the fife, were distinctly heard.

（36）He did not awake until roused by the sudden roll of drums and the piercing cry of fifes.

3. 19 世纪文献中有用"轆""攏"作为 roll 记音文字的用例，如：

（37）rolling-press 碥 碌 shín ˒ luk ˳.shen luh；ditto for printting， 轆 印 机 luk ˳ yan ˒ ˳ kí.luh yin kí。(《英华字典》卷四，第 1508 页 rolling-press）

（38）weather-roll，向风攏 héung ˒ ˳ fung luk ˳。(《英华字典》卷四，第 1962 页 weather-roll）

4. 19 世纪广州方言中确实引进了很多表日常生活常用事物的外来音译词，如"波"（ball）、"多时"（toast）、"咖啡"（coffee）等。

因此，我们认为粤、客方言中"轆""攏"的"滚"义不来自古代汉语，而是英文 roll 的音译记音字。

第五章 南方方言文献中的特殊文字现象

以下逐一介绍南方方言文献特殊文字现象，并分析其特点、形成原因及其对其他历史时期汉字的继承关系。

第一节 粤方言"口"旁自造字的性质及成因 [①]

"口"旁自造字指在汉字左边加"口"旁形成的一类字，它们与不加"口"旁的字读音相同或相近，意义无关。粤方言这类字数量众多，已引起学界广泛关注。学界讨论的粤方言"口"旁自造字有两类，一是粤方言字，二是音译词词形中的"口"旁字。涉及两方面：（一）"口"旁自造字的性质。詹伯慧、丘学强（2003）、邓小琴（2011）等在表述中将其看作形声字，也有学者将表音译词或方言词的"口"旁字当作形声字来举例。（二）"口"旁功能。有四种认识：1.玛突来维切·帕维尔（2002）、詹伯慧、丘学强（2003）认为"口"旁表示一种风格意义，詹伯慧进一步认为"即表示该字是口语用字"，邓小琴认为"加'口'旁以指示文本的方言化或口语化"；2.黄翙（2007）认为用加"口"字旁的办法音译外来名称排除了汉字表意的干扰；3.杨锡彭（2007）指出："'嗦呸'作为音译，加上'口'字旁表示跟'食物、饮料'有关，这是马来西亚华人坊间用字的习惯" [②]；4.周振

---

① 此节内容以《粤方言"口"旁自造字的性质及相关问题》为题发表于《五邑大学学报》（社会科学版），2020 年第 2 期。

② 杨锡彭：《汉语外来词研究》，上海人民出版社，2007，第 69 页

鹤（2000）、游光明（2014）认为"口"旁带有贬义色彩。以上观点在学界影响广泛，但仍有值得商榷之处，体现为：单从粤方言字或音译词用字视角探讨"口"旁的功能，研究对象有不全面的遗憾；逻辑推理时将现象产生的原因与结果混淆，"口"旁字是粤方言用字显著特征，记录方言词、口语词，但不能因此认为"口"旁是方言化、口语化标记，方言化、口语化是"口"旁字大量使用后人们的感知结果，不是文字产生之初添加"口"旁的真正原因。我们认为：粤方言"口"旁字中的"口"旁为借音标记，起区别作用，这类字不是形声字。以下全面考察明清时期粤方言文献"口"旁字，结合汉字史上各类"口"旁字，对"口"旁功能、"口"旁字的性质及大量出现的原因等问题提出自己的看法。

一、方言文献"口"旁自造字的产生及使用

（一）产生

我们选取三类粤方言文献：1.文学戏曲作品，有 18 世纪《花笺记》《二荷花史》，19 世纪《粤讴》《俗话倾谈》；2.清代奏折、档案、公牍等史料，有《林则徐公牍》《澳门记略》；3. 19 世纪传教士文献，有《广东省土话字汇》《广州方言习语》《粤语中文文选》。比较以上"口"旁自造字使用情况，发现：1 类作品"口"旁字较少，只有"咁""唔"等零星几个，18、19 世纪无明显变化；2 类作品"口"旁字明显多于第一类；3 类作品"口"旁自造字最多；1 类作品"口"旁字记录已有文字系统无法书写的方言词，2 类记录音译词，3 类用于书写音译词、方言词。邓小琴列举的第一阶段（即明末至康熙年间）粤方言新造字"啯""嘢"就是"口"旁自造字，黄翊（2007）认为粤语地区更早的"口"旁字见于澳门的葡萄牙语音译词中，谢贵安（2008）认为西方列强国名的汉译名称经历了谐声描摹、贬词诋斥和褒词揄扬三个阶段，加"口"旁的国名音译归入谐声描摹阶段，认为谐声描摹大致以鸦片战争爆发为下限。可见，粤方言"口"旁自造字最早出现当在 19 世纪以前，但只是零星

出现。到了 19 世纪，传教士文献中"口"旁自造字开始大量使用，数量多，记词范围广。

（二）使用

19 世纪传教士文献"口"旁自造字有以下特点：数量多；大部分可用可不用"口"旁，如"抖气"也可写为"唞气"；常用汉字可增加或替换为"口"旁，如"一文钱"的"文"写为"呅"，表"猪舌"的"利"增旁为"脷""唎"，"污糟"写为"污嘈"，"屋踪"写为"屋唨"，"逆"写为"嗼"。使用于以下场合：音译词用字、外语词的注音字，音译词涉及国家名、人名、地名、船名、化学物品名、日用品、食品等；方言词用字，如"嘢""哋""啯""喺""嚟""唥""唧""嘅""噲""嗒""喈"等；受粤方言大量"口"旁自造字影响，有一些字增添或改换偏旁为"口"旁，如前文所举"呅""唎""喈""唨"。除粤方言外，佛经音译、民族文字、其他方言也有"口"旁自造字。

二、其他"口"旁自造字

（一）佛经音译

梁晓虹、徐时仪、陈五云（2005）指出："佛经的音译，除了用现成的汉字记音外，还自创了不少方块字以记音。……另外一些从'口'的形声字，'口'旁只起宣示该字是记音字的作用，如'呬、噭、哴、嘚、嘼、嘎、㘉、吔、呶、唵'等。"[1] 相关论述还可参见陆锡兴《梵文对汉字的影响》（1993）、龚雪梅《音译用字的文字学考察》（2006）。

（二）民族文字

西夏文佛经有在当用汉字前加"口"旁形成特殊标音汉字的现象，详参聂鸿音《〈番汉合时掌中珠〉注音符号研究》（1987）、聂鸿音《西夏文汉字的

---

① 梁晓虹、徐时仪、陈五云：《佛经音义与汉语词汇研究》，商务印书馆，2005 年，第 501 页。

转写方案》（1997）、孙伯君《西夏新译佛经中的特殊标音汉字》（2007）。南方系民族文字中也有"口"旁字，王锋（2010）指出："加形字是由汉字加上表示区别性的符号构成的新字。在汉字上加上某种偏旁或符号，以示和原有的汉字相区别。大多是借用汉字语音，也有少量是借用汉字的意义。所加偏旁以'口'旁为主，但也有其他符号。这些偏旁和符号只起一种标记作用，表示这是和汉字不同的新字。这类字在南方各民族文字都有使用，在某些文字（如白文）中，还逐渐发展成主要的造字手段。"[①] 字喃、壮字中的"口"旁字还可参见罗长山《试论字喃的演变规律及其消亡的社会原因》（1990）、罗长山《古壮字与字喃的比较研究》（1992）。

（三）方言文献

孙琳（2009）指出："又比如在（《越谚》）'声音音乐'一部分中，有很多方言字的构成方法是借用某通用字的音，加'口'旁作为意符而成。如'唦'。"[②] 陈泽平（2009）指出 19 世纪传教士编福州方言文献有以"口"标记同音假借字的现象，间或也用"口"字表示同音字，认为："方言杂字中加了明确标记'亻'或'口'的只是少数。加与不加似乎没有一定的规律可循。加了标记是强调该字是'平话字'（方言俗字），区别于通用汉字。"[③] 刘镇发（2011）及庄初升、黄婷婷（2014）指出 19 世纪末用汉字书写圣经的客家方言翻译本、19 世纪传教士编客家文献《启蒙浅学》中有很多是以同音或近音字随意加"口"字旁的自造字。

可见，粤方言这类字并非偶然出现的、孤立的、违反常规的现象。特别值得注意的是，粤方言这类字的数量是以上三者不可同日而语的；"口"旁自造字在 19 世纪吴、闽、粤、客方言及民族语中广泛使用，同一时期邻近地域出现类似文字现象，它们之间应当存在某种联系。

---

① 王锋：《试论南方汉字系民族文字》，《贵州民族研究》，2002 年第 2 期，第 154 页。

② 孙琳：《〈越谚〉方言字研究》，复旦大学硕士学位论文，2009 年，第 35 页。

③ 陈泽平：《福州方言杂字试析》，《福建师范大学学报》（哲学社会科学版），2009 年第 2 期，103 页。

三、"口"旁的功能及"口"旁自造字的性质

(一)"口"旁的功能

"口"旁作为借音标记有广泛的应用,详见陆锡兴(1993)、梁晓虹、徐时仪、陈五云(2002)、聂鸿音(1997)、孙伯君(2007)、罗长山(1990)、王锋(2002)等人的著作。以上"口"旁字都用来记录外语或民族语。梁晓虹、徐时仪、陈五云(2005)认为:"从文化交流和翻译外来语的历史看,音译词似乎始终遵循着这个规律:(1)利用现成汉字记音;(2)在记音字上加'口'旁,以志识别;(3)另造新字记音,也就是在记音字上加合适的意符来区别义类;(4)用反切法造新字记音。"[①]粤方言音译词、外语词注音字也用"口"旁字,如coffee,廖礼平(2005)指出早期可写为"架菲""加菲""架非""迦非""加非""加啡""茄非"等形式,传教士文献加"口"旁写为"咖""㗎"。"咖""㗎"是在"加""架"基础上加"口"旁产生的,"加""架""迦"是记音字,"咖""㗎"中的"口"旁也当起借音标记作用,以志识别,与历史上其他"口"旁字的记录习惯相同。

卫三畏《拾级大成》第7页第30条有对"口"旁的认识:"This radical is usually placed on the left side, but there are many exceptions.the group is for the most part, a natural one, voice, clamor, words, names, &c. Or some action of the mouth, being the idea in most of the characters; many of them are attempts to express the sense of words by imitiating their sounds.this radical is placed on the sides of characters to denote their sound merely is to be taken, irrespective of their signification, as when writing the sounds of a word from another language, euphonic particles, &c." 可见,卫三畏也注意到"口"旁的功能:"口"旁为借音标记,提示字形与意义无关。并指出"口"旁字的使用场合:when writing the sounds of a word from another language. 粤方言其他类"口"旁字的

---

① 梁晓虹、徐时仪、陈五云:《佛经音义与汉语词汇研究》,商务印书馆,2005年,第502页。

"口"旁是否也如此呢？我们以 19 世纪传教士文献《粤语中文字典》（1877）为对象，对比记录粤方言词的"口"旁自造字与不加"口"旁的原字读音、意义（有些字不属于"口"旁自造字，如"呢"，汉语中早已存在，此类字不在我们的考察范围），比较如下表 5-1。

表 5-1　"口"旁自造字与不加"口"旁的原字读音对比

原字	原字读音	"口"旁自造字	"口"旁自造字的读音	原字	原字读音	"口"旁自造字	"口"旁自造字的读音
阻	꜁cho	唨	꜁cho	鞋	꜄hái	嚡	꜄hái
衔	꜂hám	嗛	꜄hám	戲	hi	嚱	Hi꜃
靴	꜄hō	㖗	꜃hō	炕	Hong꜃	吭	Hong꜃
加	꜄ká	咖	꜄ká	衿	꜄K'am	哈	꜄K'am
敢	꜂kòm	噉	꜂kòm	卦	Kwá	啩	Kwá
鐮	Lá	囖	Lá꜃	黎	꜄lai	嚟	꜄lai
蘭	꜄lán	嗕	꜄lán	冷	Láng꜃	哈	꜁láng
鈴	꜄ling	嚿	꜄ling	羅	꜄lo	囉	꜄lo
浪	Long꜃	唥	꜂long	倫	꜄lun	嗑	꜄lun
米	꜂mai	咪	꜂mai	孟	Máng꜃	啱	꜄mang
妙	Miú꜃	吵	꜂miú	摩	꜄mo	嚤	꜄mo
木	Muk꜃	㕭	Muk꜊	乃	꜂nái	奶	Nái꜃
偽	ngai꜃	嚘	꜄ngai	牛	꜄ngau	吽	꜄ngau
罷	Pá꜃	喍	Pá꜃	排	꜄P'ái	啡	꜂P'ái
被	Pi꜃	喥	Pi꜃	播	Po꜃	嘴	Po꜃
焙	Púi꜃	嚕	Púi꜃	徙	꜂sái	嚱	꜂sái, sái꜃
耍	꜂shá	嗄	꜂shá	穌	꜄sú	嘛	꜄sò
凸	Tat꜊	吡	Tat꜊	爹	꜄té	嗲	꜄té
地	Ti꜃	哋	Ti꜃	抖	Tau꜃, ꜂tau	唞	꜂T'au
也	꜄yá	吔	꜄yá	卑	꜄pi	啤	꜄pé

上文所列大多数"口"旁自造字和不加"口"旁的原字读音相同或相近，意义无关。黄小娅（2000）认为"口"旁自造字与不加"口"旁的原字同音或近音，并将加"口"旁形成的字分为音义基本不变和新造俗字两种情况[①]。

[①]　黄小娅:《近两百年来广州方言词汇和方言用字的演变》，暨南大学博士学位论文，2000 年，第 90-91 页。

傅华辰（2008）指出："我们可以把'口'字看成一种标记，这个标记附加在某个字上以后表明这个字被假借来记音，和它原来记录的词在词义、词形上没有必然的联系了。"① 我们认为，记录粤方言词的"口"旁字中"口"旁也起到标音功能，王宁先生（2015）称这种功能为标示功能，"口"旁为只有区别作用的标示构件，将这类由示音成字构件加上标示构件而形成的合成字称为标音合成字。

（二）"口"旁自造字的性质

"口"旁自造字、形声字都含有示音功能的部件，示音部件与整字读音相同或相近，这是汉字表音功能的体现。汉字是表意体系的文字，但部分汉字也具有表音功能，表音功能的实现主要通过同音或近音字代替的方式，这是最主要也最常用的方式，在此基础上衍生出其他方式，形声字、"口"旁字就是其中两种，它们通过字形变化将汉字的原义和因同音或近音替代产生的用法区别看来。给同音或近音汉字添加与它们记录的词语的意义相关的偏旁就形成了形声字，添加"口"旁与同音或近音汉字的原有意义相区别，就形成了"口"旁自造字。还有一部分同音或近音字既不添加形旁，也不添加"口"旁，即文字的同音或近音替代用法和本有意义始终共用一个字形。同音或近音字添加的形旁不局限于某一个特定部件，不同部件充当形旁体现了不同的意义类属，因此形旁表意具体明确，具有揭示词义的作用，这一点与汉字的表意功能吻合，因此形声造字法成为一种强势能产的造字方式，形声字成为当今汉字的主体。"口"旁自造字的"口"旁起标示、区别作用，仅用的部件"口"不能揭示词义的详细信息，不符合文字的表意属性，因此汉字史上它主要记录外来词和方言词。

---

① 傅华辰:《偏旁"口"字的构形功能》,《安庆师范学院学报》(社会科学版), 2008 年第 7 期, 第 10 页。

四、对粤方言"口"旁自造字的三点认识

（一）大量出现的原因

由上文可知，粤方言这类字大量使用始于传教士文献，这一现象的原因有二：1.文献类型、内容不同，文本方言化程度存有差异，1类作品方言成分仅出现于人物对白，大部分为官话成分，3类为方言读本、教材，方言化程度极高，方言词较多；2.明清时期葡源、英源音译词最早在粤方言产生，传教士文献外来词最多。汉字主要记录官话，文本方言化及音译词书写都会碰到官话系统之外的异质成分。佛经文献记录官话异质成分（如外来语）有采用"口"旁自造字的习惯。粤方言书面化程度加深，需要快速、如实记录汉字系统没有书写过的大量方言词、音译词，已有汉字无法表达异质成分的音义，造新字耗时费力，识记困难，不便于快速推广、使用。记录异质成分，最初大多用已有的、读音相同或相近的汉字记录异质成分的读音，为了将文字记录"异质成分"的用法与原有意义区别开来，则添加"口"旁。文字史上各类"口"旁字所记录的词义基于官话系统以外的异质成分（外来词）这一点处在同一个聚合群内，导致记录这类词的字形趋近，取得统一的形式标志，都有加"口"旁的习惯。佛经、西夏文文献中"口"旁字只是少量的、零星的使用。明清时期粤方言大量外来词及方言词的书写需求，导致"口"旁自造字大量出现。传教士编粤方言文献出现的大量"口"旁自造字是为了解决方言书面化的困难，是文字受语言接触、文化交流影响的产物，是适应记录语言的需要而产生的。

（二）与官话文字系统的关系

文字系统不是一个僵硬的、封闭的系统，它会为语言的变化做出相应的调整。粤方言"口"旁字的大量产生是官话文字系统和方言书写互动、调适的结果。"口"旁字对官话文字系统有极强的依赖性，离不开官话文字的支撑，同时，它又表现出对官话文字系统属性的背离。依赖性体现为："口"旁

字的创制以官话文字为基础，"口"旁字右边的部件来源于官话文字，它的方言读音与"口"旁字所记录的词的方言读音相同或相近；"口"旁字的识读和理解必须依赖官话文字系统，不认识官话文字，就无法根据"口"旁字右边部件把"口"旁字读出来，也不能将"口"旁字和它所记录的词联系起来。背离性表现为："口"旁自造字为表音文字，与大部分汉字具有表意属性相背离；汉字符号通过对字形的解读达到理解意义的目的，"口"旁字必须通过对声音的复读来理解语言。"口"旁自造字不代表汉字发展的主流趋势，但它是文字理性发展演变的结果，"口"旁的广泛应用，是符号系统性的有力证明。

（三）价值及意义

对这类字的研究具有重大的理论价值和现实意义，体现为：1.它们是除了假借、形声外，汉字表音的一种重要类型和方式，文字学研究对假借字、形声字关注较多，"口"旁自造字还较少问津。2.整理、释读各类文献时，遇到音义不明的带"口"旁的文字，它们提供了一种新的解释、理解文字的视角。3.这类"口"旁字是极好的语音资料，说明当时"口"旁字记录的词与不加"口"旁的原字读音相当接近，可以作为研究语音的重要材料。4.今天重新审视19世纪粤方言文献众多"口"旁字，可以发现：（1）表音译词或为外语词注音的"口"旁字，其右边部件可用其他汉字来替换，说明这类字形体不固定，标音性质明显。粤方言音译词被普通话吸收，部分"口"旁字被吸收进官话文字系统，如"咖""啤"等，但数量不多，普通话中大部分音译词不采用"口"旁自造字，粤方言中有一部分音译词采用"口"旁自造字。（2）记录方言词的"口"旁字，其右边的部件相对比较固定，保存下来的较多。但是只要是能用官话汉字书写的，则尽量保持与官话书写一致，而不用"口"旁自造字。

综上，粤方言"口"旁自造字不是形声字，而是标音合成字，是汉字表音的一种重要类型。"口"旁自造字主要记录官话系统以外的新质成分，包括外来语、方言等，它们是文化交流、语言接触推动汉字发展的重要体现，在汉字史上使用广泛，最终在粤方言发展为一种强势的造字方式。

第二节　《启蒙浅学》反切字的性质及其成因 ①

巴色会（The Basel Missionary Society）传教士于 1880 年出版了客家方言课本《客家书·启蒙浅学》（First Book of Reading）汉字本，编者不详，全书分上、下两段，每段分上、下两卷，共 238 个短篇，52000 多字。庄初升、刘镇发（2002）认为"这是供客家子弟读书识字的启蒙教材，也是反映客家社会的物种、风俗、习惯和观念等的一部百科全书。" ② 书中的生造字特殊、醒目，庄初升、黄婷婷（2014）指出："《启蒙浅学》中俗字的数量大大超出了同音、近音字的数量。不难发现，在这些俗字中有很大一部分是编写者通过各种构字方法生造的方言字。由于生造字占方言用字的比例很大，出现的频率高，所以在整本书中已经形成了一个相对完整、科学的复杂系统。" ③ 他们将该书的生造字分为三类：加"口"旁、形声构字、反切构字。

反切构字由反切注音法衍生而来，由能切出该词词音的反切上、下字为构字部件，将其按一定位置摆放组合而成，如"𢠹""𡅏""𦟧""㨌""𨀛"等，在此基础上还可添加与文字记录的词的意义相关的形旁形成三合反切字，如《启蒙浅学》反切注音为旧亦切、立森切，添加𧾷、扌，写为"𨅙""撳"。刘颖昕《客家启蒙课本〈启蒙浅学〉（1880）的方言用字研究》及其硕士学位论文《巴色会客家方言文献的用字研究——以〈启蒙浅学〉（1880）为中心》、庄初升、黄婷婷《19世纪香港新界的客家方言》第六章、杨泽生《一种特殊的形声字——〈客家书·启蒙浅学〉中的反切形声字及相关问题》都提到这类字，刘颖昕、庄初升、黄婷婷称其为"反切构字法造的字"，杨泽生称为反

---

① 此节内容曾以《19世纪客家方言文献〈启蒙浅学〉中的反切字》为题发表于《广西师范大学学报》（哲学社会科学版），2018 年第 4 期。

② 庄初升、刘镇发：《巴色会传教士与客家方言研究》，《韶关学院学报》，2002 年第 7 期，第 5 页。

③ 庄初升、黄婷婷：《19世纪香港新界的客家方言》，广东人民出版社，2014 年，第 356 页。

切字，本书沿用"反切字"这一名称。

裘锡圭（2003）认为翻译梵音经咒的"㘓""𠯗"、现代方言字"甭""𪜊"、化学字"羟""羰"为合音字①，"羟"等化学字与"甭"这类字性质相似，只是"羟""羰"所从的"气"和"碳"所从的"石"都已省去②；杨泽生《一种特殊的形声字——〈客家书·启蒙浅学〉中的反切形声字及相关问题》将清代吴方言文献《越谚》中的𩑱、䉽、𩑷、𩒹、𩓥、𪽳、𪚥、𪚥及"羟""羰""𬭩""烃"四个化学字分别称为方言反切字、化学反切字。我们认为，《启蒙浅学》反切字、《越谚》中"䉽""𪽳"等字及化学字字形结构相似，但本质不同，以下略做辨析。

一、反切字与其他类型文字辨析

（一）反切字与合音字辨析

徐睿渊（2013）认为："合音，指两个或两个以上的音节合而为一，是因连读或快读而出现的语流音变的结果。……合音现象在汉语方言中普遍存在。……就现有材料看，大部分方言中的合音只是个别现象，未成系统；许多方言的合音词都和否定词、代词相关。"③合音字以语流中两个音节融合为一个音节为前提，字随音变，原先由两个字记录两个音节变为用一个字记录合音后的音节。造合音字一般采取两种方法：（1）新造字形。新造的合音字的形体与合音前的词词形无关，如"不可"为"叵"，"之于"为"诸"；（2）字形合并。合音前的双音词词形合并，书写在一个汉字框架内，如"甭"及《越谚》中的方言字，孙琳（2009）称其为"合音会意字"④。

反切与合音不同，张渭毅（2008）将其归纳为：第一，反切是注音法，合音记录的是语言中的一个词；第二，反切上下字的组合跟被切字之间只是

---

① 裘锡圭《文字学概要》第108页认为合音字"就是读音由用作偏旁的两个字反切而成的字。"

② 裘锡圭：《文字学概要》，商务印书馆，2003年，第108页。

③ 徐睿渊：《福建厦门方言的合音》，《方言》，2013年第4期，第332页。

④ 孙琳：《〈越谚〉方言字研究》，复旦大学硕士学位论文，2009年，第39页。

单纯注音关系，两者不能互相替换，而合音字和两个分音字的组合记录的是同一个词，可以互相替换；第三，合音完全处于自然，反切是自觉运用拼音原理，建立在对汉字读音科学分析的基础之上。[①] 反切字、合音会意字的读音都可采用构字部件相切的方式来提取，字形都是记录两个音节的文字以左右或上下结构合并为一个文字，但其本质、产生原因及过程不同，表现为：（1）合音会意字是"音变字变"的结果，记录的是汉语中本有的词，反切字为标音字，所记的词语无法用现有汉字书写，因此用反切方法把它的读音记下来；（2）合音前合音会意字的构字部件以记录音节的单字在汉语中经常同时出现，反切字为了记音需要，临时用声、韵与标音需求吻合的汉字，组合是临时的、随机的。

因此，《越谚》中𩐵、𡈙、𧢲、𡫬、𣋗、𦙾、𪕈等字及吴、闽及其他北方方言的"甮""甭"等字是合音字，不是反切字。

（二）反切字与化学字辨析

杨泽生《一种特殊的形声字——〈客家书·启蒙浅学〉中的反切形声字及相关问题》认定为化学反切字的有"羟""羰""巯""烃"4个，指出："裘锡圭说其性质与'甭'等相似，张永忠归为'会意反切字'。其实它们和方言反切字一样，也可以看作'合音合形合义字'，只是充当反切上字和反切下字的部分有所省略而已。"[②]

以上四个化学字的字形不在于记音，在于表意。梁国常（2001）中指出："今造'羟'字，读至羊切，音强，取用氢氧相结合也。"[③] 中国化学研究会1922年发表的《有机化学译名草案》："专以意译及造字为主，……如译 Hydrocarbnre 为羰，取其从氢从氧。"[④]《化学命名原则》有："羰读如汤，……

① 张渭毅：《论反切起源问题》，《菏泽学院学报》，2008年第1期，第107页。

② 杨泽生：《一种特殊的形声字——〈客家书·启蒙浅学〉中的反切形声字及相关问题》，未刊稿。

③ 梁国常：《无机化学命名商榷》，《学艺》，1921年第3期，第1-5页。

④ 中国化学研究会：《有机化学译名草案》，《学艺》，1922年第9期。

皆会意。"[1] 杨泽生详细梳理了"羟""羰""巯""烃"四字产生、读音及字形的发展过程[2]，表明这些字最初的主要功能是表义。

化学字记录化学词时先根据意义造字形，再按照字形左右（或上下）部件相切的办法确定字音，构字构件可以省略。反切字用来记音，化学字最初用来表意，因此，化学字不是反切字。

二、《启蒙浅学》中的反切字

据杨泽生统计，《启蒙浅学》反切字共 48 个，列表如表 5-2[3]：

表 5-2　《启蒙浅学》中的反切字

1	搭	Hiak^5	去客切	跳跃、嬉戏	2	罉	Tep^6	去齒切	捕鼠器
3	齱	ep^6	区齒切	齱灡,脏乱	4	矯	Tšho^1	失哥切	"吚鹅吚矯"为"傻乎乎"义
5	賜	Pot^5	贝曷切	发、发生、起	6	噘	Tyoŋ^1	啄央切	啄
7	罉（罉）	Tep^5	去〈丢〉齒切	垂落、砸	8	謞	Kyak^5	急客切	快、迅速
9	鞴	Phaŋ^4	谝另切	骗人	10	岾	Sak^5	山厄切	边
11	脚	Sap^5	屑甲切	粉末、碎屑	12	襫	Ye^4	衣这切	条痕、条纹
13	躇	Tsap^5	足压切	过夜	14	銇（銇）	Tsat^6	窄未〈末切〉	密实、坚硬
15	搋	Fak^5	拂厄切（弗厄切）	甩、挣、欢跳	16	瓰	Phot^5	皮曷切	块
17	攇	Khwn^4	夸晏切	挎、挽	18	扝	Hya^1	去丫切	叉开、张开
19	嵊	Sai^1	ㄙ埃切	浪费、不要、丢掉	20	爌	Tšho^4	失过切	脚贴着地行走
21	媥	Wut^5	文屈切	弯曲、闷	22	鑫	Sok^5	ㄙ落切	渗透
23	衡	Faŋ^3	忽行切	显露、浮现	24	硘（硘）	Pot^6	包用〈角〉切	落叶的声音,象声词

---

① 化学名词审查委员会:《化学命名原则》,国立编译馆,1945 年。

② 杨泽生:《一种特殊的形声字——〈客家书·启蒙浅学〉中的反切形声字及相关问题》,未刊稿。

③ 该表反切字的读音、释义、字形皆摘自杨泽生《一种特殊的形声字——〈客家书·启蒙浅学〉中的反切形声字及相关问题》。据该文第 2 页脚注①:"反切字注音据罗马字本,为阅读方便,原来标注在音节右下角或右上角的六个声调符号—阴平、阳平、上声、去声、阴入、阳入分别改为 1、2、3、4、5、6 并统一于右上角,原表示后鼻音的ṅ统一改为ŋ"。又据该文第 3 页脚注①:本表"〈 〉"内的字为改正之字,"〈 〉"前面一字为讹误字,本表反切为《启蒙浅学》原书所有。

续表

25	去	Khit⁵	去一切	弯曲	26	皮丫	Phya¹	皮丫切	伸开、张开
27	整	Pya³	敝也切	敝、坏	28	籭	Kyuk⁶	急鹿切	追赶
29	髖	Kwaŋ¹	骨横切	髖骨,横骨、排骨	30	嵃	Lem⁴	力冧切	垒、堆积
31	皽	Phaŋ¹	皮嘼切	鼓起	32	廷	Ye¹	廴歪切	长而弯曲
33	撩	Lau¹	立夭切（拉夭切）	与事,相当于"和""跟""同"等	34	撘	Lem²	立森切	掏
35	嵃	Nen⁴	乃见切	奶水	36	踤	Khyak⁵	旧亦切	烂屋踤,破房子
37	嗋	Len²	乃田切	喉咙、咽喉	38	儵	Tem¹	氐森切	垂下、掉落
39	螤	Hyen³	丘远〈引〉切	蚯蚓	40	蛒	Khya²	其牙切	蛒蛦,蜘蛛。
41	蟌	Tshat⁶	翟虱切（虱省去虫）	蟑螂	42	阤	Tsha⁴	且下切	乱占地方,阻挡
43	瀿	Lyam³	冘咸切	干涸	44	䶃	Tep⁶	丟齒切	䶃䶃,脏乱
45	潵	Wai⁴	遗大切	喷洒	46	癠	Tšhoi²	吹来切	疮
47	趥	Tyak⁶	知石切	追赶	48	踸	Tem³	丁参切	踸踔,踩脚;踸吓踸里,形容很快

　　杨泽生将《启蒙浅学》反切字分为两合反切字、三合反切字。两合反切字（32个）,分为:A.充当反切上、下字的偏旁都不表意（上表1-4字）;B.充当反切上字的偏旁表意（上表5-17字）;C.充当反切下字的偏旁表意（上表18-24字）;D.充当反切上字和下字的偏旁都表意（上表第25-32字）。三合反切字（16个）即上表第33-48字。

　　以上A、B、C、D四类进一步概括为两类:1.反切上字或下字只表音,不表意,与佛经译音反切字无异,即A类;2.反切上或下字具有表音、表意双重功能,即B、C、D类,又可分两种情况:（1）反切上字或下字具有表意功能,如B、C类;（2）反切上字、下字都具有表意功能,如D类。

三、《启蒙浅学》反切字的独特性

反切字不是《启蒙浅学》特有的文字现象，佛经译音、民族语文字也存在反切字[①]。最早见于佛经，相关讨论如施向东《拼音造字法不自西夏文始》（1985）、郑贤章《〈龙龛手镜〉研究》（2004）、孙伯君《西夏新译佛经中的特殊标音汉字》（2007）、张凤《试论汉字型文字的反切字》（2013）。民族语文字中，西夏文反切造字法详见史金波《西夏文辞书及其特点和历史价值》（1983）、史金波《再谈西夏文反切上下字合成法》（1985）；赵丽明《汉字侗文与方块侗字》（1991）介绍侗族记录款词和侗歌采用的反切字有四种类型；罗长山《古壮字与字喃的比较研究》（1992）介绍壮字中也有反切字。

杨泽生将《启蒙浅学》反切字与方言反切字、化学字对比后，把其独特性概括为：（1）有三合反切字；（2）B、C 类是其他反切字所没有的；（3）D类与方言反切字、化学反切字相似但不同：前者是会意，后者是合意[②]。我们认同以上（1）（2）两点，在此基础上将《启蒙浅学》反切字置于汉字发展史之中，与其他各类文字比较，认为《启蒙浅学》反切字的独特性显著体现为它具有表意功能上。

（一）三合反切字的表意功能

三合反切字是给二合反切字 A 类添加形旁形成的，如"搽""喵""儴""癙""癞""遼"等字，相应章节末三合反切字注音分别为"立夭切"[③]"乃田切""氏森切""丢齒切""吹来切""知石切"，按照反切注音，当写为"夹""甶""猋""齰""鑅""智"。构字时给 A 类反切字添加部件"扌""口""亻""氵""疒""辶"等，"扌"等为部首，表示类属义，揭示

---

① 杨泽生《一种特殊的形声字——〈客家书·启蒙浅学〉中的反切形声字及相关问题》一文将汉字史上的其他反切字分为三类：译音反切字、方言反切字、化学反切字。我们认同佛经中有译音反切字，但该文所举方言反切字、化学反切字不能算反切字，本书第一部分已经详细辨析。

② 杨泽生：《一种特殊的形声字——〈客家书·启蒙浅学〉中的反切形声字及相关问题》，未刊稿。

③ 《启蒙浅学》章节的标题上也写为"拉夭切"，这个例子只是个别现象。

了反切字字义的大致范围。这类三合反切字的确是《启蒙浅学》特有的文字现象。

（二）二合反切字的表意功能

《启蒙浅学》二合反切字的 B、C、D 类具有表意功能，它们通过选择与反切字记录的词意义相同、相近、相关的反切上、下字作为构字部件，构字部件可以揭示反切字的字义，以此实现反切字的表意功能。两合反切字的表意构件是整字实现表音功能不可或缺的部分，它同时兼有表音、表意功能，作为构字部件的反切上、下字既拼切所记录的词的读音，意义又贴近反切字的字义，如"嗷""埏""氀""簵""譌""骳""䄱""揹""刦""整"，构字部件"啄""歪""丢""急""谝""屑""窄""拂""丫""敝"既拼切整个反切字，其意义又和整个反切字的字义贴近。

《启蒙浅学》二合反切字具有表意功能的构件只存在于具体的反切字中，不能类推，不具有能产性，不能用一个反切字的表意构件解读其他反切字的字义。这种表意方式与传统表形、表义构件不同，汉语官话文献中少见，民族语文字中常见。李乐毅（1987）指出壮语及喃字有一种形声字，其声旁兼有表义作用，或可称为"会意兼形声字"，例子各有两个[①]：

喃字	现行越文	字义	说明
𡚢	doi	代	"代"越语亦音 dòi
𥚄	lễ	礼拜	"礼"越语亦音 lễ

方块壮字	现行壮文	字义	说明
𥿈	haemz	味苦	"苦"壮语亦音 haemz
熿	rough	光亮	"亮"壮语亦音 routh

上例中构字部件"苦""亮""代""礼拜"等具有揭示整个字义的功能。施维国（1993）认为："对于越南人而言，有时汉字的部首尚不能确切地表达某些具体的意思，故而干脆使用一个完整的汉字，凭借这一具体的表

[①] 李乐毅：《方块壮字与喃字的比较研究》，《民族语文》，1987 年第 4 期，第 69 页。

意部分来指导读者阅读字喃。"① 王锋（2002）指出南方汉字系民族文字中有一种音意合体字："由一个汉字表音、一个汉字表意合成，这类字在合体字中占有较大比重，也是汉字仿造字的重要类型。"② 王锋列举的民族文字如壮字"畓"（为"田"义）、白文"覅"（为"厚"义）、苗文"蘁"（为"蛋"义），"田""厚""蛋"作为构字偏旁所表的意义就是整个词的意义，也是具体意义。

（三）两种反切字表意功能的比较

二合反切字 A→B、C→D→三合反切字，体现了反切字表意功能从无到有、不断增强的变化过程。《启蒙浅学》在已有反切字基础上通过两种方式实现表意功能：1.选择与反切字记录的词意义相同、相近、相关的反切上字或下字；2.在 A 组字上添加提示性形旁标示反切字所记录的词的意义类属。其表意部件的功能及特点也不同，体现为：1.两合反切字充当表意偏旁的反切上、下字构字时不具有类推性，这是 B、C、D 类反切字表意偏旁与形声字形旁的最大不同，也是这种表意反切字的局限性，三合反切字的表意偏旁本为汉字部首，提示反切字所表示的词的意义类别，表意偏旁的意义可以推及其他字；2.三合反切字的表音、表意偏旁截然分开，两合反切字表意偏旁是整字实现表音功能不可或缺的部分，同时兼有表音、表意功能。

（四）反切字与形声字表音、表意功能的比较

三合反切字表意功能由表类属义的部首承担，表音功能由反切上、下字相切而来，与形声字形旁、声旁功能相似，因此三合反切字可称为"反切形声字"。

二合反切字的表音、表意功能与形声字不同。形声字的声符显示造字之初声符与形声字具有同音或近音关系，反切字表音体现在构成反切上、下字拼切组合过程中。形声字的形旁一般为部首，意义具有概括性，可以推及其

---

① 施维国：《从越南古代医著看字喃的特点》，《现代外语》，1993 年第 2 期，第 56 页。
② 王锋：《试论南方汉字系民族文字》，《贵州民族研究》，2002 年第 2 期，第 153-154 页。

他字，二合反切字的表意功能体现在构字部件上，构字时不具有类推性。因此二合反切字不能看作形声字。

《启蒙浅学》反切字的独特性还体现为传统反切字大多为两合反切字，反切上字、下字部件组合顺序相对固定，以左右结构居多，《启蒙浅学》打破了这一结构，反切上字、下字在组合成反切字时构件组合位置更加灵活、自由，还出现了三合反切字。

四、《启蒙浅学》反切字出现及消亡的原因

（一）出现原因

汉字是表意文字，单纯表音的汉字相对较少，《启蒙浅学》反切字体现了汉字向表音方向发展的探索。佛经译音及西夏文反切字无表意功能，《启蒙浅学》部分反切字兼有表音、表意功能，可见到了清代，反切字表意意识越来越强。《启蒙浅学》汉字本出版于19世纪80年代，处于清末切音字运动前夕，国人已展开了对中西文字差异及汉字优劣的反思。王东杰（2009）指出："时人对汉字的批评涉及形、音、义几个层次，达到了全盘性地步，固是受到现实刺激，也和近代来华西人有意无意的文化'诱导'分不开。早在明季，来华耶稣会士就花了很大工夫用在汉语汉字的学习上，其中金尼阁（Nicolas Trigault）《西儒耳目资》就引发了一些中国人对汉字拼音化的联想。晚清传教士再入中国，也设计了不少方言拼音方案。不过这些大抵为了传教士传教方便，主要目的并非改造汉字。19世纪下半叶，传教士开始有意识地引导中国人反思中西文字的差异性。"[①] 在这样的历史背景下，人们尝试以声音为本的文字观，《启蒙浅学》反切字就是尝试的产物。"但自19世纪晚期开始，面对学战的中国人文化自信力大为降低，认为汉字艰深造成中国人识字率低下，必须进行文字改革。为此，他们提出了一套以声音为本的文字观，明显体现出

---

① 王东杰：《从文字变起：中西学战中的清季切音字运动》，《中山大学学报》（社会科学版），2009年第1期，第81页。

西来观念的影响，但也从中国自身的学术发展脉络中汲取了养分。"①《启蒙浅学》反切字并不一味追求汉字的表音功能，在满足记音职能的基础上，还通过多种途径实现其揭示意义的职能，如《启蒙浅学》二合反切字中的B、C、D类及三合反切字，这是中国文字根深蒂固的表意性质对其的影响。

王东杰（2009）认为："清季文字改革本身就直接产自这一社会权势变迁造成的文化压力。"②《启蒙浅学》反切字也是受西学影响、社会权势变迁造成的文化压力形成的结果。

（二）消亡原因

《启蒙浅学》反切字昙花一现，最终没有流传开来。杨泽生《一种特殊的形声字——〈客家书·启蒙浅学〉中的反切形声字及相关问题》认为原因有三：1.《启蒙浅学》知者甚少；2. 家方言不是强势方言；3. 汉字以传统形声字为主的格局早已形成。我们认为还有以下因素导致反切字没有流传下来：1. 反切字总体数量不多，使用频率不高，据杨泽生统计，全文48个反切字，"㨃"（316次）、"𪛌"（20次）、"㖹"（9次）、"蟀"（8次）出现超过8次，大多数反切字出现仅为2至3次，此外除《启蒙浅学》外，南方其他方言文献目前还未发现反切字；2. 童蒙课本《启蒙浅学》，其语言处于非规范的自然状态，反切字的使用还不稳定，还会书写为其他字形，如："𡚒"又可写为"唉"；3. 汉字字形有表意功能，反切字为表音文字，即使《启蒙浅学》二合反切字的B、C、D类的构字部件兼顾表意功能，其所表的意义也是具体的字义，不具有类推性，与传统汉字字形所表的意义不同。

---

① 王东杰：《从文字变起：中西学战中的清季切音字运动》，《中山大学学报》（社会科学版），2009年第1期，第89页。

② 王东杰：《从文字变起：中西学战中的清季切音字运动》，《中山大学学报》（社会科学版），2009年第1期，第89页。

五、《启蒙浅学》反切字的价值及影响

（一）价值

《启蒙浅学》B、C、D 类及三合反切字，体现了人们在增强表音汉字表意性上做出的各种努力和尝试。《启蒙浅学》反切字是一种重要的文字类型，是汉字表音表意思维模式呈现多元化、文字积极探索多种表音、表意类型的结果，是一种游离于传统六书之外的文字结构类型，是反切造字法和南方汉字系民族文字造字法两种思维方式融合的结果。它体现了方言文字在形成过程中对民族语文字和传统反切字造字类型的吸收和借鉴，在民族语文字创制方面有重要贡献。

（二）影响

译音反切字为最早的反切字，用来记音，反切上、下字以上下或左右结构形式合并为一个汉字。西夏文反切字选取反切上、下字的部分部件重新组合成反切字，作为偏旁的反切上、下字都有省略，将省略的偏旁补出来才能准确理解整个反切字。壮文反切字不多，侗文中有两个或三个汉字切侗语一个音节的现象。译音反切字、西夏文或壮侗语中的反切字，反切字的构字部件只有表音作用。《启蒙浅学》二合反切字 B、C、D 类及三合反切字的构字部件具有表意作用，B、C、D 类反切字构字部件与壮语、字喃、白文、苗文中形声字形旁的表意类型相同，构字部件的位置灵活多样，它结合了传统反切造字法和南方汉字系民族文字的造字法。

反切字的发展一脉相承，文字史上的其他反切字以译音反切字为基础、以各种变式在于民族语文字、方言文字中。此外，合音会意字及化学反切字的字形也有仿照反切字的痕迹，可见反切字的影响之大。

第三节　方言区特殊用字现象
——以"鏢"为例

《汉语大字典》《汉语大词典》《现代汉语词典》中"一种计时器具"都写为"表"字，为"錶"的简化字。《现代汉语词典》"表"字的义项："表（錶①）计时的器具，一般指比钟小而可以随身携带的：怀～｜手～｜秒～｜电子～｜买了一块～。"也写为"錶"字，但没有明确判定这一义项下"表""錶"二字是异体还是繁简字关系。王力《古代汉语》（校订重排本）第二册后的附录一《简化字与繁体字对照表》列有"表錶"②，将二字认定为繁简字关系。

秦杰（2009）："18世纪初，大量由英国制造的机械动力计时器输入中国，中国的机械制钟业也于清代康熙年间兴起。受这些舶来钟表的影响，广州等地逐渐出现了机械钟表制造厂。初期均是仿制品，其后技术日趋成熟，并成功生产了大量能准确计时而且装饰富丽堂皇的钟表。欧洲的技术与我国的传统工艺相结合，使中国的钟表制造于18世纪后期，即乾隆时期达到高峰。"③清初《分韵撮要字汇》第十一"朝"平声下有"鏢"字："鏢，兵器"，同页"標"字："標，立木以为表"，"沼"上声下有"表"字："外也，標也，明也，又笺也，下进言于上曰表。"还未记载"鏢""標""表"表"小型计时器"的用法。《汉语大字典》"表"的"近代小计时器"无书证，《汉语大词典》所举书证为《儿女英雄传》及沈初《西清笔记·纪职志》。黄翊（2007）制作的

---

① 《现代汉语词典》"凡例"2.1："繁体字、异体字加括号附列在正体字之后；……括号内的附列字只适用于个别意义的，在字的左上方标注所适用的义项号码，……"

② 王力：《古代汉语》（校订重排本）第二册，中华书局，1998年，第627页。

③ 秦杰：《古董表随岁月增值》，《中国信用卡》，2009年第1期，第67页。

《澳门记略》词表第 322 条有"时辰表"（用汉字注葡音为列那西丫）①。"表"的"近代小计时器"义出现于明清时期。除以上外，写为"表"的用例还有，如：

（1）a watch chain，表鍊 peaou lëen.（马礼逊《华英字典》，第 65 页）

（2）ₑshí ₑshan ᶜpiú，a watch；ᶜpiú lín ˒，a watch chain.（《英华分韵撮要》，第 380 页"表"字）

19 世纪闽、粤方言文献近代的小计时器（即 watch）还写为"鏢"字。目前发现最早文献用例出现于 18 世纪澳门档案，黄翊（2005）指出清代中叶澳门档案写为"时辰鏢"②。之后"鏢"的其他用例如：

（3）watch，……；a watch or time-piece，鏢 ₑpiú.piáu. 时辰鏢 ₑshí ₑshan ₑpiú.shí shin piáu，时辰表 ₑshí ₑshan ᶜpiú.shí shin piáu；……；a watch pocket，鏢袋 ₑpiú toi ˒.piáu tái. 表套 ᶜpiú t 'ò ˒. Piáu t 'ú；a watch glass，鏢罩 ₑpiú cháu ˒. Piáu cháu；……；a gold watch，金鏢 kam ₑpiú.kin piáu；a lever watch，夹板骑马鏢 káp ₑ ᶜpán ₑk 'é ₑmá ₑpiú.kiáh pán k 'í má piáu；to regulate a watch，较鏢 káu ˒ ₑpiú.kiáu piáu，较准鏢 káu ˒ ᶜchun ₑpiú.kiau chun piáu.（《英华字典》卷四，第 1953 页 watch）

（4）watch-maker，watchmaker，鏢匠 ₑpiú tséung ˒.piáu tsiáng. 表匠 ᶜpiú tséung ˒.piáu tsiáng，修鏢师傅 sau ₑpiú ₑsz fú ˒.siú piáu sz fú，整鏢师傅

---

① 黄翊：《澳门语言研究》，商务印书馆，2007 年，第 68-69 页。"时辰表"用例见于《澳门记略》，我们没有找到《澳门记略》的最早版本，查找了（清）印光任、张汝霖（著），赵春晨点校，《澳门记略》，广东高等教育出版社，1988 年，该书"前言"中指出"是以此次点校出版，以乾隆初刊本作为底本，校以嘉庆、光绪诸本，并参校了《瀛涯胜览》《西洋朝贡典录》《明史》等书。""凡改动及存疑之处，均在校勘记中写明原因和根据"，该书第 96 页有"时辰表（列那西丫）"，书中 98 页"校勘记"没有该条的校记说明，我们认为该书原本就写为"时辰表"。

② 黄翊：《清代中文档案中的澳门汉语词汇》，《华东师范大学学报》（哲学社会科学版），2005 年第 3 期，第 58 页。根据黄文 61 页所列参考文献［1］可知，文中所用的档案材料来自刘芳辑、章文钦校《清代澳门中文档案汇编》，葡萄牙东波塔档案馆藏，澳门基金会出版，1999 年。黄文 56 页认为"这批档案也提供了 17 至 19 世纪澳门语言的面貌"。黄文用简体字书写，写为"时辰鏢"，"鏢"对应繁体字该为"鏢"。澳门档案的原件及影印件我们没有看到，但根据清代用字习惯，"鏢"写为"鏢"。

ᶜching ᵨpiú ᵨsz fú ᵌ.ching piáu sz fú.（《英华字典》卷四，第 1953 页 watch-maker）

（5）ᶜní ké ᵌ.shí ᵨshan ᶜpiú ᶜchun ᵨm ᶜchun ᵨní. 你嘅时辰鏢准唔准呢？ Is your watch regulated（or exact）？（《广州方言习语选录与阅读》，第 24 页）

（6）clock, a time-piece, 时辰鐘ᵨ shí ᵨshan ᵨchung, shí shin chung, 鐘ᵨ chung, chung, 鐘表ᶜchung ᵨpiú.chung piáu. 鐘鏢ᵨchung ᵨpiú.chung piáu；……（《英华字典》卷一，第 406 页 clock）

（7）index, ……；the index of a watch, 鏢針ᵨpiú ᵨcham, piáu chin；……（《英华字典》卷三，第 1013 页 index）

（8）lever, ……；a lever watch, 骑马鏢ᵨk'é ᶜmá ᵨpiú.k'í má p'iáu.（《英华字典》卷三，第 1105 页 lever）

（9）[v.u.f. 表 ᵨpiú] K.read ᵨpiú, the copper-made point of a scabbard；read ᵨpiú s.a. 劖ᵨpiú, the point of a sword.—Mi ᵨshi ᵨshan ᵨpiú（ᶜpiú）时辰鏢 a watch.（《粤语中文字典》，第 544 页 "鏢"）

（10）时鏢 si-pie, a watch.（《A Handbook of the Swatow Vernacular》，第 101 页）

（11）hand, ……, — of watch, 鏢仔针 pio-á tsiam, ……（《厦门方言英汉辞典》，第 207 页 "hand"）

还可写为 "錶" 字，如：

（12）呢个金錶乜嘢价钱呢？（《英语不求人》，1910 年，第 157 页）

（13）我要睇吓的好银錶。（《英语不求人》，1910 年，第 157 页）

（14）watch, a—, 鏢仔 pio-á, ……, works of a —, 錶之器具 pio ê khi-khū, hands of a —, 时錶针 sî pio tsiam,—key, 时錶鑽 sî pio tsoān,……（《厦门方言英汉辞典》，第 579 页 watch）

（15）watchmaker, 时錶司阜 sî pio sai hū.（《厦门方言英汉辞典》，第 579 页 watchmaker）

（16）fob, 錶仔袋 pio-á-tē（《厦门方言英汉辞典》，第 182 页 fob）

（17）time keeper，时鐘 sî tseng，时錶 sî pio（《厦门方言英汉辞典》，第537 页 time）

（18）watches，ᶜpieu，₌si ₌sing ᶜpieu 錶，时辰表。（《榕腔初学撮要》，第104 页）

还写为"標"，如：

（19）gold watches，金標 kin peaou.（马礼逊《华英字典》，第 462 页）

（20）set，……；to set a watch，较准时辰標 káu ᵇ ᶜchun ₌shí ₌shan ᶜpiú. kiáu chun shí shin piáu. 准標ᶜchun ₌piú.chun piáu；……（《英华字典》卷四，第1580 页 set）

以上表"小计时器"义诸字，"表"在官话文献中常用，辞书均有记载。"鏢"的这一用法各辞书均无记载，我们目前看到的文献粤语区表"小计时器"用"鏢"居多。"鏢"应该是可以动的，有"鏢慢""鏢快""鏢停住""鏢唔行"等说法，如：

（21）time，……；the watch loses time，鏢慢₌piú mán ᵇ；the watch gains time，鏢快₌piú fái ᵇ .piáu kw 'ái；……（《英华字典》卷四，第 1793 页 time）

（22）stand，……；my watch stands，我鏢停住ᶜngo ₌piú ₌t 'ing chü ᵇ. Wo piáu t 'ing chú，我鏢唔行ᶜngo ₌piú ₌m ₌hang，……（《英华字典》卷四，第 1664 页 stand）

闽、粤方言文献"表"字的其他义项如"其他测量工具"等都写为"表"，没有发现写为"鏢"字的用例，表示"近代小型计时器（即 watch）"时才写为"鏢"。"其他测量工具"等都写为"表"如：

（23）thaumatrope，表影迹器ᶜpiú ᶜying tsik ₌hí ᵇ.piáu ying tsih k 'í，影迹表ᶜying tsik ᶜpiú.ying tsih piáu，奇景图 k 'í ᶜking ₌t 'ò.k 'í king t 'ú.（《英华字典》卷四，第 1773 页 thaumatrope）

（24）termoscope，热表 ít ₌ᶜpiú，jeh piáu，寒暑表₌hon ᶜshü ᶜpiú.hán shú piáu.（《英华字典》卷四，第 1776 页 termoscope）

（25）way-wiser，perambulator，pedometer，路表 lò ᵇ ᶜpiú.lú piáu.（《英华

字典》卷四第 1959 页 way-wiser）

黄翊（2005）指出清代中叶澳门档案写为"时辰镖"，黄翊（2007）制作的《澳门记略》词表第 322 条为"时辰表"（用汉字注葡音为列那西丫）[①]。可见清代早期粤方言文献表"近代小型计时器"既可写为"表"，又可写为"镖"。那么最初是写为"镖"还是"表"呢？由于缺乏更早期的方言文献，我们暂时还无法确切回答这一问题。

黄翊（2005）在"时辰镖"后以括号形式注明"粤方言镖表同声调"[②]。《广州话正音字典》第 514 页"镖"注音为 biu^1，为阴平调，又第 534 页"表"有两个读音：1. biu^2，阴上调，2.biu^1，阴平调，第二个读音下有两个义项：①计量仪器；②特指较小可随身携带的计时器。粤方言"表"的第二个读音（即指计量仪器、较小的计时器）与"镖"同音。19 世纪粤方言文献表"小型计时器"的"表""镖"二字声调是不同的，《英华字典》"表"读 $_\text{c}$ piú，"镖"读 $_\text{c}$ piú，卫三畏《英华分韵撮要》第 379 页"镖"字读 $_\text{c}$ piú，第 380 页"表"字读 $^\text{c}$ piú，普通话"表""镖"读音也不同，"镖"为阴平调，"表"为上声调。由此我们认为《广州话正音字典》中"表"字的第二个读音 biu^1（阴平调）当是后来才出现的，很有可能是受"镖"字影响产生的。

从释义来看，《英华分韵撮要》（1856 年）"表"字有"小型计时器"的用法，"镖"的解释为：the end or mouth of a scabbard covered with copper, and ornamented."镖"字无表"小型计时器"的用法。到了《英华字典》（1864 年）、《粤语中文字典》（1870 年），已收录"镖"表"小型计时器"的用法。

由以上我们推测，粤方言区最早用"表"，后用"镖"。19 世纪 70、80 年代闽方言文献《榕腔初学撮要》（1871 年）、《厦门方言英汉辞典》（1883 年）是目前发现"錶"的最早用例。

《英语不求人》（1888 年版）用"镖"，1910、1916 年再版用"錶"，体

---

① 黄翊：《澳门语言研究》，商务印书馆，2007 年，第 68-69 页。

② 黄翊：《清代中文档案中的澳门汉语词汇》，《华东师范大学学报》（哲学社会科学版），2005 年第 3 期，第 58 页。

现了用字的变化。"錶"当是人们在"表"上增加形旁形成的。白宛如《广州方言词典》有"表""錶",二字都读 piu,但意义不同,"表"为"测量某种量的器具","錶"为"计时的器具,一般比较小"。(第 253 页)今现代汉语"watch"义写为"表",字典中将"表""錶"列为繁简关系。

表"小型计时器"意的用字在南方方言区经历了以下变化过程:表→鏢→錶。"鏢"在粤方言区使用最为普遍,具有方言区用字特点。

黄金贵(2012)讲到圭表(古代测日表)和手表(欧洲舶来品)怎样会共称一个"表"①。《说文解字》:"表,上衣也。从衣从毛。古者衣裘,以毛为表。"黄先生认为"表"的本义不是"上衣",而是"衣上",即皮衣上的毛,皮衣即兽皮上的毛,比较坚硬挺直,都是皮上的细小直立物,故通过比喻的方法,可以指称各种各样具有标志作用的直立物,如碑表、墓表、旌表、圭表等。"圭表"就是测日表,导致了日晷的产生,国外的机械钟是小型的机械日晷,它借用古代的青铜打击乐器,称为"钟"。"钟"的浓缩,称为"錶"。"錶"者,表(圭表)也,以金属所制,就加金旁为"錶"。

第四节 方言区文字的历时更替
——以"鍾(鐘)""盅"字为例

"盅",《现代汉语词典》:"zhōng(~儿)饮酒或喝茶用的没有把儿的杯子:酒~|小茶~"。《中华字海》读 zhōng,有两个义项:①没有把的杯子,②量词,用于盅。《汉语大字典》该字有两个读音:(一)chōng,义为"器皿空虚;也指人无知识。后作'冲(冲)'",(二)zhōng,有两个义项:①没有把的小杯子。如茶盅;酒盅。②量词。如:一盅茶;一盅酒。

清代以前字书都没有收录"盅"读 zhōng、"饮酒或喝茶用的没有把儿的杯子"义,只有读 chōng,表"器皿空虚"义。那么《汉语大字典》《中华字

———————————
① 黄金贵:《训诂方法研究》,中华书局,2012 年,第 60 页。

海》《现代汉语词典》"盅"读 zhōng 表示"没有把的小杯子"义是如何产生的呢？关于"盅"读 zhōng 用法的产生有两种看法：

1. 李荣（1965）："'酒盅、茶盅'的'盅'北京说 zhōng。《广韵》平声东韵'盅'字有'敕中切、直弓切'两音，都注'器虚也'。……大家都知道，现在的'盅' zhōng 字是后起的形声字，并不是从《广韵》的'盅'字来的，只是字形上碰巧相同而已。'盅'Zhōng 字本作'鍾（鐘）'。《广韵》平声'鍾'韵：'鍾，……酒器也，……职容切。''职容切'北京照例读 Zhōng。《西游记》和《红楼梦》里还都用'鍾（鐘）'。"① 李荣（1992）："【焗盅】kok tson=【茶盅】ts'a tsoŋ‖ 盅本作鍾，焗俗字。"② 黎汉鸿（1994）："今粤语称酒杯为酒鍾，写作盅；鍾又可作量词，如酒千鍾，粤语称一杯酒为一盅酒。"③

2. 张云（2015）认为 chōng、zhōng 两读音及意义有关："盅［tʂuŋ²⁴］上古音属透母冬部，拟音是［tʼǐwəm］；……。'盅'字在上古属舌头音透母，到中古时期变成舌上音彻母字，到今天钟祥方言中变成声母 tʂ，韵母韵头消失，韵尾由 m 变成 ŋ，韵腹主要元音略微变化。《说文·皿部》：'盅，器虚也。从皿中声。《老子》："道盅而用之"'。……今钟祥方言中专指小酒杯。例：把那个盅子洗干净哒我喝酒。"④

张云（2015）认为 chōng、zhōng 存在音变关系还需进一步证实，从"器皿空虚"义引申出"专指小酒杯"跨度太大，引申脉络不清，因此我们倾向于认同李荣、黎汉鸿"盅本作鍾"的观点，但两位学者对这一观点都没有展开详细论证。以下通过文献实例具体论证李荣、黎汉鸿"盅本作鍾"的观点并深入剖析用字层面由"鍾"变为"盅"字的过程。

《汉语大字典》"盅"（读 zhōng）两个义项所举书证为《文明小史》及

① 李荣：《语音演变规律的例外》，《中国语文》，1965 年第 2 期，第 125 页。
② 李荣：《方言词典说略》，《方言》，1992 年第 4 期，后收入《方言存稿》，本书引自《方言存稿》，商务印书馆，2012 年，第 166 页。
③ 黎汉鸿：《粤方言词语探源》，《广西民族学院学报》（哲学社会科学版），1994 年第 1 期，第 82 页。
④ 张云：《〈说文解字〉中遗留的钟祥方言本字考》，《牡丹江师范学院学报》（哲社版），2015 年第 2 期，第 94 页。

清代吴趼人《瞎编奇闻》。《文明小史》于"光绪癸卯（1903）五月初一《绣像小说》创刊号开始连载，至第五十六期刊毕"[①]，吴趼人《瞎编奇闻》也作于19世纪末20世纪初[②]。郭辉、王旭东（2016）："《汉语大字典》：'冚，方言。盖。《中山方言记》："冚盅，有盖的盅。"'……广州 hem[22]，冚盅：带盖的瓦罐或瓷碗。"[③]

除此之外，我们还发现了以下用例：

（1）cover of a tea cup（in a Chinese manner）. 茶盅盖 cha chung kae.（马礼逊《华英字典》，第 93 页）

（2）tea cup，of the chinese，茶盅 cha chung.foreign，茶杯 cha pooy.（《广东省土话字汇》第一册）

（3）cha-chung，茶盅 A chinese tea-cup.（《广东省土话字汇》第一册）

（4）洗吓個芥末盅。（《粤语中文文选》，第 141 页）

（5）勘盅 gallipot，汁盅 grary dish.（《华英通语》，第 152 页）

（6）牛油盅 butter cup，吉时杯 custard cup，牛乳盅，milk cup.（《华英通语》，第 153 页）

（7）gallipot，冚盅 hom ˮ- ₂chuung.（《英粤字典》，湛约翰，1907 年，第 108 页）

（8）finger-glass，手盅ᶜshau- ₂chuung.（《英粤字典》，湛约翰，1907 年，第 99 页）

（9）盅 k.read ₂ch'ung or. ₂ch'ung. a hollow vessel，a bowl，F.read ₂chung —Co 茶盅₂ch'á chung. a covered tea-cup；汤盅 t'ong ₂chung. a soup-bowl；牛油盅 ₂ngau ₂yau ₂chung. butter-dish.（《粤语中文字典》，第 87 页）

---

① http://baike.baidu.com/link?url=S6L9Z49Pilhv4S7hJjh7L8U0x0d9vJ_WbABjSL6jL4RkuBtwhdnEKI5oC-pmvVRkSeTyEjue8s_x1vxcgsZMwCmu4mb7aNbeEHn74zs8VUDuZxqZsJ3PEQRSbUXr25Px。

② 吴趼人于光绪二十三年（1897 年）离开江南制造局，开始为《清闲报》等撰稿，宣统二年（1910 年）去世，《瞎编奇闻》当创作于这一阶段。

③ 郭辉、王旭东：《关于淮北与秦晋方言本字考据的有关问题》，《咸阳师范学院学报》，2016 年第 1 期，第 46 页。

（10）butter cup，牛油盅 ①（《英粤字典》，西村茂树编）

（11）你至谨讲"金盅来奉，敬酒抬头"。（《俗文学丛刊》第 414 辑，《木鱼歌》第 142 页）

（12）二成夫妻暗偷欢喜，可以无拘无束，自作自为，置一张鬼子枱，油了全漆，两张竹椅，可以伸腰，象牙筷箸，瓷器碗碟，白釉茶壶，描花局盅等项，件件俱全。（《俗话倾谈·横纹柴》，第 37 页）

"盅"（读 zhōng）的用例最早出现于 19 世纪初马礼逊《华英字典》，并且早期"盅"的用例都出现于粤方言文献。

同时期闽方言文献用"锺"或"鐘"，如：

（13）酒锺 chiú-cheng，chinese liquor cups.（《A Handbook of the Swatow Vernacular》，第 74 页）

（14）茶鐘 tê-cheng tea-cups.（《A Handbook of the Swatow Vernacular》，第 74 页）

李荣（1965）："《西游记》和《红楼梦》里还都用'锺（鐘）'。"②19 世纪官话及北方方言文献有"盅""鍾"读 zhōng 表示"小杯子"的用例，陈明娥、李无未（2012）指出日本明治中后期的北京官话课本中有"茶盅儿"③，《语言自迩集》既有"盅"，也有"鍾"。用"盅"如：

（15）一个茶碗，一个茶盅，一个酒杯，一个酒盅子。（《语言自迩集》，第 58 页）

（16）酒杯酒盅子这两个东西不大很分，可也分得出来。本是酒杯比酒盅儿大。（《语言自迩集》，第 58 页）

（17）又坐了一坐儿，喝了盅茶的空儿，忽然打了个霹雷。（《语言自迩集》，第 160 页）

---

① 该书中这一条为红色字体，当为后来添加内容。

② 李荣：《语音演变规律的例外》，《中国语文》，1965 年第 2 期，第 125 页。

③ 陈明娥、李无未：《清末民初北京话口语词汇汉及其汉语史价值》，《厦门大学学报》（哲学社会科学版），2012 年第 2 期，第 60 页。

用"鍾"，如：

（18）不能够坐车，连步行儿去，也要到坟上奠一鍾酒啊。(《语言自迩集》，第 175 页）

（19）今儿降在这儿了，忙斟了一鍾酒，祷告着，祭奠了祭奠。(《语言自迩集》，第 204 页）

由以上我们判定，"盅"早期主要用于粤方言文献，为粤方言用字现象，是方言区根据"鍾"造的方言俗字，"盅"逐渐流入其他方言区，客家文献用例如：

（20）K：好裡，闲话讲唔俢，讲得多，忒噜嘅，食盅茶裡，两儕出外背来去看下戏，你唔知中意麽？(《客家社会生活会话》（上），第 353 页）

今闽方言区（如漳州）街市上用"盅"字，如"炖盅""饭盅"等。当代"鍾"简化为"钟"，不再表"没有把儿的杯子"义，这一词都写为"盅"字。各种大型工具书没有揭示出"鍾""盅"之间的这种关系。

第六章 结语

　　本书分字际关系、字词关系沟通及特殊文字现象三个方面，结合明清时期闽、粤、客南方方言文献特别是19世纪传教士所编方言文献，探讨了闽、粤、客等南方方言区文字使用情况，重点沟通方言区用字现象与古汉语、其他方言区用字、现代汉语普通话用字间的关系，客观描写方言文献用字变化的轨迹，深入探究其变化的成因与目标，正确认识这种变化在汉字发展史上的价值与局限。

　　选取的研究对象大部分为方言词典或读本，小部分为夹杂方言字词或用法的小说、戏曲作品、方志材料。各种文献的方言书面化程度不同，整体上粤方言文献书面化程度最高，书写基本上可以做到对方言句子或语篇的转化，且这类材料较多，粤方言书面化的文本也持续到了当代，闽、客方言则大多为在共同语文本中嵌入一些方言词、方言字。研究中我们一直想回答的问题是：方言文献文字使用的大体面貌怎样，它与官话文献文字使用相比有哪些特殊性？具体到南方方言文献，其用字有何特殊性？

　　通过本书的研究，可以得到以下三点认识：

一、官话文字系统和方言文字系统的关系

　　文字是记录语言的书写符号系统，汉字是记录汉语特别是官话的书写符号系统，对方言词、外语词等官话的"异质成分"，已有汉字无法完成其记录职责。但文字系统不是一个僵硬的、封闭的系统，会为语言的变化做出相应的调整。方言文献文字系统是对官话文献系统的改造、调适。同时，方言文

献中文字的方言用法是一种客观的创造活动，造字是为方言中的词寻找记录符号的过程，通过字形的发展来实现词汇系统的完善和发展及文字职能的重新分配、字形的进一步赋义。

（一）方言文字系统离不开官话文献文字系统的支撑，书面语非常发达的粤方言也是如此，如果不认识官话文献文字系统的人，即使懂粤语，也看不懂粤语书面语，足见官话文字系统对方言文字系统的制约和影响。

（二）方言文字系统也有创新。懂官话文字系统也可能对方言文字系统中的某些用字现象不熟悉而做出错误的判断，方言自创文字如假借字、自造字、训读字等。根本原因在于方言文字想真实记录语言的词汇、语音，而不大在意字形。字形只是中介、载体。与官话文字相比，方言文献文字的表意功能较低。人们采取的补救措施就是在同音或近音字上加相应的形旁，如粤方言通过加"口"旁、闽方言加"亻"。假借字在一定程度上缓解了方言文献书写的困难，但是假借字在选用时带有一定的主观性、随意性，文献书写者文化程度不同，导致其用字具有不稳定性。从字形上来看，这些假借字都是形体相对简单、属于官话文字系统中的常用字。因为其存在的根基在于方言范围内读音相同或相近，所以使用范围只能局限于本方言内部，跨出方言由于其语音基础丢失，就失去了存在的依据。这是它受制于方言语音系统影响的结果。

（三）不同方言区的方言文字在系统性上是有差异的。有的只是出现个别的方言自造字，有的则有借音字、训读字、本字、合音字等。如粤语有成系统的方言书写文字，而其他方言则只是出现零星或少量的方言字。

（四）方言文字和通用文字的关系。方言文字不是通用汉字的内部问题，是以一种方言为基础的通用文字系统外部的问题。方言字和规范通用汉字在使用的语域中是有区别的，通用规范字用于规范文件、书本等，方言字用于方言区牌匾等非正式场合。无论方言字的来源如何，只要它所记录的词语不属于通语，这些字就不能纳入当代通用汉字的系统之中。当然，记录已被普通话吸收的方言词汇的方言文字，就有可能转变为通用汉字。

考证方言本字就是系联官话文字系统与方言文字系统的方法。但是，考本字只是系联二者的方法之一，系联还可通过其他视角、途径来实现。体现为：首先，不能将视角仅仅局限于考证方言本字、收集解释疑难杂字，也应该将目光聚焦到常用字词中来，关注常用字词在方言区因形、音、义因素产生的各种变异，系联方言间、方言与通语间在文字方面的关系。其次，方言文献文字系统是建立在官话文献文字系统的基础之上的，并在此基础上从形、音、义三个方面对其进行改造。改造对象为：1.声音与方言不合者；2.方言有（包括方言自身发展出的、来自少数民族语言的、外语的）官话没有者；3.官话的写法比较繁杂的。对于方言有官话没有的文字现象，则应深入追踪其来源和发展变化轨迹，而对于声音与方言不合者、官话写法繁杂的文字现象，则应探讨方言区文字出现的理据等。

二、方言文献文字使用的大体面貌

具体来说，方言文献文字使用的大体面貌可归纳为：（一）方言文献中一词用多字、一字记录多词现象非常普遍，这些现象绝不是杂乱无章的，都可以从形、音、义方面梳理出它们的产生理据及发展过程。（二）大多数情况使用方言本字，假借、自造、训读在闽、粤、客方言文献中都有，假借字使用比率最高，也是造成方言文献与官话文献差异的最主要原因。由于各方言间的语音差异，方言中同音或近音字不同，方言假借字和官话文献文字假借情况有很大不同，必须结合当地方言语音特点来分析。（三）方言自造字以会意和形声为主，形声字是在假借字的基础上形成的，有些假借字使用久了，就在假借字上添加相应的形旁形成新的形声字。（四）对于某些有音无字的情况，同时存在几种用字方式，如假借、自造、训读共存。

三、文字的方言用法

方言文献大多数文字与官话相同，少量表现出与官话文献的差异，体现为方言用法。方言用法可以从形、音、义三方面将其与官话文献或其他方言文献、民族文献中的文字现象联系起来。

文字的方言用法具体体现为三个方面：第一，从单个文字来看，造成文字方言用法的主要因素有形、音、义三个方面，字形方面如文字的讹变、简省、换旁、类化、增旁等，字音方面如同源字、同音或近音通用，字义方面如文字在方言中发展出的新意义、古汉语意义在方言中的留存、增加特殊部件表达特定类属意义、会意字以及同形字等，文字三要素中音在方言文献文字用法形成中起的作用最大。第二，文字的方言用法还体现为方言文献中词语如方言词、外来词等的用字问题，表现为一词多形、一语素多形、同形异词、异词同形等，词语间的错综复杂关系都可以从词形入手，从形、音、义三方面勾勒词形的演变过程，探讨词语的发展演变轨迹及部分方言词语的来源，以上现象表明明清时期闽、粤、客方言文献文字的记词功能及构形系统不成熟。第三，方言文献中的特殊文字现象，如"口"旁字、反切字、化学字等，是对历史上汉字造字法的继承与改造。

文字的方言用法杂混在近代通俗文学作品中，传统字书等往往无从查考，不得正解，这样给文献释读、词语理解造成巨大障碍。只有不断拓展方言文献的研究，收集整理文字的方言用法，同时结合现代方言语音、词汇知识，这些问题才能迎刃而解。

四、创新点

本书的创新点在于：

（一）在以上思路指引下，综合方言学、文字学、词汇学、历史学知识，对学界已有观点或学说重新认识、深入思考，结合语言实例提出自己的看法。具体表现为：1.重新梳理了一批方言文献用字与古汉语文献文字间的关系，如粤方言字"簕"，当来自古汉语，是"棘"经过音变、同音替代等过程形成的方言字。2. 从词形入手考证了一批方言词的来源及发展演变关系，如"煲"，关于其本字有来自"釜""鬵""襄牛头""镤"等说法，我们认为"煲"为英文 boil 的音译记音字。3. 对方言文字类型提出了新的看法，如粤方言中常用的"口"旁字，邓小琴等认为"口"旁是方言化、口语化标记，代表了一种风格意义，游光明认为"口"旁带有贬义，太田辰夫认为"口"旁是造新字的一种方式。我们通过追溯"口"旁字在汉字史上的使用及粤语区用字情况，认为粤方言文献中"口"旁最早体现为标音功能，提示读音上加"口"旁的字是对不加"口"旁原字读音的模仿，即二字读音相同或相近，但意义上没有任何联系。

（二）本书研究的视角、方法、材料也有一定独特之处。以往方言字研究，多集中在一个方言区内，大多为考证方言本字。本书从同一时期三种方言入手，考察方言文字系统和官话文字系统的互动、调适关系，拓宽了方言文献文字研究的范围与视野。研究对象上，以明清时期闽、粤、客方言文献特别是传教士编撰方言文献为对象，目前这批文献的研究成果大多集中在方言、语法方面，文字、词汇方面的成果相对较少。方法上，方言文献文字研究是文字学、方言学、词汇学等学科的交叉、融合，研究中不局限于传统文字学研究方法，在系联文字间关系及发展演变轨迹时考虑到方言、文化等因素对其的影响。

方言文献文字研究是一个广阔的、尚未被开垦的研究领域。本次研究只是一个粗浅的尝试，由于学力、精力有限，对某些文字现象只是提出了自己的看法，结论正确与否还需要经过时间和其他学者后续研究的检验。另外字际、字词关系梳理部分的论证过程还不够严密、细致，研究还有待进一步深化、细化。后续研究可以从以下方面展开：1. 搜集方言字形、词形，继续梳理和系联字际关系、字词关系，除关注疑难杂字、方言特有字之外，将考察重点转移至方言常用字，关注文字的特殊或常用方言用法，借此探索文字及词语的来源、发展演变轨迹及变异理据；2. 学界公认，明清时期很多外来词或与西洋有关的事物如钟表、眼镜、西洋画等最早出现于福建、广东等地。在研究过程中我们发现，传教士最早在南洋各地活动，编撰闽、粤语方言词典、读本，很多语言事实如果追溯源头则应该在香港、澳门或南洋各地，因此研究视野可以更开阔一些，关注海外汉语研究进展，注意南洋各地汉语方言及其他海外华语、北方方言文献、民族语文献的语言事实与南方方言语言事实之间的联系。

方言区文献文字研究是一种跨学科的研究，需要方言学、文字学等相关知识的结合，对学养的要求较高，研究者最好有方言母语背景，又要具备方言、音韵、文字、词汇、文化、历史、外语等相关知识及理论，需要研究者不断充实、学习各种知识，打好基础，不断优化自身知识结构，这是在今后的研究中我们必须面对的问题，也是我们努力的方向。

附录　南方方言外来词辑录

　　收集、整理外来词诸多词形，考证外来词产生时间、过程等，是外来词研究的重要内容。以下收集明清时期闽、粤、客方言中的众多外来词词形，对照《近现代辞源》《近现代汉语新词词源词典》《汉语外来词词典》（高名凯、刘正埮等，1984 年）、《现代汉语词汇的形成——十九世纪汉语外来词研究》《汉语大词典》及各种有关外来词的论著，指出不见于辞书、论著而存在于方言文献中的外来词的特殊词形，提供外来词在文献中出现的准确时间，为今后外来词研究及词典编撰提供参考。[①] 以下按外来词对应的外语单词首字母音序形式列出。

　　Abyssinia，粤语文献中音译为"亚彼四呢亚国"（《英华字典》第 10 页），今为"阿比西尼亚"。

　　Acheen，粤语文献音译为"亚齐"（《粤语中文文选》第 416 页），闽南文献也写为"亚齐"（《厦门方言英汉辞典》第 5 页）。

　　Adam，粤语文献音译为"亚但"或"亚当"（《英华字典》第 22 页）。

　　Afgháns，粤语文献写为"阿付干"（《粤语中文文选》第 407 页）。

　　Afghanistan，闽语文献译为"机滨国"（《厦门方言英汉辞典》第 9 页）。

　　Africa，粤语文献音译为"亚非利加"（《粤语中文文选》第 402 页、《英华字典》第 35 页、《英话注解》），还写为"亚啡利加"（《华英通语》第 189

---

① 除反映外来词的几部辞书外，张琢《清代外来词研究》附录三《清时期外来词语料库》也从清代文献中收集了不少第一手的外来词，详见张琢《清代外来词研究》，辽宁师范大学硕士学位论文，2013 年，第 63-91 页。

页）、"哑啡唎咖"（《英华字典》第 57 页）。闽语文献中写为"亚腓利迦"（《厦门方言英汉辞典》第 9 页）。

Agra，粤语文献写为"阿古剌"（《粤语中文文选》第 407 页）。

Albert，粤语文献写为"亚里弼"（《粤语中文文选》第 411 页）。

Alexander，粤语文献音译为"亚笏山大"（《英华字典》第 268 页）。

Algiers，粤语文献译为"安遮耳"（《粤语中文文选》第 413 页、《英华字典》43 页），又译为"亚利知爾"（《英华字典》43 页）。

Aloes，粤语文献音译为"哑啰"（《英华行箧便览》第 94 页、《英华字典》第 1317 页），又意译为"沉香"（《华英通语》第 128 页、《英粤字典》1862 年第 4 页）。闽南文献写为"鸦羅"（《厦门方言英汉辞典》第 303 页），又写为"蘆薈"（《厦门方言英汉辞典》第 174 页）。

Alpine，粤语文献音译为"哑唎便山"，又称为"崇山"（《英华字典》第 49 页）。

Amazon，粤语文献音译为"哑吗洵"（《英华字典》第 52 页），又写为"亚马孙河"（《英华字典》第 1151 页）。

Amen，粤语文献音译为"哑吗"（《英华字典》第 53 页）。

American 最早写为"米利坚国"（《广东省土话字汇》，1828 年），又写为"咪唎喱"（《拾级大成》第 146 页），写为"美理哥"（《粤语中文文选》第 402 页、《拾级大成》第 240 页），还写为"咪唎加国"（《粤语中文文选》第 262 页）。由于音译时对英语音节的切分、选择不同，该词还音译为"亚美利加"（《英华字典》第 488 页、湛约翰《英粤字典》第 9 页），"亚墨利加"（《英粤字典》9 页、西村茂树《英粤字典》）。"美"已经从一个记音字发展为一个语素，湛约翰《英粤字典》（1907 年版）已经有"美国"（第 644 页）、"美国人"（第 810 页）。该词还有意译形式，如"花旗国"（《中国语启蒙》第 9 页、《英华字典》第 2007 页、《广州方言习语》第 53 页、湛约翰《英粤字典》第 9 页），或直接称为"花旗"（《广州方言习语》第 17 页、《华英通语》第 189 页、《英话注解》），还称为"合众国"（《英粤字典》第 152 页，1862 年），称

"合众"(《英话注解》)。闽南文献中该词译为"大美国""花旗国""大米国"
(《厦门方言英汉辞典》第 14、398 页)。

Ammonia,粤语文献音译为"阿摩呢阿"(《英华行箧便览》第 95 页、
《英华字典》第 1794 页)。闽语文献音译为"亚摩尼亚"(《厦门方言英汉辞
典》第 14 页),又音译为"阿麽噁"(《厦门方言英汉辞典》第 305 页)。

Amos,(book of),闽语文献音译为"亚麽士"(《厦门方言英汉辞典》第
14 页)。

Antimony,粤语文献音译为"晏地磨尼""晏地摩尼"(《英华字典》第
65、284 页),闽南文献写为"锑"(《厦门方言英汉辞典》第 17 页)。

Areopagus,闽语文献音译为"亚略巴古"(《厦门方言英汉辞典》第
20 页)。

Argand lamp,粤语文献音译为"亚耳斤灯"(《英华字典》第 104 页)。

Armenian,粤语文献音译为"亚耳美尼国人"(《英华字典》第 84 页)。

Armenian church,粤语文献译为"亚耳美尼圣会"(《英华字典》第
338 页)。

Arobia,粤语文献写为"亚喇伯"(《粤语中文文选》第 406 页、《英华字
典》第 78 页),还写为"亚剌伯"(《英华字典》第 1535 页)。

Asia,粤语文献写为"亚细亚"(《粤语中文文选》第 402 页、《英华字
典》第 94 页),还写为"哑哂哑"(《英华字典》第 57 页)。闽语文献也写为
"亚细亚洲"(《厦门方言英汉辞典》第 22 页)。

Aspidium male fern,闽语文献音译为"亚必安"(注音 a-pit-an)(《厦门
方言英汉辞典》第 302 页)。

Athens,粤语文献音译为"雅典"(《英华字典》第 82 页)。

Atlantic,粤语文献音译为"壐蘭的海"(《粤语中文文选》第 412 页、《英
华字典》第 107 页),又称为"大西洋"(《英华字典》第 107 页),闽语文献
也写为"大西洋"(《厦门方言英汉辞典》第 24 页)。

Austria,粤语文献写为"奥地哩亚"(《粤语中文文选》第 409 页、《英华

字典》第116页），也写为"澳地利"（《英华字典》第80页）。此外，该国还可称为"双鹰国""孖鹰国"（《英华字典》第116页）。闽语文献写为"大奥斯马加国"（《厦门方言英汉辞典》第26页）。

Ava，粤语文献音译为"阿哇"（《英华字典》第119页）。

Baal，闽语文献音译为"巴力"（《厦门方言英汉辞典》第27页）。

Babel，粤语文献中音译为"巴比倫"（《英华字典》第124页）。

Ball，粤语文献音译为"波"，最早见于《广东省土话字汇》第一册（1828年），《英华字典》中有"打地波者"（即bowler，第235页），"打波戏名"（即tennis，第1765页），"打波棍"（第134页），湛约翰《英粤字典》1907年版有"打地波"（即play nine-pins，第237页），"小波球"（即tennis，第237页），"打波地"（即tennis-court，第554页）。

Balladonna，粤语文献中音译为"啤啦咓呦"（《英华行箧便览》第95页），又译为"啤啦咓嘷"（《英华字典》第166页）。

Baltic，粤语文献中译为"波罗的海""东海"（《英华字典》第132页）。

Barbadoes，粤语文献中译为"巴耳巴都士岛"（《英华字典》第137页）。

Batavia，粤语文献中译为"咖喇吧"（马礼逊《华英字典》、《英华字典》第143页），又译为"加拉巴"（《英话注解》《广东省土话字汇》《华英通语》第190页），又译为"吧咓非哑"（《英华字典》143页），又写为"咖嚼吧"（《英华韵府历阶》第156页），又写为"加留巴"，还可写为"噶喇吧"（《粤语中文文选》第416页）。闽语文献中写为"咬嚕巴"（《厦门方言英汉辞典》第32页）。张嘉星（2018）认为"噶喇吧"是闽南语中的马来语借词："kalapa【噶喇吧】[ka¹la¹pa¹]：今印度尼西亚首都雅加达的旧称。"[1]

Bavaria，粤语文献中写为"巴瓦哩亚"（《粤语中文文选》第409页）。

Beer，马西尼（1997）："Bier Jiu必耳酒，beer，三音节词，偏正结构，混合词，名词。始见于1866年的Zhang Deyi（Hanghai shuqi：568）。现在的'啤

---

① 张嘉星：《闽南方言外来借词综论》，《闽台文化交流》，2018年第1期，第63页

酒'这词，是由粘著语素'啤'加后缀'酒'构成的复合词，它是后来才出现的。"① 廖礼平（2005）："啤酒（［德语］Bier），有'卑酒、比耳、必酒、比儿酒、碧儿酒、比而酒、必耳酒、比酒'等10种不同的写法，其中2种是音译法,9种是音译加类别语素法。"② 粤语文献中有"啤酒"，最早见于《广东省土话字汇》（1828年），也见于《粤语中文文选》（1841年，第161页）、《中国语启蒙》（1847年，第33页），粤语也有'卑酒'（《广东省土话字汇》）。除以上外，还可写为"苦酒"（《英话注解》），当为意译。廖礼平（2005）："再如啤酒，源自德语bier……，所有的音译词都没有表示此物可以入口。据查考，《康熙字典》并无'啤'字，只有到了1915年版的《中华大字典》中才收有此字。"③ 由以上可知，"啤酒"最早为粤方言音译词，"啤"为方言字。闽南方言文献beer译为"米仔酒（bī-á-tsiú）"（《厦门方言英汉辞典》第34页）。

Belgium，粤语文献中写为"比里朕国"（《粤语中文文选》第409页），"比利时"（《英华字典》第165页）。闽语文献称为"大比国"（《厦门方言英汉辞典》第36页）。

Benares，闽语文献音译为"颇罗乃"（《厦门方言英汉辞典》第36页）。

Bengal，粤语文献写为"榜葛剌"（马礼逊《华英字典》，第93页），"盬呀鑇"（《广东省土话字汇》），"明呀喇"（《粤语中文文选》第407页），"孟加剌"（《英话注解》），"孟加喇"（《华英通语》第190页），"边加利"（《英华字典》第170页）。闽南文献也写为"榜葛喇"（《厦门方言英汉辞典》第36页）。

Benjamin，闽语文献音译为"便雅悯"（《厦门方言英汉辞典》第36页）。

Bermudas，粤语文献写为"巴耳暮打士"（《英华字典》第172页）。

Bethlehem，粤语文献写为"伯利恒"（《英华字典》第177页）。

① 马西尼：《现代汉语词汇的形成——19世纪外来词研究》，《中国语言学报》，1993年，黄河清译，汉语大词典出版社，1997年，第191-192页。

② 廖礼平：《论近代汉语西源外来词》，《语言研究》，2005年第2期，第68页。

③ 廖礼平：《论近代汉语西源外来词》，《语言研究》，2005年第2期，第70页。

Billiard，粤语文献写为"波楼"（西村茂树《英粤字典》），还有"波楼人"（《广东省土话字汇》第一册，其对应英语"Billiards"）。"波楼"也可简省称"波"，但"波"可以指任何球，"波楼"只指 Billiards。闽语文献译为"床球"（《厦门方言英汉辞典》第 39 页）。

Biscuit，粤语文献译为"饼干"（《广东省土话字汇》、西村茂树编《英粤字典》、湛约翰编《英粤字典》1907 年版），还可译为"面饼"（《中国语启蒙》第 33 页、《广东省土话字汇》），"面饼仔"（《广东省土话字汇》），"面饼干"（《华英通语》第 137 页），"面包干"（《广东省土话字汇》）。闽语文献译为"饼干""面饼"（《厦门方言英汉辞典》第 39 页）。

Black，粤语文献音译为"布力"（《英语不求人》第 109 页）。

Bolivia，粤语文献写为"破理华"（《粤语中文文选》第 415 页）。

Bologna-sausage，粤语文献写为"波浪吧腊肠"（《英华字典》第 218 页）。

Bombay，粤语文献写为"孟買"（《粤语中文文选》第 407 页、《广州方言习语》第 94 页），也可写为"喵嗊"（《广东省土话字汇》），写为"喵買"（《华英通语》第 190 页），写为"孟美"（《英话注解》）。闽南文献写为"蒙排""掸国"（《厦门方言英汉辞典》第 43 页）。

Bonapartist，粤语文献译为"从波拿巴耳地者"，"波拿巴耳"为 Bonaparte 的音译。（《英华字典》第 219 页）。

Borneo，粤语文献写为"文莱"（《粤语中文文选》第 416 页），又音译为"婆羅洲"（《英华行箧便览》第 21 页）。

Bosporus，粤语文献音译为"波士波路士"（《英华字典》第 227 页）。

Bothnia，粤语文献音译为"不泥亚湾"（《英华字典》第 229 页）。

Brahma，粤语文献音译为"把耳亚麻"（《英华字典》第 238 页）。

Brandy，粤语文献音译为"罷嘞地酒"（《广东省土话字汇》、《英华韵府历阶》第 18 页），还写为"囉嘞地酒"（《中国语启蒙》第 33 页），又写为"罷蘭地酒"（《华英通语》第 141 页），"罷欄地酒"（西村茂树《英粤字典》、湛约翰《英粤字典》1907 年第 28 页），又为"啤蘭地酒""罷爛呬酒""啤爛呬酒"（《英华字典》第 241、1362、1400 页），闽语文献音译为"不懒池酒"（《厦门方言英汉辞典》第 46 页）。

Brazil，粤语文献音译为"巴西"（《英华字典》第 243 页），闽语文献也译为"比利时"（《厦门方言英汉辞典》第 47 页）。

Bread，粤语文献对译为"面头"（马礼逊《华英字典》第 100 页），也见于《广东省土话字汇》、《华英通语》第 137 页、《英华行箧便览》第 61 页，也写为"面包"（《广州方言习语》第 51 页、《华英字典》），还写为"面饱"（《广州方言习语》第 6 页、《中国语启蒙》第 6 页）。

Broadway，粤语文献音译为"布律喊街"（《英语不求人》第 62 页）。

Brooklyn bridge，粤语文献音译为"布落倫桥"（《英语不求人》第 63 页）。

Brown，粤语文献音译为"布啊"（《英语不求人》第 83、101 页）。

Burgundy，粤语文献译为"布管地酒"（《英华字典》第 276 页）。

Burman，文献中写为"缅甸"（《英话注解》），闽南文献中也写为"缅甸"（《厦门方言英汉辞典》第 39 页），写为"面甸"（《厦门方言英汉辞典》第 51 页）[①]。今规范词形为"缅甸"，当译自闽方言。

Cadmia，粤语文献译为"吉未亚"，又称"白铅灰"（《英华字典》第 292 页）。

Cadmium，粤语文献音译为"刮美暗金"（《英华字典》第 292 页）。

Caffre，粤语文献音译为"架非耳族"（《英华字典》第 292 页）。

Calabar bean，闽语文献写为"加喇巴豆"（《厦门方言英汉辞典》第 306 页）。

Calamanco，粤语文献音译为"加拉盲哥"（《英华字典》第 294 页）。

Calcutta，粤语文献写为"咕哩噶嗟"（《粤语中文文选》第 407 页）。

---

① 该词书写稍有差异，birmah 与 burmah 书中确实这样写，今英文为 burmah，birmah 也许是书中书写有误。

Caledonia，粤语文献音译为"加利多尼亚"（《英华字典》第 296 页）。

California，闽语文献译为"旧金山"（《厦门方言英汉辞典》第 53 页）。

Calomel，粤语文献音译为"迦路米"（《英华行箧便览》第 96 页、《英华字典》第 300 页），也可意译为"轻粉"（《英华字典》第 300 页、湛约翰《英粤字典》1907 年第 34 页），还写为"洋轻粉"（《英华字典》第 300 页）。闽南文献也音译为"迦路米"（《厦门方言英汉辞典》第 303 页）。

Calumba，粤语文献音译为"加綸巴"（《英华字典》第 301 页）。

Calumbo，闽语文献写为"加林箄"（注音 ka lîm pi）（《厦门方言英汉辞典》第 307 页）。

Calvin，粤语文献音译为"加利非尼"（《英华字典》第 301 页）。

Canary，粤语文献音译为"加拿利岛"（《英华字典》第 304 页）。

Cancasus，粤语文献音译为"高加索山"（《英华字典》第 338 页）。

Canadans，粤语文献中写为"干拿大"（《粤语中文文选》第 414 页），又写为"加拿他"（《英华字典》第 304 页）。

Captain，粤语文献音译为"甲備旦"（《英华字典》第 314 页）。张嘉星（2018）认为该借词先进入马来语国家，后中转进入闽南语："荷：kapitein【甲必丹】[kah⁷ pit⁷ tan¹]：上尉，后来泛指华人首领。"[1]

Carat，粤语文献音译为"加辣"（《英华字典》第 316 页）[2]。

Carbolic acid，闽语文献写为"加某匿酸"（注音 ka bó lék sng）（《厦门方言英汉辞典》第 306 页）。

Carcel-lamp，粤语文献音译为"加思灯"，又写为"钟极灯"（《英华字典》第 316 页）。

Cariboo，粤语文献译为"加利布金山"（《英华字典》第 320 页）。

Carpate，粤语文献译为"加耳巴地岭"（《英华字典》第 322 页）。

---

[1] 张嘉星：《闽南方言借词综论》，《闽台文化研究》，2018 年第 1 期，第 66 页。

[2] 《英华字典》卷一第 316 页下注：大英国两，即称案士，有四百八十分，四分算为一加辣，称金宝等物则用此法。

Carthage，粤语文献中译为"驾大哥"（《英华字典》第 325 页）。

Carthusian，粤语文献音译为"加都仙修道者"（《英华字典》第 325 页）。

Cascarilla，粤语文献音译为"加士加利拉"（《英华字典》第 326 页）。

Cashmere，粤语文献音译为"加是弭儿"（《英华字典》第 326 页）。

Caspian，粤语文献音译为"加士边湖"，又称为"里海"（《英华字典》第 329 页）。

Cassada，粤语文献音译为"加洒打"（《英华字典》第 329 页）。

Cassava，粤语文献音译为"加洒哇"（《英华字典》第 329 页）。

Cassius，粤语文献音译为"加四乌士颜色"，又称为"上等紫粉"（《英华字典》第 329 页）。

Castile-soap，粤语文献译为"加士地里靦"，又称"笠靦"，"西班牙靦"（《英华字典》第 331 页）。

Caustic，粤语文献音译为"哥的士"（《英华行箧便览》第 96 页）。

Celebes，粤语文献写为"细利窪洲"（《粤语中文文选》第 416 页）。

Celts，粤语文献音译为"四利人"（《英华字典》第 345 页）。

Cents，音译为"先士"（《粤语中文文选》第 171 页、《英华字典》第 346 页），还可写为"先时"（《英华字典》第 346 页），写为"仙"（《英语不求人》第 41 页），写为"仙士"（《英华字典》第 1080 页），写为"先地"[①]（《华英通语》第 91 页），今粤方言用"仙"，《广州话词典》中 cents 词形记为"仙屎"（第 52 页）。

Ceylon，粤语文献写为"西蘭岛"（《英华字典》第 385 页），闽语文献译为"锡蘭山国"（《厦门方言英汉辞典》第 60 页）。

Chaldea，粤语文献音译为"迦勒底国"（《英华字典》第 353 页）。

Champagne，马西尼（1997）："sanbian 三鞭，champagne，双音节词，多音节语素，音译词，名词。始见于 1866 年的 Zhang Deyi（Hanghai shuqi：

---

① "先地"为其英文注音用字，原文"先地"写在 cent 下方。

544）。"① 廖礼平（2005）认为"三鞭酒"是来自法语的音译词②。粤语文献也有"三鞭酒"，最早见于（《粤语中文文选》第 139、161 页，1841 年）。该词还可写为"三边酒"（《华英通语》第 142 页，《英粤字典》西村茂树编），"三变酒"（《英华韵府历阶》第 31 页）。

Charles XIV，粤语文献音译为"揸理第十四传"（《粤语中文文选》第 411 页）。

Charley，粤语文献音译为"差利"（《英语不求人》第 115 页）。

Chenopodium，闽语文献音译为"芝奴褒"（《厦门方言英汉辞典》第 302 页）。

Cherub，粤语文献写为"噬略咻"，又写为"天神""天使""美子"（《英华字典》第 370 页）。闽语文献 Cherubim 译为"噬略咻"（《厦门方言英汉辞典》63 页）。

Chicago，粤语文献写为"积加古"（《英语不求人》第 141 页）。

Chiretta，闽语文献写为"介利大"（注音 kài lī tāi）（《厦门方言英汉辞典》第 307 页）。

Chloroform，闽语文献音译为"嗝罗方"（《厦门方言英汉辞典》第 302 页）。

Chocolate，马西尼（1997）："chaokoulai 炒口来，chocolate，双音节词，多音节语素，音译词，名词。始见于 1866 年的 Zhang Deyi（Hanghai shuqi: 456）。"③ 粤语文献该词还写为"知古辣"（《广东省土话字汇》），"之古辣"（《中国语启蒙》第 34 页），"咖咕嗦"（《英话韵府历阶》第 34 页），"揸古聿"（《粤语中文文选》第 161 页）。

---

① 马西尼：《现代汉语词汇的形成——19 世纪外来词研究》，《中国语言学报》，1993 年，黄河清译，汉语大词典出版社，1997 年，第 236 页。

② 廖礼平：《论近代汉语西源外来词》，《语言研究》，2005 年第 2 期，第 68 页。

③ 马西尼：《现代汉语词汇的形成——19 世纪外来词研究》，《中国语言学报》，1993 年，黄河清译，汉语大词典出版社，1997 年，第 194-195 页。

Cocoa 对应汉字写法为"芝高力"(《厦门方言英汉辞典》第 70 页),"芝高力 tsi-ko-lát"也当为 Chocolate 的音译,陈恒汉 (2011) 指出闽南方言写为"烛龟蜡"[tsiak-ku-lat]①,史大丰指出《官场现形记》中写为"猪古辣"②。

Christian,粤语文献译为"基士阵第七传"(《粤语中文文选》第 410 页)。

Cimiccifuga,闽语文献译为"吒米思"(《厦门方言英汉辞典》第 305 页)。

Cinchona,粤语文献音译为"金嘞哪"(《英华行箧便览》第 96 页、《英华字典》第 385 页),还可写为"金鷄勒""黄嘞哪"(《英华字典》第 385 页)。闽南文献写为"金鸡衲""先高挪"(《厦门方言英汉辞典》第 307 页)。粤语文献中 quinine 或 peruvian bark 对应的词为"金鸡喇"(《华英通语》第 123 页),也写为"金鸡勒"(《广东省土话字汇》第二册)、"金雞笏"(《广东省土话字汇》第三册)、"金鸡纳"(湛约翰《英粤字典》1907 年第 231 页),也写为"嘞哪""桂哪"(《英华字典》第 1417 页)。Quinine,闽语文献写为"鸡挪"(注音 ke-ná)(《厦门方言英汉辞典》第 307 页)。

Cincinnati,粤语文献写为"仙仙哗打"(《英语不求人》第 151 页)。

Claret,闽语文献译为"句拉礼酒 kuh-la-leh-tsiú (《厦门方言英汉辞典》第 66 页)。

Coca,粤语文献中写为"哥加草"(《英华字典》第 416 页)。

Cocculus indicus,闽语文献写为"格嬌勒士"(注音 kek kiáu lék sū)(《厦门方言英汉辞典》第 306 页)。

Cochin,粤语文献写为"固贞"(《粤语中文文选》第 408 页),也可写为"安南"(《中国语启蒙》第 9 页、《华英字典》第 238 页)。

Codeia,粤语文献写为"哥大也"(《英华字典》第 417 页)。

---

① 陈恒汉:《闽南方言的外来词研究:历史及类型》,《内蒙古农业大学学报》(社会科学版),2011 年第 1 期,第 212 页。

② 史大丰:《〈官场现形记〉的外来词研究》,《山东省青年管理干部学院学报》,2009 年第 1 期,第 140 页。

Codfish，粤语文献中写为"鲒鱼"（《英语不求人》第 117 页）。

Coffee，马西尼（1997）："kafei 咖啡，coffee，……，马礼逊于 1815 年编纂的词典中已收入该词（Morrison，Dictionary：Ⅱ，Ⅰ，504）。1838 年裨治文使用过'架菲'（Bridgman，meiligeguo zhilue：第 15 页背面）。1844 年，在 Haiguo tuzhi：2941 中见有"架非"这种写法。在 1850 年的 Xu Jiyu（Yinghuan Zhilue：卷 7，第 51 页背面）、1866 年的 Zhang Deyi（Hanhai Shuqi：456）以及 1901 至 1902 年的 Yan Fu（Yuan fu:469）中，均见有'加非'这种写法。据邵荣芬说，'咖啡'这种写法是 1879 年才开始使用的（Shao Rongfen，Ping wailaici yanjiu:347）。"[1] 廖礼平（2005）补充了"咖啡"的其他几个词形："咖啡（［英］coffee），其音译词有：架菲（《美理哥国志略》1838 年）、加菲、架非（《海国图志》1852 年）、迦非（《内科新说》1858 年）、加非（《航海述奇》1866 年）、加啡（《格致汇编》1877 年）、架菲（《古巴杂记》1891 年）、茄非（《出使美日秘国日记》1893 年）等多种形式。"[2] 粤语文献 coffee 还可写为"架啡"（《广东省土话字汇》）、"嘞啡"（《粤语中文文选》第 137 页）。闽语文献同样指"咖啡"却写为"羔丕"（《A Handbook of the Swatow Vernacular》第 75 页），"高丕"（《翻译英华厦腔语汇》第 44 页），林伦伦（2012）指出还可写为"龟啤"："'龟啤'（gu1 bi5），指咖啡，新加坡、泰国潮州话叫'糕啤'（gu1 bi5），马来语词源叫 kopi；……"[3] 闽语文献"羔丕"等不是英文 coffee 的音译，可能是马来语 kopi 的音译。闽南文献还可写为"高卑""高披"（《厦门方言英汉辞典》第 70 页）。

Colchicum，闽语文献译为"哥枝噤"（注音 ko-tsī-gīm）（《厦门方言英汉辞典》第 304 页）。

Collodin，粤语文献音译为"哥罗地安"（《英华字典》第 425 页）。

---

① 马西尼：《现代汉语词汇的形成——19 世纪外来词研究》，《中国语言学报》，黄河清译，汉语大词典出版社，1997 年，第 225 页。

② 廖礼平：《论近代汉语西源外来词》，《语言研究》，2005 年第 2 期，第 68-69 页。

③ 林伦伦：《潮汕方言里的外语》，《潮商》，2012 年第 2 期，第 91 页。

Extract of colocynth，粤语文献译为"喁囃嘶膏"（《英华行箧便览》第 98 页）。Colocynth，粤语文献音译为"哥羅先地"，又写为"沙瓮""野胡瓜"（《英华字典》第 425 页），还写为"喁囃嘶"（《英华行箧便览》第 98 页），闽语文献音译为"哥罗新"（注音 ko-lô sin）（《厦门方言英汉辞典》第 303 页）。

Colossians，粤语文献写为"哥罗西"（《中国语启蒙》第 140 页），闽语文献也写为"哥罗西"（《厦门方言英汉辞典》第 71 页）。

Columbium，粤语文献音译为"哥倫边金"（《英华字典》第 427 页）。

Columbia，粤语文献译为"滴些布亚"（《粤语中文文选》第 415 页）。

Copaiba，粤语文献音译为"哥攂巴药"，又称"白浊药"（《英华字典》第 500 页），闽语文献译为"哥拜把"（《厦门方言英汉辞典》第 304 页）。

Corinthians，粤语文献写为"哥林多"（《中国语启蒙》第 140 页）。

Cordovan，Cordwain，粤语文献音译为"哥多温皮"，又称"西班牙皮""山羊皮"（《英华字典》第 503 页）。

Corinth，粤语文献音译为"哥林多城"（《英华字典》第 503 页）。

Cream，粤语文献写为"牛奶皮"（《英粤字典》1862 年第 32 页、西村茂树《英粤字典》、湛约翰《英粤字典》1907 年版第 58 页），又译为"牛乳"（《华英通语》第 138 页），又译为"牛奶油"（《广东省土话字汇》第一册）。

Creasote，粤语文献译为"嘰啊卒"（《英华行箧便览》第 97 页），闽语文献写为"幾阿苏"（注音 ki-o so）（《厦门方言英汉辞典》第 306 页）。

Cuba，粤语文献音译为"古巴"（《粤语中文文选》第 415 页）。

Curry，粤语文献写为"架厘"（《英粤字典》1862 年第 33 页），又写为"加尤"（《华英通语》第 138、195 页），又写为"咖哩"（《英华字典》第 545 页）。闽语文献写为"膠離"（《A Handbook of the Swatow Vernacular》第 87 页），也写为"加里"（《厦门方言英汉辞典》第 94 页），客家文献也写为"加里"（《客家社会生活会话》（上）第 9 页）。

Cutlet，粤语文献音译后可写为"吉烈"，《广东省土话字汇》英文 cutlet fowl 对应"吉烈鷄"，还见于《粤语中文文选》（第 162 页）、《英华字典》（第

1359 页）、《英华行箧便览》（第 42 页）。还可写为"吉列"（《华英通语》第 195 页），又写为"咭咧"《英话韵府历阶》第 59 页）。闽语文献音译为"割里鸡 kat lí koe"（《厦门方言英汉辞典》第 98 页）。

Cyprus，闽语文献音译为"居比路"（《厦门方言英汉辞典》第 98 页）。

Dahlia，粤语文献音译为"哒哩亚花"（《英华字典》第 554 页）。

Damar 或 Dammer，粤语文献可写为"打嘛油"（《粤语中文文选》第 206 页、《华英通语》第 131 页、《英华行箧便览》第 43 页），又写为"吧吗油"（《英话韵府历阶》第 60 页、《英华行箧便览》第 43 页），还可写为"吧嘛油"（《英话字典》第 555 页）。

英文 Tar 也可写为"吧吗油"（《中国语启蒙》第 126 页、《英话韵府历阶》第 287 页、《广东省土话字汇》、湛约翰《英粤字典》1907 年版第 540 页），也写为"嗯吗油"（《华英字典》第 625 页、《英话字典》第 1752 页），也写为"吧码油"（《英粤字典》第 142 页、西村茂树《英粤字典》、湛约翰《英粤字典》1907 年第 239 页），还写为"把麻油"（《广州方言习语》第 2 页），写为"巴麻油"（马礼逊《华英字典》第 425 页）。闽语文献 tar 可译为"打吗油""打马油""鼎马油"（《厦门方言英汉辞典》第 305、352、383 页）。

英语里 tar 和 damar 为两个不同的词，tar 为焦油、沥青、柏油、尼古丁，damar 为硬树胶（漆的原料），二者在文献中词形都可写为"吧吗油"，或者词形极为接近。

Damaskin，粤语文献音译为"大马士古剑"（《英华字典》第 555 页）。

Dancing，粤语文献写为"哒臣"（《英华字典》第 131 页）、"哒呕"（《英华字典》第 556 页）。朱永锴（1995）："番鬼打臣 fan¹ kwei³ ta³ sɐ n² 来自欧洲的交谊舞。'打臣'即 dancing。"[①]

Darien，粤语文献写为"爹哩"（《粤语中文文选》第 414 页）。

Denmark，粤语文献写为"大尼国"（《粤语中文文选》第 410 页），又称

---

① 朱永锴：《香港粤语里的外来词》，《语文研究》，1995 年第 2 期，第 55 页。

为"嗹国"（《粤语中文文选》第 410 页），或"黄旗国"（《广东省土话字汇》《英话注解》《粤语中文文选》第 410 页），又称"大丹"（《英话注解》），或称"大呢"（《英华字典》第 58 页）。闽语文献也称"大丹国"（《厦门方言英汉辞典》第 99、106 页）。

Dominican，粤语文献音译为"多美呢斤教人"（《英华字典》第 669 页）。

Douro，粤语文献音译为"斗羅"（《广州方言习语》第 46 页）。

Dovers powder，粤语文献音译为"都化士散"，也译为"嗹格鸦片散"，又称"致汗药"（《英华字典》第 674 页）。

Dozen，粤语文献写为"打臣"（《粤语中文文选》第 253 页），还写为"哋臣"（《英语不求人》第 91 页）、"哋呧"（《英华字典》第 675 页）、"哋"（《英语不求人》第 127 页）。

Durbend，粤语文献对应中文为"都耳木"（《粤语中文字典》第 740 页）。

Durgen，粤语文献对译为"都尔根"（《粤语中文字典》第 740 页）。

Egypt，粤语文献写为"麦西国"（《粤语中文文选》第 413 页、《英华字典》第 709 页），又译为"埃及国""埃及多国"（《英华字典》第 709 页），也写为"嗦吸国"（《英华字典》第 384 页），Austro-Egyptian 译为"南埃及地嘅"（《英华字典》第 116 页）。

Elaterium，闽语文献译为"衣礼爹"（《厦门方言英汉辞典》第 303 页）。

Eleuths，闽语文献音译为"伊犁"（《厦门方言英汉辞典》第 141 页）。

Elliot，粤语文献音译为"義律"（《拾级大成》第 241 页）。

Emmanuel，闽语文献音译为"以马内利"（《厦门方言英汉辞典》第 143 页）。

England，粤语文献写为"英吉利"（《广东省土话字汇》），又见于《中国语启蒙》（第 9 页）、《广州方言习语》（第 43 页）、《英粤字典》（第 47 页）、《英粤字典》（西村茂树编）、《英华字典》（第 733 页），还写为"嘆咭唎"（《粤语中文文选》第 203、410 页），又写为"英伦"（《英粤字典》，湛约翰，1907 年，第 86 页）。"英"已经由一个记音字变为一个语素，为"英吉利"的缩写形式，因此又有"英国"(《粤语中文文选》第381页、《广州方言习语》第41页、《华英通语》第189页)，"大英"(《英话注解》)，"大英国"(《英华行箧便览》第76页、《英粤字典》湛约翰编1907年版第86页、《英华字典》第733页)，也写为"喷国"(《粤语中文文选》第407页)，"喷话"(《拾级大成》，第85页)，"大喷"(《粤语中文文选》第410页)。此外，England还意译称为"红毛国"(《英话字典》第733页)。闽语文献也称"英国""大英国""红毛国"(《厦门方言英汉辞典》第146页)。

Ephesians，粤语文献写为"以弗所"(《中国语启蒙》第140页)。

Tincture of ergot，粤语文献写为"耳卧達色酒"，Ergot音译为"耳卧達"(《英华字典》第1794页)。Ergot，闽语文献音译为"耳俄达"(《厦门方言英汉辞典》第150、304页)。

Ether，闽语文献音译为"伊打""伊打酒"(《厦门方言英汉辞典》第151、302页)。

Europe，马礼逊《英华字典》写为"歐羅巴""友羅巴"[①](第152页)，粤语文献还写为"欧邏巴"(《粤语中文文选》第402页)，又写为"歐罗巴"(《英粤字典》第48页)，"歐羅巴"(西村茂树《英粤字典》、《英粤字典》湛约翰1907年版第89页)，"嘔囉吧"(《英华字典》第57页)。闽南文献写为"欧罗巴""西洋"(《厦门方言英汉辞典》第151页)。

Ezekiel，闽语文献音译为"以西结"(《厦门方言英汉辞典》第160页)。

Ezra，[book of]，闽语文献音译为"以士喇"(《厦门方言英汉辞典》第160页)。

Ferdinand，粤语文献写为"非耳地难"(《粤语中文文选》第409页)。

Fijí，粤语文献写为"匪支"(《粤语中文文选》第417页)。

Four，粤语文献音译字写为"科"(《英语不求人》第20页)。

---

① 马礼逊《华英字典》第152页："Europe, in the Chinese maps drawn by the Jesuit missionaries.is called 歐羅巴 gow-lo-pa, other maps have called it 友羅巴. The people of Canton in speaking of it, call it 祖家 tsoo kea, 'the house of ancestor', it is sometimes denominated 大西洋 ta se-yang."

France，粤语文献译为"法蘭西"（《英话注解》《粤语易通》《粤语中文文选》第 410 页、《英华行箧便览》第 66 页），又写为"佛囒西"（《广东省土话字汇》《粤语中文文选》第 163 页），写为"嘞嘞哂国"（《英华韵府历阶》第 114 页），还写为"佛冷西"（《中国语启蒙》第 9 页），又写为"佛瑯西"（《华英通语》第 189 页）。闽南方言声母 f 常发为 h，France 又音译写为"荷蘭西"（《A Handbook of the Swatow Vernacular》第 167 页、《厦门方言英汉辞典》第 187 页）。

Frederic william，粤语文献译为"非得勒威廉"（《粤语中文文选》第 410 页）。

Fusiyama，闽语文献写为"附士山"（《厦门方言英汉辞典》第 190 页）。

Galatians，粤语文献写为"伽拉太"（《中国语启蒙》第 140 页）。Galatians，epistle to，闽语文献写为"加拉之批"（《厦门方言英汉辞典》第 190 页）。

A galvanie battery，粤语文献译为"加利華尼之电气台"（《英华字典》第 147 页），"加利華尼"为 galvanie 的音译。

Gallic acid，闽语文献音译为"架泐酸"（《厦门方言英汉辞典》第 302 页）。

Gallon，粤语文献音译为"咖喩"（《英华字典》第 1790 页）。

Germany，粤语文献译为"阿理曼"（《粤语中文文选》第 410 页、《英华韵府历阶》第 120 页），又写为"日耳曼"（《英华字典》第 614 页）。闽语文献 German 译为"日耳曼的""西仔的"，Germany 译为"德国""日耳曼"（《厦门方言英汉辞典》第 194 页）。

Ghoorka，闽语文献译为"郭爾喀"（《厦门方言英汉辞典》第 194 页）。

Giraffe，粤语文献音译为"之拉啡"，又称"驼马"（《英华字典》第 302 页）。Giraffe 即今长颈鹿。

Greece，粤语文献写为"希獵国"（《粤语中文文选》第 410 页、《英华行箧便览》第 76 页），还写为"希利尼"（《英粤字典》湛约翰 1907 年第 117

页）。闽语文献写为"希尼尼"（注音 hi-lî-nî），Greek church 写为"希拉教"
（《厦门方言英汉辞典》第 202 页），《厦门方言英汉辞典》"希拉"对应英文
Hellenic（第 213 页）。Greece、Hellenic 都为"希腊"，以上粤、闽文献"希
獵""希利尼""希尼尼""希拉"是英文 Hellenic 的音译。

Guiacum，闽语文献译为"圭厄噤""圭厄禁"（《厦门方言英汉辞典》第
304、305 页）。

Guinea，粤语文献写为"基尼亚"（《英华字典》第 166 页）。

Habakkuk，（book of），闽语文献译为"哈巴谷之书"（《厦门方言英汉辞
典》第 206 页）。

Haggai，（book of），闽语文献译为"哈基之书"（《厦门方言英汉辞典》
第 206 页）。

Hashed beef，粤语文献译为"乞食牛肉"（《广东省土话字汇》第三册）。

Hayti，粤语文献音译为"哈地"（《粤语中文文选》第 415 页）。

Havanna，粤语文献写为"夏華拿"（《英华字典》第 385 页）。

Hebreus，粤语文献写为"希伯来"（《中国语启蒙》第 141 页）。Hebrew，
粤语文献音译为"希伯来"（湛约翰《英粤字典》1907 年），闽语文献译为"希
伯来的"（《厦门方言英汉辞典》第 213 页）。

Hemlock，闽语文献写为"谦落"（注音 khiam lók）（《厦门方言英汉辞
典》第 306 页）。

Hibernian，闽语文献对应汉语为"阿爾蘭人"（《厦门方言英汉辞典》第
213 页），Ireland 对应汉语为"日耳蘭"（《厦门方言英汉辞典》第 254 页）。

Hock，粤语文献译为"壳酒"（《华英通语》第 142 页，该页 hock 汉字注
音写为"壳忌"）。

Holland，粤语文献写为"嗌囒国"（马礼逊《华英字典》第 78 页）、"荷
囒国"（《广东省土话字汇》第一、二册）、"嗃囒"（《中国语启蒙》第 9 页、
《英华韵府历阶》第 80 页）、"荷蘭"（《英华行箧便览》第 46 页、《粤语中文
文选》第 190 页、《广州方言习语》第 72 页）、"荷囒"（《粤语中文文选》第

203 页）。闽语文献称"大荷蘭国"（《厦门方言英汉辞典》第 218 页）。

粤语文献有"嘀嘀豆"（《中国语启蒙》第 35 页），"荷蘭豆"（《英粤字典》1862 年第 104 页），闽语文献中写为"荷莲豆"，对应英文 green peas 或 peas（《厦门方言英汉辞典》第 202、371 页）。

Hosea（book of），闽语文献译为"荷西之册"（《厦门方言英汉辞典》第 220 页）。

Iceland，粤语文献音译为"義斯蘭"（《英华字典》第 348 页）。

Immanuel，闽语文献译为"以马内利"（《厦门方言英汉辞典》第 227 页）。

Inch，粤语文献中写为"烟治"（马礼逊《华英字典》第 1004 页、《粤语中文文选》第 254 页），也写为"寸"（西村茂树《英粤字典》）。廖礼平（2005）指出 inch 写为"因制"[①]，麦耘等《实用广州话分类词典》中写为"烟子"（见第 343 页）。

Indian，《粤语中文文选》（第 406 页）、《中国语启蒙》（第 9 页）、《英话注解》中都写为"印度"，以前该国称为"天竺"，文献中该国还称为"小西洋"（《英话注解》）。

Indian 和 Hindoo 意义相同。闽语文献 Hindoo 译为"吉能人"，Hindostan 音译为"云都司但"（《厦门方言英汉辞典》第 216 页）。

India ocean，粤语文献译为"印度海"（《粤语中文文选》第 412 页）。

Insurance，粤语文献音译为"燕梳"（《英华字典》第 103 页）。

Iodine，粤语文献译为"挨阿颠"（《英华行箧便览》第 98 页）。闽南方言文献译为"埃阿颠"（《厦门方言英汉辞典》第 254 页），还写为"埃阿杏"（《厦门方言英汉辞典》第 254、301 页），写为"碘质"（《厦门方言英汉辞典》第 301 页）。

Ipacacuanha，粤语文献译为"叱嘩喀"（《英华行箧便览》第 99 页）。

---

① 廖礼平:《论近代汉语西源外来词》,《语言研究》, 2005 年第 2 期, 第 68 页。

Ipecac，闽语文献译为"咳喱嘛"（《厦门方言英汉辞典》第 303 页）。

Isaiah（book of），闽语文献译为"以塞亚之书"（《厦门方言英汉辞典》第 256 页）。

Israelite，闽语文献译为"以色列人"（《厦门方言英汉辞典》第 256 页）。

Issbella，粤语文献音译为"以撒比喇"（《粤语中文文选》第 411 页）。

Italy，粤语文献写为"以大利"（《粤语中文文选》第 410 页、《英华字典》第 1059、1847 页），写为"以大理"（《粤语中文文选》第 414 页），又写为"意大利"（《英华行箧便览》第 87 页），也写为"意他"（《华英通语》第 190 页）。闽语文献写为"以大利"，又称"大以国"（《厦门方言英汉辞典》第 256 页）。

Jalap，粤语文献音译为"渣臘"（《英华行箧便览》第 99 页、《英华字典》第 1061 页）。闽语文献音译为"渣笠"（注音：tse-líp）（《厦门方言英汉辞典》第 303 页）。

James，粤语文献写为"耶哥伯"（《中国语启蒙》第 141 页）。

Japan，粤语文献音译为"日本"（《Cantonese for beginners》第 63 页、《英粤字典》湛约翰 1907 年第 148 页）。

Java，粤语文献写为"爪哇洲"（《粤语中文文选》第 417 页、《英华字典》第 1061 页），又写为"瓜哇洲"（《粤语中文文选》第 416 页）。

Jelly，粤语文献音译词写为"车厘"（《粤语中文文选》第 164 页），又见于《华英通语》（第 140 页）、《英华行箧便览》（第 88 页）、《英华字典》（第 1062 页）。该词还可意译为"猪脚冻"（《中国语启蒙》第 30 页），还见于《英华行箧便览》（第 59 页），译为"果汁、糕"（《英粤字典》1862 年第 79 页）。闽语文献 jelly 意译为"冻""糕"（《厦门方言英汉辞典》第 258 页）。今粤语区该词译为"啫喱"，今《现代汉语词典》（第 7 版）已收入该词："【啫喱】zhě·lí 从天然海藻或某些动物皮骨中提炼制作的胶性物质，可以作为糖果、点心和某些化妆品的原料。[英 jelly]。"据百度百科，jelly 又可音译为"介力""吉力"，"果冻"，因为用啫喱粉制成，所以以前广东香港地区曾经称果冻为啫喱。后来随着果冻一名词逐渐深入和啫喱其他产品的诞生，啫喱这类称呼也逐渐被果冻所取代。① 今粤语区樱桃称为"车厘子"，"车厘"是cherry 的音译，《英粤字典》（西村茂树）中 cherry brandy 对应中文为"车厘罷蘭地"，又《英粤字典》（西村茂树）中 cherry 对应中文为"李子"，该词条后用红色字体补写了"樱桃"二字，可证"车厘"为 cherry 的音译词。

Jeremiah（book of），闽语文献译为"耶利米之书"（《厦门方言英汉辞典》第 258 页）。

Jesse，闽语文献译为"耶西"（《厦门方言英汉辞典》第 258 页）。

Joel（book of），闽语文献译为"约耳之书"（《厦门方言英汉辞典》第 259 页）。

John，粤语文献音译为"约翰"（《中国语启蒙》第 140 页），又译为"嚕"（《英语不求人》第 47 页）。

Gospel of john，闽语文献译为"约翰福音传"（《厦门方言英汉辞典》第 259 页）。

Jones，粤语文献音译为"咖嗻"（《英语不求人》第 115 页）。

Johore，闽语文献译为"柔佛"（《厦门方言英汉辞典》第 259 页）。

Jonah（book of），闽语文献译为"约拿之书"（《厦门方言英汉辞典》第 259 页）。

Jordan（river），闽语文献译为"约但河"（《厦门方言英汉辞典》第 259 页）。

Joshua（book of），闽语文献译为"约书亚记"（《厦门方言英汉辞典》第 259 页）。

---

① http://baike.baidu.com/link?url=6wmqtruyzTu6x7IjMjeZ5Y4h6dMGImFHhFspGXQvzruYwaMO9YnBsjR-TCHsaql8rP50J9B1nsXdpiRkA99cD-MRVxhAkCAQmO616bnL9cq，详见百度百科。

Judea，粤语文献音译为"犹太"（西村茂树《英粤字典》）①。

Kalka，粤语文献音译为"格爾格"（《英华字典》第 1071 页）。

Kameila，闽语文献音译为"记薇喇"（《厦门方言英汉辞典》第 302 页）。

Kedgeree，粤语文献中写为"葛支里"（《粤语中文文选》第 407 页）。

Kino，闽语文献音译为"佳奴"（《厦门方言英汉辞典》第 302 页）。

Koran，闽语文献中译为"咕嘞"（《厦门方言英汉辞典》第 262 页）。

Krameria rhatany，闽语文献译为"架美喇"（《厦门方言英汉辞典》第 302 页）。

La plata，粤语文献写为"腊巴打"（《粤语中文文选》第 415 页、《英华字典》第 1081 页）。

Lassa，闽语文献译为"拉萨"（《厦门方言英汉辞典》第 217 页）。

Latin，粤语文献写为"拉体纳"（《粤语中文文选》第 411 页），也写为"喇叮"（《英华韵府历阶》第 162 页），写为"喇叮"（《英华字典》第 1939 页），"vulgate"对应汉语"喇叮聖经"，也写为"拉典"（《英华字典》第 4 页、《英华字典》第 1090 页），写为"辣丁"（《英华字典》第 1090 页）。闽南文献写为"拉丁"（《厦门方言英汉辞典》第 270 页）。

Lavender，粤语文献音译为"啦芬他草"（《英华字典》第 1092 页）。

Leopold，粤语文献中写为"勒阿撥"（《粤语中文文选》第 409 页）。

Levite，粤语文献音译为"利未族人"（《英华字典》第 1105 页），闽语文献也译为"利未人"（《厦门方言英汉辞典》第 275 页）。

Libya，闽语文献中译为"利未亚"（注音 lī-bī-a）、"吕比亚"（《厦门方言英汉辞典》第 276 页）。

Liqueurs，粤语文献中音译为"利哥"，并加上了表义语素"酒"，称为

---

① 以下引自杨锡彭（2007）第 73 页页下注①："姚德怀（1998）：'现在我们看到，《东西洋考每月统计传》道光乙未年六月号（即道光十五年、1835 年）上已经出现了"犹太人"这一译名。可知"犹太"这一译名是在约 1823 年—1835 年间出现的，而首次创用"犹太"这一译名的极可能就是郭实腊。'"详见杨锡彭：《汉语外来词研究》，上海：上海人民出版社，2007 年，第 73 页。

"利哥酒"(《广东省土话字汇》第一册)。

Lobelia,闽语文献译为"路卑利"(《厦门方言英汉辞典》第 304 页)。

London,粤语文献译为"伦敦"(《粤语中文文选》第 410 页),又译为"伦顿"(《英华字典》第 416 页),还译为"论顿"(《广东方言习语》第 45 页)。

Louis,粤语文献写为"璐义"(《粤语中文文选》第 409 页)。

Louis philippe,粤语文献音译为"璐义腓立"(《粤语中文文选》第 410 页)。

Luke,粤语文献音译为"路加"(《中国语启蒙》第 140 页)。gospel according to luke,闽语文献中音译为"路加福音传"(《厦门方言英汉辞典》第 286 页)。

Macassar,闽语文献译为"芒咖萨"(《厦门方言英汉辞典》第 287 页)

Macao,闽语文献译为"马狗"(《厦门方言英汉辞典》第 287 页)。

Mackerel,闽语文献译为"马鲛"(《厦门方言英汉辞典》第 288 页)。

Madeira-nut,粤语文献音译为"马太拉核桃"(《英华字典》第 1139 页)。

Magadha,粤语文献译为"摩竭提国",又音译为"摩伽佗"(《英华字典》第 269 页)。

Magnesia,粤语文献音译为"噎呢哆"(《英华字典》第 1140 页),"噼呢哆"《英华行箧便览》第 100 页)。

Mahommed,闽语文献译为"谟罕蓦德"(《厦门方言英汉辞典》第 289 页)。

Mahratta,粤语文献写为"吗喇他"(《粤语中文文选》第 408 页)。

Malacca,粤语文献写为"满剌加"(《华英字典》第 565 页),罗国强(2012):"满剌加:马来语 malacca 对音,又译作'麻六甲'。今马来半岛马六甲。"① 又写为"麻六甲"(《华英字典》第 565 页、《英华字典》第 1687 页),

---

① 罗国强:《明代外来词管窥》,《当代教育理论与实践》,2012 年第 12 期,第 187 页。

写为"麻六呷"（《粤语中文文选》第 408 页），写为"马六呷"（《英华行箧便览》第 93 页），也写为"吗𠺸呷"（《华英通语》第 190 页）。闽南方言文献写为"嘛𠺸呷"（《厦门方言英汉辞典》，第 291 页）。

Malachi（book of），闽语文献译为"马拉基之册"（《厦门方言英汉辞典》第 291 页）。

杨锡彭（2007）："历史上 malaya 的译名有'马来亚、末罗瑜、末罗游、摩罗游、木刺由、没刺由、马来忽、木来由、没刺予、麻野儿、巫来由、穆拉油、无来由'，音节数量很一致。"①Malays，粤语文献中写为"无来由"（《粤语中文文选》第 416 页）。Malay 又写为"嚤噜人"（《英华韵府历阶》第 172 页），写为"麻礼人"（《英华行箧便览》第 93 页），写为"马拉人"（《Cantonese for beginners》第 75 页），写为"骂𡂿埠"（《华英通语》第 190 页）。闽语文献 Malay 对应汉语为"牛脊油人"（《厦门方言英汉辞典》第 291 页）。张嘉星（2018）认为闽南话"马来亚"为马来语借词："melaju【巫来由】［ba la iu］：后改译【马来由】，即马来亚，也指马来人，意译则为【番仔】。"②

Manna，闽语文献中译为"吗拿"（《厦门方言英汉辞典》第 293 页、《厦门方言英汉辞典》第 294 页），客家文献又写为"嗎嗱"（《客话读本》第 488、489 页）。《厦门方言英汉辞典》："Manna，吗拿 má-ná，甘露蜜 kam-lō-bít"。（第 294 页）

Maria，粤语文献中音译为"马利亚"（《粤语中文文选》第 410 页、《英话字典》第 119 页）。

Mark，粤语文献中音译为"马可"（《中国语启蒙》第 140 页）。闽语文献 Mark，gospel of 一，译为"马可福音传"（《厦门方言英汉辞典》第 294 页）。

Maroon，粤语文献中译为"嚤囉人"（《英华字典》第 1152 页）。

---

① 杨锡彭：《汉语外来词研究》，上海人民出版社，2007 年版，第 88 页。引文注释①指该文引自愈忠鑫（1995），《Malaya》，香港中国语文学会：词库建设通讯，（6）。

② 张嘉星：《闽南方言外来词综论》，《闽台文化研究》，2018 年第 1 期，第 63 页。

Matthew，粤语文献中音译为"马太"(《中国语启蒙》第 140 页)，闽语文献 Matthew，gospel of — 译为"马太福音传"(《厦门方言英汉辞典》第 298 页)。

Mecca，粤语文献音译为"麦加主"，又译为"默克国""天方国""天房"(《英华字典》第 272、369 页)。闽南文献译为"默克国"(《厦门方言英汉辞典》第 300 页)。

Medina，粤语文献音译为"默德那"(《英华字典》第 1164 页)，又译为"默底那"(《英华字典》第 273 页)。闽语文献也译为"默德那"(《厦门方言英汉辞典》第 307 页)。

Mediterranean，粤语文献中译为"地中海"(《粤语中文文选》第 412 页)。

Mercator's chart，粤语文献译为"孖加多之地图"，"孖加多"为 Mercator 的音译。

Messiah，闽语文献写为"米塞亚""彌赛亚"(《厦门方言英汉辞典》第 310 页)。

Mexico，《粤语中文文选》写为"覔士哥"(第 262 页)，又写为"墨息哥"(第 415 页)，《英华行箧便览》写为"黑西哥"(第 104 页)。

Micah(book of)，闽语文献写为"米迦之册"(《厦门方言英汉辞典》第 312 页)。

Mince，粤语文献中译为"免治"(《华英通语》第 190 页、《广东省土话字汇》第三册)。

Minute，粤语文献音译为"唛呢"(《英语不求人》第 23 页)。

Model，粤语文献音译为"模"(《英华行箧便览》第 108 页)。

Moluccas，闽语文献音译为"美洛居"(《厦门方言英汉辞典》第 322 页)。

Mondego，粤语文献音译为"米虐"(《广州方言习语》第 46 页)。

Morcco，粤语文献译为"麻啰哥"(《粤语中文文选》第 413 页、《英华字典》第 1196 页)。

Morphia，粤语文献音译为"嘆啡哑"（《英华行箧便览》第 100 页、《英华字典》第 1196 页）。闽语文献写为"麼啡亚"（《厦门方言英汉辞典》第 302 页），又写为"噎啡哑"（《厦门方言英汉辞典》第 325 页）。

Moses，闽语文献音译为"摩西"（《厦门方言英汉辞典》第 326 页）

Mr，粤语文献写为"美士"（《粤语中文文选》第 236 页、《拾级大成》第 86 页），还写为"未士打"（《英语不求人》第 6 页），也意译为"先生"（《英粤字典》1862 年第 91 页）。

Mrs，粤语文献音译为"未舍士"（《英语不求人》第 109 页）。

Muffin，粤语文献中音译为"摵嘜""嘛嘜"（《英华字典》第 1202、1316 页）。

Mulatto，粤语文献音译为"母拉多"（《英华字典》第 1203 页）。

Musing，粤语文献音译为"默思"（《英华字典》第 1206 页）。

Mussulman，粤语文献译为"摩捞人"（《英粤字典》1862 年 9 页、西村茂树《英粤字典》），又译为"摩囉人""回子"（《英粤字典》1907 年版第 187 页）。

Nazarite，闽语文献音译为"那撒勒者"（注音 ná-sát-lék ê）（《厦门方言英汉辞典》第 333 页）。

Nepaul，闽语文献音译为"尼婆罗"（《厦门方言英汉辞典》第 336 页）。

Nicobars，粤语文献音译为"呢古巴啦"（《英华行箧便览》第 111 页），写为"呢咕吧拉"（《粤语中文文选》第 419 页），又写为"呢古巴啦"（《英华行箧便览》第 111 页）。

Anglo-Norman，粤语文献音译为"英哪嗰人"（《英华字典》第 58 页）。

Norway，粤语文献音译为"那华"（《粤语中文文选》第 411 页、《英华行箧便览》第 112 页）。闽语文献写为"那威国"（《厦门方言英汉辞典》第 340 页）。

Obadiah（book of），闽语文献译为"阿巴底之书"（《厦门方言英汉辞典》第 347 页）。

Ogden，粤语文献写为"恶顿"（《英语不求人》第 143 页）。

Olives，粤语文献音译为"阿利襪"（《广州方言习语》第 47 页），刘玲玲（2013）指出明代《职方外略》中该词就写为"阿利襪"。[①]olive oil 又译为"生菜油"（《中国语启蒙》第 35 页），也写为"橄榄"（《中国语启蒙》第 35 页）。

Omaha，粤语文献写为"阿麻"（《英语不求人》第 143 页）。

One，粤语文献音译字写为"温"（《英语不求人》第 28 页）。

Opium，明代李时珍《本草纲目·谷二·阿芙蓉》有"阿芙蓉"，也写为"阿片"。潘允中（1957）："'鸦片'的前名'阿芙蓉'也是在明末输入汉语中的。成书在鸦片战争前二百多年即明万历年间（公元 1573-1619 年）的《本草纲目》已有'阿芙蓉'的记载。这是阿拉伯语 afyun 的对音。"[②]"阿芙蓉"当为最早词形。后来写为"阿片""阿扁"等，罗国强（2012）："阿片：opium 的音译，即鸦片。……据《清稗类钞》记载，鸦片，曾有过许多不同的名称。例如：（5）鸦片，药名，即罂粟，其名称至多，而曰阿片，曰阿扁，曰阿芙蓉，曰芙蓉，曰仓玉粟，曰藕宾，曰乌香，曰乌烟，曰药烟，曰亚荣，曰合甫融，曰洋药膏，曰洋药土，曰膏土，曰公班烟，曰公烟，曰公膏，曰菰烟，曰大土，曰白皮，曰红皮，曰小土，曰洋药，曰洋烟者皆是也。（徐珂《清稗类钞·饮食类》）"[③]众多词形中"阿片"使用频率很高。南方方言"阿"与"亚""雅""鸦"等字音近，《福建方言字典》"亚""阿"读音为 A，opium 写为"亚片"（第 1 页），《粤语中文字典》"亚""雅""鸦""阿"都读［a］（第 1 页），声调略有不同，opium 还写为"雅片""鸦片"，廖礼平（2005）："民

---

① 刘玲玲：《明代著作中的外来词研究》，《佳木斯教育学院学报》，2013 年第 9 期，第 78 页。

② 潘允中：《鸦片战争以前汉语中的借词》，《中山大学学报》（哲学社会科学版），1957 年第 3 期，第 112 页。

③ 罗国强：《明代外来词管窥》，《当代教育理论与实践》，2012 年第 12 期，第 184 页。

怠惰，好战猎，吸雅片。"(《海国图志》1852 年)，《华英字典》① 及稍后的《粤语中文文选》第 213 页、《中国语启蒙》第 125 页都写为"鸦片"，该词还可意译为"黑货"(《广东省土话字汇》)。闽南方言文献也写为"鸦片"(《厦门方言英汉辞典》121 页)，今天普通话规范词形为"鸦片"。这个外来词词形多变，其演变过程为阿芙蓉→阿片→鸦片，"鸦片"当来自粤方言。

Otho，粤语文献写为"阿土"(《粤语中文文选》第 410 页)。

Ounce，粤语文献音译为"晏士"(《英华字典》第 121 页)。今麦耘《实用广州话分类词典》ounce 记为"安士"，又作"安"，第 343 页。

Oxygen，闽语文献译为"养气"(《厦门方言英汉辞典》第 361 页)。

Pacific，粤语文献称"平洋"(《英华行箧便览》第 119 页)，也称"太平洋"(《英粤字典》1862 年第 101 页、西村茂树《英粤字典》)，还称"南洋"(《英粤字典》1862 年第 101 页)。

Pancake 粤语文献音译为"班戟"，见于《粤语中文文选》(第 165 页)，又见于《英华行箧便览》(119 页)、《英华字典》(1277 页，该页下注：chinese term used in the south of China.)，也有"饭班戟(Rice pan-cakes)"(《英华行箧便览》第 60 页)。② 该词也可意译为"油煎饼"(《英粤字典》第 101 页)，还有西村茂树编《英粤字典》、湛约翰编《英粤字典》(1907 年)。

---

① 马礼逊《华英字典》第 303 页有该字的详细记载："opium is called in the pun-tsaou 阿芙蓉 o-foo-yung，阿片 o-peen(s.23，p.23).there is given in that work a short account of the manner of preparing it from the poppy.the pun-tsaou was published about A.D. 1600，it says that opium 前代罕闻 tseen tae han wǎn，in former ages was rarely heard of.then it then began to be used for 泻痢 seay le.dysentery and 俗人房中术用之 suh jin fang chung shuh yung che.the vulgar used it as an aphredisiac." 游汝杰《〈上海通俗语及洋泾浜〉所见外来词研究》在表 4 "现代汉语里来自粤语的外来词举例"里就有"鸦片"。可见，该词来自"粤语"。

② 朱永锴(1995)认为"戟"为 cake 的音译词，详参朱永锴：《香港粤语里的外来词》，《语文研究》，1995 年第 2 期，第 52 页。周雪华(2011)："粤语中还有一部分英语音译词是有适用区分的。如'布冧'(plum)是专指进口的洋李；而本地产的李子，则仍沿用原来的叫法，叫'三华李'。'班戟'(pancake)是西式的奶油面粉鸡蛋煎薄饼，用以区分中式的煎饼或烙饼。"详参周雪华：《从粤语的英源外来词探析广府文化的内涵》，《佛山科学技术学院学报》(社会科学版)，2011 年第 4 期，第 71 页。

同时，cake 也有意译形式，为"饼"（《中国语启蒙》第 33 页）、"蛋糕"（《中国语启蒙》第 33 页、《英话注解》）。cake 闽南文献意译为"粿"（《A Handbook of the Swatow Vernacular》，第 87 页），译为"饼"（《厦门方言英汉辞典》第 53 页），该词也可音译为"極"（注音为 kèk，见于《厦门方言英汉辞典》第 53 页），pancake 可音译为"班甜"（注音 pan-kék）（《厦门方言英汉辞典》第 364 页）。张嘉星（2018）举例由马来语现行借入、再中转给闽南语的借词有："英：cake【极仔】[giak⁸ a][15]：一种蛋糕。"①

Paris，粤语文献译为"巴犁"（《粤语中文文选》第 410 页），又译为"巴利士"（《英华字典》第 1281 页）。

Parker，粤语文献对译为"伯驾"（《广州方言习语》第 72 页）。

Parsee，粤语文献音译为"波斯人"，又称"白头人"（湛约翰《英粤字典》1907 年第 216 页）。

Penny，粤语文献译为"边尼"（《英华字典》第 148 页）。

Persia，粤语文献写为"波斯"（《粤语中文文选》第 200 页、《英华行箧便览》第 120 页、《英华字典》第 81 页）。闽语文献也写为"波斯"（《厦门方言英汉辞典》第 376 页）。

Peru，粤语文献译为"庇理"（《粤语中文文选》第 415 页），又译为"啤路国"（《英华行箧便览》第 120 页、《英华字典》第 132 页），又译为"俾路国"（《英华字典》第 49 页）。闽南方言中写为"秘鲁"（《厦门方言英汉辞典》第 305 页），又称"大秘国"（《厦门方言英汉辞典》第 377 页）。

Balsam of Peru，闽语文献译为"秘鲁浆"（《厦门方言英汉辞典》第 305 页），其中 Peru 音译为"秘鲁"。粤语文献还可译为"庇理"（《粤语中文文选》第 415 页），译为"俾路国"（《英华字典》第 49 页），"啤路国"（《英华行箧便览》第 120 页、《英华字典》第 132 页）。

Pharisee，闽语文献译为"法利赛"（《厦门方言英汉辞典》第 379 页）。

---

① 张嘉星：《闽南方言外来借词综论》，《闽台文化研究》，2018 年第 1 期，第 66 页。

Pharisaic，Pharisaical，粤语文献音译为"法利赛的"（《英华字典》第1311页）。

Philippians，粤语文献写为"非利比"（《中国语启蒙》第140页）。

Philemon，粤语文献写为"非利门"（《中国语启蒙》第141页），闽语文献译为"腓利门"（《厦门方言英汉辞典》第379页）。

Pica types，粤语文献译为"啤咖字"，"啤咖"为Pica的音译（《英华字典》第1313页）。

Podophyllin，闽语文献译为"布道非连"（《厦门方言英汉辞典》第303页）。

Pomelo，粤语文献音译为"波碌"（西村茂树《英粤字典》）。Pomelo又写为pummelo，音译为"波碌"，又称"囉柚"（湛约翰《英粤字典》1907年281页）。

Pondicherry，粤语文献写为"笨支里"（《粤语中文文选》第408页）。

port 或 port-wine 粤方言文献音译为"砵酒"（《广东省土话字汇》第一册），还见于《粤语中文文选》（第165页）、《英华韵府历阶》（第328页）、《华英通语》（第142页），还可写为"波吋"（《华英通语》第143页、《英华字典》第1342页），也为"把得酒"（《英话注解》）、"波打酒"（西村茂树编《英粤字典》、湛约翰编《英粤字典》1907年）。闽语文献中写为"波搭"（《厦门方言英汉辞典》第390页）。

Portugal，闽语文献音译为"嘴嘀呀"（《厦门方言英汉辞典》第390页）。

Potassa nitrate，闽语文献译为"朴硝"（《厦门方言英汉辞典》第304页）。

马西尼（1997）："bang 磅，pound，单音节词，音译词，名词。始见于1844年的 Hangguo tuzhi：1874。这是来自英语的音译词，它是根据'磅'的粤语语音 bong 翻译的。一磅比十二两（447克）多一点。"①

---

① 马西尼：《现代汉语词汇的形成——19世纪外来词研究》，《中国语言学报》，1993年，黄河清译，汉语大词典出版社，1997年，第189页。

Pound，《粤语中文文选》（第 255 页）、《英华韵府历阶》（第 217 页）、《英语不求人》（第 89 页）都写为"磅"。《英华韵府历阶》（第 217 页）还解释道"一磅，十二两"。

Prederic，粤语文献中写为"非得勒"（《粤语中文文选》第 411 页）。

President，闽语文献音译为"伯理玺天德"（《厦门方言英汉辞典》第 398 页）。另外廖礼平（2005）指出该词音译形式还有"伯里喜顿""伯里师天德""伯勒西敦""勃列西领""伯理玺"，意译形式有"大统领""统领""总领""总统领""众统领""大总统""首领"等[①]。

Pruce，闽语文献音译为"布路斯国"（《厦门方言英汉辞典》第 400 页）。

Prussia，马礼逊《华英字典》译为"普鲁士"（第 614 页），《粤语中文字典》译为"破鲁西国"（第 410 页）。Prussian 又可意译为"单鹰人"（《中国语启蒙》第 9 页、《华英通语》第 190 页），"单鹰旗"（《广东省土话字汇》）。闽语文献中译为"大布国"（《厦门方言英汉辞典》第 409 页）。

Prussian，粤语文献译为"普鲁士"（《华英字典》第 614 页），也译为"破鲁西"（《粤语中文文选》第 410 页），另外，还可写为"单鹰"，如"单鹰人"（《中国语启蒙》第 9 页、《华英通语》第 190 页），"单鹰旗"（《广东省土话字汇》第一册）。

Pudding，粤语文献音译为"布颠"（《广东省土话字汇》），也见于《粤语中文文选》（第 166 页）、《中国语启蒙》（第 36 页）、《英华行箧便览》（第 224 页），也可写为"咘叮"（《英华字典》第 1332 页 plum-pudding 对应"梅咘叮"），该词还可意译为"面食"（《英粤字典》1862 年 114 页）、"糕"（《英华字典》第 1399 页）。

Quarter，粤语文献音译为"括""喇"（《英语不求人》第 167、127 页），也写为"骨"（《Cantonese for beginners》第 47 页），也写为"刮"（《英华字典》第 663、1346 页）。今粤方言还写为"骨"，朱永锴（1995）："骨 kuɐt⁷ 四

---

① 廖礼平：《论近代汉语西源外来词》，《语言研究》，2005 年第 2 期，第 68 页。

分之一，一刻钟，是英语 quarter 的音译。"[①]。游汝杰（2009）指出《上海通俗语及洋泾浜》中 quarter 写为"瓜得""瓜特"[②]。

Quassia，粤语文献音译为"唰吵"（《英华行箧便览》第 101 页），又译为"瓜沙"（《厦门方言英汉辞典》第 307 页）。

The red sea，粤语文献意译为"红海"（《粤语中文文选》第 406 页）。

Rome，粤语文献写为"罗马"（《粤语中文文选》第 410 页、《英话注解》）。

Rupee，粤语文献音译为"喀啤"（《英华韵府历阶》第 244 页），"炉啤"（《华英通语》第 91 页），"廬啤"（《英华字典》第 1523 页）。闽语文献音译为"罗丕"（《厦门方言英汉辞典》第 452 页）。

Sago，粤语文献译为"沙榖米"（《英华字典》第 1528 页、湛约翰《英粤字典》第 1907 年版 349 页）。闽南文献可写为"斜荍"（《A Handbook of the Swatow Vernacular》第 88 页），"谢高米"（《厦门方言英汉辞典》第 454 页）。黄沚青（2014）指出明清闽南方言《正音乡谈》有"畲荍米"，《官话汇解》有"社娥米"[③]，黄文梳理了该词的诸多词形，认为"社娥""畲荍"是马来语 sāgū、sago 或印尼语 sago、Sagu 的音译词：夏鼐《真臘风土记校注》考证了该词的音译词来源及相关问题，宋代赵汝适《诸蕃志》卷上"苏吉丹"条写为"沙糊"，明张燮《东西洋考》卷三《大泥·物产》"西国米"条注中写为"沙孤米"或"西国米"，《汉语外来词辞典》"西榖（米）"条又写为"西姑米""西榖米""西国米""西米""沙菰米""沙孤（米）""沙榖（米）""砂榖""硕荍"。"社娥""畲荍"为闽南方言所使用的记音词，今方言词典中还

① 朱永锴：《香港粤语里的外来词》，《语文研究》，1995 年第 2 期，第 52 页。
② 游汝杰：《〈上海通俗语及洋泾浜〉所见外来词研究》，《中国语文》，2009 年第 3 期，第 262 页。
③ 黄沚青：《明清闽南方言语言研究》，浙江大学博士学位论文，2014 年，第 117 页。

多写为"谢哥米"。[①]

Sal rochelle，闽语文献译为"路赊利监"（《厦门方言英汉辞典》第303 页）。

Salmon，闽语文献音译为"杉挽鱼"（注音 sam-bán hî）（《厦门方言英汉辞典》第 455 页）。

Samarcand，粤语文献音译为"撒马儿罕"（《英华字典》第 1532 页），闽语文献也写为"撒马儿罕"（《厦门方言英汉辞典》第 455 页）。

Samaria，粤语文献写为"撒马利亚"（《英华字典》第 1532 页）。

Samaritan，闽语文献译为"撒马利亚之人"（《厦门方言英汉辞典》第455 页），"撒马利亚"是 Samaria 的音译。

Samuel, book of—，闽语文献译为"撒母耳之书"（《厦门方言英汉辞典》第 455 页），"撒母耳"即 Samuel 的音译。

Santonine，闽语文献音译为"山道连"（注音 san-tō-liên）（《厦门方言英汉辞典》第 302 页）。

Sardine，粤语文献音译为"沙井鱼"（湛约翰《英粤字典》1907 年第 353页），又写为"沙㗎"（《英语不求人》第 119 页），也写为"撒颠鱼"（《英华字典》第 1535 页）。

Sardinia，粤语文献写为"撒颠牙国"（《粤语中文文选》第 411 页）。

Sarsaparilla，闽语文献音译为"沙沙把列"（《厦门方言英汉辞典》第301 页）。

Sassafras，闽语文献译为"沙沙法"（《厦门方言英汉辞典》第 304 页）。

Satan，粤语文献写为"撒单"（《英华字典》第 1536 页），闽语文献音译

---

① 黄沚青：《明清闽南方言语言研究》，浙江大学博士学位论文，2014 年，第 117 页。根据黄文 117页下注：该词音译词词源论证详见（元）周达观著，夏鼐校注《真腊风土记校注》，中华书局，1981年，第 51-52 页。诸多词形详见刘正埮、高名凯、麦永乾、史有为：《汉语外来词词典》，上海辞书出版社，1984 年，第 365 页。"谢哥米"详见周长楫：《闽南方言大词典》，福建人民出版社，2006 年版，第 70 页。

为"撒但"(《厦门方言英汉辞典》第 455 页)。

Saxony，粤语文献写为"撒所尼国"(《粤语中文文选》第 411 页)，《英华字典》"Anglo-saxon"又译为"英塞信人"(第 58 页)。

Savin，闽语文献译为"西墦"(《厦门方言英汉辞典》第 305 页)。

Scammony，闽语文献译为"士金无尼"(《厦门方言英汉辞典》第 303 页)。

Seidlitz powder，粤语文献译为"洩冽士粉"(《英华字典》第 1567 页)。

Selenium，粤语文献译为"些哩唸行"(《英华字典》第 1568 页)。

Seneka，闽语文献译为"辛衣加"(《厦门方言英汉辞典》第 305 页)。

Senna，闽语文献译为"新拿"(《厦门方言英汉辞典》第 303 页)。

Seraph^①，粤语文献译为"哂啦咻"(《英华字典》第 1575 页)。

Sherry，粤语文献译为"些尤"(《华英通语》第 141 页)，又译为"舍梨"(《英话注解》)，《广州话词典》写为"些厘酒"(第 40 页)，廖礼平(2005)指出还可写为"车尼"。^②

Shilling，粤语文献译为"嘛呤"(《英华字典》第 1592 页)，后译为"先令"。

Singapore，闽语文献音译为"星嘉坡"(注音 seng ka pho)，"噴叻坡"(注音 sit-lát pho)(《厦门方言英汉辞典》第 471、480 页)。粤语文献中音译为"新嘉波"(《粤语中文字典》第 575 页)。

Smith，粤语文献音译为"士密"(《英语不求人》第 115 页)。

Soap，粤语文献最早译为"番觍"(《广东省土话字汇》第三册)，也可译为"觍"(《粤语中文文选》第 155 页)，还可称"香觍"(《英华行箧便览》第 134 页)。"觍"字文献还可写为"鹼"(《粤语中文文选》第 217 页)，又可写为"梘"(《粤语俗语进阶》第 12、13 页)。闽语"肥皂"称"雪文"，海南

---

① 《英华字典》："seraph, term used in the delegates' version of the old iestament."(卷四，第 1575 页 seraph)

② 廖礼平：《论近代汉语西源外来词》，《语言研究》，2005 年第 2 期，第 68 页。

话为"柴末"，陈波（2000）认为当为马来语 sabun 的音译①。

Soda，粤语文献音译为"嗉咑"（《英华行箧便览》第 102 页、《英华字典》第 44 页），又写为"嘶咑"（《英华行箧便览》第 102 页、《英华字典》第 57 页），又写为"萨咑"（《英华字典》第 1628 页），soda water 还写为"梳炉水"（《华英通语》第 143 页）。廖礼平（2005）指出 soda 还可写为"曹达"②。闽语文献 Soda carb 对应汉语写为"涩苏打"（《厦门方言英汉辞典》第 301 页）。

Sofa，粤语文献写为"睡椅"（《英华行箧便览》第 134 页、《华英通语》第 160 页）。

Sooloo，闽语文献音译为"苏禄国"（《厦门方言英汉辞典》第 490 页）。

Sourabaya，闽语文献音译为"四里末"（注音 sù-lí-boáh）（《厦门方言英汉辞典》第 492 页）。

Spain，粤语文献写为"西班牙"（《粤语中文文选》411 页），也称为"吕宋"（西村茂树《英粤字典》），又称为"大吕宋"（《华英通语》第 190 页、《英话注解》）。Spain，闽语文献中写为"大日斯巴利亚国"，又写为"西班牙"，还写为"大吕宋"（《厦门方言英汉辞典》第 492 页）。与"大吕宋"相对的是"小吕宋"即 Manila（《英话注解》《广东省土话字汇》《华英通语》第 190 页、《英华字典》第 1148 页），Manila 又可音译为"马呢喇"（《英华行箧便览》第 93 页、《英华字典》第 1148 页）。另外，闽南方言中 Manila 对应汉语也为"吕宋"（《厦门英汉方言字典》第 293 页）。《厦门方言英汉辞典》"吕宋"对应英文为 luzon（第 287 页），又"吕宋"对应英文 Manilla（293 页）。张嘉星（2018）认为"吕宋"是闽南方言中的马来语借词："li song【吕宋】[li²

---

sɔng⁵]：菲律宾地名。"【吕宋】是菲律宾的一个岛屿，又兼称菲国。"①

Spanish，《英话注解》写为"斯巴尼亚"。

Spigelia，闽语文献音译为"士拜枝喇"（注音 sū pài tsi lat）（《厦门方言英汉辞典》第 302 页）。

Squills，闽语文献译为"士圭鳌"（《厦门方言英汉辞典》第 304 页）。

Stamp，粤语文献音译为"士担"（《英语不求人》第 41 页）。

Store，粤语文献音译为"时多呀"，又写为"时多哑"（《英语不求人》第 84、96 页）。

Strychnine，闽语文献写为"士的年"（注音 sū tek nî）（厦门方言英汉字典》第 306 页）。

Sumatra，粤语文献音译为"苏门答剌"（《粤语中文文选》第 416 页），又写为"苏门塔喇"（《粤语中文文选》第 419 页），闽语文献译为"苏门答喇岛"（《厦门方言英汉辞典》第 516 页）。

Surat，粤语文献写为"苏辣"（《粤语中文文选》第 408 页）。

Surgery，粤语文献译为"外科"（《英粤字典》第 141 页），又译为"外治法"（《英华行箧便览》第 135 页），surgeon，也译为"外科医生"（《中国语启蒙》第 10 页）。

Sweden，粤语文献音译为"瑞典"（《粤语中文文选》第 411 页），又称为"瑞国"（《英华韵府历阶》第 284 页、《华英通语》第 190 页、《华英字典》第 785 页），又写为"嘴国"（马礼逊《华英字典》第 421 页），又称为"蓝旗国"（《华英字典》第 421 页）。闽语文献 Swede 译为"瑞典国之人"（《厦门方言英汉辞典》第 520 页）。

Switzerland，粤语文献音译为"瑞西"（《粤语中文文选》第 411 页）。

Syriac，syrian，粤语文献音译为"叙利亚"（《英华字典》第 1741 页）。闽语文献译为"斯利亚"（《厦门方言英汉辞典》第 522、1741 页）。

---

① 张嘉星：《闽南方言外来借词研究综论》，《闽台文化研究》，2018 年第 1 期，第 63 页。

Syrt，粤语文献音译为"沙滩"（《英华字典》第 1741 页）。

Tart，粤语文献音译为"噠"（《英华字典》第 1753 页），"苹果噠"（对应英语 Apple-tart，《英华字典》第 73 页），"灯噠"（对应英语 orange tarts，《英华字典》第 1753 页）。

Tejo，粤语文献对译为"德人"（《广州方言习语》第 46 页）。

Telephone，粤语文献音译为"德律风"（湛约翰《英粤字典》1907 年 548 页），又写为"得律风"（《英语不求人》第 47 页），也写为"地里唤"（湛约翰《英粤字典》1907 年 548 页），也称为"传音筒"（湛约翰《英粤字典》1907 年 548 页）。

Thessalonians，粤语文献写为"贴撒罗尼迦人"（《中国语启蒙》第 141 页），闽语文献 Thessalonians 对应汉语为"贴撒罗尼迦之信"（《厦门方言英汉辞典》第 533 页）。

Timothy，粤语文献写为"提摩太"（《中国语启蒙》第 141 页），闽语文献 Timothy 对应汉语为"提摩太之信"（《厦门方言英汉辞典》第 537 页）。

Timur，粤语文献对应中文为"铁木耳"（《粤语中文字典》第 732 页）。

Timar，闽语文献音译为"铁木儿"（《厦门方言英汉辞典》第 537 页）。

Titus，粤语文献写为"提都"（《中国语启蒙》第 141 页）。

Toast-rack，粤语文献对应"多时架"，最早见于《粤语中文文选》（第 140、145 页），还可写为"哆唎"，见于《英华韵府历阶》（第 297 页）。粤语文献以"多时"为多，如《华英通语》第 196 页、《英华字典》第 1800 页，该词还可意译为"炕面包"（《中国语启蒙》第 37 页），朱永锴（2018）指出今香港粤语写为"多士"[1]，闽语写为"多是"（《厦门方言英汉辞典》第 538 页）。游汝杰（2009）指出 20 世纪上半叶吴语文献写为"吐司"[2]，普通话规范词形为"吐司"，当借自吴语。

---

[1] 朱永锴：《香港粤语里的外来词》，《语文研究》，1995 年第 2 期，第 51 页。其中"toast"写为"多士"。

[2] 游汝杰：《〈上海通俗语及洋泾浜〉所见外来词研究》，《中国语文》，2009 年第 3 期，第 262 页。

Tolu，粤语文献译为"嘟路之香油"（《英华字典》第 132 页），闽南文献 Balsam of tolu 译为"到鲁桨"（《厦门方言英汉辞典》第 305 页），Tolo 音译为"到鲁"。

Ton，粤语文献音译为"墩""噸"（《英华字典》第 1802 页），闽语文献中译为"顿"（《厦门方言英汉辞典》第 539 页）。

Tripoli，粤语文献译为"脱破利"（《粤语中文文选》第 413 页）。

Tsongkhaba，粤语文献对译为"宗喀巴"（《粤语中文字典》第 841 页）。

Tunis，粤语文献译为"都尼士"（《粤语中文文选》第 413 页）。

Turkey，粤语文件写为"土耳基"（《粤语中文文选》第 406 页、《英华字典》第 385 页），还可写为"土耳其"（湛约翰《英粤字典》1907 年版第 637 页），闽南文献也写为"土耳其"（《厦门方言英汉辞典》第 549 页）。Turkey，文献中还翻译为"回回"（《英话注解》）、"大回回"（《华英通语》第 189 页）。

Turner，粤语文献音译为"吐拿"（《拾级大成》第 240 页）。

Turpentine，粤语文献音译为"吐涩叮"（《英华字典》第 1842 页）。

Urates，粤语文献对译为"乌喇忒"（《粤语中文字典》第 881 页）。

Urumutsi，闽语文献译为"乌鲁木齐"（《厦门方言英汉辞典》第 566 页）。

Vanilla，粤语文献音译为"嘩呢唎吔"（《英华字典》第 1908 页）。

Veratrum，闽语文献写为"匪罅稔"（《厦门方言英汉辞典》第 306 页）。

Victoria，粤语文献译为"威朵哩"（《粤语中文文选》第 410 页）。

Vienna，粤语文献写为"美衍"（《粤语中文文选》第 409 页）。

Wall street，粤语文献音译为"和路街"（《英语不求人》第 101 页）。

Yoga，粤语文献写为"瑜伽"（湛约翰《英粤字典》1907 年第 815 页）。

Yard，粤语文献音译为"嗌"（《英语不求人》第 91、97 页）。

Zechariah，（book of），闽语文献译为"撒迦利亚之书"（《厦门方言英汉辞典》第 598 页）。

Zephaniah，（book of），闽语文献译为"西番雅之书"（《厦门方言英汉辞典》第 598 页）。

参考文献

A.1 辞书

［1］白宛如：《广州方言词典》，南京：江苏教育出版社，2003.

［2］白维国：《白话小说语言词典》，北京：商务印书馆，2011.

［3］白维国：《近代汉语词典》，上海：上海教育出版社，2015.

［4］汉语大字典编辑委员会：《汉语大字典（第2版）》，四川辞书出版社；崇文书局，2010.

［5］何九盈、王宁、董琨：《辞源（第3版）》，北京：商务印书馆，2015.

［6］冷玉龙：《中华字海》，北京：中国友谊出版公司，1994.

［7］兰登书屋辞书编辑室：《兰登书屋韦氏大学英语词典》，北京：商务印书馆国际有限公司，2016.

［8］李荣：《现代汉语方言大词典》，南京：江苏教育出版社，2002.

［9］李宇明：《全球华语大词典》，北京：商务印书馆，2016.

［10］罗美珍、林立芳、饶长溶：《客家话通用词典》，广州：中山大学出版社，2004.

［11］罗竹风：《汉语大词典》，上海：汉语大词典出版社，1986-1994.

［12］麦耘、谭步云：《实用广州话分类词典》，广州：广东人民出版社，1997.

［13］饶秉才、欧阳觉亚、周无忌：《广州话词典》，广州：广东人民出版社，1997.

［14］石汝杰、宫田一郎：《明清吴语词典》，上海：上海辞书出版社，2005.

［15］许宝华、宫田一郎：《汉语方言大词典》，北京：中华书局，1999.

[16] 许少峰：《近代汉语大词典》，北京：中华书局，2008.

[17] 曾良、陈敏：《明清小说俗字典》，扬州：广陵书社，2018.

[18] 詹伯慧：《广州话正音字典》，广州：广东人民出版社，2002.

[19] 张维耿：《客家话词典》，广州：广东人民出版社，1995.

[20]（清）张玉书：《康熙字典》，上海：上海辞书出版社，1985.

[21]（明）张自烈、廖文英：《正字通》，北京：中国工人出版社，1996.

[22] 中国社会科学院语言研究所词典编辑室：《现代汉语词典（第 7 版）》，北京：商务印书馆，2016.

A.2 著作

[1] 北京大学中国语言文学系语言教研室：《汉语方音字汇（第二版重排本）》，北京：语文出版社，2003.

[2] 北京大学中国语言文学系语言教研室：《汉语方言词汇》，北京：语文出版社，1995.

[3] 曹志耘：《汉语方言地图集·词汇卷》，北京：商务印书馆，2008.

[4] 陈斯鹏：《楚系简帛中字形与音义关系研究》，北京：中国社会科学出版社，2011.

[5] 陈源源：《汉语史视角下的明清吴语方言字研究》，杭州：浙江大学出版社，2017.

[6] 陈泽平：《福州方言研究》，福州：福建人民出版社，1998.

[7] 陈泽平：《19 世纪的福州方言研究：传教士福州土白文献之语言学研究》，福州：福建人民出版社，2010.

[8] 董绍克：《汉语方言词汇差异比较研究》，北京：民族出版社，2002.

[9] 顾之川：《明代汉语词汇研究》，郑州：河南大学出版社，2000.

[10] 何耿镛：《汉语方言研究小史》，太原：山西人民出版社，1984.

[11] 黄德宽：《当代中国文字学家文库（黄德宽卷）：开启中华文明的管钥——汉字的释读与探索》，北京：北京师范大学出版社，2011.

［12］黄金贵：《训诂方法研究》，北京：中华书局，2012.

［13］（清）黄侃：《黄侃论学杂著》，上海：上海古籍出版社，1980.

［14］黄树先：《汉语核心词探索》，武汉：华中师范大学出版社，2010.

［15］（民国）黄锡凌：《粤音韵汇》，香港：中华书局（香港）有限公司，1941.

［16］黄翊：《澳门语言研究》，北京：商务印书馆，2007.

［17］江蓝生：《近代汉语研究新论（增订本）》，北京：商务印书馆，2013.

［18］蒋宗福：《四川方言词语考释》，成都：巴蜀书社，2002.

［19］景尔强：《关中方言词语汇释》，西安：陕西人民出版社，1999.

［20］（民国）孔仲南：《广东俗语考》，南方扶轮出版社，1933.

［21］李丽：《近代化学译著中的化学元素词研究》，北京：中央民族大学出版社，2012.

［22］李如龙、张双庆：《客赣方言调查报告》，厦门：厦门大学出版社，1992.

［23］李如龙：《汉语方言特征词研究》，厦门：厦门大学出版社，2002.

［24］李荣：《方言存稿》，北京：商务印书馆，2012.

［25］李新魁、林伦伦：《潮汕方言词考释》，广州：广东人民出版社，1992.

［26］李新魁教授纪念文集编辑委员会编：《李新魁教授纪念文集》，北京：中华书局，1998.

［27］李新魁、黄家教、施其生、麦耘、陈定芳：《广州方言研究》，广州：广东人民出版社，1995.

［28］梁东汉：《汉字的结构及其流变》，上海：上海教育出版社，1959.

［29］梁晓虹、徐时仪、陈五云：《佛经音义与汉语词汇研究》，北京：商务印书馆，2005.

［30］林伦伦：《潮汕方言：潮人的精神家园》，广州：暨南大学出版社，2012.

［31］（民国）刘复、李家瑞：《宋元以来俗字谱》，中央研究院历史语言研究所，1930；北京：文字改革出版社，1957年重印.

［32］（民国）刘织超：《大埔县志·第十四卷》，铅印本，1943.

［33］陆澹安：《小说词语汇释》，北京：中华书局，1964.

［34］罗美珍、邓晓华：《客家方言》，福州：福建教育出版社，1995.

［35］马西尼：《现代汉语词汇的形成——19 世纪外来词研究》，中国语言学报，1993. 黄河清（译），上海：汉语大词典出版社，1997.

［36］内田庆市、沈国威：《言語接触とピジン——19 世紀の東アジア》，（日本）白帝社，2009.

［37］钱南扬：《〈永乐大典〉戏文三种校注》，北京：中华书局，1979.

［38］裘锡圭：《文字学概要（修订本）》，北京：商务印书馆，2013.

［39］（清）屈大均：《广东新语》，欧初、王贵忱（点校），《屈大均全集·第四卷》，北京：人民文学出版社，1996.

［40］史金波：《文海研究》，北京：中国社会科学出版社，1983.

［41］史有为：《外来词——异文化的使者》，上海：上海辞书出版社，2004.

［42］谭季强：《分类通行广州话：附百家姓同音字表》，《中华民俗方言文献选编（第 7 册）》，台北：台湾文海出版社，1985.

［43］王建设：《明弦之音——明刊闽南方言戏文中的语言研究》，北京：中国社会科学出版社，2012.

［44］王力：《汉语语音史》，《王力全集·卷二》，北京：中华书局，2014.

［45］王力：《汉语音韵学》，《王力全集·卷十》，北京：中华书局，2014.

［46］王力：《古代汉语（校订重排本第二册）》，北京：中华书局，1998.

［47］王宁：《汉字构形学导论》，北京：商务印书馆，2015.

［48］王宁、陆宗达：《训诂方法论》，北京：中国社会科学出版社，1983.

［49］王云路：《中古汉语词汇史》，北京：商务印书馆，2010.

［50］王云路、王诚：《汉语词汇核心义研究》，北京：北京大学出版社，2014.

［51］汪维辉：《汉语核心词的历史与现状研究》，北京：商务印书馆，2018.

［52］温美姬：《梅县方言古语词研究》，广州：华南理工大学出版社，2009.

［53］（民国）翁辉东：《潮汕方言》，南江涛：《汉语方言研究文献辑刊. 卷十二》，北京：国家图书馆出版社，2013.

［54］向熹：《简明汉语史（修订本）》，北京：商务印书馆，2010.

［55］（清）杨恭桓:《客话本字》，南江涛:《汉语方言研究文献辑刊·卷十二》，北京：国家图书馆出版社，2013.

［56］杨锡彭:《汉语外来词研究》，上海：上海人民出版社，2007.

［57］（民国）叶觉迈修、陈伯陶纂:《东莞县志·第十一卷》，民国十年铅印本.

［58］殷晓杰:《明清山东方言词汇研究》，北京：中国社会科学出版社，2011.

［59］游汝杰:《汉语方言学导论（修订本）》，上海：上海教育出版社，2000.

［60］游汝杰:《西洋传教士汉语方言学著作书目考述》，哈尔滨：黑龙江教育出版社，2002.

［61］游汝杰、周振鹤:《方言与中国文化》，上海：上海人民出版社，2015.

［62］曾良:《明清通俗小说语汇研究》，南昌：江西教育出版社，2009.

［63］曾良:《明清小说俗字研究》，北京：商务印书馆，2017.

［64］（清末）詹宪慈:《广州语本字》，香港：香港中文大学出版社，1995.

［65］张联荣:《古汉语词义论》，北京：北京大学出版社，2000.

［66］章太炎:《新方言·释器》，南江涛:《汉语方言研究文献辑刊·第四卷》，北京：国家图书馆出版社，2013.

［67］张涌泉:《敦煌俗字研究（下编）》，上海：上海教育出版社，1996.

［68］张志毅:《词汇语义学》，北京：商务印书馆，2005.

［69］赵诚:《甲骨文字学纲要》，北京：商务印书馆，1993.

［70］郑张尚芳:《温州方言志》，北京：中华书局，2008.

［71］周法高:《中国语文论丛》，台湾：正中书局，1963.

［72］周振鹤:《逸言殊语（增订版）》，上海：上海人民出版社，2008.

［73］周志锋:《大字典论稿》，杭州：浙江教育出版社，1998.

［74］周志峰:《明清小说俗字俗语研究》，北京：中国社会科学出版社，2006.

［75］朱建颂:《方言与文化》，武汉：华中师范大学出版社，2008.

［76］庄初升、黄婷婷:《19世纪香港新界的客家方言》，广州：广东人民出版社，2014.

A.3 学位论文

[1] 陈力兰:《闽南方言用字初探》,暨南大学硕士学位论文,2001.

[2] 陈源源:《清末吴方言字研究——以〈何典〉〈海上花列传〉为中心》,浙江大学博士学位论文,2009.

[3] 邓小琴:《粤方言书面化及其历史演变研究》,南京大学博士学位论文,2011.

[4] 符小奋:《雷州方言用字研究》,暨南大学硕士学位论文,2016.

[5] 黄小娅:《近两百年来广州方言词汇和方言用字的演变》,暨南大学博士学位论文,2000.

[6] 黄沚青:《明清闽南方言文献语言研究》,浙江大学博士学位论文,2014.

[7] 刘君敬:《唐以后俗语词用字研究》,南京大学博士学位论文,2011.

[8] 刘颖昕:《巴色会客家方言文献的用字研究——以〈启蒙浅学〉(1880)为中心》,中山大学硕士学位论文,2010.

[9] 李惠萍:《早期粤语文献的罗马字拼音方案比较研究》,中山大学硕士学位论文,2015.

[10] 玛突来维切·帕维尔:《粤语特殊方言用字研究》,北京语言大学硕士学位论文,2002.

[11] 冉卫格:《潮州歌册〈粉妆楼〉方俗字词研究》,河北大学硕士学位论文,2015.

[12] 沈澍农:《中医古籍用字研究》,南京师范大学博士学位论文,2004.

[13] 孙琳:《〈越谚〉方言字研究》,复旦大学硕士学位论文,2009.

[14] 夏大兆:《甲骨文字用研究》,安徽大学博士学位论文,2014.

[15] 王华权:《〈一切经音义〉文字研究》,上海师范大学博士学位论文,2012.

[16] 王建设:《明刊闽南方言戏文中的语言研究》,暨南大学博士学位论文,2002.

［17］王文琦:《晚清外来词发展研究》,陕西师范大学硕士学位论文,2016.

［18］徐怀庆:《字词关系与词源研究——以〈说文笺识〉为例》,华东师范大学博士学位论文,2012.

［19］杨宁:《基于 GPS_GSM 的移动式保险箱跟踪监测系统》,西安科技大学硕士学位论文,2010.

［20］叶敏佳:《〈越谚〉方言字词研究》,浙江大学硕士学位论文,2011.

［21］殷梅:《方言俗字研究中的几个问题》,山东师范大学硕士学位论文,2000.

［22］张黄甘枝:《粤语词汇的源流演变及纽约的粤语教育》,华东师范大学硕士学位论文,2012.

［23］张文冠:《近代汉语同形字研究》,浙江大学博士学位论文,2014.

［24］朱一凡:《翻译与现代汉语的变迁（1905-1936）》,华东师范大学博士学位论文,2009.

A.4　其他论文

［1］白宛如:《广州话本字考》,《方言》,1980（3）.

［2］蔡梦麒、张晓凤:《字际关系与历史汉字的今读审订》,《古汉语研究》,2010（3）.

［3］曹聪孙:《进入普通话的方言外来词》,《咬文嚼字》,1999（9）.

［4］曹起:《新时期汉语新语素考察与分析》,《语言文字应用》,2012（4）.

［5］曹志耘:《汉语方言字典的编写问题——以〈浙江方言常用字典〉为例》,《语文研究》,2021（1）.

［6］陈波:《海南话中的外来词》,《今日海南》,2000（6）.

［7］陈长书:《从〈国语〉字词关系看先秦文献中的分词问题》,《古籍整理研究学刊》,2011（5）.

［8］陈楚敏:《谈粤方言长久误用别字的词语——老"豆"》,《语文学刊》,2014（13）.

［9］陈恒汉：《闽南方言的外来词研究：历史及类型》，《内蒙古农业大学学报》（社会科学版），2011（1）.

［10］陈建华、李富敏：《潮汕方言词中的文化理据——以食物名称为例》，《普洱学院学报》，2016（2）.

［11］陈建群：《从汉字的演变谈"拼音化"和"简化"》，《湘潭大学学报》（哲学社会科学版），1980（3）.

［12］陈明娥、李无未：《清末民初北京话口语词汇及其汉语史价值》，《厦门大学学报》（哲学社会科学版），2012（2）.

［13］陈燕：《汉语音译词的表意模式研究》，《湖北社会科学》，2011（3）.

［14］陈燕：《汉语外来词的方言标注研究》，《辞书研究》，2014（3）.

［15］陈英杰：《金文字际关系辨正五则》，《语言科学》，2010（5）.

［16］陈源源：《〈何典〉方言字"刌、挜、畔"考论》，《山东理工大学学报》（社会科学版），2013（4）.

［17］陈泽平：《福州方言杂字试析》，《福建师范大学学报》（哲学社会科学版），2009（2）.

［18］陈正正：《汉语形声字研究三十年》，《云南师范大学学报》（对外汉语教学与研究版），2014（1）.

［19］程美宝、刘志伟：《18、19世纪广州洋人家庭里的中国佣人》，《史林》，2004（4）.

［20］程美宝：《粤词官音——卫三畏〈英华韵府历阶〉的过渡性质》，《史林》，2010（6）.

［21］邓慧蓉：《试析当代汉语外来词同义译名现象》，《学术交流》，2008（3）.

［22］邓亮：《裨治文〈广东方言撮要〉数学相关内容述要》，《中国科技史杂志》，2016（2）.

［23］邓玉良：《化学元素的命名趣谈》，《化学世界》，2005（8）.

［24］杜莉：《明清时期西方饮食文化东传的内容及途径研究》，《农业考古》，2012（4）.

［25］杜朝晖：《释"袜肚"》，《中国典籍与文化》，2005（4）.

［26］杜朝晖：《"袜"字源流考》，《语言研究》，2006（1）.

［27］董忠司：《汉字类型与词语探源——从现阶段台湾闽南语用字发展说起》，《"汉语与汉字关系"国际学术研讨会论文提要》，厦门：厦门大学，2008.

［28］傅华辰：《偏旁"口"字的构形功能》，《安庆师范学院学报》（社会科学版），2008（7）.

［29］傅惠钧、蒋巧珍：《略论化学用字的特点》，《浙江师范大学学报》（社会科学版），2000（6）.

［30］龚雪梅：《音译用字的文字学考察》，《福建师范大学学报》（哲学社会科学版），2006（4）.

［31］郭必之、钱志安、邹嘉彦：《粤语"阳入对转"词的底层来源》，《民族语文》，2008（4）.

［32］郭辉、王旭东：《关于淮北与秦晋方言本字考据的有关问题》，《咸阳师范学院学报》，2016（1）.

［33］韩琳：《改革开放以来字词关系研究现状考察》，《辞书研究》，2007（6）.

［34］韩琳：《中国传统语言文字学字词关系研究述评》，《社会科学论坛》，2008（1）.

［35］韩琳：《红龟粿在台湾》，《闽台文化交流》，2010（2）.

［36］何涓：《清末民初化学教科书中元素译名的演变》，《自然科学史研究》，2005（2）.

［37］胡建国：《文化视野下的中西烹饪比较研究》，《苏州教育学院学报》，2013（3）.

［38］黄淑芬：《〈汕头话读本〉的方言用字》，《闽南师范大学学报》（哲学社会科学版），2016（2）.

［39］黄思贤、刘悦：《再论方言文字的界定与分类》，《海南师范大学学报》（社会科学版），2016（4）.

[40] 黄小娅:《粤语方言用字一百多年来的演变》,单周尧、陆镜光:《第七届国际粤方言研讨会论文集》,北京:商务印书馆,2000.

[41] 黄小娅:《试论广州方言的基本特征词"煲"》,《暨南学报》(哲学社会科学版),2011(3).

[42] 黄兴涛:《〈哎咭唎国译语〉的编撰与"西洋馆"问题》,《江海学刊》,2010(1).

[43] 黄翊:《清代中文档案中的澳门汉语词汇》,《华东师范大学学报》(哲学社会科学版),2005(3).

[44] 黄昭艳:《广西钦州新立话本字考》,《广西民族师范学院学报》,2015(6).

[45] 贾英敏:《浅谈聊斋俚曲中的合音字》,《蒲松龄研究》,2002(3).

[46] 江蓝生:《说语音羡余词》,《中国语言学集刊》,北京:中华书局,2007,2(1).

[47] 江蓝生:《说粤语词"是但"与"乜嘢"》,甘于恩:《田野春秋——庆祝詹伯慧教授八十华诞暨从教五十八周年纪念文集》,广州:暨南大学出版社,2011.

[48] 蒋礼鸿:《中国俗文字学研究导言》,《杭州大学学报》(哲学社会科学版),1959(3).

[49] 雷汉卿、王勇:《近代汉语方俗词理据探寻方法刍议》,《语文研究》,2018(4).

[50] 黎汉鸿:《粤方言词语探源》,《广西民族学院学报》(哲学社会科学版),1994(1).

[51] 李春晓:《闽南方域文字刍议》,《东南学术》,2014(2).

[52] 李格非:《释"芳"、"棘"》,《武汉大学学报》(人文科学版),1984(4).

[53] 李计伟:《汉语外来词同义译名现象研究》,《语言文字应用》,2005(4).

[54] 李连伟:《外来词异形形式及其规范》,《吉林广播电视大学学报》,2009(5).

［55］李军、王靖:《同形字的定义与特征》,《南昌航空大学学报》(社会科学版), 2016 (1).

［56］李丽:《元素本族词考》,《汉字文化》, 2013 (4).

［57］李乐毅:《方块壮字与喃字的比较研究》,《民族语文》, 1987 (4).

［58］李如龙:《考求方言词本字的音韵论证》,《语言研究》, 1988 (1).

［59］李荣:《语音演变规律的例外》,《中国语文》, 1965 (2).

［60］李荣:《方言词典说略》,《方言》, 1992 (4).

［61］李荣:《考本字甘苦》,《方言》, 1997 (1).

［62］李新魁:《潮州方言词考源》,《学术研究》, 1964 (3).

［63］李新魁、林伦伦:《潮汕方言词本字研究——兼谈本字考的方法》,《汕头大学学报》(人文科学版), 1990 (3).

［64］李运富:《论汉字的字际关系》,《语言（第 3 卷)》, 北京: 首都师范大学出版社, 2002.

［65］李运富:《论汉字结构的演变》,《河北大学学报》(哲学社会科学版), 2007 (2).

［66］李运富、牛振:《少数民族汉字族名用字考察》,《汉字汉语研究》, 2018 (3).

［67］李运富、孙倩:《论汉语词汇语法化与用字变化的互动关系》,《北京师范大学学报》(社会科学版), 2020 (2).

［68］李运富:《汉语字词关系研究之检讨》,《温州大学学报》(社会科学版), 2020 (1).

［69］李作南、李仁孝:《汉语和汉字的规范化问题》,《阴山学刊》, 1997 (1).

［70］廖礼平:《论近代汉语西源外来词》,《语言研究》, 2005 (2).

［71］廖荣娟:《古代汉语教学中相关知识的引入》,《语文建设》, 2016 (14).

［72］梁晓红:《汉魏六朝佛经意译词初探》,《语言研究》, 1987 (1).

［73］林长华:《台湾关帝庙根在福建东山》,《福建史志》, 2016 (2).

［74］林寒生：《汉语方言字的性质、来源、类型和规范》,《语言文字应用》, 2003（1）.

［75］林立芳、邝永辉、庄初升：《闽粤客共同的方言词考略》,《韶关大学学报》（社会科学版）, 1995（3）.

［76］林伦伦：《汕头方言词汇（二）》,《方言》, 1991（3）.

［77］林伦伦：《潮汕方言的外来词及其文化背景》,《韩山师专学报》,1992(1).

［78］林伦伦：《潮汕方言中的外语》,《潮商》, 2012（2）.

［79］刘村汉：《〈柳州方言词典〉的用字》,《方言》, 1998（2）.

［80］刘福铸：《莆仙戏古剧本俗字研究——以古本〈目连救母〉〈吊丧〉为例》,《莆田学院学报》, 2005（4）.

［81］刘颖昕：《客家启蒙课本〈启蒙浅学〉（1880）的方言用字研究》, 陈晓锦、张双庆：《首届海外汉语方言国际研讨会论文集》, 广州：暨南大学出版社, 2009.

［82］刘泽先：《从化学字的兴衰看汉字的表意功能》,《语文建设》,1991（10）.

［83］刘镇发：《过去130年间客家方言用字的演变》,《赣南师范学院学报》, 2011（4）.

［84］刘苗：《当代汉语外来词一词异名现象分析》,《深圳大学学报》（人文社会科学版）, 2001（3）.

［85］陆锡兴：《梵文对汉字的影响》,《语文建设》, 1993（3）.

［86］罗长山：《试论字喃的演变规律及其消亡的社会原因》,《东南亚纵横》, 1990（3）.

［87］罗长山：《古壮字与字喃的比较研究》,《东南亚纵横》, 1992（3）.

［88］罗国强：《明代外来词管窥》,《当代教育理论与实践》, 2012（12）.

［99］罗正平：《广州方言词汇探源》,《中国语文》, 1960（3）.

［90］罗卫东：《汉字字际关系的界定与表述析论》,《语文知识》, 2008（2）.

［91］马乾：《汉字字际关系论略》,《延安大学学报》（社会科学版）,2014（3）.

［92］马云霞:《早期传教士作品中的新词创制》,《大同大学学报》(社会科学版), 2015 (1).

［93］麦耘:《广州方言文化词两则》,《中国方言学报》, 北京: 商务印书馆, 2006 (1).

［94］毛远明:《〈汉语大词典〉同形字处理辨证》,《西南师范大学学报》(人文社会科学版), 2004 (1).

［95］毛远明:《汉字源流与汉字研究的新视角》,《西南大学学报》(人文社会科学版), 2013 (6).

［96］牛振:《清末元素用字同形异用考察》,《北方论丛》, 2016 (4).

［97］饶宗颐:《〈明本潮州戏文五种〉说略》,《明本潮州戏文五种》, 广州: 广东人民出版社, 1985.

［98］潘培忠:《明清戏文〈荔镜记〉〈荔枝记〉在海峡两岸的刊布、整理与研究》,《戏曲艺术》, 2016 (3).

［99］潘允中:《鸦片战争以前汉语中的借词》,《中山大学学报》(社会科学版), 1957 (3).

［100］庞月光:《汉语中的同词字际关系》,《北京教育学院学报》, 1999 (2).

［101］秦杰:《古董表随岁月增值》,《中国信用卡》, 2009 (1).

［102］覃远雄:《汉语方言"窝"类词的地理分布考察》,《民族语文》, 2018 (3).

［103］邱克威:《〈叻报〉的词语特点及其词汇学价值管窥》,《语言研究》, 2014 (4).

［104］史金波:《再谈西夏文反切上下字合成法》,《民族语文》, 1985 (5).

［105］施向东:《拼音造字法不自西夏文始》,《民族语文》, 1985 (5).

［106］施维国:《从越南古代医著看字喃的特点》,《现代外语》, 1993 (2).

［107］史有为:《外来词研究的十个方面》,《语文研究》, 1999 (1).

［108］史有为:《汉语外来词研究七十年——兼忆先期借词考源研究》,《语言战略研究》, 2019 (5).

［109］宋建英:《中西方饮食文化差异与中餐菜肴名称的英译》,《太原大学学报》,2013（4）.

［110］宋作艳:《字化与汉语限定关系字组的编码机制》,《世界汉语教学》,2003（4）.

［111］孙伯君:《西夏新译佛经中的特殊标音字》,《宁夏社会科学》,2007（1）.

［112］孙伯君:《西夏佛经翻译的用字特点与译经时代的判定》,《中华文史论丛》,2007（2）.

［113］孙建伟:《"字料库"背景下汉字字际关系理论探究》,《内蒙古社会科学》（汉文版）,2019（5）.

［114］谭海生:《对译借词:——粤方言外来语中的一种特殊借词》,《广东教育学院报》,1995（1）.

［115］谭世宝:《粤方言"老豆（窦）"及相关字词考释》,《语丛》,澳门语文学会,1991-1992.

［116］唐和清、朱丽华:《化学元素名称的来源》,《化学通报》,1991（10）.

［117］唐莉、涂良军:《近期广州地区部分报刊的方言用语调查》,单周尧、陆镜光:《第七届国际粤方言研讨会论文集》,北京:商务印书馆,2000.

［118］唐七元:《〈汉语方言大词典〉所见方言同源词举例》,《汉语史学报（第八辑）》,上海:上海教育出版社,2009.

［119］王长林:《禅语"君子可八"释义商兑》,《语言研究》,2015（1）.

［120］王长林:《西南官话"娄馊"考源》,《汉语学报》,2018（4）.

［121］王东杰:《从文字变起:中西学战中的清季切音字运动》,《中山大学学报（社会科学版）》,2009（1）.

［122］王锋:《试论南方汉字系民族文字》,《贵州民族研究》,2002（2）.

［123］王立军:《当代汉字系统优化的基本原则》,《语言文字应用》,2015（1）.

［124］王伟丽、张志毅:《同场逆推仿造新词》,《汉语学习》,2010（2）.

［125］王曦:《明嘉靖本〈荔镜记〉词缀研究》,《东南学术》,2014（2）.

［126］王小彬:《现代形声字形旁表义分析》,《喀什师范学院学报》,2003（2）.

［127］王宇:《英汉烹饪词汇语义对比研究——兼谈英汉饮食文化差异》,《解放军外国语学院学报》,2001（2）.

［128］王志方:《试论影响汉字发展演变的语言文字因素》,《上海师范大学学报》（社会科学版）,1998（4）.

［129］汪少华:《释"大儿、小儿"》,《浙江教育学院学报》,2003（6）.

［130］汪维辉:《说"困（睏）"》,《第十七届全国近代汉语学术研讨会暨闽语演变国际学术讨论会论文集》,漳州:闽南师范大学,2016.

［131］汪维辉:《说"困（睏）"》,《古汉语研究》,2017（2）.

［132］汪维辉:《汉语史研究要重视语体差异》,《南京师范大学文学院学报》,2020（1）.

［133］温佩君、张海涛:《说"撩"》,《汉字文化》,2018（3）.

［134］翁明鹏:《秦统一后的字词关系调整和新见字例说》,《汉字汉语研究》,2020（1）.

［135］吴传飞:《论汉语外来词分类的层级性》,《语文建设》,1999（4）.

［136］吴守礼:《释瓮、公、厶》,吴守礼:《闽台方言研究集（2）》,台北:南天书局,1998.

［137］吴魏魏、林金水:《明清之际的福建与中西文化交流史——"海上丝绸之路"的历史契机与当代启示》,《海交史研究》,2015（2）.

［138］吴义雄:《"广州英语"与19世纪中叶以前的中西交往》,《近代史研究》,2001（3）.

［139］夏晶:《傅兰雅和狄考文》,《武汉大学学报（人文科学版）》,2011（6）.

［140］夏文华:《近代化学元素名称生成的文化考察》,《沧桑》,2007（2）.

［141］谢贵安:《从固守天朝立场到融入世界文明秩序——从西方汉译国名演变看中国人对西方列强的认知过程》,《学习与探索》,2008（1）.

［142］解海江、章黎平:《英汉烹饪语义场对比研究》,《烟台师范学院学报》（哲学社会科学版）,2002（4）.

［143］徐睿渊：《福建厦门方言的合音》，《方言》，2013（4）．

［144］徐时仪：《略论汉语文白的转型》，《上海师范大学学报》（哲学社会科学版），2008（2）．

［145］徐晓娴：《19世纪美北浸信会潮汕方言文献方言用字的比较》，《韩山师范学院学报》，2016（5）．

［146］徐玉英：《现代形声字形旁表义功能浅析》，《西北第二民族学院学报》（哲学社会科学版），1995（2）．

［147］许宝华：《汉语方言研究中的考本字问题》，宗廷虎：《名家论学：郑子瑜受聘复旦大学顾问教授纪念文集》，上海：复旦大学出版社，1988.

［148］许晖：《"牢骚"原是刷马时的哀叹》，《中学生学习（高）》，2015（Z2）．

［149］颜峰：《现代汉语方言词研究综述》，《山东科技大学学报》（社会科学版），2003（1）．

［150］颜廷亮：《晚清社会小说的巨擘——〈廿载繁华梦〉创作、出版和类别等问题考辩》，《甘肃社会科学》，2004（6）．

［151］杨宝忠：《大型字书隐性疑难字的发现与考释》，《古汉语研究》，2020（2）．

［152］杨必胜：《方言用字问题刍议——兼谈〈海丰歌谣〉用字》，《语文研究》，1995（1）．

［153］杨观：《〈张协状元〉中的亲属称谓词》，《绵阳师范学院学报》，2005（6）.

［154］杨琳：《古汉语外来词研究中存在的问题》，《南开语言学刊》，2010（1）．

［155］杨小平、唐凤缘：《广东客家方言中俗字俗语考证举隅》，《贵阳学院学报》（社会科学版），2020（1）．

［156］杨泽生：《一种特殊的形声字——〈客家书·启蒙浅学〉中的反切形声字及相关问题》，《国家社科基金中大项目"海外珍藏汉语文献与南方明清汉语研究"项目研讨会论文集》，广州：中山大学，2014.

［157］佚名：《牢骚原是刷马时的哀叹》，《现代班组》，2014（4）．

［158］殷孟伦:《"闻"的词义问题》,《子云乡人类稿》, 济南: 齐鲁书社, 1985.

［159］游光明:《〈林则徐公牍〉中音译词的类型、特点及价值》,《淮南师范学院学报》, 2014（6）.

［160］游汝杰:《汉语方言同源词的判别原则》,《方言》, 2004（1）.

［161］俞理明:《词汇的分层及其外围成分》,《苏州大学学报》(哲学社会科学版）, 2014（1）.

［162］于省吾:《甲骨文字释林·序》, 于省吾:《甲骨文字释林》, 北京: 中华书局, 1979.

［163］曾良:《疑难词语试释三则》,《古汉语研究》, 1995（4）.

［164］曾良:《明清小说口语词俗写考》,《广东广播电视大学学报》, 2011（4）.

［165］曾良:《近代汉字的字词关系探讨——以"嬀""鹄""蚖"三字为例》,《安徽大学学报（哲学社会科学版)》, 2015（4）.

［166］曾良:《俗写与历时词汇探讨举隅》,《语言研究》, 2017（1）.

［167］曾庭豫、禤健聪:《〈广州大典〉所见粤方言语料述略》,《广东开放大学学报》, 2020（6）.

［168］曾宪通:《明本潮州戏文所见潮州方言述略》,《方言》, 1991（1）.

［169］曾宪通:《明本潮州戏文疑难字试释》,《方言》, 1992（2）.

［170］曾昭聪、谢士华:《论清末粤方言教材——〈教话指南〉的价值》,《暨南学报》, 2018（1）.

［171］詹伯慧、丘学强:《广东粤方言的共同特点述略》, 詹伯慧:《第八届国际粤方言研讨会论文集》, 北京: 中国社会科学出版社, 2003.

［172］詹伯慧:《大力加强汉语方言的应用研究》,《暨南学报》(哲学社会科学版）, 2014（4）.

［173］子静:《打阿嚏》,《广州研究》, 1984（2）.

［174］张博:《汉语外来词的界定原则与判定方法》,《汉语学报》, 2019（3）.

［175］张凤:《试论汉字型文字的反切字》,《重庆三峡学院学报》, 2013（4）.

［176］张桂光：《方言描写的用字问题略论》，《学术研究》，2009（11）.

［177］张虹：《与内衣发展有关的汉字考释》，《白城师范学院学报》，2007（4）.

［178］张嘉星：《欧洲人汉语辞书编纂始于闽南语辞书说》，《福州大学学报》
（哲学社会科学版），2013（3）.

［179］张嘉星：《闽南方言外来借词综论》，《闽台文化研究》，2018（1）.

［180］张丽、储小旵：《"嬷嬷"音义补正》，《安庆师范学院学报》（社会科学
版），2005（6）.

［181］张烈：《南戏的起源和传播——兼谈潮泉戏剧对南戏的传承》，《中国戏
剧》，2004（3）.

［182］张培富、夏文华：《晚清民国时期化学元素用字的文化关照》，《科学技
术与辩证法》，2007（6）.

［183］张书岩：《简化与同形字》，《语言文字应用》，1996（3）.

［184］张西平：《简论罗明坚和利玛窦对近代汉语术语的贡献——以汉语神学
与哲学外来词研究为中心》，《贵州社会科学》，2013（7）.

［185］张晓明、李薇：《从〈说文〉重文看汉字字际关系的研究》，《山东理工
大学学报》（社会科学版），2004（4）.

［186］张渭毅：《论反切起源问题》，《菏泽学院学报》，2008（1）.

［187］张永言：《郦道元语言论拾零》，《中国语文》，1964（3）.

［188］张云：《〈说文解字〉中遗留的钟祥方言本字考》，《牡丹江师范学院学
报》（哲社版），2015（2）.

［189］张振兴：《闽语及其周边方言》，《方言》，2000（1）.

［190］张振兴：《赣语几个重要字眼的方言研究启示》，《汉语学报》，2010（1）.

［191］张正学：《试论宋元南戏的韵系、韵部与用韵》，《戏剧艺术》，2014（4）.

［192］赵丽明：《汉字侗文与方块侗字》，《中国民族古文字研究（第三辑）》，
天津古籍出版社，1991.

［193］赵修:《现代汉语方言词的理据探讨应追溯本字——以"打虎的""兔儿虎""耳茄子"为例》,《盐城师范学院学报》(人文社会科学版),2013(2).

［194］赵一凡:《浅谈港台书面语中的方言字》,《牡丹江教育学院学报》,2008(3).

［195］郑张尚芳:《汉语方言表"孩子"义的七个词根的语源》,《语文研究》,2008(1).

［196］仲崇山:《潮州歌册俗字选释》,《汉字文化》,2011(5).

［197］钟昆儿:《汉语方言语词考本字方法研究综述》,《重庆交通大学学报》(社会科学版),2017(6).

［198］钟奇、高然:《广东坊间特殊用字调查报告》,单周尧、陆镜光:《第七届国际粤方言研讨会论文集》,北京:商务印书馆,2000.

［199］周振鹤:《中国洋泾浜英语的形成》,《复旦学报》(社会科学版),2013(5).

［200］周志锋:《吴方言词例释——〈汉语大字典〉义项漏略举例》,《宁波师院学报》(社会科学版),1996(4).

［201］朱建颂:《语文词典的运筹》,《汉语学报》,2005(1).

［202］朱声绮:《娘日二纽归泥及其运用》,《山东师大学报》(哲学社会科学版),1985(3).

［203］朱永锴:《香港粤语里的外来词》,《语文研究》,1995(2).

［204］朱永锴、林伦伦:《二十年来现代汉语新词语的特点及产生渠道》,《语言文字应用》,1999(2).

［205］庄初升:《清末民初西洋人编写的客家方言文献》,《语言研究》,2010(1).

［206］庄初升:《论粤语俗字对巴色会客家方言用字的影响》,《粤语研究》,2013,13.

A.5　语料库及网站

刘俊文总纂、北京爱如生数字化技术研究中心研制《中国基本古籍库》，黄山书社，2005 年。

刘俊文总纂、北京爱如生数字化技术研究中心研制《中国方志库》，2005 年。

《汉语方言发音字典》，详见 http://cn.voicedic.com/

东方语言学网中古音查询系统，详见 http://www.eastling.org

英语历史语料库 http://corpus.byu.edu/

国学大师 http://www.guoxuedashi.com/

东南亚华文媒体语料库 https://huayu.jnu.edu.cn/corpus1

科慧搜索 https://wisesearch6.wisers.net/wevo/home

后 记

　　书稿终于完成了，内容由两部分构成，一部分是我的博士论文，其余部分是我主持的国家社科基金青年项目结项报告中的内容。

　　读硕士期间，我跟随曾良老师研究明清白话小说中的文字现象。关注南方方言文献是从 2014 年我读博士开始的。记得入学时，导师李炜先生正在主持国家社科基金重大项目"海外珍藏汉语文献与南方明清汉语研究"，其中一个子课题是文字研究，由此我开始了和南方方言文献文字研究的不解之缘。刚接触方言文献时，摸不着头绪，对文献产生不了亲切之情，因为我是北方人，虽然在福建生活了十多年，还是只能听懂数字一到十等简单的闽南话。而南方方言众多，彼此联系复杂，很多文字使用问题其实和语言分不开，"字随音变"、记音字等现象随处可见，遇到读不懂的文献就只能去问周围的人，或者查找资料。慢慢地，这些文献在我脑中变得熟悉起来，时不时会将其中的语言文字现象和明清白话小说、普通话、古代汉语、自己的方言联系起来，不禁对方言文献产生了热爱之心。2017 年，我成功申报了国家社科基金青年项目"明清时期南方方言文献文字研究"。同年 12 月，完成了博士论文《明清至民国时期闽、粤、客方言文献文字研究》，三份盲审结果都为优秀，顺利通过了毕业论文答辩。毕业后，我根据盲审和答辩老师们的意见不断修改，同时对部分内容进行打磨，并整理成单篇论文投稿。另一方面不断收集、挖掘新的文献资料，夯实、补充已有观点，挖掘、思考新问题。2020 年 11 月，我主持的国家社科基金青年项目顺利结项，评审专家们也提出了许多详细的修改意见，我又对此做了些调整和修改。断断续续的增补，书稿内容从原来的 10 多万字增加到现在的将近 30 万字。

一路走来，跌跌撞撞，有苦也有乐，经历了风雨，也遇见了彩虹。书稿写作曾得到了来自各方的帮助和鼓励，特在此向他们表示衷心的感谢。

首先想起了导师李炜先生，李老师虽已离开了我们，但他精益求精、严谨治学的精神深深地印在了我脑海中，老师的话还时时提醒我在科研工作上要高标准严要求。书稿中对"煲""焗"二词来源的探讨是老师在生病期间指导我修改完成的，饱含着老师的汗水和心血。正是通过这两篇学术论文的写作练习，我慢慢掌握了论文写作的基本要求，学术素养得到了很大的提高。感谢带领我进入语言文字学研究大门的曾良老师，曾老师潜心治学，指导我们广泛阅读文献资料，正是在他的耐心指引和启发下，我才开始对这门学科产生了兴趣。

其次，特别感谢庄初升、杨泽生教授的帮助。庄初升教授在博士入学面试时就告诉我，南方方言文献中的文字、词汇现象非常值得关注，也正是在他的提醒和指引下，我才慢慢走上了研究方言文献的道路。每次论文写作遇到问题向庄老师请教，他都会耐心回答，也会无私提供相关材料。博士刚入学时，李老师把我托付给杨泽生老师，让杨老师指导我学习，杨老师无私地把自己未发表的论文拿给我阅读，指导我从字际关系、字词关系方面对方言文献文字展开研究。

在中山大学中文系读博期间，有幸聆听了庄初升、杨泽生、陈伟武、林华勇、吴吉煌、金健、陆烁等老师的课程，受益颇多。博士论文盲评专家和答辩委员麦耘、严修鸿、甘于恩、庄初升、杨泽生等先生及国家社科基金青年项目结项报告匿名评审专家提供了宝贵的修改意见，部分文稿曾在一些学术研讨会上宣读，在学报和专业期刊上发表，收获了诸多专家、学者宝贵的指导意见。读博期间，石佩璇、刘亚男、黄燕旋、姚琼姿、陈伟、范培培、张超、林梦红、李欢、黄淑芬等诸多学友在生活和学习上提供了无私的帮助，在此一并致谢。

感谢培育我的中山大学中文系、工作单位闽南师范大学文学院及科研处为我提供了良好的学习和工作环境，感谢父母的养育之恩，感谢丈夫杨继光一直以来的鼓励和支持。书稿完成了，对书稿内容我还是诚惶诚恐，忐忑不安。记得博士毕业之际，李炜老师对我说："论文不要随随便便就出版，一定要反复打磨，变成铅字的错误，就永远抹不掉了。"我谨记老师说过的话，由于知识能力有限，书稿中仍有一些问题没有得到很好的解决，也可能还有一些疏漏和错误，还请学界前辈、各位同好批评指正，这也是我今后前进的动力。